T0299194

تطويـر منـاهج
الرياضيات المدرسية وتعليمها

الأستاذ الدكتور

فريد كامل أبو زينة

جامعة عمان العربية للدراسات العليا

دار وائل للنشر

الطبعة الأولى

2010

رقم الايداع لدى دائرة المكتبة الوطنية : (2009/8/3572)

أبو زينة ، أحمد حسن علي

تطوير مناهج الرياضيات المدرسية وتعليمها / فريد كامل أبو زينة.

عمان : دار وائل للنشر ، 2009

(424) ص

ر.إ. : (2009/8/3572)

الواصفات: المقررات الدراسية / الرياضيات / طرق التعلم / الدراسة والتدريس

* تم إعداد بيانات الفهرسة والتصنيف الأولية من قبل دائرة المكتبة الوطنية

****

رقم التصنيف العشري / ديوي : 375.001

(ردمك) ISBN 978-9957-11-829-7

* تطوير مناهج الرياضيات المدرسية وتعليمها
* الأستاذ الدكتور فريد كامل أبو زينة
* الطبعــة الأولى 2010
* جميع الحقوق محفوظة للناشر

دار وائـــل للنشر والتوزيع

* الأردن – عمان – شارع الجمعية العلمية الملكية – مبنى الجامعة الاردنية الاستثماري رقم (2) الطابق الثاني

هـاتف: 5338410-6-00962 – فاكس: 5331661-6-00962 - ص. ب (1615) – الجبيهة)

* الأردن – عمـان – وسـط البـلد – مجمع الفحيص التجاري- هـاتف: 4627627-6-00962

www.darwael.com

E-Mail: Wael@Darwael.Com

إهـــداء

إلى من اختار دوره في الحياة لإنارة عقول الطلبة
وتنمية تفكيرهم وقدرتهم على مواجهة المشكلات ،
إلى من يساهم في تدريس الرياضيات في كافة المستويات والمراحل الدراسية،
إلى أولياء الأمور الذين يأخذون بيد أبنائهم ويشجعونهم ليتعلموا الرياضيات،
إلى طلبتي في الجامعة.. ومن كانوا كذلك في وقت سابق.

أهدي هذا الجهد

والله الموفق

مقدمـــة الكتاب

(الطبعة الحالية)

جاءت الطبعة الحالية لكتاب مناهج الرياضيات المدرسية وتدريسـها في اثنـي عشرـ فصـلاً، مـع تعديل في عنوان الكتاب ليصبح:

تطوير مناهج الرياضيات المدرسية وتعليمها

وقد اضيف للطبعة الأخيرة للكتاب فصل جديد هـو الفصـل الثـاني عشرـ: دراسـات وبحـوث في مناهج الرياضيات وتدريسها. وشملت التعديلات التـي أجريـت عـلى الطبعـة الأخـيرة، عـلاوة عـلى ذلـك، اضافات عدة في معظم فصول الكتـاب كـان مـن أبرزهـا: الرياضـيات والتفكـير (في الفصـل الأول)، وأنمـاط التعلم عند الطلبة (في الفصل الرابع)، والنموذج الاستقصائي في التعلم والتعليم (في الفصـل الخـامس). كـما تم حذف اجزاء من بعض صفحات الطبعة الأخيرة مما لم يعد له أهمية أو فائدة في وقتنا الحالي.

وأود أن أنوّه إلى أن المراجـع والتوثيـق للطبعـة السـابقة للكتـاب، والتـي ظهـرت في عـام 2003، بقيت كما هي في الطبعة الحالية، ولذا تبدو للقارئ بأنها قديمة، أما الاضافات الجديـدة فقـد اسـتندت إلى مراجع حديثة، وتمت الإشارة إليها في مواقعها.

أرجو أن أكون قد وفقت في اعداد طبعة جديدة لكتاب مناهج الرياضـيات المدرسـية وتدريسـها بما يساعد القائمين على وضع منـاهج الرياضـيات ومـدرس الرياضيات لتطـوير المنـاهج الحاليـة وأسـاليب تدريسها لتتلاءم مع التطورات الحاصلة في حياتنا المعاصرة، وتحقيـق النـواتج التعلميـة المنشـورة، والله ولي التوفيق.

المؤلف

عمان : آب 2009

مقدمة الكتاب

(الطبعات السابقة)

إن علم الرياضيات، الذي نشأ في القدم عن حاجة المجتمع إلى تنظيم حياته ومعاملاته وأموره الخاصة، ما فتيء منذ نشأته يتطور ويتجدد ويتسع، وما زالت مناهجه يعتريها ما يعترى الحياة ذاتها من تغير وتطوير. وتطوير مناهج الرياضيات ضرورة تحتمها متطلبات الحياة الحاضرة والإعداد لحياة المستقبل. فقد غزت الرياضيات فروع العلوم الأخرى، وحياة الناس اليومية، وانتشر استخدام الحاسبات الالكترونية في علم الصناعة والتجارة والعمل مما صبغ حياة العصر بصيغة هي في صميمها رياضية، وما تستلزمه هذه الحياة من معارف رياضية أمر لابد منه لكل مجتمع نام أو متطور.

وإذا ما أرادت مؤسسات التعليم أن تقوم بواجبها في إعداد الأجيال لخدمة المجتمع وسد حاجته من خبرات عقلية وثقافية ورياضية، فلابد من أن تعيد النظر في المناهج القائمة في ضوء حاجات المجتمع، وتفسح المجال للمناهج الحديثة والمتطورة من أن تأخذ مكانها اللائق بها. فكان لابد من إعادة النظر في المناهج القائمة من مدرسية وجامعية، بغية نبذ الطرق والأفكار والمفاهيم التي لم تعد ذات بال لتحل محلها طرق وأفكار ومفاهيم أوثق صلة بالتيار الفكري الحديث.

وعلاوة على التغييرات والتطورات الهائلة التي طرأت في حقل الرياضيات، كانت هناك النظريات التربوية تنظيماً مبنياً على مراحل تطور النمو الفكري للمتعلم، بالإضافة إلى التنظيم المنطقي لمحتوى مادة الرياضيات ذاتها. وقد أوصت هذه النظريات التربوية بتبني وسائل وأساليب حديثة في التدريس والتقليل منن إتباع واعتماد الطرق التقليدية والعشوائية.

يجيء هذا الكتاب منسجماً مع النظرة الحديثة للرياضيات، وتنظيم المنهاج حسب ما أوصت به اللجان والمؤتمرات المتخصصة عالمياً وعربياً، وهذا ما تناوله الفصل الأول والثاني والثالث من الكتاب، وهي على التوالي: طبيعة الرياضيات وخصائصها، تنظيم منهاج الرياضيات، مبادئ ومعايير الرياضيات المدرسية.

وتناول الرابع آراء كبار التربويين وعلماء النفس في نظريات التعلم، ممن ساهموا مساهمة فعالة في التأثير على تدريس الرياضيات، وآثروا معرفة المهتمين بمناهج الرياضيات وأصول تدريسها. وتناول الفصل الخامس استراتيجيات التدريس بصورة عامة، وقد بنيت هذه الاستراتيجيات على مفهوم تحركات المعلم واستجابات الطلبة، وإعداد الأهداف التدريسية بصورة إجرائية وسلوكية.

كان تصنيف المعرفة الرياضية إلى: مفاهيم، وتعميمات، ومهارات، ومسائل تصنيفاً عملياً وقابلاً للتطبيق في مجال تنظيم المحتوى الرياضي للمنهاج. وهو بالإضافة إلى ذلك تصنيف عملي في مجال تدريس الرياضيات على مستوى الوحدات والفصول والحصص الصفية، وفي وضع الأهداف التدريسية على المستويات المختلفة. وقد تناولت الفصول الأربعة التالية هذه الأقسام، وتمت الاشارة في هذه الفصول إلى نتائج بعض البحوث والدراسات فيما يتعلق بأفضل الوسائل والطرق لتدريس أصناف المعرفة الرياضية الأربعة.

وتناول الكتاب في الفصل الحادي عشر- تقويم تعلم الطلبة للرياضيات، من خلال إعداد اختبارات تحصيل تشتمل على أسئلة من مختلف الأنواع، لقياس تعلم الطلبة في جميع مستويات النواتج التعلمية مع أمثلة على ذلك. وقد تمت الإشارة إلى ما ورد في وثيقة NCTM لعام 1995 حول التقويم في الرياضيات.

المؤلف

المحتويات

الموضوع | الصفحة

الفصل الأول

طبيعة الرياضيات وخصائصها

1: 1 ماهية الرياضيات 17

1: 2 مجالات الرياضيات 18

1: 3 النظرة الحديثة للرياضيات ومناهجها 23

1: 4 البنية الرياضية 26

1: 5 التركيز على البنية الرياضية 29

1: 6 الاستقراء والاستنتاج في الرياضيات 32

1: 7 الطريقة الاستنتاجية وأسس الهندسة 35

1: 8 الرياضيات والتفكير 37

الفصل الثاني

تنظيم منهاج الرياضيات

2: 1 المفهوم الحديث للمنهاج 47

2: 2 عناصر منهاج الرياضيات 48

2: 3 منطلقات وأسس منهاج الرياضيات 50

2: 4 أهداف تدريس الرياضيات 55

2: 5 محتوى المنهاج (المادة العلمية) وتنظيمه 61

2: 6 مبادئ عامة لتدريس المنهاج 63

2: 7 تقويم منهاج الرياضيات 66

9

الموضوع	الصفحة

| 2: 8 الكتاب المدرسي | 68 |

الفصل الثالث

مبادئ ومعايير الرياضيات المدرسية

3: 1 معايير منهاج الرياضيات المدرسية لعام 1989	77
3: 2 مبادئ الرياضيات المدرسية	84
3: 3 معايير محتوى منهاج الرياضيات	96
3: 4 معايير العمليات	99

الفصل الرابع

التخطيط لتدريس الرياضيات

4: 1 أهمية التخطيط في التدريس	107
4: 2 التخطيط السنوي	109
4:3 التخطيط الدرسي والتخطيط للوحدة	111
4: 4 الأهداف التعليمية وصياغتها	115
4: 5 تحركات المعلم في التدريس	123
4: 6 النشاطات اللاصفية (الواجبات البيتية)	129
4: 7 أمثلة خطط تدريسية صفية	131

الفصل الخامس

علم النفس التربوي وتعلم الرياضيات

| 5: 1 الاستعداد للتعلم | 141 |
| 5: 2 أنماط التعلم | 150 |

الموضوع	الصفحة

5: 3 التعلم بالاكتشاف 154

5: 4 نظرية التعلم ذي المعنى لاوزوبل 163

5: 5 نموذج كارول في التعلم 167

5: 6 نموذج بلوم في التعلم 170

5: 7 انتقال أثر التعلم (التدريب) 173

الفصل السادس

نماذج تعليم الرياضيات

6: 1 نموذج العرض المباشر 183

6: 2 نموذج المنظم المتقدم 189

6: 3 النموذج الاستكشافي 191

6: 4 نموذج التعلم الفردي 194

6: 5 نموذج التعليم من أجل الإتقان 198

6: 6 نموذج التعليم الزمري التعاوني 202

6: 7 النموذج الاستقصائي 207

الفصل السابع

تدريس المفاهيم الرياضية

7: 1 معنى المفهوم واستعمالاته 219

7: 2 تصنيفات المفاهيم الرياضية 223

3:7 التحركات في تعليم المفاهيم 226

7: 4 استراتيجيات تعليم المفاهيم الرياضية 234

7: 5 استراتيجيات تدريس مفاهيم رياضية مختارة 237

الموضوع	الصفحة

7: 6 ارشادات تعليمية مبنية على البحث التجريبي 244

الفصل الثامن

تدريس المبادئ والتعميمات الرياضية

8: 1 التعميم الرياضي وأمثلته 253

8: 2 تعليم التعميمات الرياضية.. 256

8: 3 طريقة العرض في تدريس التعميمات................................ 258

8: 4 طريقة الاكتشاف الموجه.. 264

8: 5 اكتساب التعميم.. 273

8: 6 أهداف تدريس التعميمات الرياضية................................. 276

الفصل التاسع

تدريس الخوارزميات والمهارات الرياضية

9: 1 المهارات الرياضية وأهميتها 283

9: 2 المهارات الأساسية الضرورية.. 286

9: 3 التدريب على المهارات.. 290

9: 4 تعليم المهارات وتطويرها 294

9: 5 المنهاج والمهارات الرياضية 296

الفصل العاشر

حل المسألة الرياضية

10: 1 أهمية حل المشكلات 305

10: 2 المسائل والتمارين الرياضية.. 307

الموضوع	الصفحة

10: 3 أهمية حل المسائل الرياضية........................ 311

10: 4 خطوات حل المسألة 312

10: 5 استراتيجيات حل المسائل الرياضية........................ 319

10: 6 العوامل والصعوبات المؤثرة في حل المسألة........................ 325

10: 7 تنمية قدرة الطلبة على المسائل........................ 328

10: 8 التعلم المستند إلى مشكلات 332

الفصل الحادي عشر

تقويم التحصيل في الرياضيات

11: 1 أغراض التقويم ومراحله 345

11: 2 الاختبارات المحكية والمعيارية........................ 349

11: 3 إعداد اختبارات التحصيل........................ 351

11: 4 كتابة أسئلة الاختبار........................ 355

11: 5 أساليب أخرى في تقويم تحصيل الطلبة........................ 364

11: 6 معايير تقييم تدريس الرياضيات........................ 365

11: 7 استخدام معايير التقييم لأغراض مختلفة........................ 369

الفصل الثاني عشر

دراسات وبحوث في مناهج الرياضيات وتدريسها

12: 1 دراسات وبحوث تناولت المبادئ والمعايير........................ 389

12: 2 دراسات وبحوث في التفكير........................ 399

12: 3 دراسات وبحوث في استراتيجيات التدريس 410

12: 4 دراسات وبحوث في تقويم الطلبة 417

1

الفصل الأول
طبيعة الرياضيات وخصائصها

1: 1 ماهية الرياضيات
1: 2 مجالات الرياضيات
1: 3 النظرة الحديثة للرياضيات ومناهجها
1: 4 البنية الرياضية
1: 5 التركيز على البنية الرياضية
1: 6 الاستقراء والاستنتاج في الرياضيات
1: 7 الطريقة الاستنتاجية وأسس الهندسة
1: 8 الرياضيات والتفكير
المراجع

طبيعة الرياضيات وخصائصها

1:1 ماهيّة الرياضيات

الرياضيات علم تجريدي من خلق وإبداع العقل البشري، وتهـتم مـن ضـمن مـا تهـتم بـه بالأفكـار والطرائق وأنماط التفكير. وهي لا تكوّن مجموع فروعها التقليدية فحسب، فهـي أكـثر مـن علـم الحسـاب الذي يعالج الأعداد والأرقام والحسابات، وهي تزيد عن الجبر - لغة الرمـوز والعلاقـات-، وهـي أكـثر مـن علم الهندسة والذي هو دراسة الشكل والحجم والفضاء. ويمكن إضافة علم المثلثات، والإحصـاء والتفاضـل والتكامل إلى هذه الأفرع التقليدية التي كانت بمجموعها، حتى وقت قريب، تكوّن علم الرياضيات. وتبقى الرياضيات حسب النظرة الحديثة تزيد عن مجموع فروعها هذه.

ويمكن النظر إلى الرياضيات على أنها:

1. طريقة ونمط في التفكير، فهي تنظم البرهان المنطقي، وتقرر نسبة احتمال صحة فرضية أو قضية ما.
2. الرياضيات هي أيضاً لغة تستخدم تعابير ورموز محددة ومعّرفة بدقة، فتسّـهل التواصـل الفكـري بـين الناس. وتتصف بأنها لغة عالمية معروفة بتعابيرها ورموزها الموحدة عند الجميع تقريباً.
3. والرياضيات هي أيضاً معرفة منظمة في بنية لها أصولها وتنظيمها وتسلسلها، وبدءاً بتعابير غير معرّفة، إلى أن تتكامل وتصل إلى نظريات وتعاميم ونتائج.

4. والرياضيات تعنى أيضاً بدراسة الأنماط (Patterns)، أي التسلسل والتتابع في الأعداد والأشكال والرموز. وهي تزودنا بنماذج لمواقف مادية أو حياتية، فتمثل بذلك أجزاء من المحيط المادي الذي نعيش فيه.

5. وأخيراً ينظر إلى الرياضيات على أنها فن، وهي كفن تتمتع بجمال في تناسقها وترتيب وتسلسل الأفكار الواردة فيها. وهي تعبر عن رأي الرياضي الفنان بأكثر الطرق فعالية واقتصاداً. وهي تولد أفكاراً وبنى رياضية تنم عن إبداع الرياضي وقدرته على التخيل والحدس (Johnson and Rising, 1972; Jensin, 1978, 10-24).

والرياضيات كما تتناولها المناهج المدرسية هي دراسة الكميات (المتمثلة في الأعداد والرموز والأشياء المادية)، والكم أو المقدار (Magnitude أي القياس)، والتنظيم (arrangement) أو الأنماط (Patterns)؛ وتعنى بشكل خاص بالاساليب والعمليات المنظمة للكشف عن الخصائص والعلاقات بين الكميات أو الأشياء وقياسها (Brumbaugh etal, 1997, p.4).

2:1 مجالات (أفرع) الرياضيات

يمكن تقسيم الرياضيات إلى أربعة مجالات كبيرة، لكنها غير منفصلة عن بعضها فهي متداخلة إلى حد يصعب علينا تصنيف محتوى معين لأي مجال من هذه المجالات. ومنذ التوحيد والتحديث الجديد الذي جرى خلال السنوات الماضية فإن أي محاولة لتجزئ الرياضيات إلى فروع منفصلة باءت بالفشل. فالرياضيون الذين يعملون في أي تخصص يستخدمون أساليب ونتائج من فروع أخرى. وتطبيقات الرياضيات في العلوم الهندسية، والاقتصاد والعلوم الطبيعية تقدم عائقاً إضافياً لأية محاولة لتجزئة الرياضيات أو تقسيمها إلى أفرع (المفتي ورفاقه، 1986، ص20). ومع ذلك فبالإمكان تمييز أربعة مجالات متداخلة هي:

أ) الحساب

علم الحساب هو المجال الذي يعالج الأعداد والأرقام والعمليات الحسابية وخصائصها. ولم ينفك الرياضيون عن تناول قضاياه والاهتمام بدراسته منذ فجر التاريخ وحتى يومنا هذا. والبدايات كانت في دراسة الأعداد الطبيعية والعمليات عليها. وقد عرّف بيانو الإيطالي (1858-1932) الأعداد الطبيعية على نحو يتسق مع منطق ومنهج الرياضيات الحديث على النحو التالي:

1. العدد 1 هو عدد طبيعي.
2. التالي لأي عدد طبيعي هو عدد طبيعي.
3. لا يوجد لعددين طبيعيين مختلفين نفس التالي.
4. العدد واحد ليس العدد التالي لأي عدد طبيعي.
5. لا توجد إلا مجموعة واحدة للأعداد الطبيعية بالخصائص الواردة أعلاه.

ويمكن اشتقاق جميع مجموعات الأعداد: الصحيحة والنسبية، والحقيقية، والمركبة من الأعداد الطبيعية.

وقد شملت دراسة الحساب بناء خوارزميات لإجراء العمليات الحسابية، والبحث عن تماثلات في مجموعات معينة من الأعداد، أو أعداد ذات خصائص مميزة كالأعداد الأولية.

ويعود الفضل إلى الرياضي الألماني جاوس في تطوير نظرية الأعداد. ومن بين الموضوعات التي تناولها العلماء في مجال الحساب إيجاد حلول (أعداد صحيحة) للمعادلات التي تحتوي على أكثر من متغير (المعدلات الديوفنتينية).

وموضوع آخر هو التطابق Congruence في الأعداد الذي أدخل إلى مجال الحساب صفوف التكافؤ، والتي من خلالها يمكن أن تعرف الأعداد الأخرى كصفوف تكافؤ من أزواج مرتبة من الأعداد الطبيعية.

ب) الجبر الحديث

الجبر الكلاسيكي بشكل عام دراسة موسعة ومجردة للأعداد والنقاط؛ والأسئلة التي يتناولها الجبر الكلاسيكي كانت متعلقة بأشياء محسوسة، فالمجاهيل التي تمثلها الرموز الجبرية كانت لأشياء مادية، وكانت الإجابة عليها تتم بطرق مناسبة لمشكلاتها ومنها حل المعادلات بالحذف أو التعويض أو الرسم وغير ذلك.

أي أن الجبر التقليدي هو حساب معمم. أما الجبر الحديث فهو نظام مجرد واستنباطي مبني على المسلمات. والبنيات الرياضية التي يشملها كالزمرة والحلقة غاية في العمومية. فالنظريات أو التعميمات في هذه البنيات تنطبق على حالات خاصة أو بنيات خاصة، فنظريات الزمرة كبنية رياضية تنطبق على بنية الأعداد الصحيحة وعملية الجمع (كزمرة خاصة).

جـ) الهندسة

نشأ علم الهندسة في مصر القديمة لحاجة المصريين لمسح أراضيهم سنوياً بعد كل فيضان لنهر النيل، والهندسة المستوية التي ندرسها اليوم تنسب إلى الإغريق. وقد استطاع الرياضي المشهور **إقليدس** (Euclid) والذي تنسب إليه الهندسة الإقليدية تنظيم علم الهندسة في كتابه المعروف "**المبادئ**" قبل ما يزيد عن 2000 عام. وقد بنى إقليدس هندسته على خمسة أفكار عامة(common notions) سميت بديهيات وخمس مسلمات كما يلي:

الأفكار العامة للهندسة الإقليدية/البديهيات (axioms) :

1. الأشياء المساوية لنفس الشيء تكون متساوية.

2. إذا أضيفت أشياء متساوية إلى متساويات تكون النواتج متساوية.

3. إذا طرحت أشياء متساوية من متساويات تكون النواتج متساوية.

4. الأشياء التي تساوي شيئاً واحداً تكون متساوية.

5. الكل أكبر من الجزء.

أما المسلمات (postulates) التي بنيت عليها الهندسة الإقليدية فهي:

1. يمكن رسم مستقيم وحيد يصل (يمر) بين نقطتين.

2. يمكن مد القطعة المستقيمة بلا حدود من كلتا الجهتين.

3. يمكن رسم دائرة مركزها محدد وبنصف قطر معلوم.

4. جميع الزوايا القائمة متساوية.

5. إذا قطع مستقيم مستقيمين آخرين واقعين في المستوى نفسه، وكان مجموع الـزاويتين الـداخليتين في إحدى جهتي المستقيم القاطع أصغر من قائمتين فإن المستقيمين (إذا مدا) يتقاطعا في هذه الجهة.

كانت الفكرة السائدة بين الرياضيين هي أن صحة المسلمة (أو البديهيـة كما كانت تسمى) تقـاس بوضوحها، فقبلوا المسلمات الأربع الأولى؛ أما المسلمة الخامسة فلم تكن بنفس وضوح المسـلمات الأربعـة الأولى. وظل الرياضيون يحاولون البرهنة على تلك المسلمة قرابة ألفـي عـام ولكـنهم فشـلوا في ذلك. وقد اعتقد البعض أنهم أفلحـوا في ذلك، إلا أن البراهـين التي قدمـوها تحـوي أخطاء منطقيـة، أو اسـتخدموا مسلمة أخرى مكافئة للمسلمة الخامسة قيد البرهان. وفي النصف الأول مـن القرن السـابع عشرـ حـدث تطور هام في الهندسة الإقليدية عندما ابتكر ديكارت **وفيرمات** الهندسة التحليلية التـي وفـرت الـربط بـين الجبر والهندسة. إلا أن عصر الهندسة الحديثة بدأ مع اكتشاف أن مسلمة اقليدس في التوازي هـي مسـلمة مستقلة عن بقية المسلمات. وقدم الرياضي **بلاي فير** مسلمة مكافئة لمسلمة اقليدس الخامسة نصت عـلى ما يلي:

«لا يمكن رسم إلا مستقيماً واحداً مواز لمستقيم معلوم من نقطة خارجة عنه»

وقد احتفظ الرياضي الروسي **لوبا تشيفسكي** (1793-1856) بالمسلمات الأربعة الأولى واستبدل المسلمة الخامسة لاقليدس بالمسلمة التالية: «**من نقطة خارج مستقيم معلوم يوجد عدد لا نهائي من المستقيمات (الخطوط) لا تقطع المستقيم المعلوم**». واثنان من هذه المستقيمات موازيان للمستقيم المعلوم. وفي هندسة لوبا تشيفسكي (الهندسة الزائدية) يكون مجموع زوايا المثلث أقل من 180°. وأسهم الرياضي الألماني **ريمان** (1826-1866) في تطوير الهندسة الحديثة إذ ينسب إليه الفضل في ابتكار هندسة لا اقليدية لا يوجد بها أي مستقيمين متوازيين. وفي هندسة ريمان يكون مجموع زوايا المثلث أكبر من 180°. واستمر التطوير في الهندسة بعد هؤلاء بتقديم أنواع أخرى من الهندسات، ومنها هندسة التحويلات وغيرها.

د- التحليل الرياضي

اهتم الباحثون القدامى بفكرة اللانهاية، وكانت هذه الفكرة وفكرة الكميات المتناهية في الصغر مصدر حيرة وانزعاج لهم. فهناك مثلاً متناقضة الأرنب والسلحفاة، وفي هذه المتناقضة فإن الأرنب لن يتمكن أبداً من اللحاق بالسلحفاة في السباق بينهما. كما أدرك الرياضيون القدامى أنه لا يمكن قياس وتر المثلث القائم الزاوية المتساوي الساقين عندما يكون طول كل من ساقيه وحدة واحدة بالأعداد الصحيحة والكسور النسبية.

كانت المتناقضات والحيرة تصيب الرياضيين عندما يعملون في الكميات المتناهية في الصغر والعمليات اللانهائية، وقد أسهم الرياضي **كانتور ورسل** في حل بعض المشكلات والتناقضات التي وجدت، ولم يكن حلها ممكنا قبل ذلك.

وقد كانت طرق التكامل التي وضعها ريمان، كما هو الحال في طرق التفاضل المعتمدة على مفاهيم النهاية، أساس التحليل الرياضي المعاصر. والتحليل الرياضي هو الدراسة المنضبطة للعمليات اللانهائية.

3:1 النظرة الحديثة للرياضيات ومناهجها

بالإضافة إلى التطـور الكبـير الـذي حصـل في اسـتخدامات الرياضـيات في العلـوم المختلفـة، حصـلت تغييرات في الرياضيات نفسها. وهذا التطور الواسع شمل جميع فروع الرياضيات، وعلاقتها بأنظمة المعرفة الأخرى، رافقه أيضاً تغيير وتطور في نوعية وكمية الرياضـيات مـما يجـب أن يتناولـه منهـاج الرياضـيات في المراحل المدرسية لتستمر في دورها في تربية الأفراد التربية الهادفة.

كانت الرياضيات في البدء أداة لعلماء الطبيعيات، واستمر الحال حتى منتصف القرن التاسـع عشر. أما اليوم فإننا نرى الرياضيات تغزو جميع فروع العلوم الطبيعية: الأحياء، والكيمياء وعلـوم الأرض. وفي أي علم آخر يمكن تسميته، لا بد أن تعد الرياضيات من مقوماته الأساسية. وتلعب الرياضيات اليوم دوراً كبيراً في نظرية الاحتمالات، وفي العلوم الالكترونية والآلات الحاسبة. والاقتصاد بنظرياته يتحول تدريجياً إلى علوم رياضية؛ فالصناعة والتجارة تعتمد على اتخاذ القرارات، وهذه بدورها مرتبطة بالإحصاء والاحـتمال ارتباطـاً وثيقاً؛ وكذا الحال بالنسبة للطب والصيدلة، والعلوم الاجتماعية والإنسانية.

ولكن هل اقتصرت النظرة إلى الرياضيات على أنها أداة تستخدم في العلـوم الأخـرى لتفسـير ظـواهر معينة، أو حل مسائل تطبيقية عملية؟

يقول البروفسور مارشال ستون (Stone, 1962) إن التغيير الذي حصل في الرياضيات تضـمن تحررهـا عن العالم الفيزيائي؛ فالرياضيات لا تربطها بالعالم الفيزيائي أية علاقة، فهي مستقلة تماماً عن العـالم المـادي، وليست بالضرورة أن تكون ذات علاقة أو ارتباط به. والتركيز على التجريد في النظرة الحديثـة للرياضـيات، والفصل بينها وبين تطبيقاتها كان مصدر قوة لها أدى إلى نموها وتطورها بشكل واسع.

والرياضيون هم علماء إما اكتشفوا الرياضيات أو ابتكروها. ويعتقد البعض أن الرياضيات موجودة في الطبيعة تماماً مثلما توجد قوانين الفيزياء أو العلوم الطبيعية الأخرى، فجاء الرياضيون واكتشفوا عناصر الرياضيات وقوانينها. ويرى البعض الآخر أن الرياضي كالفنان الذي يصنع الأشياء ويبتكرها؛ وإن الرياضيات ليست موجودة في الطبيعة إلا بوجود الرياضي الذي يبتكرها ويصنعها.

ومن الرياضيين من يعتقد أن بعض العناصر والقوانين في الرياضيات موجودة، فجاء الرياضيون واكتشفوها وبنوا عليها، وابتكروا الشيء الكثير (المفتي ورفاقه، 1986، ص17).

والرياضيات من وجهة نظر الرياضيين، نظام مستقل ومتكامل من المعرفة، وتستخدم الأنظمة التجريدية التي تدرسها كنماذج تفسر بعض الظواهر الحسية، فالهندسة الإقليدية مثلاً تعتبر نموذجاً رياضياً للفضاء المادي الذي نعيش فيه. والرياضيات كذلك تولّد نفسها، وتتكاثر وتنمو باطّراد وتسارع، فمن عناصر محدودة نستطيع تكوين وبناء مجموعة غير محدودة من العناصر والعلاقات، واشتقاق الخصائص منها.

أما الرياضيات من وجهة نظر كثير من المربين والمهتمين بتدريسها فهي أداة مهمة لتنظيم الأفكار وفهم المحيط الذي نعيش فيه. وهذا الرياضي **موريس كلاين** (M.Kline.1974)، ينظر إلى الرياضيات على أنها موضوع يساعد الفرد على فهم البيئة المحيطة والسيطرة عليها. وبدلاً من أن يكون موضوع الرياضيات مولداً لنفسه، فإن الرياضيات تنمو وتزداد وتتطور من خلال خبراتنا الحسية في الواقع. ومن خلال احتياجاتنا ودوافعنا المادية لحل مشكلاتنا وزيادة فهمنا لهذا الواقع.

وأبرز كلاين (Kline, 1974) في كتابه المعروف Why Johny Can't Add نقده على المناهج التقليدية في الرياضيات مشيراً إلى المآخذ التالية:

1) التركيز على التدريب الآلي والحفظ، فقد كان هدف المناهج التقليدية تدريس المهارات الحسابية، وحفظ النظريات والقواعد من خلال التدريب والتكرار.

2) ظهور المفاهيم والحقائق والعمليات والقواعد منفصلة عن بعضها البعض، فكانت أفرع الرياضيات المختلفة من حساب وجبر وهندسة وتحليل تدرس بشكل مستقل عن بعضها البعض.

3) عدم مراعاة الدقة والوضوح في التعبير، وعدم توخي الدقة الرياضية الواجب توافرها في المناهج والكتب المدرسية.

4) احتواء المناهج والكتب التقليدية على بعض الموضوعات عديمة الجدوى أو التي فقدت أهميتها وقيمتها.

5) تحاشي المناهج التقليدية وكتبها ذكر البرهان الرياضي إلا في الهندسة.

6) افتقار المناهج والكتب إلى عنصر الدافعية والتشويق، فقد كان هدفها الأساسي تدريب العقل، دون الالتفات للقيمة الجمالية والفكرية.

إن وضع مناهج حديثة في الرياضيات تلبي متطلبات العصر وحاجات الأفراد هو مسؤولية تربوية كبرى، فكان لزاماً إعادة النظر في مقررات الرياضيات في المراحل الجامعية والثانوية والإعدادية والابتدائية، وذلك من أجل حذف ما لم يمكن إنزاله إلى مراحل سابقة، وإدخال موضوعات أكثر حيوية وفائدة.

ولم يقتصر التغيير الحاصل في مقررات الرياضيات على المادة الرياضية فحسب، بل شمل أيضاً الوسائل والاساليب المستخدمة لإيصال المعرفة الرياضية بسهولة ويسر للأفراد، علاوة على الكتب التي بدأت في الظهور بشكل أكثر جاذبية، وتنظيم المادة تنظيما منطقياً وسيكولوجيا متوازناً.

إن وضع مناهج تلبي متطلبات العصر وحاجات الأفراد هو مسؤولية تربوية تظهر دور الرياضيات في مجتمع اليوم، وذلك في الأمور التالية (NC TM, 2000):

أ- الرياضيات للحياة

إن معرفة الرياضيات يمكن أن تكون مصدر إشباع وقوة على المستوى الشخصي نحتاجها في اتخاذ القرارات المتعلقة بأمورنا اليومية والمعتادة, وفي حل المشكلات التي

تواجهنا باستمرار في عصر مليء بالتعقيدات والمفاجآت والمشكلات.

ب- الرياضيات كجزء من الموروث الثقافي

تعتبر الرياضيات أحد أعظم الإنجازات الثقافية والفكرية الإنسانية، ويجب على الجميع أن يفهموا ويقدروا هذا الإنجاز العظيم بجوانبه المختلفة.

جـ- الرياضيات في العمل

لقد ارتفع مستوى الحاجة إلى التفكير الرياضي وحل المشكلات في العمل، وفي المجالات المهنية بصورة دراماتيكية ابتداء من العناية الجسمية والصحة وحتى الرسم الهندسي.

د- الرياضيات لمجتمع علمي وتقني

على الرغم من ضرورة وجود أساس عام في الرياضيات للأفراد في حياتهم اليومية, ولجميع المهن والوظائف إلا أن بعض هذه المهن والوظائف يتطلب فهماً عميقاً ومعرفة واسعة في الرياضيات.

1:4 البنية الرياضية Mathematical Structure

أصبحت دراسة الرياضيات تقوم على مفهوم المجموعة والهيكل (البنية) أي مجموعة من العناصر، وهيكل (بنية) مبني على هذه المجموعة. وبناء عليه، تعرف الرياضيات على أنها دراسة البنى، والعلاقات فيما بين هذه البنى (Dienes, 1977). والبنية في الرياضيات عبارة عن مجموعة من العناصر، وعلى هذه المجموعة نضع هيكلاً، أي مجموعة من القواعد والعلاقات تحدد طرق العمل. وهذه القواعد تقودنا إلى دراسة الخصائص والقوانين المشتقة منها. والقوانين أو طرق العمل قد تكون علاقات تعرّف على عناصر

المجموعة، أو عملية ثنائية أو أكثر، ولهذه العمليات أو العلاقات خصائص معينة. فإذا ما وجدت مجموعتان مختلفتان من العناصر، وطبقت عليهما عمليات أو علاقات، وكان لهما نفس الخصائص، فإننا نقول إن للمجموعتين نفس البنية.

ومفتاح فهم البنية الرياضية يكمن في دراسة الأنظمة الرياضية ذات العمليات. فالزمرة مثلاً نظام رياضي، والحقل كذلك نظام رياضي. فالنظام الرياضي يتضمن مجموعة من العناصر عرّفت عليها عملية واحدة (الزمرة مثلاً) أو أكثر (كالحقل مثلاً). ووصف الرياضيات على أنها دراسة أنظمة رياضية تتضمن بعض العناصر المجردة التي تربطها مع بعضها علاقات مجردة، هو مفتاح فهم بنية الرياضيات.

وفي الرياضيات هناك مجموعة الأعداد الحقيقية ومجموعاتها الجزئية، ويقام الهيكل على هذه المجموعات بتعريف عمليتي الجمع والضرب وعلاقة الترتيب. والفضاء أيضاً هو مجموعة من النقط، مجموعاته الجزئية الخطوط والأشكال الهندسية، ويتكون الهيكل الهندسي من المسلمات والتعاريف التي تحدد العلاقات بين عناصر الفضاء، وتنشأ منها النظريات التي تشتق من المسلمات والتعاريف.

إن النظرة للرياضيات من خلال مفهوم المجموعة - الهيكل تربط أجـزاء وموضوعات الرياضيات، وتقربها من بعضها البعض، سادّة بذلك الفجوة التي كانت تفصل بين فروعها المختلفة. ولا تقتصرـ دراسة البنية في الرياضيات على خصائص نظام رياضي واحد بعينه، بل تعنى أيضاً بدراسة العلاقة بين نظامين رياضيين من خلال مفهوم التشاكل (Homomorphism) والتشاكل الذاتي (Isomosphism).

والبنية الرياضية هي بنية افتراضية مبنية على المسلمات (Axiomatic)، ومن أمثلتها بنية إقليدس في الهندسة. وتبدأ البنية الافتراضية بتعابير أو مصطلحات تُقبل دون تعريـف (ومثـال ذلك النقطـة، الخـط المستقيم، الفضاء، والبينية في الهندسة)، ويربط بين هذه التعابير أو المصـطلحات - غـير المعرفة - جمـل رياضية تسمى فرضيات أو مسلمات. وباستعمال قواعد المنطق الفرضي نحصل على جمل رياضية مبرهنة تسمى نظريات. وهذه

النظريات توضح خصائص المصطلحات غير المعرفة، والمصطلحات المعرفة، وتوضح كذلك خصائص العناصر الأولية وصفاتها الأساسية.

وقد تبدو البنية الافتراضية بهذا الوصف سهلة، ومغرية لكل من أراد أن يلهو بهذا النوع من الألعاب؛ إلا أن الرياضيين وضعوا خصائص للفرضيات أو المسلمات لكي تستطيع أن تؤدي دورها في لحم البنية الرياضية. وأهم هذه الخصائص: التوافق (التآلف) أو عدم التناقض (Consistency)، والاستقلال (Independence) والاكتمال (Completeness)، وخاصة التصنيف أو الانعتاقية (Categoricalness) (Butler etal, 1970). وليست جميع هذه الخصائص متساوية في الأهمية، أو مرغوب فيها من ناحية تربوية. وأهمها الخاصية الأولى: خاصية التوافق، وتعني عدم التناقض بين المسلمات نفسها أو بين النظريات المشتقة منها، أو عدم وجود قضية ونفيها صائبتان معا أو خاطئتان معا. وتوفُّر هذه الخاصية في البنية الرياضية أمر ضروري، ومرغوب فيه، من الناحيتين الرياضية، والتربوية.

ولإثبات تألف أي نظام من المسلمات ليس بالأمر السهل، والأسلوب المستخدم هو تكوين نموذج (Model) تحدد فيه معان معينة للمصطلحات والمسلمات في البنية الافتراضية.

وإذا كان النموذج من العالم الحقيقي، فإن برهنة التوافق بهذا النموذج يؤدي إلى توافق مطلق (وذلك عندما تكون العناصر الأولية: المصطلحات والمسلمات ومجموعة العناصر غير المعرفة Primitive terms محدودة العدد). أما إذا كان النموذج المستخدم هو بنية افتراضية أخرى ثبتت فيها خاصية التوافق (وذلك عندما تكون العناصر الأولية غير محدودة) فإن التوافق نسبي.

وتكون مسلمة من المسلمات أو فرضية من الفرضيات مستقلة عن غيرها، إذا لم تكن نتيجة يمكن التوصل إليها أو برهنتها من المسلمات أو الفرضيات الأخرى. ومتى كانت جميع المسلمات مستقلة بعضها عن بعض سمي النظام الرياضي نظاما مستقلا. ومع

أن خاصية الاستقلال ليست ضرورية، خاصة على مستوى تدريسي- في المراحل الأولى، فقد تقبل نظرية معقدة البرهان على أنها فرضية، إلا أننا نفضل أن يكون النظام ذا عدد قليل من المسلمات أو الفرضيات.

أما خاصية الاكتمال، فتعني أن مجموعة المسلمات كافية للبرهنة على اي قضية أو نظرية تربط بين المصطلحات والتعابير (العناصر الأولية) في البنية الرياضية.

والخاصية الرابعة تعني أن النماذج المختلفة لنفس البنية الافتراضية متماثلة (Isomorphic). والبنى الافتراضية هي بنى مجردة، يمكن أن نجد لها تطبيقات في نماذج شتى، وان وجد اقتران تقابل واحد لواحد وشامل) بين عناصر هذه النماذج فإن هذه النماذج تكون متماثلة أو متشاكلة داخلياً (Isomorphic). وإذا كانت نماذج أية بنية متماثلة فإن البنية الافتراضية انعتاقية، أي أن تفسيرها من خلال نماذج مختلفة يبقى تفسيراً واحداً. وكثيراً ما نرغب في برهنة نظريات لبنية افتراضية دون اللجوء إلى نموذج معين، وفي ذلك توفير للجهد، لأنه في حال برهنتها مجردة عن النموذج، فإنه عندئذ لا حاجة لبرهنتها في اي نموذج لتلك البنية. ففي الزمرة مثلا تصح كل النظريات الصائبة في كل النماذج.

1: 5 التركيز على البنية الرياضية

واحد من المهام الأساسية للتعلم، هو إعداد الفرد إعدادا جيداً للتغلب على المشكلات التي تعترضه في حياته المستقبلية، وتزويده بالمهارات والمعلومات التي تفيده في حياته، وفي تعويده على التفكير المنظم والسليم. ومن وجهة نظر العالم التربوي برونر (Bruner, 1963) يتم هذا بطريقتين:

الأولى من خلال تطبيق هذه المعلومات في حالات أو مواقف شبيهة بتلك التي تم التعلم من خلالها. ويطلق التربويون على هذه الظاهرة - انتقال أثر التدريب- وتتمثل هذه بشكل رئيسي ـ في انتقال التدريب والمهارات.

والطريقة الثانية هي تعلم الأفكار العامة التي تكون أساساً لفهم بعض المسائل على أنها حالات خاصة، وهذا ما يسمى بانتقال المبادئ والاتجاهات. واستمرارية التعلم الناتجة عن هذا النوع من الانتقال يعتمد على مدى تصور وفهم البنية الأساسية للموضوع، حيث يتيح فهم البنية هذا إلى تعلم ذي معنى.

والتركيز على تدريس بنية الموضوع، هو اتجاه بدأ يخط سيره نحو موضوعات المعرفة المختلفة، وقد أشار جيمس برونر (Bruner, 1963) إلى أن منهاج أي موضوع من الموضوعات يجب أن يحدد بأساسياته التي تعكس الهيكل الأساسي لذلك الموضوع. وأشار برونر إلى أربعة اسباب تؤيد دعواه إلى الاهتمام بالبنية الأساسية للموضوع والتركيز عليها في المنهاج، وهذه هي:

1) فهم بنية الموضوع وأساسياته هو وسيلة ظاهرة لتحقيق هدف انتقال المعرفة والتدريب إلى مواقف أخرى. ففهم بنية الموضوع تجعل الفرد أقدر على نقل معرفته لمسائل جديدة، ويعطيه مرونة في معالجة المسائل المختلفة وتحليل المواقف الجديدة، كما يُدخل عدداً من المواقف كحالات خاصة للحالة العامة التي تم تعلمها مما يوسع مجال التعلم.

2) فهم أساسيات الموضوع وبنيته تجعل ذلك الموضوع قابلاً للاستيعاب بشكل أفضل، والتركيز على البنية تجعل الفرد أكثر اهتماماً ورغبة في دراسة ذلك الموضوع، وتكوين تصور عام عنه، وبالتالي فهو يزود المتعلم بدافعية ذاتية داخلية تجعله اكثر فهماً واستيعاباً له.

3) يكون الموضوع عرضة للنسيان بسرعة إذا لم يكن هناك تركيز على بنية ذلك الموضوع. فإدراك الفرد لبنية الموضوع تزيد من قدرته على تذكر الأفكار، والمتعلم

غالباً ما يتذكر الأفكار الرئيسية أكثر من الحقائق الكثيرة المنفصلة التي تكون في معظم الأحيـان عرضة للنسيان ما لم يرتبط بعضها ببعض بنظام معين.

4) فهم بنية الموضوع ومبادئه وأفكاره الأساسية تضيق الفجوة بين المعرفة المتقدمة للموضـوع والمعرفـة البدائية له في المستقبل. فتعلم البنية الأساسية للموضوع يختصر الوقـت لـتعلم موضـوعات جديـدة، حيث أن التعلم يكون كلياً، وهذا النوع من التعلم أكثر فعالية من التركيـز عـلى الجزئيـات، ويسـاعد على استمرارية التعلم في المستقبل بصورة فردية وذاتية.

إن ما يميز المشاريع الحديثة لمناهج الرياضيات هو اهتمامها بتدريس البنى الرياضية والتركيز عليها، إذ أن معظم هذه المشاريع والمناهج تهدف إلى تعريف الطلاب بالرياضيات عـلى أنهـا كـلٌ متكامـل يمكـن الوصول إليه من خلال أفكار ومفاهيم موحدة، كمفاهيم المجموعة والاقتران والعلاقة والعمليـات الثنائيـة والأنظمة الرياضية. فهناك إجماع على ضرورة تدريس نظرية المجوعات، واستعمال لغتها ومفاهيمها، لما في ذلك من أهمية خاصة في التعامل مع الرياضيات كموضوع واحد، وجعل لغة الرياضيات وطرائقهـا دقيقـة وواضحة، وقد تكون عناصر المجوعة أعداداً أو نقاطاً. ويـتم ربـط عنـاصر مجموعـة بمجموعـة أخـرى عـن طريق العلاقة والاقتران. وهناك ثلاث علاقات أساسية هي:

الترتيب، التكافؤ، والاقتران.

واعتماداً على علاقة الترتيب، نستطيع أن نرتب الأعداد والنقاط على خط الاعداد. وبعد الانتهاء مـن العلاقات تقدم العمليات على المجموعات، وخصائص هذه العمليات، ومنها تنشأ الأنظمة الرياضـية، ويـتم حل أنظمة متنوعة من المعادلات.

ودراسة البنى والتركيز عليها في المنـاهج الحديثـة لم يجـد طريقـاً سـهلاً، فقـد دارت تسـاؤلات حـول أهميتها واعتراضات على تدريسها في السنوات الأولى من مراحل دراسة الطالب. ومن الرياضـيين المعـروفين الذين وجهوا نقداً حاداً للمناهج الحديثة، وتركيزها على البنية موريس كلاين. ويرى كلاين أن التركيـز عـلى بنية الموضوع لا أهمية له ولا

جدوى منه، عندما لا يكون الطلاب قد ساروا أشواطاً بعيدة في دراستهم للرياضيات. إن تـذوق وفهم بنية الموضوع وتركيبه، يحتاج إلى التعرف على بنى متنوعة لملاحظة أوجه الشبه والاختلاف بينها مـما لا يكون الطالب قد خبره وتعرف عليه في سنوات دراسته المبكرة، حيث أن معرفتـه لا تتعـدى كثيراً بنيـة الأعداد الصحيحة والنسبية. واعتبر كلاين ومؤيدوه أن المناهج الحديثة، وحركات الإصلاح، قد غالـت كثيراً في تركيزها على البنية مـما أدى إلى ضـعف في اكتسـاب المهارات الأساسية والمعرفـة الرياضية الضروريـة للطالب.

6:1 الاستقراء (Induction) والاستنتاج (Deduction) في الرياضيات

الاستقراء والاستنتاج هما نوعان من أنواع الاستدلال؛ والاستدلال هو استخلاص قضية مـن قضـية أو عدة قضايا أخرى؛ أو هو الوصول إلى نتيجة ما من نتيجة أو عدة نتائج أخرى.

مثال (1)

اعتماداً على:

المثلث أ ب جـ ، مجموع قياسات زواياه $= 180°$

والمثلث د هـ و ، قياسات زواياه $= 180°$

... الخ (مثلثات أخرى كل واحد منها مجموع زواياه 180°)

يمكن التوصل إلى النتيجة التالية:

مجموع قياسات زوايا أي مثلث يساوي 180°.

مثال (2)

مجموع قياسات زوايا أي مضلع عدد أضلاعه ن يساوي (2ن – 4) زاوية قائمة.

من هذه القضية العامة نستخلص أن:

مجموع قياسات زوايا الشكل الخماسي مثلاً = 2× 5-4=6 زوايا قائمة أي 540°.

وكذلك مجموع قياسات زوايا الشكل السداسي= 2×6-4=8 زوايا قائمة أي 720°.

تسمى القضية أو القضايا الأصلية التي هي أساس الاستدلال بالمقدمة أو المقدمات، وتسمى القضية الجديدة المستخلصة من هذه المقدمات بالنتيجة. ولا بد من وجود ثلاثة عناصر في أي استدلال منطقي:

1. مقدمة أو مقدمات يستدل بها.
2. نتيجة لازمة عن هذه المقدمات.
3. علاقة منطقية بين المقدمات والنتيجة (آل ياسين، 1974، ص118-128).

فإذا انعدم الارتباط المنطقي بين المقدمات والنتائج انعدم الاستدلال.

والاستقراء هو الوصول إلى الأحكام العامة أو النتائج اعتماداً على حالات خاصة أو جزئيات من الحالة العامة. أي أن الجزئيات أو الحالات الخاصة هي أمثلة من الحالة العامة أو النتيجة التي تم استقراؤها.

فالاستقراء استدلال صاعد، يبدأ من الجزئيات وينتهي إلى الأحكام أو النتائج العامة أو الكلية، وبهذا يكون نتيجة الاستقراء أعم من أية مقدمة من المقدمات التي تم الاعتماد عليها في الوصول إلى هذه النتيجة.

ومنهج التفكير الاستقرائي يستخدم في تكوين تعميمات ونتائج عامة، اي أنه الأساس الذي يعتمد عليه في الوصول إلى المعرفة (عودة وملكاوي، 1987، ص28).

أما الاستنتاج أو الاستنباط فهو الانتقال من الحكم الكلي إلى الحكم على الجزئيات. فهناك المقدمة التي هي حكم كلي، والتي هي في العادة تعميم أو قانون رياضي.

فمثلاً المقدمة التالية هي تعميم رياضي:

مجموع قياسات زويا المثلث= 180°.

فإذا كان المثلث أ ب جـ مثلثاً قائم الزاوية ومتساوي الساقين، فإن النتيجة التي يتم التوصل إليها هي أن كل زاوية من الزاويتين الأخريتين في المثلث أ ب جـ =45°.

فالاستنتاج هو الوصول إلى نتيجة خاصة اعتماداً على مبدأ عام أو مفروض، أو هو تطبيق المبدأ أو القاعدة العامة على حالة أو حالات خاصة من الحالات التي تنطبق عليها القاعدة أو المبدأ (ابو زينة، 1986).

واستخدم الإنسان منهج التفكير الاستنباطي للتحقق من صدق المعرفة الجديدة بقياسها على معرفة سابقة من خلال افتراض صحة المعرفة السابقة، وإيجاد صلة علاقة بينها وبين المعرفة الجديدة، وهكذا فإن صحة المقدمات تستلزم بالضرورة صحة النتائج، أي أن الاستنتاج هو استنباط المعرفة الجزئية من المعرفة الكلية (عودة وملكاوي، 1987، ص27).

والتفكير الاستنتاجي لا يستغرق وقتاً طويلاً كالتفكير الاستقرائي. فالحقائق والقوانين العامة تعطى بصورة مباشرة. في حين يحتاج الفرد الوقت والجهد حتى يتوصل إلى هذه القوانين من خلال الأمثلة والحالات الفردية التي تقدم له، أو يلاحظها الفرد بنفسه.

1: 7 الطريقة الاستنتاجية (Deductive Method) وأسس الهندسة :

نشأ علم الهندسة في مصر القديمة لحاجة المصريين لمسح أراضيهم سنوياً بعد كل فيضان لنهر النيـل، وانتقلت المعارف الهندسية منهم إلى اليونان الذين لم يكتفوا بمتابعـة تجميـع هـذه المعـارف وإثرائهـا، بـل تجاوزوا ذلك وتوصلوا إلى مفهوم النظرية، فكان لهـم الفضـل الأكـبر في إيجـاد مـا نسـميه اليـوم الطريقـة الاستنتاجية، والتي تعتبر من أكبر إنجازات الفكر الرياضي.

وبعد اليونان، تطور علم الهندسة وعلـوم الرياضـيات الأخـرى عـلى أيـدي الهنـود والعـرب. وانفـرد العرب بتطوير المعرفة الرياضية لمدة تبدأ من القرن التاسع حتى القرن الخامس عشر. فكان لهم الفضل في استحداث علم الجبر والمثلثات. وعلى الرغم من كثرة الإنجازات الهندسية التي تمـت، فـإن النظـرة إلى هـذا العلم لم تختلف عن نظرة إقليدس ومعاصريه إليه. وحتى يومنا هـذا، فـإن الهندسـة التـي تـدرس بشـكل أساسي في المدارس والجامعات هي هندسة إقليدس، وبقـي كتـاب إقليـدس الشـهير «**المبـادئ Elements**»، ولمدة تزيد عن ألفي عام، يطبع ويدرس حتى عصرنا الحـالي. ولكـن الثـورة عـلى نظـرة إقليـدس للهندسـة حدثت بدءاً من القرن التاسع عشر، وذلك نتيجة اكتشافات رائعة أعطت لهذا العلم وضوحاً أكبر ومفهومـاً أوسع وأعمق.

والطريقة الاستنتاجية (الاستدلالية) التي اعتمدت في تنظيم علم الهندسة تستند إلى الركائز الخمـس التالية:

1- إيراد بعض التعابير أو المصطلحات غير المعرفة — Undefined terms
2- النص على المسلمات أو البديهيات — Postulates
3- إيراد التعابير المعرفة — Defined terms
4- النص على النظريات — Theorems
5- البرهان على هذه النظريات — Proof

ومن التعابير الأساسية غير المعرفة في علم الهندسة: النقطة والمستقيم والمستوى. وكمثال على التعريف نورد:

الزاوية على أنها اتحاد شعاعين صادرين من نقطة واحدة.

متوازي الأضلاع هو شكل رباعي فيه كل ضلعين متقابلين متوازيين.

وإذا كانت التعاريف تهدف إلى إيضاح المقصد من بعض المصطلحات والتعابير، فإن مهمة المسلمات هي التأكيد على بعض القضايا وربط التعابير والمصطلحات بعضها ببعض.

بنى إقليدس هندسته على خمسة أفكار عامة (Common Notions) سميت بديهيات وخمس مسلمات (Postulates) أوردناها سابقاً.

ويجدر بنا أن نذكر أن المسلمة والنظرية يشغلان في الطريقة الاستنتاجية (الاستدلالية) مركزين مختلفين، فبينما تستند النظرية في نهاية الأمر إلى المسلمات، فإن المسلمات تقبل دون برهان. والبرهان هو مناقشة تبين أن صحة النظرية أو الاستنتاج تنتج منطقياً عن صحة المسلمات المتفق عليها، والنظريات السابقة التي تمت برهنتها. وهكذا فإن البرهان على أية مسألة أو نظرية يستند في نهاية الأمر إلى المسلمات بشكل مباشر أو غير مباشر. ويدل هذا على ضرورة وجود بعض المسلمات في أساس أي علم استدلالي بحيث يمكننا الاستناد إليها عند البرهان على النظريات الأولى منه.

ومع الإقرار بالفضل الكبير للطريقة الاستنتاجية في تطوير علم الهندسة وغيره، إلا أنه لا يجوز المبالغة في أهمية هذه الطريقة واستخدامها تربوياً في علم الهندسة وغيرها من أفرع الرياضيات. فلم يكن بوسع هذه الطريقة أن تبرز للوجود ما لم يكن قد حصل لدى الإنسان، نتيجة التجربة خلال آلاف السنين، قدر كبير من المعلومات عن الخواص الهندسية للأجسام أهلّته للوصول إلى كل ما توصل إليه في هذا العلم أو ذاك. وبعبارة أخرى يجب الاعتراف بأهمية الطريقة الاستقرائية في الوصول إلى المعرفة الرياضية وبنائها وتنظيمها، وعلى وجه الخصوص في مرحلة تكوين هذه المعرفة في المراحل التعليمية

الأولى. ولن يكون بمقدور الطالب استيعاب المعلومـات الرياضـية إذا مـا اقتصرنا في تدريسـنا عـلى الطريقة الاستدلالية، بل يستحيل على الطالب استيعاب خطوات هذه الطريقة في المرحلة العمرية الأولى.

1: 8 الرياضيات والتفكير

التفكير بمعناه الواسع عملية بحث عن معنى في الموقف الذي يتعرض له الفـرد، أو الخـبرة التـي يمر بها؛ وقد يكون هذا المعنى ظاهراً ومباشراً حيناً، وغامضاً أو غير مباشر حيناً آخر، ويتطلب التوصل إليـه مزيداً من التأمل وإمعان النظر في مكونـات الموقـف أو الخـبرة أي استقصـاءً مـن نـوعٍ مـا. فـالتفكير اذن سلسلة من النشاطات العقلية التي يقوم بها الدماغ عندما يتعرض لمثير يتم استقباله عـن طريـق واحـد أو أكثر من الحواس الخمس (جروان، 2009، ص40). ونحن نحتاج التفكير في البحث عـن مصـادر المعلومـات، كما نحتاجه في اختيار المعلومات اللازمة للموقف. واسـتخدام هـذه المعلومـات في حـل المشـكلات. ونحـن نحتاج التفكير ايضاً للتأمل في المعلومات والحكم على صحتها ودقتها، وسلامة الاستنتاجات التي تم التوصل إليها. فالتفكير هو مصدر الوصول إلى معرفة جديدة من معلومات أو بيانـات سـابقة (التفكـير الاسـتقرائي) كما أنه المرجع في الحكم على استنتاجات أو معرفة تم التوصل إليها (التفكير الاستنتاجي).

أن أحد الوظائف الرئيسة للتربية هي تنمية القدرة على التفكير لـدى الطلبـة في جميـع المراحـل الدراسية، ومن خلال جميع المباحـث الدراسـية. وتمثـل الرياضـيات المكانـة المركزيـة بـين جميـع المباحـث الدراسية في تحمل هذه المسؤولية، ويعتـبر تعلـيم التفكـير مـن خـلال حـل المسـائل الرياضـية، والبرهـان الرياضي أحد معايير العمليات الرئيسة التي تنادي بها المناهج الدراسية الحالية كما سيرد عند الحديث عن معايير تدريس الرياضيات (MCTM) في الفصل الثالث من هذا الكتاب.

وهناك أنماط متعددة ومسميات عدة مرتبطة بالتفكير منها؛ التفكير الناقد، التفكير الابتكاري، التفكير الهندسي، التفكير الاحتمالي، التفكير التناسبي وغيرها؛ وتندرج معظم هذه الأنماط من التفكير ضمن التفكير الرياضي. والتفكير الرياضي هو عملية بحث عن معنى أو فكرة في موقف أو خبرة مرتبط/ مرتبطة بسياق رياضي، أي أنه تفكير في مجال الرياضيات حيث تتمثل عناصر أو مكونات الموقف أو الخبرة في أعداد، أو رموز، أو اشكال، أو مفاهيم أو تعميمات رياضية. ولما كان بالإمكان نمذجة وتمثيل العديد من المواقف والمشكلات بنماذج وتمثيلات رياضية، لذا يعتبر التفكير الرياضي شاملاً لجميع أشكال وأنماط التفكير المختلفة.

ويتحدد التفكير الرياضي بمظاهر عدة نذكر منها (أبو زينة وعبابنه، 2007)

1- الاستقراء (Induction)

ويعني الوصول إلى نتيجة ما اعتماداً على حالات خاصة أو أمثلة.

2- التعميم (Generalization)

التعميم هو صياغة عبارة أو منطوقة (بالرموز أو بالالفاظ) عامة اعتماداً على أمثلة أو حالات خاصة كخاصية التجميع أو التبديل أو قانون العد وغيرها.

3- الاستنتاج (Deduction)

وهو الوصول إلى نتيجة خاصة اعتماداً على مبدأ أو قاعدة عامة أو تعميم؛ أي أنه تطبيق المبدأ أو القاعدة على حالة خاصة من الحالات العامة.

4- التعبير بالرموز (Symbolism)

أي استخدام الرموز للتعبير عن الأفكار الرياضية أو المعطيات اللفظية، كالتعبير عن قانون توزيع الضرب على الجمع (في الاعداد) بما يلي:

أ × (ب + جـ) = أ × ب + أ × جـ

5- التخمين أو الحدس (Conjecture)

الحدس أو التخمين هو الحزر الواعي للاستنتاجات من المعطيات دون اللجوء لعمليات التحليل. ويشار إلى التخمين عادة بالتفكير الحدسي (Intuitive Thinking). وقد يبنى الحزر الـواعي عـلى التقـدير والاستبصـار والحساب الذهني. وليس من الضروري أن يؤدي التخمين إلى اعطاء استنتاجات أو اجابات دقيقة تماماً.

6- النمذجة (Modelling)

النمذجة هي تمثيل رياضي لشكل أو مجسم أو علاقة للموقف؛ وتبرز قوة الرياضيات ومكانتها المميـزة في قدرتها على نمذجة المواقف الحياتية والمادية بأشكال أو معادلات أو علاقات رياضية.

7- المنطق الصوري الرسمي (Formal Logic)

وهو استخدام قواعد المنطق في الوصول إلى الاستنتاجات من مقدمات أو معطيات. وتستخدم قواعد الضم، والفصل، والنفي والتضمين في التبريرات والبراهين الرياضية.

8- البرهان الرياضي (Proof)

وهو الدليل أو الحجة لبيان صحة عبارة أو نتيجة ما، ويأتي على شكل سلسلة من العبارات حيث تؤدي كل منها إلى صحة العبارة التالية لها.

التفكير الهندسي :

لما كان للهندسة بأشكالها المختلفة دور محوري في منهاج الرياضيات، مما جعل للتفكير الهندسي مكانة خاصة ومميزة في التفكير الرياضي. وتوصـل فـان هايـل (Van Hiele) في النصـف الثـاني مـن القـرن الماضي إلى وجود مستويات خمسة للتفكير الهندسي يمر فيها الطلبة بشكل هرمي؛ ودعمت العديـد مـن الأبحاث والدراسات هذه المستويات، وهي:

1- المستوى التصوري (Visualization)

يتعامل الطلبة في هذا المستوى مع الأشكال الهندسية كما يراها كتكوينات كلية، وليس كعناصر لها خصائص جزئية؛ ويستطيع الطالب في هذا المستوى التعرف على الأشكال الهندسية، ورسم بعض الأشكال البسيطة، وتصنيفها حسب مظهرها الكلي.

2- المستوى التحليلي (Analytical)

يتم في هذا المستوى تحليل الأشكال الهندسية على أساس مكوناتها والعلاقات بين هذه المكونات، كما يستطيع الطالب تحديد خصائص الأشكال ومقارنتها ووصفها طبقاً لخصائصها.

3- المستوى شبه الاستدلالي (Informal Deduction)

يستطيع الطالب في هذا المستوى تحديد الخصائص الضرورية (الحرجة) للشكل الهندسي، وتقديم حجة أو تبرير لصحة استنتاج أو علاقة أو تعميم.

4- مستوى الاستدلال المجرد (Deduction)

بامكان الطلبة في هذا المستوى اثبات النظريات أو برهنتها أو استحداث براهين جديدة مستخدمين قواعد المنطق الرسمي.

5- مستوى الاستدلال المجرد التام (الصارم) (Rigor)

يستطيع الطلبة في هذا المستوى مقارنة نظامين من الأنظمة المبنية على المسلمات كالهندسة الاقليدية، والهندسة اللااقليدية: الكروية أو الزائدية. والوصول إلى هذا المستوى لا يتم إلا في مراحل الدراسة الجامعية.

أسئلة المناقشة

1. كوّن تعريفك الخاص للرياضيات؛ ووضح الجوانب التي تركز عليها في هـذا التعريـف، وهـل ينسـجم هذا التعريف مع نظرة الآخرين للرياضيات؟

2. ما المجالات التي تركز عليها مناهج الرياضيات في المرحلة الأساسية من الأول وحتـى الخـامس؟ ومـن السادس وحتى التاسع؟ ومن العاشر وحتى الثاني عشر؟

   اعتمد تحليل المحتوى ممثلاً بالنسب المئوية للإجابة عن هذا السؤال؟

3. هل تتفق وجهة نظرك مع وجهة نظر موريس كلاين بالنسـبة للرياضيات وأهميتهـا، أم مـع وجهـة نظر مارشال ستون؟ وضح موقفك.

4. إلى أي مدى يظهر في مناهج الرياضيات المدرسية تركيز على البنية الرياضية، مع أمثلة على ذلك؟.

5. أعطِ نماذج مختلفة لبنى رياضية متكافئة، ووضح تكافؤ أو تشاكل هذه البنى.

6. وضح بأمثلة دور الاستقراء الرياضي، والاستنتاج الرياضي في الوصول إلى معرفة رياضية جديدة.

7. أيهما تفضل للوصول إلى المعرفة الرياضية: الاستقراء أم الاستنتاج؟ ادعم موقفك بمبررات أو أمثله.

8. ما هي النواقص أو المآخذ على الهندسة الإقليدية؟ بـين كيـف تـم التوصـل إلى هندسـات أخـرى غـير اقليدية.

9. أختر ثلاث مظاهر للتفكير الرياضي، ووضح بأمثلة تلك المظاهر.

المراجــــع

- أبو زينة، فريد كامل وآخرون (2005).

مناهج الرياضيات وأهداف تدريسها. الوحدة الأولى في مقـرر طـرق تـدريس الرياضـيات: الجامعـة العربية المفتوحة.

- أبو زينة، فريد كامل (1986).

نمو القدرة على التفكير الرياضي عند الطلبة في مرحلة الدراسة الثانوية وما بعدها.

المجلة العربية للعلوم الإنسانية، المجلد السادس، (147-167).

- أبو زينة، فريد وعبابنه، عبد الله (2007).

مناهج وتدريس الرياضيات للصفوف الأولى، عمان: دار المسيرة.

- آل ياسين، محمد حسين (1974).

المبادئ المبادئ الأساسية في طرق التدريس العامة، بيروت، دار القلم.

- جروان، فتحي (2009)

تعليم التفكير: مفاهيم وتطبيقات. عمان: دار الفكر.

- عودة، أحمد وملكاوي، فتحي (1987).

أساسيات البحث العلمي في التربية.

- المفتي، محمد آمين؛سليمان، ممدوح (مترجمان) (1986).

طرق تدريس الرياضيات لمؤلفه فريدريك بل. الجزء الثاني، الدار العربية للنشر والتوزيع: قبرص.

- Brumbough etal. (1997).

  Teaching Secondary School Mathematics. New Jersey: Lawrence Elbaum Pub co.

- Bruner, J. (1963).

  The Process of Education. Vitage Books.

- Butler, C.; Wren, F. Banks J. (1970).

  The Teaching of Secondary Mathematics. McGraw Hill Book Co., (Chapter 3).

- Dienes Z. in Aichele & Reys (eds.) (1977).

  Readings in Secondary School Mathematics. Prindle, Weber & Schmidt, Inc., (226-241).

- Jensen,C. (1978).

  Exploring Math Conecpts. Merril.

- Johnson.D. & Rising, G. (1972).

  Guidelines for Teaching Mathematics, Wadsworth pub. Co., Inc., 2[Nd]., ed.,

- Kline, M. (1974).

  Why Johnny Cant Add, the Failure of Modern Mathematics.

- Stone, M. The Revolution in Mathematics. (1961).

  American Mathematical Monthly.V68, (715-729).

- National Council of Teachers of Mathematics (**NCTM**). Documents: (1989, 1995, 2000).

2

الفصل الثاني
تنظيم منهاج الرياضيات

1:2   المفهوم الحديث للمنهاج

2:2   عناصر منهاج الرياضيات

3:2   منطلقات وأسس منهاج الرياضيات

4:2   أهداف تدريس الرياضيات

5:2   محتوى منهاج الرياضيات وتنظيمه

6:2   مبادئ عامة لتدريس منهاج الرياضيات

7:2   تقويم منهاج الرياضيات

8:2   الكتاب المدرسي

المراجع

تنظيم منهاج الرياضيات

1:2 المفهوم الحديث للمنهاج

أخذ المفهوم التقليدي للمنهاج من حيث كونه مقررات مدرسية تضـمها الكتـب يتلاشى تـدريجياً في أذهان التربويين، وإن كان ظلال هذا المفهوم التقليدي ما زال يمارس وبدرجات متفاوتـة في واقع التطبيـق العملي.

وبدأ المفهوم الحديث للمنهاج من حيـث كونـه يشـتمل عـلى جميـع الخبرات التعليميـة المنهجيـة (الصفية واللاصفية) التي يتعرض لها الطالب، والتي تتولى المدرسة التخطيط لهـا والإشراف عليها وتقويمها في النهاية، يكتسب زخماً بين رجالات التربية ومصممي المناهج في السنوات الأخيرة.

وتهتم الخبرات التعليمية التي يشتمل عليها المنهاج بتنمية المعلومات والمهارات والاتجاهـات لـدى الطلبة، كما وتهدف لتحقيق الأهداف العامة للتربية والتعليم، والأهداف الخاصة من تدريس مادة بعينها.

ويشتمل التعريف الإجرائي لمفهوم المنهاج الحديث وتطـويره، حسـب مـا يـرى تيلـر (Tyler,1974)، الإجابة عن الأسئلة الأربع التالية:

1. ما الأهداف التربوية التي تسعى المدرسة لتحقيقها؟

2. ما الخبرات التعليمية التي يجب أن يزود بها الطالب لتحقيق هذه الأهداف؟

3. كيف يمكن تنظيم الخبرات التعليمية المختارة من أجل خلق تعليم فعال؟

4. كيف يمكن قياس مدى تحقق الأهداف التربوية المتوخاة بعد تزويد الطلبة بالخبرات التعليمية المنظمة؟

2:2 عناصر منهاج الرياضيات

يتألف منهاج أية مادة دراسية من أربعة عناصر أساسية متكاملة ومترابطة يمكن تلخيصها فيما يلي:

1. الأهداف العامة والخاصة للمنهاج

عند التخطيط لبناء أي منهاج تربوي بطريقة منظمة تتيح لمصمم المنهاج إدخال التحسينات المستمرة كلما دعت الحاجة لذلك، يجب تحديد الأهداف العامة والخاصة للمنهاج والتي بدورها تحدد اتجاه العملية التربوية بحيث تكون هادفة وفعالة.

وتعتبر هذه الأهداف المعيار الذي يتم به اختيار المواد التعليمية وتحديد محتوى المنهاج، وبها يتم تطوير طرق التعليم واستعمال الوسائل والأنشطة، وبناء الاختبارات ووسائل التقويم الأخرى.

2. فحوى المنهاج

ويشمل الخبرات التعليمية من معلومات ومهارات واتجاهات، سواء أكانت صفية أو لاصفية، والتي من شأنها تحقيق أهداف المنهاج. والخبرة التعليمية هي موقف تعليمي يتفاعل فيه الفرد مع البيئة التعليمية المحيطة به. ويتم تنظيم الخبرات التعليمية في المنهاج على أساس يجمع ما بين الاعتبارات المنطقية لها مع الاعتبارات النفسية والسيكولوجية للمتعلمين الذين سيمرون بهذه الخبرات.

3. الأساليب والوسائل والأنشطة

وتشمل هذه طرق تعليم المنهاج، واستعمال الوسائل، واستغلال أنواع النشاط المختلفة المرافقة للمنهاج. ويعتبر هذا العنصر حلقة وصل بين الطالب والمعرفة، وهو الوسيلة التي تزود الطالب بالمعلومات والمهارات والاتجاهات التي تحددها مادة المنهاج.

4. التقويم ووسائله

التقويم هو عملية تحديد مدى ما تحقق من الأهداف التي خطط لها المنهاج. والقصد مـن أيـة عملية تقويم هو الكشف عن نقاط الضعف لتلافيها ونواحي القوة للتأكيد عليها، وذلك من أجل الكشـف عن مدى تحقق الأهداف والوصول إليها. وتشمل عملية التقويم أبعاداً ثلاثة هي:

1. تقويم المعلم من حيث ملاءمة طرقه التعليمية والوسائل التي يستعملها في تدريسه.

2. تقويم نمو الطالب ومدى تقدمه نحو تحقيق أهداف المنهاج.

3. تقويم الخبرات التعليمية التي تكون فحوى المنهاج من حيث مدى ملاءمتها للأهداف وللطلبة، ومدى انسجامها مع بعضها، وحداثتها وحسن تنظيمها وتوزيعها.

ولا يقتصر تقويم المنهاج على الاختبـارات العاديـة فقـط، بـل يشـمل جميـع الوسائل الأخرى مـن استبيانات وأدوات مشاهدة وغيرها.

لقد حظيت مناهج الرياضيات في معظم دول العالم بنصيب وافر من التطوير والتحديث علـى نحـو يتمشى مع التطورات والتغيرات التي حدثت في كافة المجـالات والتي شـهدها العـالم في السـنوات الأخـيرة. ويبدو واضحاً أن الرياضيات قـد غـزت فـروع العلـوم الأخـرى ودخلـت حيـاة النـاس اليوميـة عـن طريـق الحاسبات الالكترونية في عالم الصناعة والتجارة، وأصبحت الرياضيات تعيش مع الفرد لتسـاعده في تنظيـم أمور حياته ومعاملاته بشكل أفضل وأسرع مما كانت عليه.

ولذلك كان لزاماً مجاراة هذا التطوير والتحديث، وإعادة بناء منهاج الرياضيات بحيـث تـأتي متوافقـة مـع النظرة الحديثة للمنهاج ولتعدّ الفرد لمواجهة الحياة العصرية.

ويشتمل المنهاج الحديث للرياضيات على العناصر الرئيسية التالية:

1. المنطلقات والمبادئ والأسس العامة الواجب مراعاتها عند بناء المنهاج.

2. أهداف تدريس الرياضيات.

3. فحوى المنهاج أو المحتوى الرياضي للمنهاج.

4. الوسائل والسبل لتحقيق أهداف تدريس الرياضيات.

5. التقويم؛ وسائله ومجالاته.

وسنقدم فيما يلي شرحاً موجزاً لهذه العناصر الرئيسية.

3:2 منطلقات وأسس منهاج الرياضيات

يجب أن يراعي منهاج الرياضيات عند بنائه المبادئ والأسس المتضمنة في الجوانب التالية:

أ) الجوانب الأساسية

هناك حاجات أساسية يجب أخذها بعين الاعتبار عند اختيار أهداف تدريس الرياضيات (Johnson and Rising,1972, p.45) وهذه هي:

1. حاجة الفرد لفهم الظواهر الطبيعية، وكيفية إسهام الرياضيات في هذا الفهم.

2. حاجة الفرد لاستخدام الأساليب الرياضية في البحث والتحليل والتفسير واتخاذ القرارات.

3. التعرف على كيفية إسهام الرياضيات كعلم وفن في التراث الثقافي والحضاري للأمة والمجتمع الإنساني.

4. إعداد أفراد المجتمع للمهن المختلفة التي تحتاج الرياضيات أو تستفيد منها.

5. استخدام لغة الرياضيات في التواصل الفكري والحضاري، والحاجة إلى نقل المفاهيم والأفكار الرياضية للآخرين بدقة وبوضوح من خلال لغة الرياضيات.

ولقد حـددت وثيقـة المجلـس الـوطني لمعلمـي الرياضيات في الولايـات المتحـدة (NCTM,2000) الحاجات الأساسية للرياضيات في عالم متغير على النحو التالي:

* الرياضيات للحياة

إن معرفة الرياضيات يمكن أن تكون مصدر إشباع وقوة على المستوى الشخصي نحتاجها في اتخـاذ القرارات المتعلقة بأمورنا اليومية والمعتادة.

* الرياضيات كجزء من الموروث الثقافي

تعتبر الرياضيات أحد أعظم الإنجازات الثقافية (الفكرية) الإنسانية ويجب على الجميـع أن يفهمـوا ويقدروا هذا الإنجاز بجوانبه المختلفة.

* الرياضيات في العمل

لقد ارتفع مستوى التفكير الرياضي وحل المسألة في العمل وفي المجـالات المهنيـة بصـورة دراماتيكيـة ابتداء من العناية الصحية حتى الرسم الهندسي.

* الرياضيات لمجتمع علمي وتقني

على الرغم من ضرورة وجود أساس عام في الرياضيات لجميع المهن والوظائف فإن بعض هذه المهن والوظائف يتطلب فهماً رياضياً عميقاً.

ب) بناء الرياضيات

يتكون بناء الرياضيات من المفاهيم (المصطلحات)، والتعميمات، والخوارزميات والمهارات، والمسائل الرياضية، وفيما يلي وصف موجز لكل منها:

1. المفاهيم والمصطلحات: وهي اللبنات الأساسية في المعرفة الرياضية، مثل الأعداد والنقط والأشكال الهندسية وغيرها. ويجب التركيز في المنهاج على المفاهيم الأساسية الموحدة لمختلف أفرع الرياضيات، كالمجموعة والعلاقة والاقتران والجملة المفتوحة وغيرها.

2. التعميمات والنظريات : تعرف التعميمات الرياضية بأنها جمل خبرية تربط عدداً من المفاهيم بعضها ببعض، ويمكن للتعميمات الرياضية أن تكون بمستوى مسلمات يسلم بصحتها، أو بمستوى نظريات يبرهن على صحتها بالاستدلال الرياضي.

وترتبط سرعة استنتاج الطالب للتعميمات بألفته للمفاهيم التي تتناولها هذه التعميمات. وألفة الطالب للمفاهيم تعني رؤية معنى لها عنده، سواء كان المعنى على مستوى فكري لغوي، أو على مستوى تطبيقي.

3. الخوارزميات والمهارات الرياضية: تعرف الخوارزمية بأنها الطريقة الروتينية للقيام بعمل ما، مثل خوارزمية الضرب والقسمة واستخراج الجذر التربيعي، وإيجاد القاسم المشترك الأعظم أو المضاعف المشترك الأصغر، وتحليل المقادير الجبرية. أما المهارة فهي إجراء الخوارزمية بدقة وسرعة.

ولما كان فهم الخوارزمية يساعد في إعطاء معنى للمهارة المرتبطة بها، لذا كان من الضروري التركيز على فهم الطالب للخوارزمية قبل تثبيت المهارة المطلوبة.

ويجب إعطاء أهمية خاصة للمهارات المرتبطة بقراءة الجداول والرسوم البيانية، ومهارة الرسم بشكل عام.

4. المسائل الرياضية: المسألة الرياضية هي موقف رياضي أو حياتي جديد يتعرض لـه الطالـب، ويتطلـب حله استخدام المعلومات الرياضية السابقة. ومن الضروري أن تكون المسائل التي يتعرض لها الطالـب متنوعة وشاملة للمواقف التي تتطلب تطبيقاً للمفاهيم والتعميمات والمهارات الرياضية. كما ويجب أن تشمل هذه المسائل مواقف حياتية تستخدم المعرفة الرياضية المكتسبة في حلها.

جـ) أسلوب الرياضيات

يمكننا الاعتماد في تعليم الرياضيات على طريقتين في اكتساب المعرفة الرياضية، الطريقة الاستقرائية والطريقة المنطقية الاستنتاجية. ويكون للطريقة الاستقرائية نصيب كبير في المراحل الأولى لتعليم الطالب. وفي هذه الطريقة نلجأ إلى استخدام الأمثلة والقياس وغير ذلك في استنتاج التعميمات.

أما الطريقة المنطقية القائمة على المسلمات وقواعد المنطق – القيـاس المنطقـي – فتلائم الطلبـة في المستويات العليا، ومع ازدياد مستوى النضـج عنـد الطلبـة. وتتمثل هـذه الطريقـة في زيادة ملحوظـة في الاعتماد على البرهان الرياضي للنظريات والتعميمات.

د) تعلم الرياضيات وتعليمها

أثرت النظريات التربوية الحديثة في التعلم والتعليم تأثيراً ملحوظاً على إعادة تنظيم المادة الرياضية وطرق تدريسها. ومن المبادئ التي يجب مراعاتها في هذا المجال:

1. يجب التركيز على البنية الرياضية في جميع الصفوف، وبمستويات متفاوتة.

2. يستطيع الأطفال تعلم مفاهيم أكثر تجريداً وتعقيداً عنـدما يتم التركيـز علـى العلاقـة بـين هـذه المفاهيم.

3. يمكن تكثيف برامج الحساب الحالية للمرحلة الابتدائية، وذلك لأن لدى الأطفال القـدرة علـى تعلـم المفاهيم في مراحل عمرية مبكرة بعكس ما كان يعتقد سابقاً.

4. يمكن تعليم أي مفهوم للطفل، في أي عمر، وبمستوى مقبول، إذا ما استخدمت اللغة المناسبة لعرض ذلك المفهوم.

5. الطريقة الاستقرائية أو طريقة التعلم بالاكتشاف طريقة فعالة ومنطقية تزيد من كمية التعلم والاحتفاظ به.

6. الهدف الرئيس لأي برنامج تعليمي هو العمل على تطوير طرائق التفكير المستقل والتفكير الإبداعي.

7. يبدو أن التعلم الإنساني يمر في مراحل ثلاثة: مرحلة ما قبل العمليات، ومرحلة العمليات المادية، ومرحلة العمليات المجردة.

8. يعتمد تحقيق الفهم على ما يقوم به المتعلم لاستقصاء المفهوم باستخدام الأدوات والمواد المحسوسة، ولا يمكن تحقيق الفهم العميق بالاقتصار على استعمال الصور الرمزية.

9. تدريس المهارات الرياضية يجب أن يبنى على الفهم وليس عملية تدريب آلي على هذه المهارات .

10. إن التطبيق العملي للمفاهيم والتعميمات الرياضية وخاصة التطبيقات المأخوذة من العلوم التطبيقية، يعتبر أمراً ذا قيمة كبيرة لأنه يعمل على تعزيز التعلم والاحتفاظ به (Shulman,1970).

هـ) استخدامات الرياضيات

يمكن أن تظهر تطبيقات الرياضيات ضمن موضوع الرياضيات نفسه أو خارجه، ففي موضوع الاشتقاق للاقترانات تظهر التطبيقات لهذا المفهوم وقوانينه في القيم العظمى والصغرى ورسم الاقترانات.

أما تطبيقات المشتقات خارج موضوع الرياضيات، فيمكن أن تظهر إما في الحياة العملية، أو في المعدلات الزمنية المرتبطة، وفي علم الميكانيكا.

بالإضافة لتزايد تطبيقات الرياضيات مع تزايد المعرفة العلمية، فإن أسلوب الرياضيات أخذ يتزايد في الاستخدام بحيث أصبح جزءاً أساسياً من الطريقة التي يستخدمها الإنسان في معالجة المواقف الحياتية التي يتعرض لها. ولا يخفى على أحد أهمية استخدام الأسلوب المتضمن في حل المسائل الرياضية في حياة الطالب العملية، فالإنسان في معالجته للمواقف الجديدة يقوم بترييض (Mathematize) هذه المواقف بحيث يستطيع فيها استخدام العمليات الرياضية للوصول إلى حلول ممكنة لهذه المواقف.

4:2 أهداف تدريس الرياضيات

تنبع أهمية الرياضيات في مناهج مراحل التعليم العام من خلال نظرتين متكاملتين وشاملتين للرياضيات:

الأولى: تنظر للرياضيات على أنها أداة للاستخدام والتطبيق. فهناك مهارات رياضية ولغايات ضرورية يحتاجها الفرد ليعيش ضمن مجتمع يتفاعل مع مؤثراته الثقافية والاجتماعية والاقتصادية، ويتطلب ذلك مستوى معقولاً من المعرفة الرياضية التي تمكن الفرد من أن يكون متفتح العقل، ناقداً، فاعلاً ومشاركاً في مجتمعه.

والنظرة الثانية تنظر للرياضيات على أنها نظام معرفي له بنيته وتنظيمه المستقلين. والرياضيات كنظام معرفي له بنية هيكلية تساعد الفرد على تنمية التفكير الناقد وتسهم في بناء شخصيته وقدرته على الإبداع من خلال اتاحة الفرصة له لاكتشاف المفاهيم والعلاقات.

إن جمال وتناسق الرياضيات المتضمن في الأشكال الهندسية والأنماط العددية والبنى الرياضية تساعد في تنمية اتجاهات الطلبة وقدراتهم على التذوق والتقدير.

أولاً: أهداف تدريس الرياضيات لمرحلة التعليم الأساسي:

يهدف منهاج الرياضيات في مرحلة التعليم الأساسي إلى تحقيق ما يلي:

1. اكتساب المفاهيم والمهارات والكفايات الأساسية المتعلقة بالأعداد والأرقام والعمليات عليها والتي تمكن الفرد من توظيفها واستخدامها في حياته اليومية وفي تعامله مع الآخرين.

2. التعرف على وحدات القياس المختلفة التي يحتاجها الفرد في حياته اليومية، وعلى العلاقات فيما بينها، واستخدامها استخداماً سليماً ووظيفياً.

3. استيعاب المفاهيم والتعميمات الرياضية الهندسية التي تعين الفرد على فهم المحيط المادي حوله وعلى تمثيل هذا المحيط بنماذج رياضية وأشكال هندسية.

4. اكتساب المقدرة على إجراء الحسابات ذهنياً وعلى تقدير الإجابات والتحقق من صحتها.

5. استيعاب قدر كاف من المعلومات الرياضية الأساسية التي يحتاجها الطالب في دراسته اللاحقة ودراسته للموضوعات الأخرى.

6. التعرف إلى بنية الرياضيات وبنائها وإلى المنهج المتبع في الوصول إلى المعرفة الرياضية والتحقق من صحتها.

7. التعرف على مجالات تطبيقات الرياضيات في الحياة اليومية وفي عصر العلم والتكنولوجيا.

8. استخدام الأسلوب السليم في التفكير والاستدلال وحل المشكلات.

9. تنمية اتجاهات وعادات سليمة مثل: النظام والترتيب والتركيـز والصبر والمثـابرة والثقـة بـالنفس والتعاون وحسن التصرف في المواقف المختلفة.

10. تنمية الاتجاهات الإيجابية نحو الرياضيات وتـذوق جوانـب الجـمال والتناسـق في بنائهـا وأسـلوبها ومحتواها.

11. تقدير جهود علماء العرب والمسلمين وأثرهم في تطوير العلوم الرياضية وتطبيقاتها.

12. اكتساب القدرة على التعلم الذاتي والمحافظة على استمراريته مما يدفع الفرد إلى المتابعة المسـتمرة والمواكبة للمستجدات والتطورات..

ثانياً: أهداف تدريس الرياضيات في المرحلة الثانوية

يهدف منهاج الرياضيات في المرحلة الثانوية إلى تحقيق ما يلي:

1. اكتساب قدر مناسب من المعرفة الرياضية تمكن الفرد مـن المسـاهمة الإيجابيـة في مجـالات التنميـة المختلفة.

2. تمكين الفرد من توظيف المعرفة الرياضية التي يدرسها في حياته اليومية وحقول المعرفة الأخرى.

3. تنمية قدرة الفرد على جمع البيانات الإحصائية وترتيبها وتمثيلها وتحليلها واستخلاص النتائج منها.

4. اكتسـاب قـدر كـاف مـن المعرفـة الرياضـية التي يحتاجهـا الطالـب في دراسـته اللاحقـة ودراسـته للموضوعات الأخرى.

5. استخدام أساليب التفكير السليم في البحـث والاستقصـاء والوصـول إلى الاستنتاجات والقـرارات وحـل المشكلات.

6. تنمية اتجاهـات وعادات سـليمة مثـل: النظـام والترتيـب والتركيـز والصبر والمثـابرة والثقـة بـالنفس والتعاون وحسن التصرف في المواقف المختلفة.

7. تنمية الاتجاهات الإيجابية نحو الرياضيات وتذوق جوانب الجمال والتناسق في بنائها وأسلوبها ومحتواها.

8. تقدير جهود علماء العرب والمسلمين وأثرهم في تطوير العلوم الرياضية وتطبيقاتها.

9. اكتساب القدرة على التعلم الذاتي والمحافظة على استمراريته مما يدفعه إلى المتابعة المستمرة والمواكبة للمستجدات والتطورات.

ثالثاً: أهداف تدريس الرياضيات في المرحلة الثانوية (التخصص)

1. تعميق فهم الطالب للمفاهيم والمهارات والكفايات الضرورية له كمواطن منتج ومساهم في مجالات التنمية المختلفة. وتمكينه من توظيف هذه المعرفة في حياته اليومية.

2. اكتساب قدر كاف من المعرفة الرياضية المتخصصة في مجالاتها وموضوعاتها المختلفة لتمكين الطالب من متابعة دراسته العليا، وتنمية استعداداته ورغبته في التعلم الذاتي والمستمر في مجال الرياضيات.

3. تفهم واستيعاب طبيعة الرياضيات وبنائها وتنظيمها المبني على المسلمات والتعابير وغير المعرّفه والنظريات والنتائج التي يمكن التوصل إليها.

4. التعرف على استخدامات الرياضيات وتطبيقاتها في العلوم الحديثة والتكنولوجيا المعاصرة وتمكينه من استخدامها وتوظيفها في حياته.

5. تنمية قدرة الطالب على التفكير السليم المبني على قواعد المنطق وعمليات الاستدلال المنطقي، وتنمية قدرته على الإبداع والابتكار لتمكينه من مواجهة المشكلات وحلها علمياً ومنطقياً سليماً.

6. تنمية اتجاهات وعادات سليمة مثل النظام والترتيب والتركيز والصبر والمثابرة والثقة بالنفس والتعاون وحسن التصرف في المواقف المختلفة.

7. تنمية الاتجاهات الإيجابية نحو الرياضيات وعلماء الرياضيات وتـذوق جوانـب الجـمال والتناسـق في بنائها وأسلوبها ومحتواها.

8. تقدير جهود علماء العرب والمسلمين وأثرهم في تطوير العلوم الرياضية وتطبيقاتها وتقدم الحضارة الإنسانية ودفعها نحو الأمام.

وهناك نماذج أخرى لأهداف تدريس الرياضيات وردت على نحو يختلف عن الأهداف السـابقة مـن حيث الشكل. **فقد أورد جونسون ورازينج الأهداف التالية لتدريس الرياضيات:**

1) تبصير الطالب بمقرر الرياضيات ومساعدته علـى اكتسـاب كفايـة في المفـاهيم والمبـادئ والمعلومـات الرياضية:

أ- تعريف الطالـب وتزويـده بعناصـر لغـة الرياضيات مـن مصطلحات ورمـوز ومفاهيم وعلاقـات وحقائق.

ب- تنمية القدرة على فهم وتحليل العلاقات الكمية، والعلاقات في الفراغ لفهم البيئة التي يعيش فيها الطالب.

ج- تزويد الطالب بأساس عام من الكفايات لمتابعة دراسة الرياضيات وتطبيق المعرفـة الرياضيـة في مواقف أخرى.

2) فهم البنية المنطقية للمعرفة الرياضية وطبيعة البرهان الرياضي:

أ- تعريف الطالب باللغة الرياضية، ودقة المصطلحات والتعـابير المسـتخدمة، وبالـدور الـذي تلعبـه اللغة في إيصال المعرفة الرياضية بدقة ووضوح.

ب- إتاحة الفرصة للطالب للتعرف على الطبيعة الاستنتاجية للرياضيات، وبالتحديـد الـدور الخـاص الذي يلعبه الأسلوب القائم على المسلمات، والتعرف على بنى رياضية هندسية وجبرية متنوعة.

ج- تمكين الطالب من إدراك البناء الرياضي ومكوناته، ومساعدته على تنمية تفكيره المنطقي.

3) القدرة على إجراء الحسابات بفهم ودقة وكفاءة:

أ- تمكين الطالب من إجراء الحسابات واكتساب المهارات التـي سـتفيده في موضوع الرياضيات، وفي الحياة العملية والمهنية.

ب- استخدام الطالب لأكثر من أسلوب واحد أو طريقـة للوصـول إلى الأجوبـة، بمـا في ذلك الجـداول والرسومات البيانية والآلات الحاسبة وغيرها.

ج- تشجيع الطالب على التقريب والتخمين والتقدير ومراجعة الحل.

4) اكتساب القدرة على حل المسألة:

أ- تمكين الطالب من إدراك الرياضيات كوسيلة لوصف المسائل العلمية نظرياً، وتمكينـه مـن التعرف على مجالات التطبيق العملي للرياضيات.

ب- تنمية القدرة لدى الطالب للتمييز بين البيانات ذات العلاقة بموقف معين عن غيرها.

ج- تعويد الطالب على تمثيل البيانات بأشكال ملائمة لتساعده على فهم المسألة وحلها.

5) تنمية اتجاهات إيجابية نحو الرياضيات وتذوق جمالها ومتعة العمل بها:

أ- تبصير الطالب بالقيمة الجمالية للرياضيات، وإعطاؤه وافراً مـن الفـرص ليسـتمتع بهـا مـن خـلال العمل المنتج فيها.

ب- إتاحة الفرص للطالب للتعرف عـلى الرياضـيات كموضـوع حـي متطـور عـلى الـدوام، يـتم بنـاؤه وتطويره على أساس الخبرات والتجارب، أو على أساس ما نسـتلهمه مـن النظريـات والخـبرات أو التجارب السابقة.

ج- إكساب الطالب الثقة بالنفس وحب الاستطلاع والمبادرة في العمل والصبر والتأني.

د- إدراك الدور الذي تلعبه الرياضيات في حياة الأفراد، وفي تاريخ الأمم والشعوب.

6) تطوير طرائق مناسبة لتعلم الرياضيات وإيصال المعرفة الرياضية للآخرين:

أ- الاستماع للمناقشات والاشتراك فيها.

ب- تشجيع التعلم الذاتي والمحافظة على استمراريته، وذلك من خلال عرض مواقف يحللها الطالب ويصل بنفسه إلى التعميمات.

ج- تشجيع الطالب لكي يكتب أفكاره الرياضية بلغة دقيقة، وسليمة وواضحة.

د- إتاحـة الفرصـة للطالـب وتشـجيعه لـكي يسـأل أسـئلة هادفـة ومحـددة.(Johnson & Rising,1971,pp.266-271)

5:2 محتوى منهاج الرياضيات وتنظيمه

محتوى المنهاج هو فقرات المادة العلمية، والتي يتضمنها الكتـاب المـدرسي ويقـوم المعلـم بتعليمهـا للطلبة ليحصل التعلم المطلوب، وبذلك تتحقق أهداف المنهاج.

ويبنى المنهاج وينظم بحيث تتـدرج فيـه الموضـوعات عـلى مراحـل ومسـتويات تتناسـب ومسـتوى النضج العقلي للطالب واستعداداته، وتتفق مع التنظيم المنطقي للمادة العلمية نفسها. ويراعى في تنظيـم المادة العلمية التنظيم السيكولوجي والتنظيم المنطقي (ريان،1986،ص52-55)

والتنظيم السيكولوجي للمنهاج يأخذ بالاعتبار نضج المتعلم واهتماماته وخبراته واستعداداته. وهذا التنظيم يكون أكثر مناسبة للأطفال قليلي النضج نسبياً، أو في المراحل التعليمية والصفوف الدنيا بشكل خاص. فقد يكون من الصعب جداً على الطالب في المرحلة الابتدائية الأولى تعلم الأعداد السالبة، أو البرهان المنطقي، أو تعلم الأشياء المجردة.

أما التنظيم المنطقي فيعني أن المادة تعرض وتقدم في المنهاج حسب الترتيب المنطقي لها، والتأكيد هنا على المفاهيم الرئيسية والمبادئ الأساسية لهذه المادة. ويعتبر هذا التنظيم ملائماً للفهم الناضج وللطلبة في مستويات لاحقة في المدرسة. إن التنظيم المنطقي للمادة يحتم علينا مثلاً أن نقدم الكسور العادية، فالكسور العشرية، فالنسبة والنسبة المئوية بهذا التتابع. أو أن تقدم النهايات ثم الاتصال ونظرياته ثم الاشتقاق وهكذا. ويجب على واضع المنهاج أن يوفق بين التنظيمين في عرض المادة العلمية في المناهج وتسلسلها في الصف الواحد وفي الصفوف المتتابعة.

وعند تنظيم محتوى المنهاج لابد من مراعاة أمور ثلاثة هي:

التسلسل، والاستمرار، والتكامل(Tyler,1974).

فالاستمرار يعني أن موضوعاً ما يمر في أكثر من موقف تعليمي واحد، أي أن الموضوع لا يعطى دفعة واحدة للطالب، بل يوزع في مواقف متعددة، مثلاً يعطى موضوع الكسور للطلبة في عدة صفوف بدءاً من الصف الأول أو الثاني الابتدائي وحتى الصف السادس الابتدائي وربما بعد ذلك.

ونحن لا نكتفي بالانتباه فقط للاستمرار في عرض المادة، بل ينظر أيضاً إلى التسلسل أو التتابع (Sequence) في عرض موضوعاتها. والتسلسل في فقرات المنهاج يعني أحكام الربط بين الفقرات والموضوعات، وتنظيمها بحيث تبنى على بعضها البعض تماماً كما تبنى حدود المتسلسلة على بعضها البعض، فلا تبدو متناثرة أو مبعثرة هنا وهناك.

ويعتمد مبدأ الاستمرار والتسلسل على طبيعة عملية النمو والنظام الذي يسير التعلم وفقه من مرحلة لأخرى.

فالمادة التعليمية يجب أن يخطط لها كسلسلة من الخبرات تنمو من الخبرات السابقة لها، وتؤدي إلى الخبرات اللاحقة، وهذا يقضي بأن لا تعرض للطالب أية موضوعات إلا إذا تعرض لمتطلباتها السابقة.

ويجب أن تشتمل وحدة المادة الدراسية على مادة وثيقة الصلة ببعضها البعض. وتنظيم المادة التعليمية في وحدات مترابطة وشاملة لجميع الجوانب المرتبطة بموضوع الوحدة هو ما يحقق التكامل في عملية تنظيم المنهاج. كما يجب أن يخطط للوحدات بحيث تؤدي إلى وحدات أخرى مما يمكّن المتعلم إدراك العلاقات المتداخلة بين المادة كلها. والتكامل يعين الطالب على ملاحظة العلاقات المتداخلة بين أجزاء المادة الواحدة أو الوحدة الواحدة، وبينها وبين الوحدات والمواد الأخرى، وهذا يوسع محيط المادة بدرجة شاملة ويؤكد على اتساع دائرة المفاهيم والمبادئ وتطبيقاتها.

6:2 مبادئ عامة لتدريس المنهاج

يجمع المربون على أنه من الصعب وضع قواعد ومبادئ عامة وثابتة يتبعها المعلمون في تدريسهم،فالعملية التربوية تفاعل بين المعلم والطالب والمدرسة والبيت والبيئة. ولذا تختلف طرق التدريس باختلاف هذه المتغيرات، وتتعقد، لصعوبة التنبؤ أو التكهن بالعلاقة التي تربطها جميعها، فمثلاً ما يثير دافعية وحماس مجموعة من الطلاب قد لا ينجح مع مجموعة أخرى، وقد لا يثير نفس المجموعة في ظروف أو موقف آخر.

فالفروق الفردية حقيقة ثابتة اتفق عليها علماء النفس والتربية، ومن هنا تبرز أهمية المعلم كقائد تربوي، يرى ببصره وبصيرته الوسائل الكفيلة بتحقيق الأهداف التعليمية التي يضعها.

وتجدر الإشارة إلى أن هناك بعض الآراء والمبادئ العامة التي يتفق عليها الكثير من المربين وتتعلق بالممارسات الصفية، نورد فيما يلي بعضاً منها، وسنتناول هذه الآراء والمبادئ وغيرها بشيء من التفصيل في الفصول القادمة.

1. مراعاة الفروق الفردية

يتفاوت المتعلمون في سرعة إنجاز الأعمال، وفي نواحي متعددة من شخصيتهم وتفكيرهم. وعلى المعلم إتاحة الفرص الكافية لجميع الطلاب للمشاركة والعمل كل حسب قدراته وإمكاناته.

ويتطلب هذا من المعلم استخدام أساليب ووسائل متنوعة في التعلم، تلبي حاجات التلاميذ الفردية، كأن يستخدم الأسلوب الفردي في التعلم، ويكلف الطلاب القيام بأعمال كل حسب إمكاناته وقدراته. ويمكن أن يقسم الطلاب إلى مجموعات صغيرة، يعمل أفراد كل منها متعاونين لإنجاز العمل المطلوب منهم مراعياً بذلك الطلبة من مستويات مختلفة.

2. التدرج في التعليم

على المعلم أن يحرص على عدم إعطاء وتدريس موضوع جديد في الرياضيات دفعة واحدة، بل عليه أن يتذكر أن تعليم أي موضوع جديد في الرياضيات يجب أن يمر في المراحل التالية:

أ- التعليم من أجل الفهم الأولي للموضوع.

ب- التعليم من أجل تعميق الفهم والاستيعاب.

ج- التعليم من أجل التطبيق والانتقال إلى مواقف أخرى.

د- التعليم من أجل دوام التعلم واستبقائه.

وهذا، وسنعالج هذه المراحل الأربعة بتفصيل أكثر من فصل لاحق.

3. التعلم بالعمل والمشاركة

يتعلم الطلاب الرياضيات بطريقة أفضل عن طريق العمل والمشاركة الفعالة في الأنشطة التي تتيح لهم تطبيق ما يتعلموه. ويجب على المعلم إثارة أسئلة هادفة، تستثير تفكير الطالب وتدفعه للتعلم، كما يفترض فيه تشجيع الطلبة على المشاركة في مناقشة الأفكار الرياضية وحلول المسائل والتعبير عن أفكارهم الأصيلة، وأن يكلفهم بين الحين والآخر بوظائف تستدعي الابتكار والبحث.

4. التعلم بالاكتشاف*

إن أساليب التدريس التي تشجع الطلبة على اكتشاف الأفكار والحلول بأنفسهم تولد عندهم شعوراً بالرضى والرغبة في مواصلة العمل والتعلم، ولذا يجب أن يفسح المعلم المجال لطلبته لاكتشاف أفكار جديدة بأنفسهم، حتى ولو استغرق ذلك وقتاً طويلاً منهم، أو وقعت أخطاء أثناء عملية الاكتشاف.

5. التتابع في التعلم

المعرفة الرياضية تراكمية، هرمية، تكون فيها المفاهيم الأولية اللبنات الأساسية والقاعدة العريضة لهذا الهرم. وهناك المفاهيم والمهارات والمبادئ التي تبنى على المفاهيم الأولية، لذا يصعب تعلم مفهوم جديد دون التمكن من المفاهيم السابقة ذات العلاقة، ويصبح من الضروري تحديد هذه المفاهيم السابقة وتوضيحها قبل البناء عليها.

* يستخدم الآن التعلم بالاستقصاء بدلاً من الاكتشاف.

إن إعطاء الموضوع الجديد في الرياضيات دفعة واحدة لا يحقق تكامل عناصره جميعها بل قد يهدم ويعيق تقدم الطالب للوصول إلى قمة الهرم.

6. **التدريب يعزز تعلم المفاهيم واكتساب المهارات**

يجمع المربون على أهمية التدريب في عملية التعلم، وخاصة في اكتساب المهارات، وتكمن أهمية التدريب في كونه وسيلة لحفظ التعلم من الضياع واستبقائه وثباته لفترة أطول. ولابد لكل متعلم من قدر معين من التدريب إذا أراد اكتساب مهارة ما. ومن الأمور المتفق عليها أن توزيع التدريب على فترات متتابعة أفضل من إعطائه دفعة واحدة، لأن ذلك قد يؤدي إلى الملل عند المتعلم وخاصة في بداية اكتساب المهارة وتكوينها لديه.

7. **التعزيز**

النقد المتواصل للمتعلم وعدم تشجيعه يضعف من عزيمته ويقلل من ثقته بنفسه، أما التشجيع المتواصل واستثارة دافعية المتعلم فإنها تحفزه على الاستمرار في التعلم وتدفعه إلى الأمام وتنمي لديه اتجاهات نحو الرياضيات.

إن معرفة المتعلم بأن استجابته صحيحة يعزز تعلمه ويدعمه، ولذا يجب أن لا يُرْجَأَ تقويم عمل الطالب وإطلاعه على نتائجه حتى النهاية، بل عليه أن يطلع أولاً بأول على تقدم سيره، وإعطائه التغذية الراجعة باستمرار.

7:2 تقويم منهاج الرياضيات

انطلاقاً من المفهوم الحديث للمنهاج، يعتبر التقويم عنصراً أساسياً في منهاج الرياضيات وذلك إلى جانب الأهداف والمحتوى والأساليب والأنشطة المستخدمة.

والقصد من أية عملية تقويم هو تحديد مدى التوافق بين النتاجات التعليمية والأهداف، أي مـدى بلوغ الطالب للأهداف التربوية التي ينشدها المنهاج.

وتشمل عملية التقويم أبعاداً ثلاثة هي:

أ‌- تقويم نمو الطالب ومدى تقدمه نحو تحقيق أهداف المنهاج المتوخاة.

ب‌- تقويم المعلم من حيث طرق تعليمه ووسائله التي يستعملها.

ج‌- تقويم الخبرات التعليمية التي تكون فحوى المنهاج من حيث تحقيقها للأهداف وانسـجامها مـع بعضها، وحداثتها وحسن تنظيمها وتوزيعها.

ويشمل التقويم مراحل ثلاث من تعلم الطالب:

1. تقويم التعلم القبلي للطالب

2. التقويم أثناء عملية التعلم

3. تقويم التعلم البعدي

وتختلف وسائل التقويم باختلاف مستويات وأنواع الأهداف المـراد قياسها، فهنـاك أهـداف تتعلـق بتحصيل المعلومات واكتساب المفاهيم، وأهداف تتعلـق بالمهـارات، وحـل المسـألة، وأخـرى بالاتجاهـات والعادات والقيم.

إن عملية تقويم المنهاج أمـر لابـد منـه في تطـوير أي برنامج أو منهـاج مـدرسي، ولتقـويم المنهـاج طريقتان:

تتمثل الأولى في ملاحظة المنهاج أثناء تطبيقه.

وتتمثل الثانية في تحليل مطبوعات المنهاج من كتب دراسية وأدلة للمعلمين.

ولا شك بأن تقويم تحصيل الطالب هو المرآة التـي نـرى فيهـا نتـائج عمليـة تقويم المنهاج نفسـه بصورة شاملة.

هذا، وسنأتي بشيء من التفصيل عن تقويم التحصيل في الرياضيات في فصل لاحق من فصول هذا الكتاب.

8:2 الكتاب المدرسي

يحتل الكتاب المدرسي مكانة أساسية في العملية التربوية؛ فهو ترجمة المنهاج في الواقع، ويعتبره الكثيرون بديلاً عنه.ولما كان المنهاج المدرسي مركزياً في معظم دول العالم فإن الكتاب المدرسي يكون وحيداً ومشتركاً لجميع الطلبة في البلد الواحد، حتى أن بعض وزارات التربية والتعليم تحرص على عدم استخدام أي كتاب آخر، إلى جانب الكتاب المقرر.

وتقوم وزارات التربية في الوطن العربي ومعظم دول العالم بالإشراف على تأليفه وطبعه وتوزيعه مجاناً على الطلبة. وفي معظم الأحيان يكون تأليف الكتاب بالتكليف، وفي أحيان نادرة يكون عن طريق المسابقات.

ويعتبر الكتاب المدرسي المرجع الرئيس، وربما الوحيد للطالب والمعلم في الأنظمة التربوية التقليدية السائدة في معظم دول المنطقة. ويلجأ بعض المعلمين والطلبة للرجوع إلى الكتب الإضافية أو الخارجية في بعض الحالات وذلك للتدرب على المهارات وحل المزيد من الأمثلة والتدريبات أو المسائل خصوصاً عند التقدم للامتحانات العامة كامتحان شهادة الدراسة الثانوية.

إن المكانة المركزية للكتاب المدرسي في منهاج الرياضيات تقتضي بالضرورة توفّر عدد من الشروط والخصائص أو المواصفات في الكتاب لتحقيق الأهداف التعليمية المتوخاة من استخدامه، خاصة وإنه المرجع الرئيس أو الوحيد أمام الطالب والمعلم، وهو إلى جانب ذلك أداة التطوير والتغيير في المناهج الدراسية. إلا أن الظروف التي تحيط

بإعداد الكتاب المدرسي وإخراجه والإمكانات المتوفرة مـن فنيـة أو ماديـة أو بشريـة تجعـل الكتـاب، وخصوصاً كتاب الرياضيات، يفتقد للكثير من هذه المواصفات، وبالتالي يقلل من دوره في تحقيق الأهداف المرجوة.

وتحرص مديريات المنهاج في وزارات التربية والتعليم، وهي الجهـات المسؤولة عـن إنتـاج وتوزيـع الكتب المدرسية إلى إصدار نشرات خاصة للمؤلفين لتوفير عدد من الشروط في إخراج الكتاب، وتقوم بنفس الوقت بتقويم الكتاب المدرسي من وجهة نظر الطلبة والمعلمين والمشرفين التربويين.

وقد تبنت مديرية المنهاج بوزارة التربية والتعليم في الأردن * المواصفات الفنيـة والتربويـة التاليـة في كتب الرياضيات.

أولاً: إعداد الكتب ومواصفاتها الفنية

تتكون سلسلة كتب الرياضيات من كتاب للطالب لكل صف من صفوف مرحلـة التعليم الأسـاسي، وكتاب للمعلم لكل صف من صفوف المرحلة المذكورة بالإضافة لكراس عمل Workbook لكل صف.

ثانياً: المواصفات التربوية

أ-   الإخراج

1.   تتكون كتب الصفوف من الأول وحتى السادس مـن جـزأين منفصـلين بمعدل جـزء لكل فصـل دراسي، بينما تتكون كتب بقية السلسلة من كتاب واحد لكل صف.

---

* من المؤكد أن تغييرات قد حصلت على هذه المواصفات. ولذا لا ينصح بالالتزام أو تبني كل ما ورد في هذه المواصفات، وينصح بإجراء التعديلات حسب المنهاج المطبق حالياً.

2. تكون كتب الطالب للصفوف الأربعة الأولى بأربعة ألوان فيما يكتفي بلونين لبقية كتب السلسلة.

3. يتضمن كتاب المعلم صوراً مصغرة لصفحات كتاب الطالب ويكتب في الحواشي الأساليب والأنشطة المدعمة للمادة وإرشادات للمعلم.

4. يكون كتاب المعلم من أربعة ألوان للصفوف الأربعة الأولى، ومن لونين في الصفين الخامس والسادس، ومن لون واحد في بقية كتب السلسلة.

5. يتكون كراس العمل Workbook من جزأين في كل من الصفوف الرابع والخامس والسادس ويكون بلون واحد.

ب-   تنظيم محتوى الكتاب

يوزع محتوى كتاب الطالب على فصلين دراسيين: كل فصل دراسي يتناول عدداً من الموضوعات موزعة في وحدات مترابطة، ويراعى في تنظيم كل وحدة مايلي:

1. إعداد الكتاب بحيث تغطى حصة كاملة في صفحتين متقابلتين تتضمن الأنشطة والأمثلة والتدريبات والمسائل.

2. وضع مجموعة من التمارين في نهاية كل وحدة للمراجعة التراكمية تشمل مختلف الوحدات السابقة.

3. وضع مجموعة من الأسئلة التقويمية في نهاية كل وحدة.

ج-   الأسلوب

1. البدء بالموضوع وذلك من خلال طرح مشكلة تشوق الطالب وتحثه على المشاركة والتفاعل.

2. مخاطبة الطالب أثناء تقديم الخبرات بلغة واضحة بحيث يستطيع الطالب المتوسط أن يفهمها من مجرد قراءتها وقبل مناقشتها في الصف.

3. يعرض كل درس وفق التسلسل التالي:

تقديم المادة، أمثلة، نتائج، أمثلة مدعمة، تدريبات، ومسائل.

كما يراعى في البرهان الهندسي تقديم نص النظرية، والبرهان، ثم أمثلة وتطبيقات وتمارين.

4. يراعى التدرج في عرض المادة من المحسوس، إلى شبه المحسوس، فالمجرد، ومن البسيط إلى الأكثر تركيباً وبما يتلاءم مع الفئة العمرية.

5. تقديم الأشكال و الرسومات في المكان المناسب لها وحيثما دعت الحاجة لذلك.

6. إبراز القوانين والنظريات ضمن إطار بلون مميز.

7. ربط المفاهيم الرياضية وتوظيفها من خلال التطبيقات التي تكون من واقع الطالب.

8. تضمين الجداول والإحصاءات أرقاماً معقولة ومطابقة للواقع ما أمكن.

9. مراعاة النظريات والخبرات التربوية الحديثة المتعلقة بتعلم وتعليم الرياضيات.

10. تضمين وحدات الكتاب تدريبات كافية على المهارات والمسائل الرياضية.

11. تنمية مهارة الطالب في إجراء الحسابات الذهنيـة، وإبـراز دور التقـدير والحسـاب الـذهني في الحلول والنواتج.

ثالثاً: كتاب المعلم

تقسيم كتاب المعلم إلى نفس الوحدات الواردة في كتاب الطالب، وتتضمن كل وحدة ما يلي:

أ- عدد الحصص المقترحة لكل وحدة.

ب- أبرز الأفكار الرياضية (السابقة) التي قد يحتاجها المعلم في تدريس تلك الوحدة.

ج- إرشادات وتوجيهات للمعلم حول تدريس كل صفحتين متقابلتين مـن كتـاب الطالـب والمثبـت صورة مصغرة منها في كتاب المعلم للصفوف الستة الأولى.

د- إجابات التمارين وحلول لبعض الأسئلة.

هـ- خطة لتدريس الوحدة، وتشتمل على مايلي:

1. المتطلبات السابقة اللازمة لتدريس الوحدة.

2. أهداف الوحدة.

3. الأساليب والأنشطة المناسبة لتدريس الوحدة.

4. اختبار في نهاية الوحدة.

ونظراً لأهمية الكتاب المدرسي في العملية التعليمية التعلمية أجريت دراسات عديدة لتقويم الكتاب المدرسي من عدة نواحي ارتبطت بالإخراج، والمحتوى، والأنشطة التعليميـة (الأسـلوب) والأسـئلة المتضـمنة فيه. وتأكيداً على ضرورة ملاءمـة الكتـاب المـدرسي للطلبـة اسـتخدمت عـدة طـرق للحكـم عـلى مسـتوى مقروئية المادة التعليمية منها طريقة (كلوز)، وتقوم هذه الطرائق على اختيار نصوص من المادة التعليمية وحذف الكلمة الخامسة أو السادسة، وهكذا. (ومن الدراسات في هذا المجال: دراسة قطيط،2002).

تدريبات وأنشطة

1. اختر واحدة من الحاجات الأساسية التي يجب مراعاتها عند اختيار أهداف تدريس الرياضيات؛ وبـين كيف يتم مراعاتها في الأهداف وترجمتها في المحتوى الرياضي.

2. بين كيف انعكست النظريات التربوية الحديثة على منهاج الرياضيات الحالي، وعزز موقفك بأمثلة.

3. اختر واحداً من الموضوعات الرئيسة في الرياضيات، ووضح كيف يحقق منهاج الرياضيات الخصـائص الثلاثة: الاستمرار، والتسلسل والتكامـل وذلـك في مسـتوى المرحلـة الابتدائيـة أو مسـتوى المرحلـة الإعدادية والثانوية.

4. اختر كتاباً من كتب الرياضيات وتحقق من توفر الخصائص التربوية والفنية في هذا الكتاب. (بإمكانك تطوير استبانة خاصة بالرجوع إلى دراسات في هذا المجال).

5. اختر أحد كتب الرياضيات وطور استبانة لتقويم هذا الكتاب،والتحقق من مقروئيته.

    ملاحظة: اعتمد استبانة التقويم المستخدمة حالياً.

6. طوّر استبانة لتقويم كتب الرياضيات استناداً إلى معايير NCTM الواردة في الفصل التالي.

المراجــع

- ريان، فكري (1986).

تخطيط المنهاج الدراسية وتطويرها، مكتبة الفلاح، عمان.

- قطيط، غسان (2002).

تقويم كتاب الفيزياء للصف الثاني الثانوي. رسالة ماجستير غير منشورة، جامعة عـمان العربيـة للدراسات العليا.

- Johnson & Rising (1971).

  Goals & Objectives of Mahematice Education. in Aichele & Reys: **Readings in Secondary Mathematics.** Prindle & Weber & Schmidt Inc., pp.266-271.

- Johnson R. & Rising D. (1972).

  Guidelines for Teaching Mathematics. Wadsworth pub.co.Inc., 2nd ed. (chap.4).

- National Council of Teachers of Mathematics (**NCTM**), 2000.

- Shulman, L. Psychology and Mathematics Teaching, (1970).

  Mathematics Education .Edited by Begle,69th Ybk NSSE.

- Tyler R. (1974).

  Basic Principles of Curriculum & Instruction. The University of Chicago Press .

الفصل الثالث
مبادئ ومعايير
الرياضيات المدرسية

3

1:3   معايير منهاج الرياضيات المدرسية لعام 1989

2:3   مبادئ الرياضيات المدرسية

3:3   معايير محتوى منهاج الرياضيات

4:3   معايير العمليات

مبادئ ومعايير الرياضيات المدرسية

أصـدر المجلس الـوطني لمعلمي الرياضيات في الولايـات المتحـدة (NCTM) Natinal Cuncil Of Teachers Of Mathematics عام 1989 وثيقة بعنوان معايير المنهاج والتقـويم للرياضيات المدرسية، كـما أصدر المجلس عام 1995 وثيقة بعنوان التقويم للرياضيات المدرسية. وفي عام 2000 أصدر وثيقـة المبـادئ والمعايير للرياضيات المدرسية، وهي ما سنتناوله له بشيء من التفصيل في هـذا الفصل. أمـا وثيقـة معايير التقويم فسوف نتناولها في الفصل الأخير من هذا الكتاب.

1:3 معايير منهاج الرياضيات المدرسية لعام 1989 (NCTM, 1989)

تناولت معايير منهاج الرياضيات المدرسية لعام 1989 ماهية (محتـوى وعمليـات) الرياضيات التـي يجب أن يتضمنها المنهاج، وجاءت هذه المعايير موزعة للصفوف من الروضة وحتى الصف الثاني عشر على النحو التالي:

1. من الروضة وحتى الصف الرابع.

2. من الصف الخامس وحتى الثامن.

3. من الصف التاسع وحتى الثاني عشر.

أولاً: معايير المنهاج للصفوف: من الروضة وحتى الرابع

1. الرياضيات وحل المشكلات
2. الرياضيات والاتصال
3. الرياضيات والتفكير
4. الرياضيات والربط
5. التقدير والتقريب
6. الأعداد والترقيم
7. العمليات على الأعداد الصحيحة وإجراء الحسابات
8. الهندسة وأبعاد الفضاء
9. القياس
10. الإحصاء
11. الكسور والأعداد العشرية
12. الأنماط العددية والعلاقات

وفيما يلي تفصيل لبعض المعايير الواردة أعلاه:

الرياضيات وحل المشكلات

يهدف تدريس الرياضيات في الصفوف الابتدائية الأولى تمكين الطالب مما يلي:

— يستخدم أساليب الاستقصاء وحل المشكلات لفهم المحتوى الرياضي.

— يكوِّن مسائل رياضية من الحياة.

— يطور ويستخدم استراتيجيات لحل مسائل متنوعة.

– يتحقق ويفسر النتائج التي حصل عليها.

– يكتسب الثقة بالنفس في استخدام الرياضيات بفهم واستيعاب.

الرياضيات والاتصال

يجب أن يشتمل منهاج الرياضيات على فرص عدة للاتصال بحيث تمكن الطالب مما يلي:

– يربط المواد الفيزيائية والصور والرسومات بالأفكار الرياضية التي يدرسها.

– يربط اللغة اليومية التي يستخدمها باللغة الرياضية والرموز التي يتعلمها.

– يتأمل ملياً ويوضح أفكاره حول المادة والأفكار الرياضية.

– تتكون عنده القناعة بأن الاستماع، والقراءة والكتابة، والنقاش في مادة الرياضيات هو جزء مهـم في تعلم الرياضيات واستخدامها.

الرياضيات والتفكير

دراسة الرياضيات يجب أن تركز على العقلنة والتفكير السليم بحيث يتمكن الطلبة مما يلي:

– يتوصل إلى استنتاجات منطقية سليمة عن الرياضيات.

– يستخدم النماذج، والحقائق والخصائص والعلاقات الرياضية التي تم التوصل إليها.

– يبررون إجاباتهم وحلولهم.

– يستخدمون الأنماط والعلاقات في تحليل المواقف الرياضية.

– يقتنعون بأن الرياضيات ذات معنى.

ثانياً: معايير منهاج الرياضيات للصفوف من الخامس وحتى الثامن

1. الرياضيات وحل المشكلات
2. الرياضيات والاتصال
3. الرياضيات والتفكير
4. الرياضيات والربط
5. الأعداد والعلاقات بين الأعداد
6. أنظمة الأعداد ونظرية العدد
7. الحسابات والتقريب
8. الأنماط والاقترانات
9. الجبر
10. الإحصاء
11. الاحتمالات
12. الهندسة
13. القياس

وفيما يلي تفصيل لبعض المعايير الواردة أعلاه:

الرياضيات وحل المشكلات

نفس ما ورد في الصفوف الابتدائية الأولى، بالإضافة إلى:

− تعميم طرق واستراتيجيات الحل المستخدمة لمواقف جديدة.

الرياضيات والاتصال

يجب أن يوفر منهاج الرياضيات في هذه الصفوف فرصاً كافية للاتصال بحيث يمكّن الطلبة مما يلي:

- عمل نماذج للمواقف مستخدمين الوسائل والأساليب الجبرية والصورية والبيانية.

- التأمل ملياً بالأفكار والمواقف الرياضية التي يدرسونها.

- يطورون فهماً شاملاً للأفكار الرياضية بما في ذلك دور التعريفات الرياضية.

- يستخدمون مهارات القراءة والاستماع لتفسير وتقويم الأفكار الرياضية.

- يناقشون الأفكار الرياضية ويتوصلون إلى إجابات بالتخمين ويقدمون حلولاً مقنعة.

- يقدرون قيمة المصطلحات والرموز الرياضية ودورها في تطوير الأفكار الرياضية.

الرياضيات والتفكير

- يتعرف الطلبة ويستخدمون التفكير الاستقرائي والاستنتاجي.

- يتفهمون ويطبقون عمليات التفكير، مع العناية بالتفكير الفضائي (Spatial Reasoning) والنسبي والبياني.

- تكوين وتقويم الحلول والمناقشات وطرق التفكير.

- تقدير قوة الرياضيات في تنمية التفكير.

الرياضيات والربط

يجب أن يتيح منهاج الرياضيات فرصاً لاستقصاء الـروابط (أدوات الـربط) الرياضية بحيث يمكّن الطلبة من:

- رؤية الرياضيات ككل متكامل.
- استقصاء المسائل ووصف النتائج مستخدمين النماذج العددية، والبيانية، والفيزيائية، والجبرية والرسومات والأشكال.
- استخدام أفكاراً رياضية لتعميق فهمهم لأفكار أخرى.
- استخدام أنماط التفكير الرياضي والنماذج في مواقف تنشأ في فروع المعرفة الأخرى.
- تقدير قيمة الرياضيات ودروها في المجتمع وتقدم الثقافة البشرية.

ثالثاً: معايير المناهج للصفوف من التاسع وحتى الثاني عشر

1) الرياضيات وحل المشكلات
2) الرياضيات والاتصال
3) الرياضيات والتفكير
4) الرياضيات والربط
5) الجبر
6) الاقترانات
7) الهندسة التركيبية (الاقليدية)
8) الهندسة التحليلية
9) المثلثات
10) الإحصاء والاحتمالات
11) التحليل الرياضي في الرياضيات غير المتصلة(Discrete)

12) التفاضل والتكامل

13) البنية الرياضية

الرياضيات والتفكير

يجب أن يتيح منهج الرياضيات لهـذه الصـفوف فرصاً متعـددة للطلبـة لينمـوا ويطوروا مهـاراتهم وقدراتهم على التفكير، وبالتحديد:

- إعطاء مثال نقيض (Counter Example).

- تتبع المناقشة المنطقية.

- الحكم على المناقشة وتقويمها.

- تكوين مناقشات صحيحة (برهان رياضي).

الهندسة التركيبية

- المجسمات في الفضاء الثلاثي.

- الأشكال الهندسية وخصائصها وتمثيلها للواقع.

- التطابق والتشابه للأشكال الهندسية.

- استخلاص خصائص الأشكال من الافتراضات المعطاة.

وبالنسبة لطلبة الفرع العلمي:

- تطوير القدرة على فهم النظام القائم على المسلمات وعرض النماذج المختلفة من الهندسات.

الهندسة التحليلية

- الربط بين الهندسة التحليلية والتركيبية.

- التحويلات الهندسية واستخلاص الخصائص الهندسية للأشكال.
- التطابق والتشابه في التحويلات الهندسية.
- المتجهات والتحويلات الهندسية.

الرياضيات المتقطعة (المنفصلة)

- المصفوفات، والمتسلسلات.
- الأشكال المنتهية (Finite Graphs).
- البرمجة الخطية.

2:3 مبادئ الرياضيات المدرسية (NCTM, 2000)

تصف المبادئ الستة التالية خصائص تعليم الرياضيات ذا النوعية عالية المستوى، وفيما يلي المبادئ الستة التي تناولتها وثيقة (NCTM) لعام 2000.

وبينما تجري مناقشة كل مبدأ على حدة، فإن قوة هذه المبادئ كموجهات وأدوات لاتخاذ القرارات تنبع من تفاعلها في ذهن التربويين؛ وتكون هذه المبادئ قوية عندما يجري استخدامها معاً لتطوير برامج رياضيات مدرسية ذات نوعية عالية.

1. مبدأ المساواة The Equity Principle

تعتبر المساواة في التعليم العنصر الأساسي لهذه الرؤيا. إذ يجب أن توفر الفرص والدعم لجميع الطلاب بغض النظر عن خصائصهم الشخصية وخلفياتهم لدراسة الرياضيات وتعلمها. والمساواة لا تعني تلقي جميع الطلاب لنفس التعليم، بل تعني توفير

التسهيلات المعقولة والمناسبة حسب الحاجة لتشجيع الوصول إلى الرياضيات والتحصيل لجميع الطلاب.

والمساواة مرتبطة بالمبادئ الأخرى، فجميع الطلاب يحتاجون كل سنة منهاجاً رياضياً يكون مترابطاً منطقياً، ويقدم التحدي، يدرس من قبل معلمين أكفاء يتلقون الـدعم الـلازم. إضافة إلى ذلك فإنه يجب تقييم تعلم الطلاب وإنجازهم وتقديم تقارير تشير إلى المجالات التي تحتاج اهتماماً إضافياً وفورياً.

كما يجب توفير التكنولوجيا لجميع الطلاب والتي يمكن أن تساعد في تحقيق المساواة للجميع.

المساواة تتطلب توقعات عالية وفرصاً قيمة للجميع

يتطلب مبدأ المساواة توصيل التوقعـات العاليـة لـتعلم الرياضيات إلى جميع الطلاب. ويستطيع المعلمون توصيل هذه التوقعات من خلال تفاعلهم مع الطلاب ومن خلال تعليقاتهم علـى أوراق الطلاب، كذلك من خلال تجميعهم للطلاب في مجموعات تدريسية، وأخـيراً مـن خـلال وجـود أو غيـاب المسـاعدة للطلاب الذين يحاولون تحقيق مستويات أعلى من التحصيل والتواصـل مـع الأشـخاص الراشـدين في حيـاة الطالب. ويقع على عاتق المدرسة التأكد من اشتراك الطلاب جميعاً في برامج تدريس قوية تدعم تعلمهـم للرياضيات. ويمكن تحقيق التوقعـات العاليـة جزئيـاً مـن خـلال بـرامج تـدريس تثـير اهتمام الطـلاب وتساعدهم على رؤية أهمية وفائدة الاستمرار في تعلم الرياضيات في حياتهم.

المساواة تتطلب استيعاب الفروق الفردية بين الطلاب لمساعدة الجميع على تعلم الرياضيات

التوقعات العالية ضرورية لكنها ليست كافية لتحقيق هدف المسـاواة في تعلـيم الرياضيات لجميـع الطلاب. يجب أن تكون الفرصة متاحة لجميع الطلاب لتلقي برنامج

رياضيات عادل ومتميز يوفر الدعم القوي لتعلمهم ويستجيب لمعرفتهم السابقة، ونقاط قوتهم العقلية واهتماماتهم الشخصية.

قد يحتاج بعض الطلاب مساعدة إضافية لتحقيق التوقعات العالية ومنهم الطلاب غير الناطقين باللغة الإنجليزية أو الطلاب ذوي الإعاقات. ومثلهم هؤلاء الطلاب ذوي الاهتمامات الخاصة أو المواهب الاستثنائية والذين يمكن أن يكونوا بحاجة إلى البرامج الإثرائية أو مصادر إضافية لإثارة اهتمامهم وتشجيعهم على المشاركة، ويجب أن تعتني الأنظمة المدرسية بحاجات بعض الطلاب الخاصة دون إعاقة تعلم الآخرين.

ويمكن للتكنولوجيا أن تساعد في تحقيق المساواة في غرفة الصف، ومن المهم أن توفر لجميع الطلاب الفرص لاستخدام التكنولوجيا بطرق مناسبة لكي يستطيعوا الوصول إلى أفكار رياضية مثيرة للاهتمام. وأخيراً يجب أن لا يكون الوصول إلى التكنولوجيا بعداً آخر من أبعاد عدم المساواة التربوية.

تتطلب المساواة توفير المصادر والدعم لجميع الصفوف والطلاب

إن تحقيق المساواة يتطلب تخصيصاً مهماً للمصادر البشرية والمادية في المدرسة وفي غرفة الصف. وتلعب أدوات التدريس والمواد المنهجية والبرامج الإضافية الخاصة إضافة إلى الاستخدام الفعّال لمصادر المجتمع دوراً هاماً في هذا المجال. وهناك عنصر آخر ربما يكون أكثر أهمية وهو التطوير المهني للمعلمين الذين يحتاجون المساعدة في فهم نقاط القوة لدى طلابهم وحاجات الطلاب الذين يأتون من بيئات مختلفة أو الذين لديهم إعاقات محددة، وكذلك الطلاب الذين يمتلكون مواهب واهتمامات خاصة في الرياضيات. ومن أجل استيعاب الفروق بين الطلاب بفعالية وبحساسية يحتاج المعلمون فهم ومواجهة اعتقاداتهم وربما تحيزهم.

2. مبدأ المنهاج The Curriculum Principle

"المنهاج ليس مجرد مجموعة من النشـاطات، يجـب أن يكـون المنهـاج مترابطاً منطقياً Coherent مركزاً على الرياضيات المهمة وواضحاً عبر الصفوف".

يعتبر منهاج الرياضيات المدرسية مقرراً فعّالاً لفرص التعلم المتاحة للطلاب وما يتعلمونـه في الواقع. وفي منهاج مترابط منطقياً ترتبط الأفكار الرياضية وتبنى على بعضها البعض بحيث يتعمق فهـم الطلاب ومعرفتهم وتزداد قدراتهم على تطبيق الرياضيات. ومنهاج الرياضيات الفعّال يركّز على الرياضيات المهمـة، الرياضيات التي تعد الطلاب للدراسة المسـتمرة ولحـل المشـكلات في البيت وفي العمـل. والمنهـاج الواضـح يتحدى الطلاب لزيادة تعلمهم للأفكار الرياضية الأكثر تعقيداً بينما يستمرون في دراساتهم.

منهاج الرياضيات يجب أن يكون مترابطاً منطقياً

يقوم المنهاج المترابط منطقياً على تنظيم وتكامل الأفكار الرياضية المهمة بحيث يتمكن الطلاب مـن ملاحظة (رؤية) اعتمادها على بعضها البعض، وكذلك ارتباط الأفكار ببعضها وبذلك يمكنهم من تطوير فهم ومهارات جديدة.

وترابط المنهاج مهم على مستوى غرفة الصف، وفي التخطيـط للـدروس، يجـب أن يحـاول المعلمـون تنظيم الرياضيات بحيث تتكامل الأفكار الجوهرية. ويجـب أن تـرتبط الأفكار الرياضية بعنايـة بعناصـر مهمة مثل المصطلحات، التعريفات، الرموز، المفـاهيم والمهـارات التـي تظهـر خـلال العمليـة. إن تسلسـل الدروس المنطقي في الوحدات وعبر السـنوات الدراسـية يمثـل تحدياً. ويحتـاج المعلمـون إلى القـدرة عـلى التكيف واغتنام الفرص لتوجيه الدروس في اتجاهات غير متوقعة.

يجب أن يركز منهاج الرياضيات على الرياضيات المهمة

يجب أن يركز منهـاج الرياضيات عـلى المحتـوى والإجـراءات الرياضية التـي تكـون جـديرة بوقـت واهتمام الطلاب. ويمكن اعتبار مواضيع رياضية مهمة لعدة أسباب منها

فائدتها في تطوير الأفكار الرياضية الأخرى، وربط مجالات الرياضيات المختلفة، وكذلك زيادة تقدير الطلاب للرياضيات. كما يمكن أن تكون الأفكار محل تركيز في المنهاج لأنها مفيدة في تمثيل وحل المشكلات ضمن حدود الرياضيات أو خارجها.

يجب أن يكون منهاج الرياضيات مترابطاً مفصلياً عبر الصفوف Well- Articulated

يتضمن تعلم الرياضيات عملية تراكم للأفكار وبناء فهم متتابع يزداد عمقاً وتقدماً. ويجب أن يوفر المنهاج خارطة تساعد المعلم على توجيه الطلاب نحو مستويات متزايدة التعقيد وعمق المعرفة، ومثل هذا التوجيه يتطلب منهاجاً واضحاً يستطيع المعلمون في كل مستوى فهم الرياضيات التي درسها الطلاب في المستوى السابق وما سيكون عليه تركيز المنهاج في المستوى اللاحق. فعلى سبيل المثال يستكشف الطلاب في صفوف (الروضة – 2) أوجه الشبه والاختلاف في الأشكال الثنائية الأبعاد، وفي الصفوف (3- 5) يستطيعون التعرف على خصائص الأشكال الرباعية، وفي الصفوف (6-8) يمكنهم استكشاف خصائص أشكال رباعية معينة والتوصل إلى التعميمات عنها. أما في الصفوف (9-12) فربما يمكن للطلاب تطوير حجج منطقية لتفسير التخمينات التي توصلوا لها عن مضلعات معينة، وعندما يصل الطلاب مستويات أعلى يجب أن ينخرطوا بعمق أكبر في الأفكار الرياضية عندما يمكن توقع نمو فهمهم وقدرتهم على استخدام المعرفة.

وبدون وضوح المنهاج عبر الصفوف فإنه لا يمكن تجنب الازدواجية والمراجعة غير الضرورية. فالمنهاج الواضح يعطي المعلمين التوجه بخصوص الأفكار المهمة أو المواضيع الرئيسة والتي تلقى اهتماماً خاصاً في أوقات مختلفة.

ويوفر أيضاً توجيهاً عن عمق الدراسة المطلوبة في أوقات معينة، إضافة إلى فترة النهاية بالنسبة لبعض المهارات أو المفاهيم.

مبدأ التعليم The Teaching Principle

"إن تعليم الرياضيات الفعّال يتطلب فهماً لما يعرفه الطلاب، وما يحتاجون تعلمـه، ومـن ثـم تـوفير التحدي والدعم اللازم لهم من أجل التعلم الجيد".

يتطلب التدريس الفعّال معرفة وفهم الرياضيات وكذلك فهم الطلاب كمتعلمين إضافة إلى معرفـة وفهـم استراتيجيات التدريس

يحتاج المعلمون إلى أنواع مختلفة من المعرفة الرياضية، ومعرفة بالمجال ككل؛ ومعرفة عميقة ومرنة بأهداف المنهاج والأفكار الرئيسة في المستوى الذي يقومون بتدريسه، ومعرفة بالتحديات التـي يمكـن أن يواجهها الطلاب في تعلم هذه الأفكار. كذلك يحتاج المعلمون إلى معرفة بكيفية تمثيل هذه الأفكار بطريقة تجعل تدريسها فعّالاً، إضافة إلى معرفة بكيفية تعلم الطلاب. هـذه المعرفـة تمكـن المعلمـين مـن إصـدار أحكام خاصة بالمنهاج، والاستجابة لأسئلة الطلاب وتوقع ما يمكن أن تؤدي إليه المفـاهيم والتخطيط تبعـاً لذلك. أما المعرفة بأساليب التدريس والذي يكتسب معظمها خلال الممارسة، فإنها تساعد المعلمـين في فهـم كيفية تعلم الطلاب للرياضيات، وامتلاك العديد من الأسـاليب والمـواد التدريسـية (التعليمية) وكـذلك في تنظيم وإدارة الصف.

ويتطلب تدريس الرياضيات الفعّال التزامـاً جـاداً بتنميـة فهـم الطلاب للرياضيات، ولأن الطلاب يتعلمون من خلال ربط الأفكار الجديدة، يجب أن يفهم المعلمون ما يعرفه طلابهم. والمعلمـون الفعّالـون يعرفون كيفية طرح الأسئلة وتخطيط الدروس للكشف عن معرفـة طلابهـم السـابقة، عنـدها يسـتطيعون تصميم خبرات ودروس تتناسب وهذه المعرفة وتبنى عليها.

ومن الواضح أن لدى المعلمين طرقاً واستراتيجيات مختلفة لمساعدة طلابهم في تعلـم أفكار رياضية معينة، ولا توجد طريقة واحدة صحيحة للتدريس، ومع هذا يدرك المعلمون الذين يتصفون بالفعّاليـة أن قراراتهم يمكن أن تشكل ميول الطلاب وتعمل عـلى خلـق بيئات تعلـم غنيـة، فاختيار واستخدام المـواد المنهجية المناسبة، واستخدام أساليب

تدريس مناسبة، والانخراط في خبرات تكاملية، والعمل على التطوير الذاتي هي أعمال يقوم بها المعلمون الفعّالون يومياً.

يتطلب التدريس الفعّال بيئة صفية تثير التحدي وتوفر المساعدة والدعم

في التدريس الفعّال تستخدم مهمات رياضية قيمة لتقديم الأفكار الرياضية المهمة وإشراك الطلاب وتحدي عقولهم. ويمكن للمهمات المختارة بعناية أن تثير فضول الطلاب وتشدهم نحو الرياضيات. وهذه المهمات يمكن أن ترتبط بالعالم الواقعي (الخبرات الواقعية للطلاب) أو تنشأ في أجواء رياضية بحتة. وبغض النظر عن سياقها، فإن هذه المهمات يجب أن تكون مثيرة للاهتمام، تقدم مستوى من التحدي يستدعي التفكير والعمل الجاد، ويمكن أن يتم تناول هذه المهمات بطرق مختلفة مثل استخدام نهج العد الحسابي Arithmetic Counting، رسم الأشكال الهندسية، تسمية عدد من الإمكانيات Enuerating Possibiltes أو استخدام المعادلات الجبرية التي تجعل هـذه المهـمات ممكنـة للطلاب مـع اخـتلاف معـرفتهم السابقة وتجاربهم أو خبراتهم.

والمهمات القيمة وحدها ليست كافية لـكي يكون التـدريس فعّـالاً، فيجب أن يقـرر المعلمـون أي الجوانب المهمة يجري التركيز عليها، وكيف ينظمون عمل الطلاب؛ ما الأسئلة التي يطرحونها لتحدي عقول الطلاب من مختلف المستويات، وكيف يساعدون الطلاب دون محاولة السيطرة على عملية تفكيرهم.

التدريس الفعّال يتطلب السعي المستمر نحو التحسين

يتطلب التدريس الفعّال جهوداً مستمرة للتعلم والتحسين، وتتضمن هذه الجهود تعلم الرياضيات وتدريسها، الاستفادة من التفاعل مع الطلاب والزملاء، والاشـتراك في التطـوير المهني المسـتمر، مـن خـلال الجمعيات المهنية والمؤتمرات.

3. مبدأ التعلم The Learning Principle

"يجب أن يتعلم الطلاب الرياضيات ويفهمونها وأن ينبوا المعرفة الجديدة انطلاقاً من الخبرة والمعرفة السابقة".

اعتمدت الرؤيا للرياضيات المدرسية في المبادئ والمعايير على تعلم الطلاب للرياضيات وفهمها. ولسوء الحظ كان تعلم الرياضيات بدون فهم الناتج الشائع لتدريس الرياضيات في المدارس. إن تعلم الرياضيات يتطلب فهماً وقدرة على تطبيق الإجراءات والمفاهيم والعمليات. ففي القرن الحادي والعشرين يتوقع أن يفهم جميع الطلاب الرياضيات وأن يكونوا قادرين على استخدامها.

تعلم الرياضيات المقرون بالفهم ضروري وأساسي

لقد أثبتت الأبحاث التربوية والنفسية عن تعلم المواضيع المعقدة مثل الرياضيات بما لا يدع مجالاً للشك الدور الهام الذي يلعبه الاستيعاب المفاهيمي Conceptual Understanding في معرفة ونشاط الأشخاص الذين يتصفون بالمقدرة والمهارة. وتتضمن القدرة في مجال معقد كالرياضيات إمكانية استخدام المعرفة بمرونة وتطبيق ما تم تعلمه في موقف ما بطريقة مناسبة في موقف آخر. وأحد أهم نتائج الأبحاث أن فهم واستيعاب المفاهيم هو مكون مهم للقدرة والمهارة إلى جانب المعرفة بالحقائق ومعرفة الخطوات الإجرائية. فاقتران المعرفة بالحقائق، والخطوات الإجرائية، والفهم يجعل بالإمكان استخدام هذه المكونات الثلاثة بشكل فعّال وقوي. والطلاب الذين يحفظون الحقائق والإجراءات بدون فهم غالباً ما يكونون غير متأكدين من زمان ومكان استخدام هذه المعرفة وبالتالي يكون هذا التعلم هشاً.

إن التعلم المصحوب بالفهم يجعل التعلم اللاحق أكثر سهولة؛ وتصبح الرياضيات ذات معنى أكبر، وتزداد سهولة تذكرها وتطبيقها عندما يربط الطلاب المعرفة الموجودة لديهم بطرق ذات معنى. والأفكار المرتبطة جيداً والمبنية على أساس مفاهيمي تكون أكثر قابلية للاستخدام في مواقف جديدة.

إن أحد أهداف برامج الرياضيات المدرسية هو خلق التعلم المستقل. والتعلم المقرون بالفهم يدعم تحقيق هذا الهدف. ويزداد تعلم الطلاب عندما يسيطرون على تعلمهم من خلال تحديد أهدافهم وملاحظة تقدمهم. وعندما يتم تحدي الطلاب من خلال مهمات مختارة بعناية يصبح الطلاب واثقين بقدرتهم على التعامل مع مشكلات صعبة، متحمسين للتوصل إلى حلول بأنفسهم، ومتصفين بالمرونة في استكشاف الأفكار الرياضية وتجربة حلول بديلة، وعلى استعداد تام للمثابرة والاستمرار.

يستطيع الطلاب تعلم الرياضيات وفهمها

يستفيد الطلاب أكثر من برنامج رياضيات يدعم رغبتهم الطبيعية في فهم الأشياء التي يطلب منهم تعلمها. ويبدأ اهتمام الأطفال بالأفكار الرياضية في عمر مبكر، ومن خلال تجاربهم اليومية يطورون تدريجياً مجموعة معقدة من الأفكار غير الرسمية عن الأعداد، النماذج، الأشكال، الكميات، البيانات والحجم، ويكون الكثير من هذه الأفكار صحيحاً. وهكذا يتعلم الأطفال العديد من الأفكار الرياضية بصورة طبيعية حتى قبل دخولهم المدرسة.

ويتم إيجاد نموذج لبناء التعلم الجديد على التعلم السابق والخبرة السابقة في وقت مبكر، ويتكرر هذا النموذج ولو بطرق غير واضحة خلال السنوات الدراسية. والطلاب من مختلف الأعمار تتوفر لديهم قاعدة معرفة جيدة للبناء عليها، وتتضمن الأفكار التي طورت قبل الالتحاق بالمدرسة وتلك التي تم اكتسابها من خلال التجارب اليومية.

وتلعب أنماط الخبرات التي يوفرها المعلمون دوراً كبيراً في تحديد مدى ونوعية تعلم الطلاب. ويمكن بناء فهم الطلاب للأفكار الرياضية خلال سنوات دراستهم إذا انخرطوا بنشاط في المهمات والتجارب المصممة لتعميق معرفتهم وترابطها، ويمكن دعم تعلم الطلاب المقرون بالفهم من خلال التعلم الصفي حينما يقدم الطلاب أفكاراً رياضية وتخمينات، ويتعلمون تقييم أفكارهم وأفكار الآخرين ويطورون مهارات التفكير الرياضي.

ويمكن استخدام الحوار داخل غرفة الصف وكذلك التفاعل الاجتماعي لتشجيع التعرف علـى الـترابط بين الأفكار وإعادة تنظيم المعرفة المكتسبة لتسمح ببناء معرفة جديدة عليها.

4. مبدأ التكنولوجيا The Technology Principle

"للتكنولوجيا أهمية جوهرية في تعليم الرياضيات وتعلمها، فهي تؤثر عـلى الرياضيات التـي يجـري تعليمها وتدعم الطلاب".

توفر تكنولوجيا الالكترونيات –الآلات الحاسبة والحواسيب – صوراً مرئية للأفكار الرياضية وتسـهيل عملية تنظيم وتحليل البيانات. كما أنها تقوم بتنفيذ الحسابات بدقة بالغـة وكفـاءة. وهكـذا فإنهـا تـدعم قيام الطلاب بالاستكشاف في أي مجال من مجالات الرياضيات مثل الهندسـة، الإحصـاء، الجـبر، القيـاس، والعدد. فعندما تتوفر الأدوات التكنولوجية يمكن للطلاب التركيز على اتخاذ القرار، التأمـل، التفكير وحـل المشكلات. إن الطلاب يتعلمون بعمق أكبر من خلال الاستخدام المناسب للتكنولوجيا. وفي بـرامج تـدريس الرياضيات، يجب أن تسـتخدم التكنولوجيـا بتوسـع وإحسـاس بالمسـؤولية بهـدف إثـراء تعلـم الطـلاب للرياضيات.

التكنولوجيا تدعم تعلم الطلاب

يستطيع الطلاب من خلال استخدام الآلات الحاسبة والحاسب اختبار أمثلـة أو أشـكال تمثيليـة أكـثر مما هو يدوياً، وبالتالي يستطيعون التوصل إلى التخمينات واختبارها بسهولة أكبر. وتوفر القـوة التصـويرية للتكنولوجيا نماذج مرئية جيدة يكون بعض الطلاب غـير قـادرين أو راغبـين بالقيـام بهـا بـالاعتماد عـلى أنفسهم. كما تـؤدي القـدرة الحسـابية للأدوات التكنولوجيـة إلى توسـيع مـدى وسـهولة وصـول الطـلاب للمشكلات، وتساعدهم في تنفيذ الإجراءات الروتينية بسرعة وبدقة، وبذلك تـوفر الوقـت للتفكير والفهـم Conceptualizing والنمذجة Modeling.

وتساعد التكنولوجيا في إثراء مدى ونوعية الاستقصاء والبحث Investigation من خلال توفير وسائل مشاهدة الأفكار الرياضية من منظورات متعددة، كما توفر فرصة للتركيز وذلك حينما يقوم الطلاب بالحوار مع بعضهم ومع المعلم حول الأشياء التي تظهر على الشاشة.

من ناحية أخرى توفر التكنولوجيا فرصاً للمعلمين لتكييف التدريس حسب حاجات الطلاب الخاصة، فالطلاب الذين يتشتت انتباههم بسهولة يمكن أن يركزوا انتباهاً أكثر على مهمات تتعلق بالحاسوب، وكذلك الذين يعانون من صعوبات تنظيمية فيمكن أن يستفيدوا من القيود التي تفرضها بيئة الحاسوب. أما الطلاب الذين يواجهون مشاكل في الإجراءات فيمكن أن يظهروا فهماً لجوانب أخرى في الرياضيات ربما تساعدهم على تعلم هذه الإجراءات. وأخيراً فإن احتمالات اشتراك الطلاب في تحديات مادية في الرياضيات تزداد بطريقة دراماتيكية بوجود تكنولوجيا خاصة.

التكنولوجيا تدعم التعليم الفعّال للرياضيات

يجب أن يستخدم المعلمون التكنولوجيا من أجل تدعيم تعلم طلابهم وذلك من خلال إيجاد أو اختيار مهمات رياضية تستفيد مما تقدمه التكنولوجيا بفعّالية - الرسم (الصور) والحساب، ويمكن للمعلمين استخدام تشبيهات لتقديم تجارب للطلاب من مواقف المشكلات لا تكون ممكنة بدون التكنولوجيا. ويمكنهم أيضاً استخدام البيانات ومصادر الإنترنت لتصميم مهمات للطلاب.

ومع هذا فإن التكنولوجيا لا يمكن أن تكون بديلاً عن المعلم، فالمعلم يلعب دوراً مهماً في غرفة الصف المزودة بالتكنولوجيا باتخاذ القرارات التي تؤثر في تعلم الطلاب بعدة طرق، فبداية يجب أن يقرر المعلم متى وكيف تستخدم التكنولوجيا، وبينما يستخدم الطلاب التكنولوجيا(الحاسبات والحاسوب) تتوفر للمعلم فرصة ملاحظة الطلاب والتركيز على تفكيرهم، فخلال استخدام الطلاب للتكنولوجيا يمكن أن يظهروا طرق تفكير من الصعب ملاحظتها بدون استخدام التكنولوجيا، وهكذا فإن التكنولوجيا

تساعد في عملية التقييم بتمكينها المعلمين من اختبار العمليات (الإجراءات) التي يستخدمها الطلاب في استقصاءاتهم الرياضية ونتائجها، مثرية بذلك المعلومات المتوفرة لدى المعلمين من أجل استخدامها في اتخاذ قرارات تتعلق بالتدريس.

للتكنولوجيا أثر على ماهية الرياضيات التي يجري تدريسها

لا تؤثر التكنولوجيا على كيفية تدريس الرياضيات وتعلمها فحسب، ولكنها تؤثر أيضاً على ماهية الرياضيات التي يجري تدريسها وموقع الموضوع في المنهاج. فمع توفر التكنولوجيا يستطيع الأطفال الصغار استكشاف وحل مشكلات تتعلق بأعداد كبيرة، أو استقصاء خصائص الأشكال باستخدام برامج الهندسة الديناميكية. ويستطيع طلاب المدرسة الابتدائية تنظيم وتحليل مجموعات كبيرة من البيانات، أما طلاب المرحلة الوسطى فيمكنهم دراسة علاقات تتعلق بالميل والتغير المنتظم باستخدام تمثيلات الحاسوب. ويستطيع طلاب المرحلة الثانوية استخدام تشبيهات لدراسة توزيعات العينة واستخدام أنظمة الحاسوب الجبرية التي تنفذ معظم التحويلات الرمزية Symbolic Manipulations والتي كانت محور الرياضيات المدرسية التقليدية.

ومن خلال استخدام الأدوات التكنولوجية يستطيع الطلاب أن يفكروا بقضايا أكثر عمومية ويمكنهم نمذجة وحل مشكلات معقدة لم تكن متاحة لهم من قبل. كما تفيد التكنولوجيا في إزالة الفصل السطحي بين المواضيع في الهندسة والجبر، وتحليل البيانات من خلال تمكين الطلاب من استخدام أفكار من مجال رياضي ما في مجال آخر.

ويمكن أن تساعد التكنولوجيا المعلمين في ربط المهارات والإجراءات بتطور فهم رياضي أكثر عمومية. ولأن بعض المهارات أصبحت أقل أهمية بسبب التكنولوجيا، فإنه يمكن تكليف الطلاب بالعمل على مستويات أعلى من التعميم أو التجريد. إن العمل على تشبيهات الحاسوب للأجسام المادية، واللوغو يسمح للأطفال توسيع تجربتهم المادية وتطوير فهم أولي للأفكار المعقدة مثل استخدام الخوارزميات، كما تسمح برامج الهندسة الديناميية بالتجريب على عائلات من الأجسام الهندسية مع تركيز على التحويلات

الهندسية. وبنفس الطريقة تسهل أدوات الرسم استكشاف خصائص مجموعات من الاقترانات. وأخيراً فإنه وبسبب التكنولوجيا اكتسبت العديد من المواضيع في الرياضيات المنفصلة أهمية جديدة في غرف صف الرياضيات المعاصرة.

3:3 معايير محتوى منهاج الرياضيات (NCTM, 2000)

المعايير هي أوصاف لما ينبغي لتعليم الرياضيات أن يمكّن الطلاب من معرفته والقيام به. وهي تحدد المعرفة والفهم والمهارات التي يجب أن يكتسبها الطلاب من مرحلة ما قبل المدرسة وحتى الصف الثاني عشر. وتحدد معايير المحتوى المجالات التالية: **العدد والعمليات، الجبر،الهندسة، القياس،تحليل البيانات والاحتمالات**.

وفيما يلي أهداف تدريس كل مجال من مجالات المحتوى الخمسة:

1) العدد والعمليات

يجب أن تمكّن البرامج التعليمية جميع الطلاب من مرحلة رياض الأطفال وحتى الصف الثاني عشر من:

- فهم الأعداد وتمثيلها والعلاقات بينها وكذلك الأنظمة العددية.
- فهم معاني العمليات وكيفية ارتباطها ببعضها البعض.
- المهارة في إجراء الحسابات وعمل التقديرات المعقولة.

ويشمل هذا المجال ما يلي:

- الأعداد وطرق تمثيلها، والعلاقات فيما بينها، والأنظمة العددية.

■ العمليات الحسابية وارتباطها ببعضها البعض.

■ المهارات الحسابية والتقدير.

2) الجبر

يجب أن تمكِّن البرامج التعليمية جميع الطلاب من مرحلة الرياض وحتى الصف 12 من:

■ فهم الأنماط والعلاقات والاقترانات.

■ تمثيل وتحليل المواقف والبنى الرياضية باستخدام الرموز الجبرية.

■ استخدام النماذج الرياضية لتمثيل وفهم العلاقات الكمية.

■ تحليل التغير (التفاضل والتكامل) في سياقات مختلفة.

3) الهندسة

يجب أن تمكِّن البرامج التعليمية جميع الطلاب من مرحلة الرياض وحتى الصف 12 من:

■ تحليل خصائص وصفات أشكال هندسة ثنائية وثلاثية الأبعاد وتطوير حجج رياضية عن العلاقات الهندسية.

■ تحديد المواقع ووصف العلاقات المكانية باستخدام الهندسة الإحداثية وأنظمة التمثيل الأخرى.

■ استخدام التحويلات والتماثل لتحليل المواقف الرياضية.

■ استخدام التصور والتفكير المكاني (الفضائي) والنمذجة الهندسية لحل المشكلات.

4) **القياس**

- القياس هو تخصيص قيمة عددية لخاصية جسم من الأجسام مثل طول قلم الرصاص، ويتضمن القياس على مستويات أكثر تعقيداً، تخصيص رقم لخاصية موقف ما.

- وتعتبر دراسة القياس مهمة في منهاج الرياضيات في مختلف المراحل وذلك لفائدتها العملية وشيوعها في مختلف جوانب الحياة، وهي كذلك تقدم فرصة لتعلم وتطبيق الأنماط من الرياضيات بما فيها عمليات الأعداد، الأفكار الهندسية، المفاهيم الإحصائية والاقترانات وهي أيضاً تبرز الارتباط في الرياضيات وكذلك بين الرياضيات ومجالات أخرى خارجها مثل الدراسات الاجتماعية والفن والرياضة.

يجب أن تمكّن البرامج التعليمية جميع الطلاب من مرحلة الرياض وحتى الصف 12من:

- فهم خصائص الأجسام القابلة للقياس، وكذلك فهم وحدات وأنظمة وعمليات القياس المختلفة.

- استخدام المناسب من الأساليب والأدوات والصيغ لتحديد القياسات.

5) **تحليل البيانات والاحتمالات**

يجب أن تمكن البرامج التعليمية جميع الطلاب من مرحلة الرياض وحتى الصف 12 من:

- صياغة أسئلة يمكن تناولها بالبيانات، وجمع وتنظيم وعرض البيانات الملائمة للإجابة على هذه الأسئلة.

- اختيار واستخدام الأساليب الإحصائية الملائمة لتحليل البيانات.

- تطوير وتقييم استنتاجات وتنبؤات مبنية على البيانات.
- فهم وتطبيق (استخدام) المفاهيم الأساسية في الاحتمالات.

4:3 معايير العمليات للرياضيات المدرسية (NCTM, 2000)

فيما يلي المعايير الخاصة بالعمليات الرياضية؛ وهي تشمل حل المشكلات، التفكير، الاتصال،الترابط، والتمثيل.

1) حل المشكلات:

يعني حل المشكلة الانخراط في مهمة تكون طريقة الحل فيها غير معروفة مقدماً. ويعتمد الطلبة في حل المشكلة على معرفتهم السابقة، ومن خلال هذه العملية يطورون فهما للرياضيات ودورها وتطبيقاتها. وحل المشكلة ليست هدفاً لتعلم الرياضيات فحسب، بل هو وسيلة رئيسة لتحقيق ذلك. ومن خلال تعلم الطلبة حل المشكلة وانخراطهم فيها يكتسبوا طرقاً للتفكير، وعادات المثابرة وحب الاستطلاع، والثقة بالنفس مما ينعكس بشكل إيجابي على سلوكهم وحياتهم.

إن حل المشكلة جزء لا يتجزأ من تعلم الرياضيات، ولا يجب أن يكون منفصلاً في برنامج تدريس الرياضيات، ويجب أن يشمل حل المشكلة في الرياضيات جميع مجالات المحتوى الخمسة السالفة الذكر. أما سياقات المشكلات فيمكن أن تنوع من تجارب معروفة لدى الطلاب في حياتهم اليومية أو في المدرسة إلى تطبيقات تتضمن العلوم الأخرى، وعالم الأعمال.

وعلى وجه التحديد يجب أن تمكّن البرامج التعليمية جميع الطلاب من:

- بناء معرفة رياضية جديدة من خلال حل المشكلات

- حل مشكلات تظهر في الرياضيات وفي سياقات أخرى

- استخدام وتكييف العديد من الاستراتيجيات الملائمة لحل المشكلات

- ملاحظة عملية حل المشكلات الرياضية والتأمل بها.

2) التفكير والبرهان:

يوفر التفكير والتبرير المنطقي أو البرهان طرقاً قوية لتطوير الأفكار عن ظواهر عديدة والتعبير عنها. والقدرة على التفكير مهمة جداً لفهم الرياضيات من خلال تنمية الأفكار، واستكشاف الظواهر، وتفسير النتائج واستخدام التخمينات الرياضية في جميع مجالات المحتوى. وبالبناء على مهارات الطلاب التي يأتون بها إلى المدرسة يستطيع المعلمون مساعدة الطلاب في تعلم التفكير الرياضي المنطقي والتوصل إليه في المرحلة الثانوية.

ولا يمكن تدريس التفكير المنطقي والبرهان ببساطة في وحدة في المنطق، أو من خلال البرهان في الهندسة. يجب أن يكون التفكير والتبرير أو البرهان جزءاً ثابتاً في خبرة الطلاب الرياضية ابتداء من الصفوف الأولى. إن التفكير والبرهان عادة عقلية يجب أن تتم تنميتها من خلال الاستخدام المستمر في سياقات عدة وفي جميع مجالات المحتوى.

وعلى وجه التحديد يجب أن تمكن البرامج التعليمية جميع الطلاب من:

- إدراك أهمية التفكير والبرهان في الرياضيات

- بناء تخمينات رياضية والتحقق منها

- تطوير وتقييم حجج وبراهين رياضية

- اختيار واستخدام أنماط مختلفة من التفكير وأساليب البرهان.

3) الاتصال:

يعتبر الاتصال أو التواصل جزءاً أساسياً من الرياضيات والتعليم الرياضي، وهو طريقة لتبادل الأفكار وتوضيح الفهم. فمن خلال الاتصال تصبح الأفكار موضوعاً للتأمل، والنقاش والتعديل. كـما تسـاعد عمليـة الاتصال في إعطاء المعنى والديمومة للأفكار الرياضية ونشرها. ولأن الرياضيات يتم نقلها من خـلال الرمـوز فإنه عادة لا ينظر إلى الاتصال الشفوي حول الأفكار الرياضية على أنه جزء مهـم مـن تعلـيم الرياضيـات. فالطلاب لا يتحدثون بالضرورة عن الرياضيات بصورة طبيعية، ولذلك من الضروري أن يساعدهم المعلمون على تعلم كيفية القيام بذلك. وبينما يتقدم الطلاب عبر الصفوف، تصبح الرياضيات التي يعبرون عنها أكثر تعقيداً وتجريداً، كما يصبح مخزون الطلاب من أدوات وطرق الاتصال، إضافة إلى تفكيرهم الرياضي الـذي يدعم اتصالهم، أكثر تعقيداً.

ومـن الضـروري أن يتعامـل الطـلاب مـع مهمـات ذات مواضيـع قيمـة للنقـاش. فالمشـكلات المثيرة للاهتمام يمكن أن تساعد الحوار الغني، وأخيراً فإن التكنولوجيا أيضاً أساس آخر للاتصال؛ فبيـنما يسـتخدم الطلاب الآلات الحاسبة والحواسيب لعمل واختبار الأرقام أو الأجسام، فإنه يتكـون لـديهم مرجعـاً لنقـاش الأفكار الرياضية.

ويجب أن تمكّن البرامج التعليمية جميع الطلاب من مرحلة الرياض إلى الصف الثاني عشر من :

- تنظيم وتعزيز تفكيرهم الرياضي من خلال الاتصال.

- إيصال أفكارهم الرياضية بطريقة مترابطة وواضحة إلى زملائهم ومعلميهم والآخرين.

- تحليل وتقييم تفكير الآخرين واستراتيجياتهم.

- استخدام لغة الرياضيات للتعبير عن الأفكار الرياضية بدقة وإحكام.

4) **العلاقات والروابط:**

الرياضيات ليست مجموعة منفصلة من الموضوعات المتنوعة، بل هي مجال متكامل للدراسة، والنظر إلى الرياضيات كوحدة واحدة يبرز الحاجة إلى دراسة العلاقات والروابط بين موضوعاتها في كل صف. ويحتاج المعلمون في ذلك إلى معرفة حاجات طلابهم، إضافة إلى ما درسوه في صفوف سابقة، وما سيدرسونه في الصفوف اللاحقة. كما يجب أن يبني المعلمون على خبرات الطلاب السابقة دون تكرارها. وهذا المنهج يتطلب تحمل الطلاب المسؤولية لما سبق وتعلموه واستخدام هذه المعرفة في فهم الأفكار الجديدة.

وعندما يستطيع الطلاب ربط الأفكار الرياضية فإن فهمهم يصبح أكثر عمقاً وديمومة، من خلال التدريس الذي يؤكد على ارتباط الأفكار الرياضية. وعندئذ لا يتعلم الطلاب الرياضيات فحسب، لكنهم يتعلمون عن فائدة الرياضيات واستخدامها.

ويجب أن تمكّن البرامج التعليمية جميع الطلاب من مرحلة الرياض إلى الصف الثاني عشر من:

- التعرف على العلاقات والروابط بين الأفكار الرياضية واستخدامها.
- فهم كيفية ارتباط الأفكار الرياضية، وكيف تبنى على بعضها البعض كي تصبح كلاً متكاملاً.
- التعرف على الرياضيات وتطبيقاتها في سياقات خارج نطاق الرياضيات.

5) **التمثيل:**

تعتبر طرق تمثيل الأفكار الرياضية مهمة لكيفية فهم واستخدام الناس لهذه الأفكار. لنأخذ مثلاً كيف تكون عملية الضرب أكثر صعوبة باستخدام الأرقام الرومانية، للذين لم يعتادوا عليها، من استخدام الأرقام العشرية العربية. وعندما يعرف الطلاب التمثيلات الرياضية والأفكار التي تمثلها، فإنه يكون لديهم مجموعة من الأدوات التي توسع

من قدرتهم على التفكير رياضياً.

لقد كانت بعض أشكال التمثيلات مثل الرسوم البيانية والعروض التصويرية وكذلك التعبيرات الرمزية منذ وقت طويل جزءاً من الرياضيات المدرسية. ولسوء الحظ كانت تدرس على أنها غاية بحد ذاتها. لكن التمثيلات يجب أن تعامل على أنها عناصر أساسية في دعم استيعاب الطلاب للمفاهيم والعلاقات الرياضية وفي إيصال الأساليب والحجج الرياضية والفهم إلى الشخص نفسه وإلى الآخرين، وفي التعرف على العلاقات بين المفاهيم الرياضية المترابطة، وأخيراً في تطبيق/ استخدام الرياضيات في مواقف مشكلة حقيقية من خلال النمذجة. وقد خلقت الأشكال الجديدة من التمثيلات المرتبطة بالتكنولوجيا الإلكترونية حاجة لاهتمام تدرس أكبر بالتمثيل.

وعموماً يجب أن تمكن البرامج التعليمية جميع الطلاب من:

- بناء واستخدام التمثيلات لتنظيم وتسجيل وإيصال الأفكار الرياضية
- اختيار وتطبيق وترجمة التمثيلات الرياضية.
- استخدام التمثيلات لنمذجة وتفسير الظواهر الطبيعية والاجتماعية والرياضية.

ومن الجدير بالذكر أننا سوف نستعرض عدداً من الأبحاث والدراسات التي تناولت المبادئ والمعايير الواردة في وثيقة (NCTM, 2000) في الفصل الثاني عشر من هذا الكتاب.

تدريبات وأنشطة

1) وضِّح الترابط بين مبدأ المساواة والمبادئ الأخرى في الرياضيات المدرسية وفق ما ورد في وثيقة (NCTM, 2000).

2) إلى أية درجة في اعتقادك تتم مراعاة الفروق الفردية في صفوف الرياضيات؟ وضح كيف يتم ذلك.

3) حدد بشكل تقريبي النسبة المئوية لكل معيار من معايير المحتوى التي يشتمل عليها منهاج الرياضيات في واحدة من الحلقات التي تختارها.

4) هل بالإمكان إدخال الإحصاء والاحتمالات في منهاج الرياضيات للصفوف الأولى، وما المحتوى المناسب؟

5) هل بالإمكان إدخال الجبر للصفوف المبكرة؟ وما الموضوعات التي يمكن إدخالها في تلك الصفوف؟

6) وضح كيف تتم عملية الاتصال الرياضي داخل غرفة الصف بمختلف أشكالها: اللفظي، الكتابي، الاستماع.

7) إلى أية درجة يتوفر معيار حل المشكلات فيما يتعلق بـ

- بناء معرفة رياضية جديدة من خلال المشكلات.

- استخدام وتكييف العديد من الاستراتيجيات لحل المسائل الرياضية.

4

الفصل الرابع
التخطيط لتدريس الرياضيات

1:4   أهمية التخطيط في التدريس

2:4   التخطيط السنوي

3:4   التخطيط الدرسي والتخطيط لوحده

4:4   الأهداف التعليمية وصياغتها

5:4   تحركات المعلم في التدريس

6:4   النشاطات اللاصفية (الواجبات البيتية)

7:4   أمثلة (خطط تدريسية)

المراجع

التخطيط لتدريس الرياضيات

1:4 أهمية التخطيط في التدريس

التخطيط للتدريس بمفهومه العام يعني رسماً لمعالم الطريق التي سيسلكها المعلم والطلاب للوصـول إلى الأهداف المرجوّة من عملية التدريس. وبالمفهوم المحدد هو عملية تصور مسـبق للأهـداف التدريسـية والمواقف التعليمية التعلمية، بما في ذلك اختيار النشاطات التدريسية وأساليب التقويم المناسـبة، وتحديـد دور كل من المعلم والطالب في أثناء عملية التنفيذ، وكذلك الزمن المحدد لكل موقف من هذه المواقف.

وتقع عملية التخطيط التي يقوم بها المعلـم في مسـتويين هـما: التخطـيط طويـل الأمـد (التخطـيط السنوي)، والتخطيط قصير الأمـد (التخطـيط الـدرسي أو التخطـيط لتـدريس وحـدة دراسـية). والتخطـيط لتدريس الرياضيات، كما هو الحال في أية مادة أخرى، يهدف إلى بلوغ أهداف محددة (نتاجـات تعلميـة)، وبلوغ هذه الأهداف يعتمد إلى حد كبير على كيفية التخطيط لها. فإذا أريد للأهداف الفصلية أو الأهداف السنوية المرجوّة من تدريس مادة محددة أن تتحقق يجب أن يكون هناك تخطيط طويل الأمد.

وتتكون المادة الدراسية من وحدات وفصول تشكل الكتاب المدرسي، وكل موضوع يتكون من أجـزاء مترابطة تشكل النواة لمادة التدريس اليومي التي ينبغي أن يخطط لتدريسـها مـن قبـل المعلـم الـذي هـو أدرى بطلابه وبالظروف والإمكانات الصفية المتوافرة لديه. والخطة الدراسية التي يعدها أحد المعلمين ربما لا تصلح لمعلم آخر يدرس الموضوع نفسه.

والتدريس الفعّال يحتاج دائماً لتخطيط مسبق سواء للمعلم المبتدئ أو للمعلم المتمرس. وكل معلم يعرف أن الدرس الذي يخطط له يكون أكثر فعّالية من الدرس الذي يجتهد في تحديد أهدافه وخطواته في أثناء عملية التدريس، لأن الاجتهاد الآني ربما يقود كثيراً من المعلمين إلى التردد في تنظيم خطوات الدرس وفي اختيار الأمثلة والتدريبات المناسبة.

والتخطيط للتدريس يهم المعلم لكثير من الأسباب منها:

1. يعطي المعلم شعوراً بالأمان ويجنبه الانحراف العشوائي عن موضوع الدرس.
2. يعطي معنى وهدفاً للأسئلة والاستفسارات التي تدور في داخل غرفة الصف ويساعد المعلم على طرح الأسئلة الجيدة وعلى حذف ما هو مشتت وغير مفيد منها.
3. يجعل المعلم يفكر بجدية وحرص في الموضوع قيد التدريس فيعرف الموضوع السابق والموضوع اللاحق ويميز الأشياء التي تحتاج إلى تركيز.
4. يمكّن المعلم من تقدير الأهمية النسبية للوحدات التدريسية وأجزائها ومن تقدير الوقت اللازم لتدريس كل وحدة من الوحدات الدراسية وكذلك أجزاء هذه الوحدات.
5. يكفل للمعلم عدم إغفال أجزاء هامة من الوحدة ويساعده على انتقاء أفضل التجهيزات والأدوات التي سيستخدمها هو والطلبة في أثناء عملية التدريس.
6. يمكّن المعلم من تقويم طلبته ومن تقويم عمله في ضوء الأهداف التدريسية التي يتم رصدها للوحدة أو الحصة المدرسية.

2:4   التخطيط السنوي

الخطة السنوية هي خطة بعيدة المدى تفيد في بيان المعالم الأساسية للمنهج من حيث الأهداف والمحتوى والنشاطات والوسائل وأساليب التقويم. وتشير الخبرة إلى أن التخطيط السنوي يمر في المراحل التالية:

أ-   مرحلة الدراسة وجمع المعلومات

يقوم المعلم في هذه المرحلة بالخطوات التالية:

1. تعرف الأهداف العامة للمنهج واستيعابها واكتساب القدرة على تفسيرها بأمثلة محددة بالإضافة إلى تعرف الأسس الفلسفية والاجتماعية والنفسية والمعرفية التي يستند إليها منهج الرياضيات.

2. تعرف محتوى المنهج ومفرداته، ويشمل ذلك الموضوعات المقررة والنشاطات والوسائل وأساليب التقويم المقترحة.

3. الإطلاع على محتويات الكتاب المدرسي المقرر الذي سيخطط لتدريسه، وهو يشكل الأداة الفعلية لتحقيق أهداف المنهج المقرر.

4. دراسة واعية للدليل المرافق للمنهج أو الكتاب المدرسي من أجل الإطلاع على الأساليب والنشاطات المقترحة لتنفيذ المنهج.

5. التعرف إلى عدد الحصص المقررة لتدريس المادة.

6. تعرف العطل الدراسية ومواعيدها.

ب-   مرحلة كتابة الخطة

نشاط: أحضر أحد كتب الرياضيات المقررة التي تدرسها أو ترغب في تدريسها وقم بالخطوات التالية:

1. اكتب الأهداف العامة كما وردت في المنهج المقرر.

2. قم بدراسة الكتاب المقرر إذا لم تكن قد درسته، وحدد الأهمية النسبية لموضوعات الكتاب.

3. حدد العطل المدرسية وتواريخها.

4. وزع عدد الحصص المقررة خلال العام الدراسي على فصول أو وحدات الكتاب المدرسي وذلك وفق الأهمية النسبية للموضوع أو الوحدة.

مثال: خطة تدريس كتاب الرياضيات للصف الثاني الإعدادي.*

عدد الحصص حوالي 125 حصة (4 حصص أسبوعياً).

توزيع الحصص	عدد الصفحات في الكتاب	الموضوع	الرقم
10	16	المجموعات	1
20	28	النسب والتناسب وحساب المعاملات	2
20	37	المثلث	3
10	22	الأشكال الرباعية	4
16	26	العلاقات والاقترانات	5
16	22	التحليل إلى العوامل	6
22	32	الأعداد الحقيقة والأسس	7
8	13	أنظمة المعادلات الخطية	8
122	196	المجموع	

5. اجعل بعض الحصص الاحتياطية، وذلك لمواجهة عطل مفاجئ.

_____

* كتاب استخدم سابقاً لهذا الصف.

لاحظ أننا وزعنا 122 حصة فقـط مـن أصـل 125، وإذا لم تحـتـج لهـذه الحصـص خصصها لمراجعـة مفاهيم هامة في بعض الوحدات.

نشاط: خطط لتدريس منهاج الرياضيات لأحد الصفوف، وفق الخطة السنوية الواردة سابقاً.

جـ- مرحلة تنفيذ الخطة.

بعد أن تفرغ من كتابة الخطة السنوية التي أعددتها، اعمل على اتباعها خلال العام الـدراسي، ودوّن ملاحظاتك عليها. عدّل الخطة بناءً على التغذية الراجعة التي تحصل عليها من عملية التنفيذ.

إن لم تكن ممارساً لمهنة التعلـيم سـابقاً، فاعرض خطتـك قـبـل التنفيـذ عـلى زميـل مـمارس أو عـلى المشرف التربوي واجرِ التعديلات بناءً على الملاحظات الواردة.

3:4 التخطيط الدرسي والتخطيط للوحدة

يتراوح التخطيط الدرسي ما بين التخطيط لتدريس حصة صفية واحدة، والتخطيط لتدريس مجموعة من الحصص (التخطيط لوحدة)، وفي كلتا الحالتين لا بد من اتباع الخطوات التالية للتخطيط الدرسي:

1) تحليل محتوى الدرس(الوحدة) إلى مكونـات المعرفـة الرياضـية وإبـراز المفـاهيم، والتعمـيمات، والمهارات والمسائل التي يتضمنها المحتوى الرياضي.

2) تحديد الأهداف السلوكية أو الأدائية للدرس أو الوحدة، بحيـث تتنـاول هـذه الأهـداف جميـع عناصر المحتوى بشكل تفصيلي.

3) تحديد الاستعداد القبلي للتعلم، أي ما يجب على المتعلمين امتلاكه من مهارات أو معلومات أو مفاهيم لتعلم المحتوى الجديد.

4) تحديد النشاطات التعليمية/التعلمية اللازمة لتحقيق الأهداف التدريسية، والزمن المخصص لكل نشاط من هذه الأنشطة.

5) التقويم، ويشمل ذلك التقويم المرحلي أو المستمر في أثناء الأنشطة والخبرات التي يمر فيه الطلبة، ويشمل أيضاً التقويم الختامي بعد الانتهاء من الأنشطة في نهاية الدرس، ونهاية الوحدة.

وسنقدم فيما يلي نموذجاً للتخطيط لوحدة المجموعات من مستوى الصف الثاني الاعدادي (الصف الثامن).

أولاً: المحتوى الرياضي

أ. المفاهيم والمصطلحات والرموز

المجموعة، العنصر، رمز الانتماء، المجموعة الخالية، المجموعة الجزئية، المجموعة الكلية(الشاملة)، المتممة، الاتحاد، التقاطع، المجموعتان المتساويتان، المجموعتان المتكافئتان.

ب. التعميمات

— عدد المجموعات الجزئية لمجموعة = $2^ن$ (ن عدد عناصر المجموعة).

— خواص عملية الاتحاد على المجموعات.

— خواص عملية التقاطع على المجموعات.

— خاصية توزيع الاتحاد على التقاطع وتوزيع التقاطع على الاتحاد.

— قانون ديمورغان.

— خصائص وتعميمات أخرى.

ج. المهارات

– كتابة المجموعة بذكر عناصرها، وبالسمة المميزة لها.

– إيجاد اتحاد وتقاطع مجموعتين أو أكثر.

– إيجاد متممة المجموعة.

– تمثيل المجموعات بأشكال فن.

– إيجاد ناتج طرح مجموعتين.

د. المسائل

مسائل تقدم على الاتحاد والتقاطع وقوانين ديمورغان وأشكال فن تتوفر في الكتاب المقرر، ويقوم المعلم بإعداد غيرها.

ثانياً: الأهداف التدريسية للوحدة

1. أن يكتب الطالب المجموعة بذكر عناصرها أو بالسمة المميزة لها.

2. أن يعبر الطالب بلغته الخاصة عـن المفاهيم التالية: المجموعـة الخاليـة، المجموعـة الكليـة، المجموعة المتممة، اتحاد مجموعتين وتقاطعهما، ويعطي أمثلة على ذلك.

3. أن يعطي الطالب أمثلة توضح فهمه واستيعابه للمفاهيم الواردة في الوحدة، ويوضحها بأشكال فن.

4. أن يستخلص الطالب من خلال الأمثلة خصائص عمليتي الاتحاد والتقاطع في المجموعات.

5. أن يبين الطالب (من خلال الأمثلة) الخاصية التوزيعيـة للاتحـاد عـلى التقـاطع، وللتقـاطع عـلى الاتحاد في المجموعات.

6. أن يبين الطالب (من خلال الأمثلة) صحة قانوني ديمورغان ويوضحها من خلال أشكال فن.
7. أن يحل الطالب تمارين ومسائل على اتحاد المجموعات وتقاطعها وعلى المجموعة المتممة والكلية.

هذا وسنقدم في الجزء التالي تفصيلاً عن الأهداف التدريسية وصياغتها ومستوياتها.

ثالثاً: التعلم القبلي

تتميز الرياضيات عن غيرها من المواد بأن بنيتها تراكمية، وهذا يعني أن كل مهارة أو قدرة في هذا البناء التراكمي تعزز ما قبلها وتيسر تعلم قدرة أخرى موازية لها أو أعلى منها.

إن تعلم الطلاب للقسمة الطويلة لا يتم إلاّ بتعلم عمليات الجمع والطرح وحقائق الضرب، وتعلم الطلاب لحاصل الضرب الديكارتي لا يتم إلاّ بتعلم الزوج المرتب وخصائصه، وبالمثل فإن تعلم جمع الكسور ذات المقامات المختلفة لا يتم إلاّ بتعلم تحليل الأعداد والمضاعف المشترك الأصغر. لذلك يجد المعلم لزاماً عليه عند البدء بتعليم أي مفهوم أو مهارة أو تعميم رياضي أن يقوم بتحديد المفاهيم والمهارات والتعميمات التي تسبق ما ينوي المعلم تدريسه، إذ أنه بدون التعلم السابق لا يحدث تعلك جديد ذو معنىً.

نشاط: حدد التعلم القبلي لكل مما يلي:

- التحليل إلى العوامل.
- الأعداد النسبية.
- قانون المسافة بين نقطتين.

رابعـــاً:

يتم تنظيم خطة الوحدة في نموذج خاص كالآتي، ويتم استكمالها بعد تحديد تحركات المعلم للقيام بالأنشطة التعليمية والتقويمية الضرورية.

اسم الوحدة:

الصف:

المحتوى	الأهداف	الأنشطة التعليمية	التقويم	ملاحظات

4:4 الأهداف التعليمية وصياغتها

يعرّف جرونلند الأهداف التربوية على أنها مرامي يتقدم نحوها الطلبة، فهي النتاجات النهائية للتعلم مصاغة على أساس التغيرات المتوقعة في سلوك الطلبة (Gronlund,1970). ويقول ميجر أن الهدف مقصد فنقول بعبارة تصف تغيراً مقترحاً في سلوك المتعلم، أي ما سيكون عليه المتعلم عندما ينهي بنجاح خبرة أ ومهمة تعليمية (Mager,1962,p.3).

أي أن الهدف التربوي هو أي تغيير يراد إحداثه في سلوك المتعلمين نتيجة عملية التعلم، وهذا التغيير يجب أن يصاغ صياغة واضحة ومحددة في جملة معبرة تسمى العبارة الهدفية. فالعبارة الهدفية محاولة من المعلم لأن يوضح لنفسه أو ينقل لغيره التغييرات المراد إحداثها لدى المتعلم.

إن معظم العبارات التي يستخدمها المعلمون في التعبير عن الأهداف يكون فيها الكثير من الغموض والعمومية لدرجة يصعب الاسترشاد بها في عملية التدريس الصفي والتقويم. ونورد فيما يلي بعض الإرشادات في صياغة الأهداف (أبو زينة، 1992، الفصل الرابع).

1. يجب أن يصاغ الهدف بحيث يصف سلوك المتعلم.

2. يجب أن يجسد السلوك المصاغ بالهدف نواتج مباشرة للتعلم.

3. يجب أن تصف العبارة الهدفية سلوكاً عند الطالب قابلاً للملاحظة والقياس.

4. يفضل أن تبدأ عبارة الهدف بفعل مبني للمعلوم يصف السلوك الذي يفترض في الطالب أن يظهره عندما يتعامل مع المحتوى.

5. يجب أن يعبر عن الهدف بمستوى مناسب من العمومية، وأن تكون الأهداف واقعية وملائمة للزمن المتاح.

* أمثلة

- أن يجد الطالب ناتج جمع عددين صحيحين موجبين كل منهما مؤلف من منزلة واحدة أو منزلتين.

- يقرأ الأعداد المكتوبة بالأرقام والمؤلفة من ثلاثة منازل قراءة صحيحة.

- أن يحسب المسافة بين نقطتين معلوم إحداثياتها في المستوى الإحداثي.

- أن يكتب العدد الطبيعي كحاصل ضرب عوامله الأولية.

- أن يجد مجموعة حل نظام من معدلات خطية بثلاثة مجاهيل.

- أن يحل مسائل حسابية تتناول حساب المعاملات الحياتية.

- أن يستخرج الجذر التربيعي لعدد صحيح موجب لأقرب منزلتين عشرتين.

لقد كان لتصنيف الأهداف التربوية التي قام به بلوم ورفاقه أثر بارز في تحديد الأهداف التربوية، فقد تناول التصنيف تقسيم الأهداف التربوية ووضعها في ثلاث مجالات هي:

1. **المجال المعرفي**، ويتناول الأهداف التي تتصل بالمعرفة والمهارات والقدرات العقلية.

2. **المجال النفس – حركي**، ويتناول الأهداف التي تتصل بالمهارات الحركية،مثل الكتابة أو الرسم باليد واستخدام الأجهزة والمقاييس والأدوات المخبرية.

3. **المجال الانفعالي**، ويتضمن الأهداف التعليمية التي تتصل بالمشاعر والميول والاهتمامات والاتجاهات.

وتقع معظم الأهداف في الرياضيات في المجال المعرفي الذي قسّم إلى ست مجالات جزئية أو مستويات مرتبة ترتيباً هرمياً، هي:

1. المعرفة (التذكر)

2. الاستيعاب (الفهم)

3. التطبيق

4. التحليل

5. التركيب

6. التقويم

وفيما يلي شرح موجز لكل مستوى من هذه المستويات مع أمثلة عليها:

1) المعرفة

تعني المعرفة تذكر المعلومات التي تم تعلمها سابقاً، أي استدعاؤها من الـذاكرة أو التعـرف عليها. وهذا المسـتوى هـو أدنى مسـتويات المجـال العقـلي. ويشـمل هـذا معرفة مصـطلحات وحقـائق، وطرق معالجات، وقوانين أو نظريات، ومن أمثلة ذلك:

1. أن يذكر الطالب نص نظرية فيثاغورس.
2. أن يعطي الطالب تعريفاً دقيقاً للعد النسبي.
3. أن يذكر الطالب قانون مساحة المثلث.

2) الاستيعاب

وهو القدرة على إدراك معنى المادة التي يدرسها الطالـب، ويظهـر ذلـك مـن خلال ترجمة المـادة بتحويلها من صيغة لأخرى (كلمات إلى رموز مثلاً، أو بيانات إلى رسـومات وأشـكال)، أو مـن خلال تفسـير المادة أي شرحها أو تلخيصها وتبريرها، أو من خلال تأويل واستخلاص علاقات مـن بيانات أو معلومـات معطاة.

ومن الأمثلة على ذلك:

– أن يحول من صياغة كلامية إلى صياغة رمزية.

– أن يمثل البيانات في جداول أو رسومات بيانية أو خطوط.

– أن يعبر بلغته الخاصة عن قانون توزيع الضرب على الجمع في الأعداد.

– أن يكتب الطالب المجموعة (بذكر عناصرها) إذا ذكرت السمة المميزة لعناصرها.

– أن يحسب الطالب مساحة الدائرة إذا علم نصف قطرها.

3) التطبيق

يشير التطبيق إلى قدرة المتعلم على استخدام ما تعلمه في مواقـف جديـدة، ويتضـمن ذلك تطبيـق المفاهيم والقوانين في مواقف جديدة أو مواقف عملية، وحل مسائل رياضية، ومن الأمثلة على ذلك:

- أن يحل الطالب مسائل على النسبة المئوية (المكسب والخسارة).

- أن يحل الطالب مسائل كلامية تؤول إلى معادلات خطية ذات مجهولين.

- أن يستخدم قوانين التكامل المحدود في حساب حجوم الأجسام الدورانية.

- أن يجد الطالب جملة مبلغ وضع في البنك لفترة زمنية معينة بحساب الربح المركب.

4) التحليل

يدل التحليل على قدرة المتعلم على تحليل المادة إلى مكوناتها الجزئية بما يساعد على فهـم تنظيمهـا البنائي والعلاقات فيما بين الأجزاء، ومن الأمثلة:

- أن يحل الطالب مسائل حياتية على العمليات الأربع (ذات خطوتين).

- أن يحدد الطالب المستويات والخطوط المتوازية والمتلاقية في مجسم مرسوم.

- أن يحدد الطالب فترات التزايد والتناقص لاقتران معرف على فترة أو مجال محدد.

- أن يبين أو يحدد خصائص جذور المعادلة التربيعية.

- أن يبين الطالب صحة قانون أو نظرية اعتماداً على أمثلة عددية أو أشكال بيانية.

5) التركيب

يشير هذا المستوى إلى قدرة المتعلم على وضع الأجزاء مع بعضها البعض لتكّون كلاً متكـاملاً لم يكـن موجوداً من قبل. أي أن التركيب عملية تجميع العناصر والأجزاء

والتفاصيل المتفرقة بأسلوب أو شكل ينتج عنه بنية متماسكة ومتكاملة لم تكن قائمة من قبل. وهذا المستوى من الأهداف يهيئ أفضل الفرص أمام الطالب للإبداع والابتكار.

ومن الأمثلة على ذلك:

1. أن يحل الطالب مسائل (على القوانين والنظريات التي تم تعلمها) مكونة من خطوتين أو أكثر (استخدام أكثر من تعميم واحد في المسألة الواحدة أو استخدام التعميم أكثر من مرة واحدة).

2. أن يكتب الطالب برهاناً لنظرية أو تمرين هندسي.

3. أن يجد أو يحسب مساحة أو حجوم الأشكال أو المجسمات والمؤلفة من شكلين أو مجسمين معروفين أو أكثر.

4. أن يرسم منحنى اقترانات من الدرجة الثالثة فأكثر أو الاقترانات الكسرية مستخدماً قوانين التفاضل ونظرياته.

5. أن ينتج رسماً أو شكلاً أو مجسماً بمواصفات معينة.

6) التقويم

حلَّ التقويم في أعلى منزلة في تصنيف بلوم للمجال العقلي، لأنه يعتبر عملية عقلية أكثر تعقيداً مما سبقه من المستويات الأخرى.

والتقويم عملية إصدار أحكام حول قيمة الأفكار أو الأعمال أو الحلول المقدمة. ويتم إصدار الأحكام في ضوء أدلة داخلية أو وفق معايير ومحكات خارجية.

ومن أمثلة هذا المستوى:

— يحكم على كفاية دعم البيانات للاستنتاجات.

– يتحقق من دقة الحسابات وصحة الاستنتاجات.

– يبين المغالطات الواردة في البراهين أو الاستنتاجات.

– يحكم على صحة الحل أو البرهان.

في عام 1966 وضعت لجنة تقويم تحصيل الطلبة في المرحلة الثانوية في الولايات المتحـدة الأمريكيـة نموذجاً لتصنيف الأهداف السلوكية في الرياضيات (الدراسـة الطوليـة للتحصيل في الرياضيات)، وتضمن التصنيف أربعة مستويات للسلوك على النحو التالي:

أ- الحسابات (Computation)

ويتضمن هذا إجراء العمليات الحسابية، واستخدام الطرائـق والخوارزميـات للوصول إلى الإجابات. والتركيز هنا على الناحية الإجرائية أو الأدائيـة وليس علـى اختيـار العمليـة أو الخوارزميـة التـي تستخدم للوصول إلى الإجابات، كأن يجد الطالب ناتج جمع مصفوفتين، أو حاصل ضربهما، أو أن يحـل معادلـة في مجهول واحد، أو معادلتين في مجهولين،... إلى غير ذلك.

ويندرج تحت هذا المستوى معرفة الطالب للجزئيات والحقائق والمصطلحات، كما تضمنه المستوى الأول من تصنيف بلوم للأهداف.

ب- الاستيعاب (الفهم Comprehension)

يستخدم الفهم هنا ليدل على استيعاب كامل، ومعرفـة بالمفـاهيم والتعميمـات،كما يستخدم ليـدل على قدرة الطالب على ترجمة ونقل الأفكار وتحويلها مـن نـص لآخـر، وإيجـاد العلاقـات التـي تـربط بـين الأفكار والمفاهيم بعضها ببعض.

ويتمثل الفهم كذلك في معرفة الطالب للبنية الرياضية، وقدرته على تتبع خط تفكير أو برهان معين، وفي تمكنه من إعطاء تفسير معين لموقف رياضي أو مسألة رياضية.

جـ- التطبيق (Application)

نعني بالتطبيق هنا استخدام الطالب للمعلومات الرياضية التي تعلمها وفهمها في مواقـف جديـدة. ويتطلب التطبيق من الطالب القيام بسلسلة من الأنشطة على النحو التالي:

1. تذكر المعلومات ذات العلاقة.
2. اختيار المعلومات والحقائق المناسبة.
3. الأداء أو القيام بالعملية المطلوبة.

ويتمثل التطبيق في المواقف التالية:

1. القدرة على حل مسائل حسابية روتينية تتطلب تطبيق خوارزمية معينة.
2. القدرة على إجراء المقارنات.
3. القدرة على تحليل البيانات.
4. القدرة على التعرف على الأنماط والتشابهات.

د- التحليل (Analysis)

في التحليل يقوم الطالب بعمليات عقلية عليا هـي نفسـها التـي يقـوم بهـا في مسـتويات التصـنيف الثلاثة العليا من تصنيف بلوم، ويتضح أداء الطالب في هذا المستوى من خلال:

1. قدرة الطالب على حل مسائل حسابية غير روتينية.
2. قدرة الطالب على اكتشاف العلاقات.
3. القدرة على البرهان، والقدرة على نقد البرهان أو تقييمه.
4. قدرة الطالب على التعميم والتثبت أو التحقق من صحته.

5:4 تحركات المعلم في التدريس (Teacher Moves)

تحرك المعلم هو فعل أو سلوك هادف يقوم بـه المعلـم مـن أجـل أن يتحقـق لـدى الطلبـة هـدف تعليمي مقصود. فقد يكون التحرك الذي يقوم به المعلـم طـرح سـؤال أو أسـئلة عـلى الطلبـة ليسـتثيرهم ويوجه عنايتهم نحو موضوع ما أو مسـألة معينـة، وقـد يكـون هـذا التحـرك الإجابـة عـن أسـئلة الطـلاب واستفساراتهم، وقد يكون عرضاً أو شرحاً لفكرة ما، أو إعطاء معلومات للطلبة وتعريفهم بكيفية اسـتخدام قاعدة رياضية معينة، والتحركات على عدة أنواع، نذكر منها في هذا البند سبعة أنواع شائعة.

والمعلم في غرفة الصف يقـوم بعـدة تحركـات، وتكـون هـذه متسلسـلة ومتتابعـة تتابعـاً وتسلسـلاً عشوائياً أو مقصوداً، ويسمى أي تتابع منتظم من هذه التحركات استراتيجية تدريسية. وحتى يكون تتـابع التحركات منظماً وغير عشوائي سنقدم فيما يلي بعض أنواع التحركات الشائعة، ومن هذه التحركات:

تحركـات التقـديم – الإلقـاء – (Exposition Moves)، وتحركـات العـرض (Illustration Moves)، وتحركـات العـرض والتفسـير (Demonstration Moves)، وتحركـات المناقشـة أو النقـاش (Discussion Moves)، وتحركـات الاستقصـاء (Exploration Moves)، وتحركـات ضـبط الصـف وإدارتـه (Class Management Moves).

1) تحركات التقديم:

يقوم المعلم بتحرك التقديم عندما يقدم لطلبتـه فكـرة مـا أو يشرحها لهـم أو يعطـيهم معلومـات. والمحاضرة أو أسلوب الشرح والإلقاء هي أمثلة تقليدية على تحركات التقديم، حيـث يقتصر دور الطالـب على تلقي المعلومات واستقبالها سماعياً. والافتراض هنا، هو

أن الطالب يتعلم بالاستماع واستقبال المعلومات، حيث يكون التعلم تعلماً استقبالياً سمعياً بالدرجة الأولى. والجدير بالذكر أن لا غنى للمعلم عن استخدام مثل هذا النوع من التحركات، إلا أن استخدامها يجب أن لا يكون دائماً ولمدة طويلة في الحصة خصوصاً مع الطلبة في مستويات التعليم المبكر، وأن يكون الطلبة من النضج والتطور التفكيري بحيث يسمح لهم وضعهم بالاستفادة مما يقال لهم أو يسمعوه من المعلم.

2) تحركات العرض

وهي التحركات التي يقوم بها المعلم عندما يقدم المعلم لطلبته نموذجاً مجسماً أو رسماً توضيحياً، أو شكلاً، أو يريهم ويعرض عليهم فيلماً ثابتاً أو متحركاً. وغالباً ما يقترن هذا التقديم بحد أدنى من الشرح أو التفسير اللغوي، حيث يكون التركيز على استخدام حاسة البصر ـ من قبل الطالب وذلك بافتراض أن التعلم يكون أفضل بالرؤيا وبالنظر. والفارق الرئيسي ما بين هذا النوع من التحركات والنوع السابق هو في التركيز على حاسة البصر وليس على حاسة السمع كما في سلفها.

3) تحركات العرض والتفسير

كما يتضح فإن سلوك المعلم في هذا النوع من التحركات يجمع ما بين العرض والتفسير أو الشرح، فهو يعرض عليهم نموذجاً أو شكلاً أو مجسماً، ويفسر لهم أو يعلق على هذا النموذج أو الشكل، كأن يريهم كيف يقوم بتجربة تحضير مادة معينة في المختبر، أو كيفية إنشاء شكل هندسي بالفرجار والمسطرة. والفكرة السائدة هو أن تعلم الطالب بالاستماع والرؤيا يعطي نتائج أفضل من التعلم بأي منها منفرداً. والأنواع الثلاثة من التحركات التي قدمناها يمكن للمعلم إتباعها عندما يكون في نيته الانتقال بسرعة إلى مادة تعليمية جديدة أو لسد ثغرات أو تلافي صعوبات تعترض طريق تقدم الطلبة وتعلمهم.

ومحور عملية التعلم والتعليم في التحركات الثلاثة هذه هو المعلم، فالتركيز على المعلم ودوره أمر بارز، ودور الطالب يكمن في تلقي المعلومات واستقبالها بالدرجة

الأولى، كما لا يعرف بالضبط مقدار نشاط الطالب وتفاعله في الموقف التعليمي في هـذه الحـالات. وحتـى يكون للطالب دور نشط وفاعل في عملية التعلم لابد من استخدام استراتيجيات أخرى تأخذ بعين الاعتبـار دور الطالب، وتجعل محور الاهتمام في الاستراتيجية التدريسية المستخدمة الطالب بصفة أساسية وليس المعلم.

والتحركات التي تجمع ما بين دور الطالب ودور المعلم هي تحركات النقاش والمشاركة والاستقصاء.

4) تحركات النقاش

يقوم المعلم بتحركات النقاش عندما يسأل الطلبة ويستثيرهم لتوجيه أسئلة لـه بالمقابـل، فينشـط النقاش وتنشط مشاركة الطلبة وتفاعلهم في الحصة والـدرس. إن دور المعلم في إحداث نقاش مثمـر في الصف ليس بالأمر الهين، وإحدى الطرق لذلك هي توجيه أسئلة تستحث استجابات من الطلبة، وأخرى في توجيه أسئلة مفتوحة، أو أسئلة تثير اهتمامات الطلبة وتحثهم على التفكير وتنمي لديهم الإبداع والقـدرة على حل المشكلات.

5) تحركات التدريب

في هذه التحركات يقدم المعلم التمارين والتـدريبات للطلبة. ومحـور الارتكـاز في هـذه التحركـات الطالب نفسه، حيث يقوم بحل التمارين والتدريبات التي تطلب منه ليكتسب المهارة الضرورية في تعلـم التعميمات الرياضية والخوارزميات الحسابية، وفي تنمية مقدرته على حل المسائل، واكتساب المفاهيم.

6) تحركات الاستقصاء

وهي تحركات محورها عمل الطالب ونشاطه الموجهين من قبل المعلم، فالمعلم في هـذا النـوع مـن التحركات يوفر الفرصة والإمكانات للطلبة لكي يكتشفوا العلاقات ويلاحظوها بين الأشياء، أو لـكي يحصلوا على بيانات أو يسعوا وراء حلول المشكلات،

أو حتى ليقوموا بأنشطة متنوعة ليصلوا إلى مستوى مقبول في الأداء أو التحصيل. وترتكز هذه التحركات على قيام المعلم بالتخطيط لكي يقوم الطلبة منفردين أو جماعات بأنشطة وواجبات للوصول إلى الحلول أو الاكتشافات التي يخطط لها.

والأنشطة التالية هي أمثلة على تحركات الاستقصاء:

1. يتوصل الطلبة إلى خصائص التحويلات الهندسية: الانعكاس والانسحاب والـدوران وذلـك بـإجراء هذه التحويلات عملياً على أشكال هندسية معروفة كالمثلث والمربع.

2. يحضر الطلبة لوحات بيانية، ويحددوا عليها نقاطاً، وخطوطاً وما شابهها.

3. يقوم الطلبة بحل مجموعة من التمارين والمسائل غير الروتينية خارج الحصة.

4. التدرب على حل المعادلات وإتقان التعلم.

5. جمع البيانات الإحصائية لاستخدامها في إيجاد مقاييس النزعة المركزية والتشتت أو لإيجاد درجة الارتباط بين المتغيرات.

هذا، والتعلم الاستكشافي، أو التعليم المبرمج يستند في تنفيذه على نشاط الطالب ودوره الأسـاسي في الحصول على المعرفة، ولذا فالاستراتيجيات القائمة على هذين النوعين من التعلم هي استراتيجيات محورها تحركات الاستقصاء.

7) تحركات إدارة الصف

يستخدم المعلم هذه التحركات لكي يضبط الصف، ويجعله منتظماً، ليوفر بذلك جواً دراسياً مناسباً للتعلم. وتحركات إدارة الصف قد تكون عبارة عن استخدام ألفاظ وكلمات، أو استخدام إشارات وحركات، وهي بطبيعة الحال تتخذ نمطاً مميزاً للمعلم وتصرفاته عندما يقـرر نـوع التوجيـه أو التنبيـه لطلابـه لـكي ينتظموا في سلوكهم وأدائهم لأدوارهم.

استجابات الطلبة (Pupil Responses)

تتضح عملية التعلم من خلال أفعال الطلبة، أو مـا يسـتطيعون أداءه والقيـام بـه، أي أنـه لا يكـون واضحاً لدى المعلم في أن الطلبة قد تعلموا إلا إذا كانوا قادرين على إنجاز بعض الأعمال والقيام بها، وليس من خلال القول في أنهم قادرين على ذلك. وقد صنف بلوم ورفاقه استجابات الطلبة في المجـال العقـلي في ستة مستويات هي: المعرفة، والاستيعاب، والتطبيق، والتحليل والتركيب والتقويم (كما أشرنا سابقاً).

وصنفت استجابات الطلبة في مستويات ثلاثة هي:

المستوى الأدنى: ويشمل ذلك الاستجابات التالية:

التذكر أو الذكر

الاستماع

المراقبة والملاحظة

التدرب

الرسم

الكتابة

العمل اليدوي

المستوى المتوسط: ومن أمثلة الاستجابات عليه ما يلي:

الترجمة

التفسير

المقارنة أو المفاضلة

التصنيف

التنظيم والربط

المستوى الأعلى: ويشمل ذلك:

التطبيق

التجريد

التعميم

التحليل، والتركيب

البرهان

التقويم

ويناظر هذا التصنيف تصنيف بلوم من حيث الارتقاء بمستوى الأداء، فالمستوى الأول هنا يناظر المستوى الأول من مستويات بلوم، ويتماثل أيضاً المستويان التاليان لهما، في حين يناظر المستوى الثالث في هذا التصنيف المستويات المتبقية العليا في تصنيف بلوم.

فالطالب الذي يذكر نص نظرية فيثاغورس مثلاً، تصنف استجابته على أنها من المستوى الأول، وبالمثل الطالب الذي يحلل عبارة الفرق بين مربعين، أو يجد ناتج جمع عددين.

أما الطالب الذي يكتب معادلتين ليحل بهما مسألة رياضية جبرية فتصنف استجابته على أنها من المستوى المتوسط، وبالمثل الطالب الذي يميز الأعداد الأولية من الأعداد غير الأولية، أو يميز المعادلات التربيعية ذات الجذور غير الحقيقية عن غيرها.

واستجابة الطالب الذي يتوصل إلى نتيجة أو حقيقة من قواعد عامة، أو يدرك أن قاعدة ما تنطبق على عدد من الأوضاع الأخرى غير التي اكتشفت منها فهي من المستوى الثالث.

6:4 النشاطات اللاصفية (الواجبات البيتية)

يعتبر كثير من المعلمين النشاط اللاصفي والواجبات البيتية جزءاً مهماً من دروس الرياضيات، ومكملاً للنشاط الصفي أو مدعماً له. ويتوقع من معلم الرياضيات أن يكلف طلبته بين الحين والآخر تنفيذ نشاطات لاصفية أو إعطاء واجبات بيتية يطلب منهم القيام بها ويسائلهم أو يحاسبهم على تنفيذها.

ولكن كيف يتم التخطيط لهذه الأنشطة؟

أ) في المراحل الأولى لتعليم المهارات الرياضية يكلف المعلم طلبته بالتدرب على هذه المهارات لاكتسابها، إذ لا يتسع وقت الحصة للتدرب الفردي على هذه المهارات ولذا تعتبر النشاطات اللاصفية مكلمة للنشاط الصفي، ولا يمكن الاستغناء عنها.

ب) في المراحل المتقدمة لتعلم المادة يكلف المعلم طلبته بحل واجبات بيتية أو القيام بنشاطات لاصفية، وذلك من أجل تعميق الفهم وتطويره، والواجبات البيتية هنا ليست من النوع الروتيني، وتتطلب من الطلبة وقتاً أطول للتفكير فيها وتنفيذها. وتعتبر النشاطات اللاصفية هنا مدعمة للنشاط الصفي، وتهدف إلى تنمية قدرة الطلبة على حل المشكلات.

ج) عند الانتهاء من تدريس موضوع في الرياضيات يكلف المعلم طلبته تنفيذ بعض الأنشطة اللاصفية أو القيام بأداء واجبات بيتية، وذلك لتحقيق انتقال التعلم. وتثبيت ما تم تعلمه واستبقاؤه لفترة طويلة، هذا علاوة على تكوين نظرة شاملة ومتكاملة للموضوع، ويمكن أن يكون ذلك على شكل اختبار بيتي.

د) تتطلب الكثير من المواقف والخبرات التعليمية مشاركة الطالب في عملية التعلم واستكشاف بعض جوانب المعرفة الرياضية، أو تطبيق المعرفة النظرية وإيجادها في واقع عملي أو حياتي. وفي كثير من الأحيان لا يتيح وقت الحصة للطلبة المشاركة

الفعّالة واكتشاف بعض جوانب المعرفة الرياضية. وتتمثل هذه المواقف كما في الأمثلة التالية:

- تكليف الطلبة بتحضير بعض الدروس قبل الحصة، وتدريبهم على الدراسة الذاتية أو التعلم الذاتي.
- اكتشاف بعض العلاقات الرياضية أو القوانين بهدف المشاركة في عملية التعلم وإثارة الدافعية والحماس لديهم، كأن يتوصل الطلبة إلى العلاقة بين محيط الدائرة وقطرها، أو مجموع قياسات زوايا المثلث، أو خصائص متوازي الأضلاع، وغير ذلك.
- عمل نماذج رياضية، ومجسمات، ووسائل تعليمية متنوعة، مما يتيح للطلبة فرصة الإبداع والابتكار فيما يقدمون من جديد ومتنوع.
- جمع بيانات لإجراء الحسابات عليها، وإعداد التقارير، وذلك من أجل توظيف المعرفة الرياضية وإعطاء معنىً للمفاهيم الرياضية وتطبيقاتها الحياتية خصوصاً في مجال القياس والإحصاء.

وينصح المعلم بمراعاة ما يلي:

1. التخطيط الجيد للواجبات البيتية أو النشاطات اللاصفية، والابتعاد عن التقليد أو العشوائية.
2. التنوع في الأنشطة اللاصفية المطلوب القيام بها بحيث تشتمل على الأنواع المختلفة السالفة الذكر.
3. مراعاة الفروق الفردية في النشاطات البيتية بحيث لا تكون واحدة لجميع الطلبة، ويكون فيها قدر من التنوع والاختيار.
4. أن تكون في حدود المعقول وضمن الزمن المتاح للطالب، وأن لا تغطي واجبات مادة الرياضيات على المواد الأخرى.

5. حث الطلبة على أداء الواجبات البيتيـة في أوقاتهـا ومسـاءلتهم عـن تنفيـذها، وتقـديم التغذيـة الراجعة لهم عن مستوى أدائهم فيها.

إن التعلم عملية فردية، لا تتم من خلال التدريس الجمعي وقيام المعلم بحـل الـتمارين والأنشـطة. بل يجب أن تتاح الفرصة لكل طالب لكي يعمل ويقوم بنفسه بأداء الواجبات وحـل الـتمارين والتـدريبات حتى تتم عملية التعلم، وهذا لـن يتـاح للطالـب في غرفـة الصـف بـل مـن خـلال الواجبـات والنشـاطات اللاصفية.

7:4 أمثلة : خطط تدريسية صفية

سنقدم فيما يلي خطتين تدريسيتين صفيتين، وخطة تدريس وحدة كثيرات الحدود.

مثال (1) : خطة درس (1)

الموضوع الدرس: القاسم المشترك الأعظم الصف: الخامس

المحتوى	الأهداف	الأنشطة التعليمية	التقويم	ملاحظات
المفاهيم: • العامل (القاسم) • القاسم المشترك لعددين • القاسم المشترك الاعظم. المهارات: • تحليل الأعداد • إيجاد القاسم المشترك الأعظم لعددين	1) أن يكتب الطالب العدد كحاصل ضرب عوامل أولية. 2) أن يجد القاسم المشترك الأعظم لعددين عن طريق تحليل الأعداد.	التعلم السابق قابلية القسمة، العامل الأولي. تحرك التقديم: • ضرب عددين أو ثلاثة والناتج عدد ثم تحليل العدد (عملية عكسية) • ضرب عددين أوليين أو ثلاثة ثم إعادة تحليل الناتج. تحرك النقاش: تقديم مثالين أو ثلاثة لإيجاد القاسم المشترك الأعظم لعددين. تحرك التدريب: تدريبين أو ثلاثة من الكتاب تحرك الاستقصاء: واجب بيتي	التقويم القبلي التحقق من التعلم والمتطلبات السابقة التقويم المستمر مواقف وأسئلة مشابهة لنشاط المعلم في تحرك التقديم والنقاش. التقويم الختامي من خلال التدريبات	يدون المعلم ملاحظاته عن الحصة، ويخطط بناءً على ذلك للحصة التالية.

مثال (2) : خطة درس (2)

موضوع الدرس: حل المعادلة الخطية

الصف: السابع

المحتوى	الأهداف	الأنشطة التعليمية	التقويم	ملاحظا
المفاهيم: الجملة المفتوحة، المعادلة الخطية. **المهارات:** حل المعادلة الخطية. تكوين معادلات خطية لمواقف كلامية. **المسائل:** ل مسائل حياتية على المعادلات الخطية.	1) أن يحل (يجد مجموعة حل) المعادلة الخطية بمجهول واحد، ويتحقق من صحة الحل. 2) أن يكّون جملاً أو معادلات خطية لمواقف كلامية مستخدما الرموز. 3) أن يحل مسائل كلامية حياتية تتضمن معادلات خطية.	**التعلم السابق** النظير الجمعي، والنظر الضربي. **تحرك التقديم:** • تقديم مفهوم الجملة المفتوحة، والمعادلة الخطية وإعطاء أمثلة. • العمليات التي يمكن إجراءها على المعادلة الخطية. **تحرك النقاش:** • مناقشة ثلاثة أمثلة على حل معادلات خطية (متنوعة) والتأكيد على التحقق من صحة الحل. • تكوين المعادلات الخطية من مواقف كلامية. **تحرك التدريب:** • حل تمرين أو أكثر داخل الصف، ومناقشتها. **تحرك الاستقصاء:** واجب بيتي تدريب وحل مسائل	**التقويم القبلبي** التحقق من المتطلبات السابقة في بداية الحصة. **التقويم المستمر** طرح أسئلة أثناء تقديم الدرس ومناقشة التدريبات والأمثلة مع الطلبة. **التقويم الختامي** يتم من خلال التدريب الصفي، والواجب البيتي.	يدون الم ملاحظاته الحصة مع ملا أن هـ الدرس ي إلى حصـ ولـيس حصة وا

مثال (3) : خطة وحدة

خطة وحدة: الأعداد النسبية

الصف: الثامن

المحتوى	الأهداف	الأنشطة التعليمية	التقويم	ملاحظات
أ) المفاهيم: العدد النسبي، مجموعة الأعداد النسبية، العنصر المحايد، العنصر النظير. الجذر التربيعي للعدد النسبي. **ب) التعميمات:** خصائص مجموعة الأعداد النسبية تحت عمليتي الجمع والضرب: - خاصية الانغلاق - العنصر المحايد - التبديل - التجميع - العنصر النظير - الاختزال - توزيع الضرب على الجمع	• أن يتعرف الطالب إلى الأعداد النسبية ويقدم أمثلة عليها. • أن يمثل الأعداد النسبية على خط الأعداد. • أن يجد النظير الجمعي، والنظير الضربي للأعداد النسبية. • أن يقدم أمثلة توضح خصائص مجموعة الأعداد النسبية تحت عمليتي الجمع والضرب. • أن يستخلص بعض خصائص الأعداد النسبية بنفسه.	**التعلم السابق** • مجموعة الأعداد الصحيحة وخصائص عمليتي الجمع والضرب عليها. • الكسور العادية والكسور العشرية. **تحركات المعلم:** **تحرك التقديم** يستخدم عند التقديم أو التمهيد للمادة الجديدة، أو التحقق من التعلم السابق. **تحرك النقاش:** يستخدم عند توضيح المفاهيم الجديدة، أو استخلاص التعميمات أو تقديم وعرض الأمثلة أو إجراء الحسابات أو العمليات. **تحرك التدريب:** يستخدم للتدريب على اكتساب المهارات داخل الصف (من قبل الطلبة أنفسهم)	**التقويم القبلي** للتحقق من المتطلبات السابقة أو التعلم القبلي، ويمكن أن يكون على شكل اختبار كتابي. **التقويم المرحلي:** يستخدم أثناء التنفيذ الفعلي للتدريس الصفي، ويمكن أن يكون على شكل طرح أسئلة، أو التدريب الفردي، أو من خلال الواجبات البيتية.	تدون ملاحظات المدرس أولاً بأول.

يتبع

نشاط تدريبي

1) أعطِ أمثلة على أهداف تدريسية في مستويات بلـوم الستة وحـدد مسـتوى كـل هـدف مـن هـذه الأهداف.

2) اختر وحدة من كتاب الرياضيات، وحلل المحتوى الرياضي للوحدة، واكتب أهدافها التدريسية.

3) نظم خطة تدريسية لوحدة في الرياضيات، وذلك وفق النموذج المقترح.

4) اختر كتاباً من كتب الرياضيات، وأعد خطة سنوية لتدريس هذا الكتاب.

5) حضّر ثلاث خطط تدريسية؛ كل خطة لحصة صفية واحدة، شريطة أن تكون الخطط في موضـوعات مختلفة: الحساب، الهندسة، الجبر، وذلك وفق النموذج المقترح.

المراجع

■ أبو زينة، فريد كامل (1992).

أساسيات القياس والتقويم في التربية. مكتبة الفلاح.

■ الوقفي، راضي وآخرون (1979).

التخطيط الدراسي. الطبعة الثالثة.

■ Bloom, et al., (1971).

Handbook on Formative and Summative Evaluation of Student Learning.
McGraw Hill.

■ Gronlund, N.E. (1970).

Measurement and Evaluation in Education. McCmillan.

■ Mager,R.F. (1976).

Preparing Instructional Objectives.

■ Schminke, C.W. (1973).

Teaching the Child Mathematics.

<table>
<tr><td>5</td></tr>
</table>

الفصل الخامس
علم النفس التربوي
وتعلم الرياضيات

1:5   الاستعداد للتعلم

2:5   أنماط التعلم

3:5   التعلم بالاكتشاف

4:5   نظرية التعلم ذي المعنى لاوزويل

5:5   نموذج كارول في التعلم

6:5   نموذج بلوم في التعلم

7:5   انتقال أثر التعلم (التدريب)

المراجع

علم النفس التربوي
وتعلم الرياضيات

1:5 الاستعداد للتعلم (Readiness for Learning)

إن موضوع الاستعداد للتعلم هو واحد من أهم المواضيع بالنسبة للمعلم لمـا يـرتبط بـه مـن نتـائـج على علاقة مباشرة بالممارسات التربوية اليومية. فهنـاك فـترات تظهـر وتكون أفضل مـن غيرهـا لحـدوث التعلم، وفي هذه الفترات يكون المتعلم في ذروة استعداده للتعلم. أما إذا اجبر على تعلم شيء ما بدون أن يكون قد نضج بشكل كاف له، وبدون أن يكون قد اكتسب الخلفية اللازمـة مـن الخـبرة الضرورية، فإن المتعلم يحبط، وقد يتكون عنده اتجاهات سلبية نحو ذلك الشيء، ونحو المدرسة أو الموضوع بشكل عـام. وهناك الاستعداد العام للتعلم المدرسي، والاستعداد لتعلم موضوع معين.

يقصد بالاستعداد العام للتعلم المدرسي بلوغ الطفل المستوى اللازم مـن النضج الجسمـي والعقلـي والانفعالي والاجتماعي الذي يؤهله للالتحاق بالمدرسة. ويتأثر هذا الاستعداد بمـا يـوفره المنـزل والمجتمع للطفل من فرص لاكتساب خبرات مناسبة. ويرى بعض المربين أن المنـاهج بموضـوعاتها المختلفـة، والكتـب المدرسية بمادتها، وطريقة عرضها، وأساليب التقويم المختلفة، كلها تعد مشتركة في إنجاح عملية التعلم. أما المسؤولية المباشرة فتقع على أنواع الخبرات التعليمية التي تهيؤها المدارس لطلبتها، ذلـك أن تـوفير خـبرات تعلمية تلتفت إلى مستوى الاستعداد للتعلم لدى الطلبة، وتخاطب حاجاتهم

واهتماماتهم العقلية، إنما يساعد كثيراً على إضفاء معان قوية على ما يكتسبه الطلبة من تعلم نتيجة مرورهم بهذه الخبرات. والمدرس الواعي والمدرك لا يحاول أن يدفع طلبته إلى تعلم ما لا طاقة لهم به، أو يشحن عقولهم بمعلومات لا تناسب نضجهم أو تتمشى- مع خبراتهم السابقة، بل يأخذ بعين الاعتبار ويراعي استعداداتهم للتعلم.

والاستعداد للتعلم هو مقدرة المتعلم، أو قابليته لتعلم شيء ما، أو اكتساب أنواع من المعلومات أو المهارات أو الكفايات بعد فترة من التدريب تعده لتعلم شيء جديد. ويختلف الاستعداد عن القدرة، فالقدرة تتمثل في استطاعة الفرد القيام بالأعمال في اللحظة القائمة، سواء كان بتدريب سابق، أو بدون تدريب. وقد يكون الفرد غير قادر على القيام بعمل ما في الوقت الحاضر، ولكنه يملك استعدادا للقيام به بعد فترة من التدريب. ويتحدد الاستعداد بعاملين: النضج، والخبرة السابقة. وسنتعرض إلى موقف كل من بياجيه (Piaget)، وجانييه(Gagne) في الاستعداد التطوري للتعلم. ويقصد بالاستعداد التطوري للتعلم، الحد الأدنى من مستوى التطور المعرفي عند المتعلم، والواجب توفره حتى يكون مستعداً لتعلم موضوع معين بسهولة وفعّالية، ودون مضاعفات أو متاعب انفعالية. وهذا الاستعداد يختلف من طالب إلى آخر أمام الموضوع الواحد، كما يختلف مع الطالب الواحد من موضوع لآخر.

بياجيه (Piaget) والاستعداد التطوري للتعلم:

يرى بياجيه أن التطور المعرفي للفرد هو نتيجة طبيعية لتفاعل الفرد مع بيئته. ويتعلم الفرد من خلال هذا التفاعل، بالإضافة إلى الخبرات المباشرة كيف يتعامل مع هذه البيئة، كما ويكتسب أنماطاً جديدة من التفكير يدمجها في تنظيمه المعرفي، وهناك نزعة الفرد إلى ترتيب وتنظيم العمليات العقلية في أنظمة متناسقة ومتكاملة، ونزعته أيضاً إلى التأقلم مع البيئة التي يعيش فيها. ويفسر بياجيه النمو المعرفي على أساس عمليتين، هما: **الاستيعاب** (Assimilation) **والتكيف** (Accomodation) ويقوم الفرد في العملية الأولى بفهم واستيعاب الأشياء والعالم المحيط به، فيكّون لها نموذجاً في ذهنه، أو يدمجها في بنائه العقلي

أو التركيب الموجود لديه. وفي العملية الثانية يقوم بتعديل وتكييف هذا النموذج طبقاً للخبرات التـي يمـر فيها، ليواجه بهذا التعديل متطلبات البيئة. فمـثلاً عـن طريـق الاسـتيعاب، يكـون الطفـل صـورة للأعـداد، ويعدل بهذه الصورة عندما يتعرض للكسور والأعداد السالبة، والأعداد الحقيقية.

وهكذا، فالتطور المعرفي ليس تطوراً كمياً في الدرجة الأولى، بل هو تطور كيفـي في أسـاليب التفكيـر ووسائله. وهذا التطور يخضع لتتابع متدرج في مراحل أربع، اسـتطاع بياجيـه أن يقـترح لهـا فئـات أعـمار تقريبية، وأن يجد لها خصائص مميزة (Copeland,1979). ويستخدم بياجيه مصطلح الفترات التوسـطية أو البينية، للدلالة على تلك الفترات الانتقالية في تطور تفكير الطفل من مرحلة إلى أخرى أعـلى منهـا، حيـث يشعر الطفل أمام بعض المواقف أن أنماط التفكير التي يكون قد بلغها لا تسـعفه بمعالجـة مرضية لهـذه المواقف، فيحاول تجربة أنماط تفكير جديدة لا يكون قد استوعبها بعد إلى حد الإدماج في البنية التفكيريـة المتوفرة لديه. ويصف بياجيه هذه الفترات بأنها فترات اختلال توازن، تمييزاً لهـا عـن التـوازن الـذي تتصـف به مراحل التفكير الأكثر استقراراً. وهذه الفترات لها أهمية تربوية خاصة، لأنها أنسب الفرص لتعلم أنمـاط تفكير أرقى من تلك التي يمتلكها الطفل حينئذ.

أما المراحل الأربع التي تمثل البنية المعرفية فهي:

1. **المرحلة الحسية الحركية Sensori Motor** – من الميلاد حتى سن الثانية تقريباً-

في هذه المرحلة يتعامل الطفل مع بيئته بحواسه وحركاته، وتكون أفعاله غير منتظمة أو مترابطـة في البداية، إلا أن هناك اتجاهاً نحو الأفعال المتصفة بالذكاء عندما يكون أمام الطفل هدف يسعى لتحقيقه.

2. **مرحلة ما قبل العمليات Preoperational** - من الثانية حتى السابعة-

في المرحلة السابقة يتعامل الطفل مع البيئة بصورة مباشرة، أما في هذه المرحلة فيسـتطيع التعامـل معها بصورة مباشرة حيث تتميز هذه المرحلة باستخدام الكلمات

والرموز لتمثيل المؤثرات البيئية، وبمقدور الطفل أيضاً إعادة تكوين أو تقليد بعض الأفعال التي جرت أمامه قبل ساعات، فهي إذن مرحلة التمثيل (التصوير) والرمزية (Reprasentation & Symbolism) ويتمكن الطفل من تمثيل الأشياء عقلياً، وخزن الأمور للاستعمال اللاحق، إلا أنه لا يستطيع أن يحل عدداً من المشكلات التي تبدو بديهية للكبار، كتغير الكميات عند وضعها في أنابيب مختلفة.

ويكّون الطفل أيضاً بعض المفاهيم، ولكنه لا يمارس العمليات العقلية فهو يقارن بين الأشياء في المجال الخارجي، ولا يعتمد النشاط العقلي الداخلي في القيام بهذه المقارنة. ويستطيع الطفل القيام بعمليات التصنيف البسيطة حسب مظهر واحد (من سن الثانية حتى الرابعة) كمظهر الحجم مثلاً، إلا أن المتناقضات الواضحة لا تزعجه كالعلاقة بين الحجم والوزن (كأن يطفو شيء كبير وخفيف ويغطس شيء صغير وثقيل).

فالمنطق عند الطفل في هذه المرحلة يكون نصفياً باتجاه واحد، وكثيراً ما يوقعه اعتماده على المدركات الحسية، في بعض صور التفكير الخاطئ في المواقف المتصلة بالعدد والحجم والوزن نتيجة غياب قابلية العكس (Reversibilty)، والوعي لثبات الخصائص (Conservation)، إلا أن الوعي التدريجي لهما يبدأ في الطور الثاني من هذه المرحلة.

3. مرحلة العمليات المادية Concrete Operational - من السابعة حتى الثانية عشرة-

هذه المرحلة مهمة بالنسبة للمدرسة، ومعلم المرحلة الابتدائية، لمرور الأطفال فيها وهم في سنوات الدراسة في المرحلة الابتدائية. في هذه المرحلة تتحول الأعمال التي يقوم بها الأطفال في الخارج إلى أعمال داخلية، ويتصف تفكير الطفل في هذه المرحلة بأنه تفكير عمليات مادية لاعتماده على المجسمات والمحسوسات في التعامل مع الأشياء، كما يستطيع حل بعض المشاكل عن طريق المحاكاة بدل المحاولة والخطأ. ومع أن الطفل بدأ يدرك أن التغييرات التي تحصل في الشكل لا تؤثر على جوهرة المادة، إلا أن ثبات الوزن

أو الكتلة يتكون لدى الطفل في سن التاسعة، أما ثبات الحجم فلا يتكون إلا في سن الحادية عشرة.

ومن مظاهر هذه المرحلة:

- نمو قدرة الطفل على التصنيف (Classification) والترتيب (Ordering)، فهو يستطيع أن يصنف مجموعة من الأشياء مستخدماً بعدين تصنيفيين كالشكل واللون مثلاً.

- تقدم الطفل بتدرج بطيء في تكوين مفهوم الزمن (حوالي التاسعة).

- نمو قدرته على استخدام مفاهيم الهندسة الاقليدية المتصلة بقياس الأطوال والمساحات والزوايا والحجوم، وإن كان لا يستطيع أن يذهب في تفكيره أبعد من حدود الملموس والمرئي والمحدد.

ورغم التقدم الذي يحرزه الطفل في تفكيره، إلا أنه يعاني بعض الصعوبات التي تعوق التفكير السليم لديه ومن هذه:

- ضعف قدرته على الاستدلال اللفظي.

- عجزه أمام الفروض والمقدمات التي تغاير الواقع.

- ضعف قدرته على اكتشاف المغالطات المنطقية.

4. مرحلة العمليات المجردة Formal Operational - فوق الثانية عشرة -

تبدأ هذه المرحلة ما بين الحادية والثانية عشرة، وعند الأطفال العاديين بعد ذلك بسنتين أو ثلاثة. وتتميز هذه المرحلة على سابقتها بظهور العمليات فيها كخاصية تميزها عما يسبقها. وفي حين يستطيع الطفل في المرحلة السابقة تكوين افتراضات واختبارها معتمداً على التجربة والاختبار إلا أنه يستطيع التفكير في المقترحات غير الواقعية، أو الافتراضات التي تسندها أشياء مادية في هذه المرحلة، وتنمو قدرته في التفكير المنطقي

الافتراضي. أما أهم المفاهيم التي تصبح ميسورة في هذه المرحلة فهي مفاهيم النسبة والتناسب ومفاهيم التوافيق والتباديل.

ويرى بياجيه أن التطور المعرفي يتأثر بأربعة عوامل هي:

عامل فسيولوجي – تكويني، الخبرة الشخصية، عامل ثقافي اجتماعي، وعامل الاتزان.

وعامل الاتزان (Equilibration) هو منظم ذاتي للفرد لتحقيق الاتزان المتناسق بين العمليات العقلية والظروف المحيطة به. فالطفل في بعض المواقف يشعر بأن أنماط التفكير التي يكون قد بلغها لا تسعفه بمعالجة مرضية لهذه المواقف، فيحاول تجربة أنماط جديدة لا يكون قد استوعبها بعد إلى حد الإدماج في بنيته المعرفية، ويعدل في فهمه وتصوره ونمط تفكيره ليتم استيعاب المواقف الجديدة والتلاؤم معها ليحصل بذلك الاتزان.

ويقول بياجيه أن كل طفل يمر في هذه المراحل في تتابع منتظم، وتتأثر سرعة تقدمه بعدة عوامل. وتشير الدراسات إلى وجود فروق بين أطفال العمر الواحد في نموهم المعرفي قد تصل إلى ثلاث أو أربع سنوات. وأن إتاحة العديد من الفرص أمام الأطفال للتفاعل مع الأشياء وتجربتها، ومع الأشخاص ومناقشتهم يساعد كثيراً على تطورهم المعرفي. وهناك من يقول أن علينا وضع الطفل في مواقف تتطلب استخدام أنماط تفكير أعلى قليلاً من أنماط التفكير السائدة لديه، وهكذا يؤدي فشل الأنماط السائدة في معالجة المواقف المستجدة إلى تجربة أنماط أعلى، ثم إدماج هذه في تنظيمه المعرفي.

الاستعداد للتعلم عند جانييه (Gagne):

يميز جانييه بين نوعين من الظروف التي يتم فيها التعلم. فهناك شروط يجب توافرها في المتعلم، وهذه عبارة عن مقدرات المتعلم نفسه، وقد تكون الشروط في الموقف التعلمي وهذه شروط خارجية أي خارج المتعلم. ويقدم جانييه ثمانية أنماط أساسية تنتظم في نسق

هرمي يتدرج من أبسط أنواع التعلم، وهو تعلم الإشارات، إلى أكثرها تعقيداً وإرتقاءاً، وهو التعلم المتمثل في حل المشكلات. ومعظم الخبرات التي تنظم لأطفال المدرسة تستهدف مساعدتهم على تحقيق نتاجات تعلمية تقع في المستويات الثلاثة العليا في النسق الهرمي. أما أنماط التعلم التي قدمها جانييه (Gagne,1970)، فهي:

1- تعلم الإشارات (Signal Learning)

2- تعلم الارتباطات بين المثيرات والاستجابات (Stimulus , Response Learning)

3- تعلم تسلسلات ارتباطية حركية (Chaining)

4- تعلم ترابطات لفظية (Verbal Association)

5- تعلم التمايزات (Descrimination)

6- تعلم المفاهيم (Concept Learning)

7- تعلم القواعد والمبادئ (Rule Learning)

8- تعلم حل المشكلات (Problem Solving)

في تعلم التمايزات، يتعلم الفرد أن يستجيب استجابات محددة مختلفة لمثيرات مختلفة التي ربما تشابه بعضها البعض في المظهر الطبيعي (المادي)، أو يتعلم الفرد التمايز بين الارتباطات المتعلقة كالتمايز بين أسماء الحيوانات أو النباتات أو الأشكال الهندسية، والتمييز بين الألوان والأشكال والأحرف والأرقام وغيرها.

وتعلم المفاهيم هو ذلك النوع من التعلم الذي يجعل في مقدور الفرد أن يستجيب لمجموعة من المواقف والحوادث، وكأنها صنف واحد من الأشياء. وهناك المفاهيم المادية التي تعتمد في تعلمها على المشاهدات والملاحظات الحسية كالمكعب والقطعة المستقيمة، وهناك المفاهيم المجردة (مفاهيم بالتعريف)، وهي التي تستخدم فيها اللغة لتعلمها. والمفهوم في هذه الحالة قاعدة تصنف الأشياء أو الأحداث، وتشتمل عادة على علاقات

كمفهوم الجذر التربيعي أو العدد الأولي، أو مفهوم العدد النسبي. ويلاحظ أن المفاهيم المجردة تعتمد في تعلمها على مفاهيم سابقة لها.

والمبدأ أو القاعدة هو أو هي علاقة ثابتة بين مفهومين أو أكثر، وأساس تعلم المبادئ هو تعلم المفاهيم المكونة للمبدأ أو القاعدة. ومن المبادئ أو القواعد: نظرية فيثاغورس، قاعدة أرخميدس، مجموع قياسات زوايا المثلث = $180°$، وهذه لا يمكن تعلمها قبل تعلم المفاهيم التي تكون القاعدة المطلوب تعلمها. والتنسيق بين القواعد الأولية يساعد في تعلم قواعد من مستويات أعلى، فمثلاً تعلم قاعدة:

مجموع قياسات زوايا المثلث = $180°$ تساهم في تعلم القاعدة:

مجموع قياسات زوايا مضلع عدد أضلاعه ن = (2ن – 4) من الزوايا القائمة.

أما حل المشكلات فهو نشاط يقوم به الفرد، ويستخدم فيه المبادئ التي تعلمها، وينسق فيما بينها لبلوغ هدف معين. ومن المؤكد أن أحد الأسباب الرئيسة لتعلم المبادئ هو استعمالها في حل المشكلات، وما حل المشكلات إلا امتداد طبيعي لتعلم المبادئ والقواعد. وحل المشكلات ليس ببساطة تطبيق القوانين المتعلمة، ولكنه أيضاً عملية تنتج تعلماً جديداً. فعندما يوضع المتعلم في موقف مشكل فإنه يحاول استدعاء القوانين المتعلمة السابقة في محاولة لإيجاد حل، وفي تنفيذ هذا يقوم بعمليات تفكيرية، فيجرب عدداً من الفروض ويختبر ملاءمتها، وعندما يجد ترابطاً خاصاً للقوانين ملائماً للموقف، فإنه لا يحل المشكلة فقط، بل يتعلم شيئاً جديداً أيضاً. وما ينتج من حل المشكلات هو استراتيجيات تتميز بقابليتها للانتقال الواسع.

يسمي جانييه النتاجات التعلمية مقدرات (Capabilities)، ويميزها عن المعرفة أو المعلومات، ذلك أنها تشير إلى ما يستطيع صاحبها أن يفعل. وهذه المقدرات لها نفس مستويات النسق الهرمي، أي أنها تخضع لنفس التسلسل داخل النسق (Gagne, 1977).

فالمقدرة قد تكون إيجاد مجموع عـددين صـحيحين، أو قـد تكـون إيجـاد مجمـوع متسلسـلة لا نهائيـة. وللتعلم طبيعته التراكمية عند جانييه، والمقدرة أو النتاج التعلمي كهدف منشود أو عمل مطلوب، يتطلب تعلماً سابقاً أو مقدرات تسبق التعلم أو العمل المطلوب.

فالعمل المطلوب الوارد في قمة الهرم في الشكل (1:5) لا بد له من تعلم سـابق: المقـدرة أ، والمقـدرة ب. وكل من العملين المتمثلين في المقدرة أ، والمقدرة ب يتطلـب بـدوره تعلـماً سـابقاً أو مقـدرات سـابقة، وهكذا. ويستطيع المتعلم أن يعالج العمل المطلوب بنجـاح متـى تراكمـت لديـه تلـك النتاجـات التعلميـة المتتابعة، ذلك أن الخلل في تعلم أي منها يؤدي إلى خلل في تعلم مـا يبنـى عـلى هـذا النتـاج مـن نتاجـات لاحقة. ومع أن النسق الهرمي يمثل الطريق المتسلسل الذي يقطعه المتعلم، إلا أنه ليس مـن الضرـوري أن يبدأ المتعلم تعلمه لكل مقدرة مطلوبة من المستويات الأولى، ذلك أنه يكون قد اكتسب بعضاً منها سـابقاً، لذا فيمكن البدء من حيث ما وصل إليه.

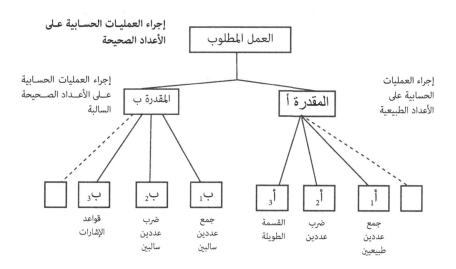

الشكل (5: 1)

وهكذا، فإن الاستعداد للتعلم عند جانييه طابع كمي، ويشير إلى ذخيرة المتعلم من نتاجات تعلمية سابقة. أما عند بياجيه فإن للاستعداد طابع كيفي في الدرجة الأولى، ويشير إلى خصائص تفكير المتعلم من حيث كفايتها لتعلم موضوع جديد. ويؤكد بياجيه على أهمية مراعاة خصائص تفكير الأطفال فيما يخطط لهم من خبرات تعلمية، في حين يؤكد جانييه على أهمية تنظيم المادة التعلمية على نحو يساعد على فهم متطلباتها السابقة، ومراعاة التدرج المناسب في تلبية هذه المتطلبات.

2:5 أنماط التعلم

نمط التعلم هو مصطلح يشير إلى الطريقة المفضلة التي يستخدمها المتعلم في استقباله المعلومات والأفكار المقدمة إليه وكيفية معالجتها والتفاعل معها، حيث ان لكل فرد طريقته وأسلوبه الخاص في التعلم، واكتساب المعرفة، والخبرات التعليمية التي يفضلها؛ وهو امتداد لفكرة الفروق الفردية بين الأفراد.

فالأفراد يختلفون في ذكاءاتهم، وشخصياتهم وتكوينهم الجسماني وفي طرق تفكيرهم. وأنماط التعلم نتاج مصدره مزيج من الجينات الوراثية، والخبرات الحياتية المكتسبة، والعوامل البيئية المؤثرة حيث تتكامل هذه العوامل مع بعضها لتنتج افراداً يتحدد أسلوب تعلمهم من خلال عاملين هما (الزيات ، 2004 ; Kolb, 1984)

أ- كيفية استقبال المعلومات .

ب- كيفية معالجة المعلومات.

تقوم نظرية أنماط التعلم المفضلة لدى الطلبة على عدد من الافتراضات منها:

لكل متعلم نمطه المميز في التعلم الذي ينعكس في تفضيله لوسيط واحد أو أكثر من

الوسائط الحسية الادراكية في استقبال المعرفة والمعلومات. والطريقة التي يتعامل بها مع هذه المعلومـات وكيفية معالجتها ليدمجها في بنيته المعرفية، ويحتفظ بها في مخزونه المعرفي ليقوم باسترجاعها عند الحاجة. والتعليم يكون أكثر كفاءة وفاعلية وديمومة اذا كان عرض الخبرات التعليمية أو تقديمها متوافقاً مـع نمـط تعلم الفرد؛ وعلى العكس من ذلك فإن التعلم يكون أقل كفاءة وفاعليـة، وأكـثر صـعوبة إذا كـان تقـديم الخبرات والمرور فيها مغايراً لنمط تعلم الفرد.

ويتمايز الأفراد في استقبال المعلومـات وفي تفضيلهم للخبرات التعليميـة مـا بـين الاعتمـاد عـلى الوسائط الحسية الادراكية، وما بـين التجريـد المفـاهيمي غـير الحسيـ. ويمكـن تكيـيف المنهـاج والخبرات التعليمية لتتوافق مع نمط التعلم المفضل لـدى الطلبة مـن خـلال عـرض المعلومـات وتنظيم الخبرات التعليمية وكيفية التعامل معها ومعالجتها. والتوافق ما بين عرض الخبرات التعليمية وأنماط التعلم المفضلة لدى الطلبة يؤدي إلى ارتفاع في مستوى التحصيل الدراسي. وزيادة في انتاجية التعلم والتعليم، وفي تطوير اتجاهات ايجابية نحو خبرات التعلم، وارتفاع في الميل للابتكار والابداع (عباس، 2006)

وقد تم تصنيف الطلبة حسب نمط تعلمهم المفضل وفق عدة تصنيفات نكتفـي بـذكر تصـنيف فيلمنج من خلال استخدام مقياس VARK .

يفترض هذا التصنيف على أن الطلبة يعتمدون بشكل رئيسي على أحد القنوات الحسية الادراكية لتكوين الأفكار والمعاني، ومع أن القنوات الحسية الادراكية الأخرى تعمل، الا أن هناك قناة حسية ادراكيـة واحدة تميل للسيطرة، والوسائط الحسية الادراكية هي:

الوسيط البصري، الوسيط السمعي، الوسيط القرائي/ الكتابي، الوسيط اللمسي (العملي) وصنفت أنماط تعلم الطلبة إلى أربعة أنماط أساسية بسيطة، وأنماط تعلم حركية. وفيما يلي وصف موجز لهذه الأنماط :

1- فئة التعلم المرئي (Visual)

في هذا النمط يعتمد المتعلم على الادراك البصري والذاكرة البصرية، ويتعلم على نحو أفضل مـن خلال رؤية الأشياء أو المادة التعليمية المرسومة أو الممثلة بيانياً، أو من خلال العروض التصويرية ، وأجهـزة العرض، أي أن العين وحاسة الإبصار تكون المسيطرة، كما يتصف الأفراد في هذا النمط بقدرتهم أو مهارتهم في ترجمة الأفكار أو المعاني إلى مرئيات وعروض تصويرية.

2- فئة التعلم الحسي (Aural)

يعتمد المتعلم أو الفرد في هذا النمط على الإدراك الحسيـ والـذاكرة السـمعية، ويتعلم بشـكل أفضل من خلال الاستماع للمادة التعليمية كسماع المحاضرات، والأشرطة المسـجلة والمناقشـات والحـوار إلى غير ذلك من الممارسات الشفوية.

3- فئة التعلم القرائي / الكتابي (Read / Write)

يتعلم الفرد في هذا النمط على نحو أفضل من خلال قراءة الأفكار والمعاني وكتابتها اعتماداً عـلى الكتب والمراجع والقواميس والنشرات وملخصات المحاضرات، أي من خـلال المـادة المكتوبـة بعـد قراءتهـا، وكتابة مستخلصاتها، ويفضل الأفراد في هذا النمط القراءة بصوت عالٍ .

4- فئة التعلم العملي / الحركي (Kinematic)

يعتمد الأفراد في هذه الفئة على الإدراك اللمسي العملي، واستخدام الأيدي لتعلم الأفكار والمعاني من خلال العمل اليدوي والمخبري، ويميلون لعمل تصميم ومجسـمات ونمـاذج ماديـة، وإجـراء التجـارب، والأنشطة الحركية إلى غير ذلك من ممارسات عملية.

أما أنماط التعلم المركبة فتتم من خلال وسيطين يفضلهما المتعلم لاستقبال ومعالجة المعلومـات، وتأتي على النحو التالي:

1-   النمط البصري / السمعي

2-   النمط البصري / القرائي

3-   النمط البصري / العملي

4-   النمط السمعي / القرائي

5-   النمط السمعي / العملي

6-   النمط القرائي / العملي

ومن أكثر المقاييس شيوعاً في تحديد نمط التعلم المفضل للطالب هو مقياس VARK (زغل، 2005 ؛ عباس ، 2005) .

ومعرفة المعلمين لأساليب تعلم طلبتهم تمكنهم من تنويع أساليب تعليم طلبتهم ويجعلهم أكثر تقبلاً للفروق الفردية بين المتعلمين واحتياجاتهم؛ كما تمكنهم معرفتهم بأساليب تعلم طلبتهم من تزويدهم باستراتيجيات تدريسية تلائم تفضيلاتهم الدراسية، وتساعدهم في التغلب على صعوبات الدراسة، ويحسن من اتجاهاتهم نحو المواد الدراسية والمدرسة عموماً.

وفيما يلي فقرتان من مقياس VARK

• ماذا تفعل إذا كان لديك بعض الفراغ بعد المدرسة ؟

أ- تتحدث إلى نفسك أو إلى الآخرين

ب- تختار كتاباً أو ... وتبدأ بقراءته

ج- لا تعمل شيئاً ، تستريح

د- تقوم بترتيب أو تنظيم الأشياء أو اصلاحها

- كيف تقوم بتعريف مجموعة من الطلبة على مكان أثري (كالبتراء) مثلاً ؟

أ- تعرض صوراً وشرائح عن الموقع

ب- تحضر منشورات وكتابات وتوزعها عليهم

ج- تقوم برحلة لزيارة الموقع

د- تقدم شرحاً كلامياً ولفظياً عن المكان

3:5   التعلم بالاكتشاف

احتلت طريقة التعلم بالاكتشاف مكانة خاصة في الآونة الأخيرة عند المعلمين والمربين، وبوجه خاص عند المهتمين بمناهج الرياضيات وكتبها وأساليب تدريسها، ومع ذلك فلا يوجد اتفاق على تعريف موحد لطريقة أو أسلوب التعلم بالاكتشاف. والاكتشاف قد يكون أسلوباً من أساليب التدريس أو طريقة من طرق التعلم. ومن الصور أو المعاني أو الممارسات التي تأخذها هذه الطريقة ما يلي:

أ) الوصول إلى مفهوم أو تعميم بعد أن يكون المتعلم قد اطلع على مجموعة من الأمثلة أو الحالات الخاصة بذلك المفهوم أو التعميم، حيث تؤدي هذه الأمثلة والحالات بالمتعلم إلى اكتشاف المعنى أو التوصل إلى التعميم المتضمن فيها (Worthen, 1963).

ب) أن يصل المتعلم إلى التعميم أو القاعدة، أو إلى فهم واستيعاب المفهوم، بدون توجيه كامل أو إشراف تام (من قبل المعلم) على نشاط الطالب (المتعلم) أثناء عملية التعلم. أي أن الإرشاد أو التوجيه الذي يجب أن يمارسه المعلم على عمل الطالب

ونشاطه يجب أن يكون مقيداً وقليلاً.

ويذكر شولمان (Shulman, 1970) أربعة أوجه تعبر عن درجات ممارسة الإرشاد والتوجيه على عمل الطالب من قبل المعلم، والجدول التالي يبين هذه الأوجه عند تعلم قاعدة رياضية أو عند تطبيقها:

القاعدة	الحل	نوع التوجيه	طريقة التعلم
معطاة	معطى	تام	استقبالية
معطاة	غير معطى	جزئي	استدلالية (اكتشاف موجه)
غير معطاة	معطى	جزئي	استقرائية (اكتشاف موجه)
غير معطاة	غير معطى	معدوم	اكتشاف حر

فعندما تقدم القاعدة والحل للموقف أو المسألة للمتعلم، فإن التعليم يكون إلقائياً، والتعلم عندها يكون استقباليا، أما عندما تكون القاعدة غير معطاة في الحالتين الثالثة والرابعة في الجدول السابق فإن التعلم حينئذ يكون استكشافياً، وبالمثل فإن التعلم استكشافياً إذا كانت القاعدة معطاة والحل غير معطى كما في الحالة الثانية.

ج) أشارت هندركس (Hendrix, 1961) إلى طريقتين في التعلم يمكن تسميتها بالاكتشاف، وهما:

1- الطريقة الاستقرائية (Inductive): في هذه الطريقة يحصل الاكتشاف عندما يكون هناك وعي عند المتعلم وإدراك للعلاقة أو القاعدة دون الحاجة إلى صياغة العلاقة أو القاعدة لفظاً بالكلام أو بالرموز. أي أن الاكتشاف لا يتطلب بالضرورة قدرة المتعلم على صياغة القاعدة أو التعميم، فالطالب الذي يستطيع إيجاد حاصل ضرب كسرين $\frac{أ}{ب} \times \frac{جـ}{د}$ عددياً بعد أن يكون قد توصل إلى اكتشاف المبدأ الذي بواسطته يضرب

كسرين، يكون قد اكتشف القاعدة، حتى ولو لم يكن قادراً على صياغة القاعدة بالطريقة اللفظية أو الكلامية.

2- الطريقـة العرضيـة -الاتفاقيـة - (Incidental): في هـذه الطريقـة يـتم تنظيـم الخبرات والأنشـطة المحددة في المنهاج، ويتم الوصول إلى التعميمات المستخلصة من هذه المواقف من قبل المتعلم خـلال مروره وتفاعله بهذه المواقف والأنشطة. فالمواقف التعلمية والخبرات التي تنظمها له المدرسة تحتم على المتعلمين استخلاص التعميمات والعلاقات ليتسنى لهم الوصول إلى الأهداف المتضمنة في هـذه الأنشطة والمواقف.

في ضوء ما سبق يمكننا تحديد بعدين أساسيين يمكن الاعتماد عليهما للتوصل إلى فهـم طريقـة الاكتشاف في التعلم والتعليم، والبعدان هما:

أ) تسلسل وتتابع المواقف والمثيرات التي تقود بالمتعلم إلى التعميم المنشود أو المفهوم.

ب) درجة ممارسة التوجيه والإرشاد من قبل المعلم على المتعلم. فتقديم عدد من الأمثلة أو المواقف للمتعلم بحيث تؤدي به للوصول إلى المفهوم أو التعميم، وممارسة أقـل درجة ممكنـة مـن الإشراف عـلى نشاط وعمل المتعلم هو تعلم بالاكتشاف. ويكون التعريف التالي مقبولاً لطريقة التعلم بالاكتشاف:

التعلم بالاكتشاف هو أسلوب في التعلم يمكن أن يصف أي موقف تعلمي يمر فيه المـتعلم، ويكون فاعلاً نشطاً، ويتمكن من إجراء بعض العمليات التي تقوده للوصول إلى مفهوم أو تعميم أو علاقة أو حـل مطلوب. ويتلقى المتعلم توجيهاً وإشرافاً مقيداً وبالقـدر اليسـير مـن قبل المعلم أو الكتـاب وذلك حتـى يتمكن المتعلم بهذا التوجيه والإشراف من متابعة النشـاط والاستمرار في عملية الـتعلم بنفسـه. ومفهـوم الاكتشاف هنا هو اكتشاف موجه (Guided)، أمـا الـتعلم بالاكتشـاف الحـر، فـلا يتطلب أيـة درجة مـن درجات الإرشاد أو التوجيه من قبل المعلم.

النشاط التالي يوضح تعلم الطالب عن طريق الاستكشاف القاعدة التالية:

"حاصل ضرب عدد صحيح موجب في عدد صحيح سالب هو عدد صحيح سالب".

لاحظ كيف أن الطالب يبدأ باستجابات لأسئلة يستطيع الإجابة عليها دون أية عقبات، أو سوء فهم:

20=5×4	... =5×3	... =5×6
16=4×4	... =4×3	... =4×6
12=3×4	... =3×3	... =3×6
8=2×4	... =2×3	...=2×6
4=1×4	...=1×3	...=1×6
0=0×4	...=0×3	...=0×6
...=1-×4	...=1^{-}×3	...=1^{-}×6
...=-2×4	...=2^{-}×3	...=2^{-}×6
...=3-×4	...=3^{-}×3	...=3^{-}×6
...=4-×4	...=4^{-}×3	...=4^{-}×6

وحتى يتم اكتشاف القاعدة المتضمنة في هذا النشاط يجب توجيه عناية الطالب إلى تناقص القيمة العددية كلما انتقلنا رأسياً من أعلى إلى أسفل.

والتعلم بالاكتشاف قد يكون فردياً، عندما تتاح الفرصة لكل متعلم لأن يعمل وحيداً، ويكون على اتصال بالمادة التعليمية نفسها، أو قد يكون (زمرياً)، وذلك عندما يعمل المتعلم أو الطالب بالتعاون مع مجموعة صغيرة من زملائه. والأسلوب الثاني قد

يكون أكثر واقعية في الصفوف التي تحوي عدداً كبيراً من الطلبة (ما يزيد عن 30 طالباً في الصف الواحد).

برونر (Bruner) والتعلم بالاكتشاف:

يعتبر برونر – وهو أحد علماء النفس التربويين المشهورين في الولايات المتحدة الأمريكية – أول المتحمسين لطريقة الاكتشاف في التعلم والتعليم. ويقول بأن هناك أكثر من طريقة واحدة للتدريس تحمل كل منها اسم طريقة الاكتشاف. وتختلف هذه الطرق في مدى الحرية التي تعطي للطالب أثناء عملية التعلم، فمنها ما يدعو إلى إشراف المعلم على نشاط الطالب وتوجيهه توجيهاً محدوداً (الاكتشاف الموجه)، ومنها ما يدعو إلى عدم تدخل المعلم في نشاط الطالب، وترك الطالب يعمل لوحده دون أي توجيه أو إشراف (الاكتشاف الحر).

وجوهر الاكتشاف عند برونر يكمن في إعادة ترتيب وتنظيم البيانات أو الدليل أو تحريرها، بطريقة تجعل المتعلم يسير أبعد من نطاق البيانات أو مجال الدليل، فيبصر ويدرك أشياء أخرى. وإعطاء حقيقة إضافية أو ظلال دليل قد يجعل عملية التحرير في البيانات والدليل ممكنة دون أن يكون ذلك معتمداً على مواقف أخرى جديدة (Bruner, 1961).

أما الفوائد التي يجنيها المتعلم من الاكتشاف فهي:

1- تزيد القدرة العقلية الإجمالية للمتعلم، فيصبح قادراً على النقد، والتوقيع، والتصنيف، ورؤية العلاقات، والتمييز بين المعلومات ذات الصلة والمعلومات أو المعطيات التي لا تمت بصلة للموقف التعلمي.

2- تكسب الطالب القدرة على استعمال أساليب البحث والاكتشاف وحل المسائل، وبالتالي تؤثر تأثيراً إيجابياً على نواحي أخرى في حياته، وذلك من خلال التدريب الذي يحصل عليه المتعلم بمروره في خبرات الاكتشاف.

3- تزيد من قدرة الفرد على تذكر المعلومات، وإبقاء التعلم ودوامه لفترة طويلة، وذلك من خلال المعنى والفهم والاستيعاب لهذه المعلومات الناتج عن التعلم بطريقة الاكتشاف.

4- هذه الطريقة مشوقة بحد ذاتها، وحافزة للطالب ليستمر في التعلم بشغف نتيجـة للحـماس الـذي يعيشه أثناء البحث، والمتعة التي يحصل عليها عنـد حـدوث الاكتشـاف. أي أن هـذه الطريقـة تـزود الطالب بحافز داخلي يختلف عن الحوافز التقليدية التي تقدم للطالب من وقت لآخر.

وتفسير برونر لنظرية بياجيه في التطور المعرفي يتضح في تصنيف مجالات المعرفة لتتمثل هـي أيضاً في مراحل ثلاث (Bruner, 1964) وهي :

أ) مجموعة من الأفعال للوصول إلى هدف أو نتاج   (Enactive Representation).

ب) مجموعة من النماذج أو الصور تمثل المفاهيم أو العلاقات

(Ikonic Representation).

ج) مجموعة من الافتراضات المنطقية أو الرمزية المجردة

(Symbolic Representation).

ويرى أن أفضل تنظيم للمعرفة يجب أن يخضع لهذه المراحل الثلاث وذلك عند تقديمها أو تدريسها أو عرضها على المتعلمين.

مكانة الاكتشاف في المناهج المدرسية

يفترض أنصار التعلم بالاكتشاف أن هذه الطريقة تنتج عند المتعلمين معرفة وتعلماً قابلاً للانتقـال والتطبيق على مواقف جديدة، وإن الخبرات التي يمرون بها تنمي عنـدهم القـدرة علـى حـل المشكلات. والتعلم بالاكتشاف يزيد من الثقة بالنفس عند المتعلم، وتعمل كحـافز ذاتي ومعـزز داخـلي، فهـي تكـافئ المتعلم من خلال المتعة والحماس

عند الوصول إلى اكتشاف شيء جديد. والتعلم بالاكتشاف أسـلوب قيـم لبنـاء سـلوك علمـي عنـد المـتعلم يستمر معه طوال حياته.

ومع ذلك فلم تتفوق أساليب التعلم بالاكتشاف على الأساليب الأخرى في التعلم وذلك في الأهـداف المعرفية من مستويات المعرفة الدنيا. أما في مجـال التعلـيم بهـدف الانتقـال أو الـتعلم المؤجـل فيبـدو أن طريقة الاكتشاف كانت متفوقة على الطرق التقليدية (UW.,1970).

ويخـالف اوزوبـل (Ausubel,1977) رأي الكثير مـن الـذين يـرون أن الـتعلم الاسـتقبالي هـو تعلـم استظهاري، والتعلم الاستكشافي هو تعلم ذو معنى. ويرى أن كلا النوعين: الاستكشافي، والاسقبالي، يمكن أن يكون تعلماً ذا معنى، ويفضل التعلم الاستقبالي على الاستكشافي للاعتبارين التاليين:

1. التعلم بالاكتشاف يستغرق وقتاً طويلاً من المتعلمين، و لا يمكن أن يعـاد اكتشـاف مـا توصـلت إليـه البشرية في آلاف السنين خلال سنوات معدودة في مرحلة دراسة الطلبة.

2. اللغة أهم وسيلة تواصل فكري لنقل التراث الإنساني والمعرفة التي تراكمـت عـبر السـنين، ولا يكتمـل المعنى المتضمن في الاكتشاف إلا بالتعبير اللفظي عن المعنى، ولن يكون التعلم بالاكتشاف قـادراً عـلى نقل حضارة الشعوب وتراثها للأجيال القادمة.

أما برونر (Bruner,1963) فيميز بين نوعين من أنواع التفكير الرياضي: التفكير الحـدسي (Intuitive Thinking) والتفكير التحليلي (Analytic Thinking)، والتفكير الحـدسي ينمى عـادة مـن خـلال الخـبرات المباشرة للمتعلم وتعامله مع الأشياء مباشرة، وهو عامل مهم جداً لبناء الثقة بالنفس، أما التفكير التحليـلي فهو تفكير استنتاجي مبني على الافتراضات الرياضية ويسير وفق خطوات متسلسلة ومتتابعة.

أمام هذه الآراء والمواقف المتعارضة يمكننا أن نخلص إلى الموقف التالي بالنسبة للمكانـة التـي يجـب أن تحتلها طريقة الاكتشاف في التعلم والتعليم: عندما يكون المتعلم في

مرحلة التفكير المادي، أو في المراحل الأولى من مراحل تعلم المفهوم أو التعميم تكون طريقة الاكتشاف هي المفضلة والتي ينصح بها. فطريقة الاكتشاف والحالة هـذه تكون مفضلة للمتعلمين في المرحلة الابتدائية والمرحلة الإعدادية، إلا أن الاعتماد عليها يجب أن يقل بالتدريج كلما انتقلنا إلى الصفوف الأعلى. وهذا لا يعني بالضرورة عدم ممارسة الاكتشاف من قبل طلبة المرحلة الثانوية، حيث أنه في المراحل الأولى لتعلم المادة الرياضية يمكن الاعتماد على الخبرات والأنشطة لبدء تعلم المفاهيم وإعطاء معنى للتعميمات واستيعابها. وتعلم الرياضيات يتم عندما يكون المتعلم فاعلاً نشطاً أثناء عملية التعلم. ويذكر بوليا (Ploya،1977) مظهرين متكاملين من مظاهر المعرفة الرياضية وهما:

أ)   الرياضيات في مرحلة التكوين، كعلم تجريبي مبني على الاختبار والاكتشاف والتجريب.

ب) الرياضيات كعلم استنتاجي، وهو مظهر متقدم، ويبدأ الطلبة تعلم الرياضيات على هـذا الأسـاس عندما يكونوا قد خبروا الرياضيات وتعلموها في مراحلها الأولى بالاكتشاف والتجريب حيث تكون المفاهيم والتعميمات قد اكتسبت معنى خاصاً لديهم.

ومن الأنشطة التي توضح استخدام الطريقة الاستكشافية النشاط التالي:

التعلم المطلوب : **"طول أي ضلع في المثلث أصغر من مجموع طولي الضلعين الآخرين".**

وفيما يلي خطوات النشاط:

•   قس أطوال القطع المستقيمة (الأضلاع) أ ب ، ب جـ ، أ جـ في كل مثلث من المثلثات المبينة في الأشكال التالية:

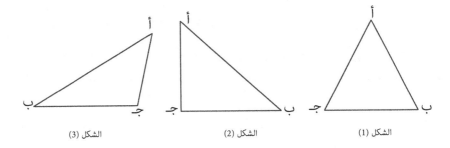

الشكل (3)   الشكل (2)   الشكل (1)

- قارن بين كل من القياسات التالية:

(I)   طول أ ب مع طول ب جـ + طول أ جـ في الشكل(1)

(II)   طول أ ب مع طول ب جـ + طول أ جـ في الشكل(2)

(III)   طول أ ب مع طول ب جـ + طول أ جـ في الشكل(3)

- ضع الإشارة (> ، = ، <) المناسبة في المكان المبين:

(I)   أب ... ب جـ + أ جـ   الشكل (1)

(II)   أب ... ب جـ + أ جـ   الشكل (2)

(III)   أب ... ب جـ + أجـ   الشكل (3)

- ارسم مثلثاً ما وعيّن ضلعه الأكبر، وقارن طول ضلعه الأكبر مع مجموع طول ضلعيه الآخرين.

- لماذا لا يمكن رسم المثلث الذي فيه:

أب = 5سم، أ جـ = 6سم، أد= 13سم؟

حاول أولاً أن ترسم مثلثاً بهذه الأطوال.

- اكتب النتيجة التي توصلت إليها من التدريب والنشاط أعلاه.

4:5 نظرية التعلم ذي المعنى لاوزويل

تصنف هذه النظرية أنواع التعلم في ضوء بعدين أساسيين:

البعد الأول: ويتعلق بطرق تقديم المعلومات، فالمتعلم يكتسب المعلومات عن طريق نوعين من أنواع التعلم هما:

1. التعلم الاستقبالي (Expository)، وفيه يقدم المحتوى الكلي للمادة المتعلمة بشكله النهائي للمتعلم.
2. التعلم الاستكشافي (Discovery)، وفي هذا النوع لا يعطى المحتوى الرئيسي للمادة المتعلمة، بل يطلب منه أن يكتشفه بنفسه.

البعد الثاني: ويتضمن الأساليب التي يستخدمها المتعلم لدمج المعلومات الجديدة أو ربطها ببنيته المعرفية، وهي نوعان:

1. استظهارية (Rote)، وتحدث عندما يقوم المتعلم بحفظ المعلومات أو صمِّها دون أن يربطها ببنيته المعرفية.
2. ذات معنى (Meaningful)، وتحدث عندما يقوم المتعلم بربط المادة المتعلمة بطريقة منتظمة وغير عشوائية بما يعرفه سابقاً.

ويعتمد التعلم ذو المعنى على وجود مرتكزات فكرية ثابتة لها صلة بالمادة المتعلمة وموجودة مسبقاً في البنية المعرفية للمتعلم.

مما سبق يتضح وجود أربعة أنواع من التعلم الصفي (Ausubel,1963)، وهي:

أ) التعلم الاستقبالي ذو المعنى (Meaningful Reception Learning): ويحدث عندما يقدم المحتوى الأساسي للمهمة التعليمية بشكله النهائي إلى المتعلم، ويقوم المتعلم بربطه بما يعرفه سابقاً بطريقة نشطة وذات معنى ببنيته المعرفية.

ب) التعلم الاسقبالي الاستظهاري (Rote Reception Learning): ويحدث عندما تقدم المعلومات بشكلها النهائي إلى المتعلم، فيقوم المتعلم بصم المعلومات أو استظهارها دون أن يربطها ببنيته المعرفية.

ج) التعلم الاستكشافي ذو المعنى (Meaningful Discovery Learning): في هذا النوع لا يعطى المحتوى الأساسي للمهمة التعليمية بشكله النهائي إلى المتعلم، بل يطلب منه أن يكتشفه بنفسه، ومن ثم يعمل على ربطه بطريقة منتظمة وغير عشوائية بخبراته المعرفية السابقة.

د) التعلم الاستكشافي الاستظهاري (Rote Discovery Leaning): ويحدث عندما يطلب من المتعلم اكتشاف المحتوى الأساسي للمهمة التعليمية، ومن ثم يقوم المتعلم باستظهار المعلومات التي اكتشفها دون أن يربطها بالمعلومات السابقة الموجودة لديه.

ويهتم اوزوبل بالتعلم الاستقبالي ذي المعنى أكثر من غيره من أنواع التعلم، لأن هذا النوع من التعلم يحدث بشكل رئيس في غرفة الصف، ولأن غالبية التعلم الذي يحصل عليه المتعلم سواء داخل المدرسة أو خارجها يتم عن طريق تقديم المعلومات جاهزة له، إذ لا يمكن للمتعلم أن يتعلم كل ما يراد تعلمه بطريقة الاستكشاف (Ausubel,1987).

ويخالف اوزوبل رأي الكثير من الذين يرون أن التعلم الاستقبالي هو تعلم استظهاري، والتعلم الاستكشافي هو تعلم ذو معنى، ويرى أن كلاً من النوعين: الاستكشافي والاستقبالي يمكن أن يكون تعلما ذا معنى إذا توافر الشرطان التاليان:

1. أن يربط المتعلم المعلومات الجديدة المتعلمة حديثاً ببينة المعلومات الموجودة لديه ربطـاً يـدل عـلى المعنى.

2. أن تكون المادة الجديدة المتعلمة ممكنة المعنى، ويقصد بإمكانية المعنى في المادة التعلميـة الجديـدة أن ترتبط هذه بالبنية المعرفية للمتعلم على أسس حقيقية، وغير عشوائية. ولتحديـد فـيما إذا كانـت المادة ممكنة المعنى، لابد من وجود معيارين مهمين:

المعيار الأول: المعنى المنطقي للمادة، ويتحدد بمجموعة المفاهيم والعلاقات التي تربط هذه المفاهيم بعضها ببعض لتكون بنية منطقية واحدة، فإذا كانت المادة التعلمية مؤلفة من مقاطع عديمة المعنى، أو جمل مبعثرة، فإنها ترتبط مع بعضها البعض بطريقة عشوائية وتكون غـير ممكنـة المعنـى. أمـا إذا ارتبطت المادة الجديدة بالأفكار والمفاهيم المتصلة بها والموجودة في البناء المعرفي للفرد فإنها تصبح في هذه الحالة ممكنة المعنى.

المعيار الثاني: المعنى السيكولوجي، وهو خبرة شخصية معرفية عنـد الفـرد، وتظهـر لـدى الفـرد حـين تتصل الرموز والمفاهيم والقضايا ببعضها، ويتم استيعابها ببنائه المعرفي. وطبيعة الخبرة الشخصية هي التي تجعل من عملية التعلم ذي المعنى عملية ممكنة. ويجب أن يشتمل البناء المعرفي للمتعلم عـلى المحتوى الفكري المناسب، والقدرات الفردية والخلفية المرتبطة بالمادة.

وهكذا، فإن ظهور المعنى السيكولوجي لا يعتمد على مادة تحمل معنى منطقياً فحسب، بل يعتمد على وجود الخلفية المرتبطة بالمادة التعلمية، والموجودة مسبقاً في البنية العقلية للمتعلم.

ويتأثر التعلم ذو المعنى بنوعيه الاستقبالي والاستكشافي، من وجهة نظر اوزوبل، بعدد مـن العوامـل منها:

أ)   **التعلم السابق**: يعتبر اوزوبل البنية العقلية الموجودة لدى المتعلم، أو ماذا يعرف المتعلم من قبل، من أهم العوامل التي تؤثر في التعلم والاحتفاظ، إذ يمكن تعلم مادة تعلمية بربطها بطريقة حقيقية وغير عشوائية بما يعرفه المتعلم سابقاً.

ب)   **وضوح وثبات الأفكار في البنية العقلية**: عندما تكون الأفكار الرئيسة الموجودة في البنية العقلية للمتعلم واضحة وثابتة ومنظمة ومتصلة بالموضوع المراد تعلمه، فإن عملية الاحتواء، ودمج الأفكار الجديدة في البناء المعرفي، تتم بفعالية أكثر، كما أن عملية التعلم ذي المعنى تأخذ مجراها.

ج)   **إمكانية المعنى في المادة التعلمية الجديدة**: ويقصد بذلك أن ترتبط المادة التعلمية بالبنية المعرفية للمتعلم على أسس حقيقية وغير عشوائية.

هذا وقد دلت نتائج الدراسات التي أجريت على أن المادة التي لا معنى لها تأخذ جهداً لتعلمها يساوي عشرة أضعاف ما تأخذه المادة ذات المعنى، بالإضافة إلى أنها سريعة النسيان. كذلك فإن تعلم الطالب لمادة ليس لها معنى يتم بصعوبة بالغة لأن هذه المادة لا تعني شيئاً بالنسبة له، كما أن مقدار الحفظ يكون قليلاً (حداد،1980).

والمبدأ الذي يفسر اوزوبل على أساسه عملية التعلم ذي المعنى هو مبدأ الاحتواء (Subsumption)، أي دمج الفكرة الجديدة مع الفكرة الموجودة مسبقاً في البناء المعرفي للفرد بطريقة تعطي الفكرتان معنى واحداً، وتؤدي إلى تثبيت الفكرة الجديدة. فالبناء المعرفي كما يراه اوزوبل يميل إلى التنظيم الهرمي بالنسبة لمستوى التجريد والعمومية والشمول، وميكانزم الاحتواء يعمل على احتواء المفاهيم الأساسية (الأفكار الرابطة) التي هي أكثر عمومية وشمولاً وتجريداً، للمفاهيم والأفكار الأقل عمومية وشمولاً. وكلما كانت الأفكار الرابطة واضحة وثابتة ومرتبطة بالموضوع المراد تعلمه، تمت عملية الاحتواء بفعالية أكثر، وتم دمج الأفكار الجديدة في البناء المعرفي للمتعلم (Lawton.1977).

إن النسيان في الرياضيات سببه كيفية الحصول على المعلومات الرياضية. فالتدريس عن طريق التلقين، والتعلم عن طريق الاستقبال والاستظهار يقود إلى النسيان السريع، بينما التعلم المبني على الفهم يؤدي إلى بقاء المعلومات لمدة طويلة (المغيرة،1989،ص65).

5:5 نموذج كارول (Carroll) في التعلم

اقترح كارول (1963) نموذجاً من أقدم نماذج التعلم المدرسي وأبعدها أثراً. يقوم هذا النموذج على افتراض أن الطلبة هم قادرون على تحقيق الأهداف التعليمية بقدر ما يسمح لهم بذلك وعندما يكونوا على استعداد لاستثمار الوقت اللازم لتعلم المحتوى (Carroll,1963).

يقوم النموذج على خمسة عناصر رئيسة تتصل الثلاثة الأولى منها بسلوك الطلبة، ويشير العنصران الباقيان إلى العمليات التعليمية والتي ترجمت في النموذج القادم (نموذج بلوم) إلى استراتيجية تدريسية تعرف باستراتيجية إتقان التعلم. أما عناصر النموذج فهي (Haertel etal,1983):

1) الاستعداد أو القابلية (Aptitude)

ويشير ذلك إلى مقدار الوقت اللازم للتعلم لكي يحقق الطالب هدفاً ما تحت أفضل الظروف التعليمية، فالطالب ذو القابلية العالية يحتاج إلى وقت لإتقان تعلم محتوى ما أقل مما يحتاجه الطالب ذو القابلية المتدنية.

إذا كانت وجهة نظر كارول صحيحة، فإن إتقان التعلم يكون في متناول اليد لجميع الطلبة، فقط إذا استطعنا أن نجد طرقاً لمساعدة كل طالب، ربما اعتماداً على برامج التعلم الذاتي أو سواها.

2) المثابرة (Perseverance)

يشير هذا العنصر إلى مقدار الوقت الذي يكون فيه الطالب مستعداً لأن يستغل ذلك الوقت لتحقيق هدفه، أو أنه الوقت الذي يرغب المتعلم قضاءه في التعلم أي الاستمرار في تعلم مهمة تعلمية معينة.

وتتميز المثابرة العالية بأنواع من السلوك مثل: الاستمرار في العمل بعد انتهاء الوقت المقرر، أو العمل حتى تحت ظروف بيئية غير مريحة، أو استمرار الطالب في العمل بعد تلقي تغذية راجعة حول فشله.

وبشكل عام، فإن عامل المثابرة مرتبط ارتباطاً عالياً باتجاهات الطلبة واهتماماتهم بالتعلم. فهم يتباينون فيما بينهم بالنسبة للوقت الذي يقضونه في تعلم واجب تعليمي معين، وقد يعود هذا التفاوت إلى عوامل النجاح والفشل في تعلمهم مهام تعلمية سابقة تتعلق بالتعلم الحالي. فالطالب الذي يشعر بنجاح جهوده التعلمية السابقة يميل إلى قضاء وقت أكثر في تعلم مهام جديدة، بعكس الطالب الذي يشعر بالفشل أو الإحباط في تعلمه السابق فإنه يميل إلى التقليل من الوقت اللازم لتعلم مهمات جديدة.

إن وقت المثابرة قابل للزيادة والنقصان حسب فرص النجاح والفشل التي يمر بها الطالب، وهي تعتمد بدورها على نوعية التعليم. فنوعية التعليم الجيد تزيد من مثابرة المتعلمين، بينما يمكن أن تؤدي نوعية التعليم الرديء إلى تقليل وقت المثابرة عند المتعلمين.

يرتبط مفهوم المثابرة بمفهوم الدافعية. فالدافعية حالة داخلية في الفرد، تستثير سلوكه وتعمل على استمرار السلوك وتوجيهه نحو تحقيق هدف معين. والدافعية للتعلم تدفع بالمتعلم إلى الانتباه للموقف التعليمي، والإقبال عليه بنشاط موجه، والاستمرار في هذا النشاط حتى يتحقق التعلم. ومفهوم الدافعية للتعلم يشتمل على العناصر التالية (توق وعدس ،1988،ص 148):

- الانتباه إلى بعض العناصر المهمة في الموقف التعليمي.

- القيام بنشاط موجه نحو هذه العناصر.

- الاستمرار في هذا النشاط والمحافظة عليه فترة كافية من الزمن حتى يتحقق الهدف.

وإن مهمـة توفير الدافعية للتعلم لا تلقى على عاتق المدرسة فقط، بل هي مهمـة يشـترك فيهـا كـل من المدرسة والبيت وبعض المؤسسات الأخرى.

3. **القدرة على فهم التعليمات واستيعابها**

ويقصد به قدرة المتعلم على فهم طبيعة المهمة التعليمية التي سيتعلمها، والإجراءات التي سـيتبعها في ذلك. فالطلبـة ذوي القـدرات العاليـة في فهـم المهـمات التعليميـة لا يجـدون صـعوبة في تعلـم المـادة التعليمية، بينما يواجه الآخرون صعوبة في التعلم. وبناءً عليه فـإن القـدرات اللغويـة للمتعلمـين تـرتبط ارتباطاً عالياً بالتحصيل الدراسي.

وهناك العديد من الطرق التي يستطيع المدرس الإفادة منها في جعل عملية التعليم ملائمة لخصائص وحاجات المتعلمين، كالتعليم في مجموعات صغيرة، والتعليم المفرد، وتنويـع المـواد التعليميـة بمـا يـتلاءم وحاجات المتعلمين. كما يمكن الإفادة مـن الوسـائل التعليميـة في العـرض والتوضيـح أحيانـاً. إن اسـتخدام الطرق والمواد التعليمية المتعددة يساعد المتعلمين على التغلب عـلى مشاعـر الإحبـاط والسـلبية التـي قـد تتولد لديهم.

4. **نوعية التعليم** (Quality of Instruction)

إن الطلبة يحتاجون لأنماط متباينة ونوعيات مختلفة من التعليم لتعلم نفس المحتوى والوصول إلى درجات الإتقان المطلوبة لتحقيق الأهداف. ونوعيـة التعليـم مـن وجهـة نظـر كـارول هـي عـرض وتفسـير وتنظيم عناصر المهمات التعليمية والتي تقترب من النهاية القصوى لمـتعلم معـين. يجب التأكيـد عـلى أن نوعية التعليم يجب أن يتم تطويرها فيما يتعلق بحاجات وخصائص المتعلمين كأفراد وليس كمجموعات.

5. فرصة التعلم (Time allowed for Leaning)

وهي الوقت الذي يخصص لتعليم محتوىً معين. والمعلمون الذين لا يحسنون تقدير الوقت يميلون إلى الإفراط في عرض المادة المطلوب تعلمها، فيسببون الإحباط لبعض الطلبة، والعكس صحيح.

وينطوي النمط السائد في التعليم على تعليم جماعي في غرفة صفية خلال وقت محدد (حصة صفية). وهذا الوقت مخصص لجميع الطلبة بالتساوي رغم اختلاف استعداداتهم ودافعياتهم نحو التعلم. إن ما يحتاجه بعض الطلبة من الوقت المخصص لتعلم مهمة تعلمية معينة يختلف عما يحتاجه الآخرون. لذلك لابد من إعطاء كل متعلم الوقت اللازم لتعلم مهام محددة. ويتأثر مقدار الوقت الذي يحتاجه المتعلم من اجل إتقان التعلم بعوامل عدة: كالاستعداد المسبق أو القابلية، المقدرة على فهم الواجب التعليمي، نوعية التعليم الذي يتلقاه، ومدى رغبته في قضاء الوقت في تعلمه لهذا الواجب.

وخلاصة القول فإن العناصر الثلاثة الأولى في نموذج كارول يمكن قياسها بفترات الوقت، بينما يحتاج العنصران الأخيران إلى تحليل المعلومات أو المادة المطلوب تعلمها.

6:5 نموذج بلوم في التعلم

تأثر نموذج بلوم للتعلم المدرسي كثيراً بآراء كارول. ويصف نموذج بلوم نوعين من المتطلبات السابقة للتعلم، وهما:

أ- السلوك المعرفي للمتعلم، وهي متطلبات سابقة محددة من أجل إتمام مهمات تعلمية فردية، وهي ترتبط بالقابليات التي أشار إليها كارول، كما تتضمن أيضاً سلوكاً معرفياً عاماً كاستيعاب القراءة والذكاء اللفظي اللذين يرتبطان بالقدرة على استيعاب التعليمات التي أشار إليها كارول.

ب- الخصائص الانفعالية للمتعلم، وتشمل هـذه خصائص محـددة متعلقـة بالمهمـة التعلمية مثل الاتجاه نحو المادة التعليمية، كما تشمل خصائص عامة كالاتجاه نحو المدرسة، ومفهوم الذات لدى المتعلم. وترتبط هذه الخصائص بما أسماه كارول بالمثابرة.

ومن وجهة نظر بلوم فإن نتائج التعليم لا تقتصر على التحصيل، والنتائج الانفعالية، بل تشمل أيضاً تحسـناً في سرعـة الـتعلم عـن طريـق تحسـين المشـاركة عنـدما تـتم المحافظـة عـلى نوعيـة التعليم الجيد(Haertel.etal,1984).

ويحدد بلوم في نموذجه أربعة خصائص لنوعية التعليم الجيد، وهي:

1) **الرموز أو التلميحات:** وتشير هذه إلى وضوح عرض النشاطات التعليمية وتفسيرها، وهي تشبه عنصر نوعية التعليم الذي أشار إليه كارول.

2) **التعزيز:** ويشير إلى المديح والثناء والتشجيع وأنواع الثواب والعقـاب الأخرى الـتي تسـتخدم في المحافظة على التعلم.

إن استخدام الثواب أو العقاب هو أسلوب شائع في حالات ضبط التعلم. والثواب يشجع على التعلم ويقويه، فالثواب يدلنا على أن الاستجابة الصادرة عـن المـتعلم صـحيحة، والاسـتجابة المنطقيـة لـذلك هـي إعادة ما كان المتعلم يقوم به من أداء، أي تكرار الاستجابة المثابة. أما المعلومـات الوحيـدة الـتي نستقيها من العقاب فهي ضرورة عـدم تكـرار الاسـتجابة المعاقبـة. والثواب والعقـاب ليسـا متسـاويين في المقدار ومختلفين في الاتجاه (توق،وعدس،1988،ص231).

وللثواب أو التعزيز وظيفتان، أحـداهما إخباريـة، والثانيـة دافعيـة. وفي الحالـة الأولى، فإن المـتعلم بمجرد حصوله على التعزيز يعرف أن استجابته كانت في الاتجاه الصحيح، وهنا لا يكون لمقدار التعزيز أو كميته أية أهمية. إن الحصول على التعزيز هو القوة الدافعيـة المسـيطرة التي تعمـل عـلى الحفـاظ عـلى التعلم. وهناك بعض العلاقة بين كمية التعزيز ومعدل التعلم خصوصاً إذا كان التعزيـز مادياً، ولكـن هـذا الشيء قد لا يكون إذا كان التعزيز معنوياً (توق، وعدس،1988،ص232).

إن تأخير تقديم التعزيز في التعلم يضعف من التعلم. فالأطفال الصغار والأقل نضجاً يحتاجون إلى تقديم التعزيز لهم مباشرة في أعقاب الاستجابات الصحيحة. أما حالة الأفراد الأكبر سناً والأكثر نضجاً فإنه يمكن تأخير تقديم التعزيز بعض الوقت. إن أسهل وأسرع طريقة لاستحداث استجابة والحفاظ عليها هو في تعزيزها في كل مرة تحصل فيها. ومن الممكن أيضاً تعزيز الاستجابات والحفاظ عليها وتثبيتها عند إعطائها في فترات زمنية متباينة.

3، 4) التغذية الراجعة والتصحيح

يأتي دور هذين العنصرين كنتيجة للمهمات التعليمية أو وحدات التعلم التي يجري تعليمها، ومن المهم ضمان إتقان تعلم كل وحدة قبل الانتقال إلى أخرى.

والتغذية الراجعة هي عملية تزويد المتعلم بمعلومات حول استجاباته بشكل منظم ومستمر من أجل مساعدته في تعديل الاستجابات التي تكون بحاجة إلى التعديل، وتثبيت الاستجابات التي تكون صحيحة.

أشارت نتائج دراسات عديدة إلى دور التغذية الراجعة في تسهيل التعلم وتثبيت المعلومات وضبط السلوك وزيادة انتباه الطلبة وبالتالي زيادة أدائهم على الاختبارات اللاحقة. ويفسر بعض العلماء وظيفة التغذية الراجعة بإحدى طريقتين:

فبعضهم يماثل التغذية الراجعة بالتعزيز، أما البعض الآخر فيرى بأن التغذية الراجعة تزود المتعلم بمعلومات تصحيحية. والتغذية الراجعة تزيد من ثقة المتعلم بنتاجاته التعليمية وتدفعه لتركيز جهوده وانتباهه على المهمة التي تحتاج إلى تعديل وضبط.

وتأخذ التغذية الراجعة أشكالاً مختلفة منها: الإعلامية، والتصحيحية، والتفسيرية، والتعزيزية. وقد أوصى العلماء باستخدام شكل ما من أشكال التغذية الراجعة على عدم استخدام أي شكل.

حوّل بلوم هذا النموذج المفهومي للتعلم إلى نموذج عملي فعال لإتقان التعلم، وسنأتي على إستراتيجية إتقان التعلم التي اقترحها بلوم في فصل لاحق من هذا الكتاب.

7:5 انتقال أثر التعلم (التدريب) (Transfer of Leaning)

إن التعلم المدرسي كان ومازال قائماً على افتراض أن ما يـتم تعلمـه داخـل الصـف أو المدرسـة يمكـن نقله إلى خارج المدرسة للمساعدة في التكيف والإعـداد للحيـاة. فـالأفراد يتعلمـون مهـارات لتسـاعدهم في التمكن من القيام بمهام معينة في المستقبل، فهـم يتعلمـون الأرقـام والحسـاب لتعيـنهم في تصر-يف أمـور حياتهم المعيشية فيما يتعلق بعمليات البيع والشراء، ويتعلمون اللغة ليستطيعوا الاتصال بالآخرين بشـكل أفضل. إن ما يتم تعلمه في المدرسة يجب أن يستخدم ويطبق في مجالات حياتية مستقبلاً.

وانتقال التعلم يعني أن أداء مهمة ما، والخبرة التعلمية في موقف معـين سـابق يـؤثر في أداء مهمـة لاحقة، أو تعلم خبرة جديدة. أي أن التعلم في موقف معين سابق يؤثر على التعلم في موقـف آخـر جديـد. والسؤال الذي يطرح هنا: إلى أي درجة يكـون اكتسـاب المهـارات والمعرفـة والفهـم أو بنـاء الاتجاهـات في موقف ما يؤثر على اكتساب المهارات والمعرفة والفهم أو بناء الاتجاهات في مواقف أخرى؟

لا ينكر أحد حقيقة انتقال التعلم. فبـدون انتقـال الـتعلم لا نتوقـع مـن الطلبـة سـوى ممارسـة مـا يتعلمونه فقط، فلا يتعدى، تعلمهم، والحالة هذه، مدى المواقف أو المسـائل التـي واجهوهـا بالفعـل مـن خلال تعلمهم.

إن الخلافات بين علماء النفس التربويين تدور حول أمور أخرى غـير حقيقـة انتقـال الـتعلم وأهمهـا مدى اتساع عملية الانتقـال، أي فـيما إذا كـان مفهـوم الانتقـال ينطبـق فقـط عـلى تعلـم نتاجـات معينـة وعمليات ضيقة أو يمكن أن يشمل تعميم تعلم المبادئ العريضة واستراتيجيات البحث العامة.

ويمكن التمييز بين نوعين من انتقال أثر التعلم وهما: الانتقال الأفقي، والانتقال الرأسي. ويكون الانتقال أفقياً عندما تعمل المقدرة على المستوى نفسه في موقف جديد مشابه للموقف الأصلي لتعلمها. ويكون الانتقال رأسياً عندما توظف هنا المقدرة في تعلم مقدرة من مستوى أعلى.

فالانتقال الأفقي مثلاً يحدث عند تعلم عناصر معينة في الاستنتاج المنطقي للبرهنة على نظريات هندسية مبنية على تعلم نظريات هندسية أخرى تم تعلمها فتعلم قاعدة مجموع زوايا المثلث= 180° ينتقل إلى تعلم مجموع زوايا الشكل الرباعي =360°. ويمكننا أن نلاحظ الانتقال الرأسي للتعلم عندما يوظف المتعلم قدرته في إجراء عمليات الضرب وحقائقه في تعلم القسمة الطويلة.

وعندما يسهّل تعلم مهمة معينة مهمة ثانية فإن انتقال التعلم يكون إيجابياً، أما إذا أدى تعلم المهمة الأولى في إعاقة أو تعطيل تعلم مهمة ثانية فإن الانتقال يكون سلبياً.

وفيما يلي عدد من نظريات انتقال التعلم:

نظرية الملكات العقلية Mental faculties

يفترض أصحاب هذه النظرية أن العقل مكون من ملكات كالذاكرة، والمحاكمة، والإرادة، والانتباه والتخيل، وإن هذه الملكات تتقوى عند الفرد بالتمرين مثلما تتقوى عضلات الجسم بالتدريب والتمرين وذلك عن طريق دراسة بعض المواضيع المدرسية المحددة. إن تدريب أي ملكة من هذه الملكات بشكل جيد يجعلها قابلة للعمل بنفس الكفاءة في أي مجال آخر. إن الهندسة يتعلمها الطالب – كما كان يُظن – كموضوع جيد لتدريب ملكة المحاكمة المنطقية، والآداب لتدريب ملكة الخيال، والعلوم لتدريب ملكة الحكم. ولم تقاوم هذه النظرية طويلاً وحلت محلها نظريات أخرى.

نظرية العناصر المتطابقة أو العناصر المتشابهة (المشتركة)

أن تعلم قابلية معينة يؤثر وينتقل إلى تعلم قابلية أخرى بقدر ما بين القابليتين من

عناصر متطابقة أو متشابهة، وبعض هذه العناصر كما ذكرهـا ثورنـدايك قـد تتـألف مـن أفكـار، أو إجراءات أو المبادئ العامة وحتى الاتجاهات.

إن إتقان استعمال فهرس أو قاموس مـا ينتقـل إلى مهـارة اسـتعمال فهـرس أو قـاموس جديـد نظـم بطريقة متشابهة.

نظرية التعميم

انتقال أثر التعلم حسب نظرية التعميم يحدث عندما يستطيع الفرد تعميم خبراته. إن الشيء المهم هو تقديم المادة الدراسية بطريقة معينة بحيث تشجع الطالب على استخلاص المفاهيم الهامـة الأساسـية، ومن ثم العمل على تعميمها. فالتأكيد هنـا عـلى أسـلوب الـتعلم أكثر مـن التأكيـد عـلى محتـوى الـتعلم (توق،وعدس،1988،ص241).

وتعتبر نظرية التعميم امتداداً لنظرية العناصر المشتركة، فمثلاً إتقان تعلم جمع الكسور العشرية في منزلتين ينتقل إلى إتقان تعلم جمع الكسور العشرية بصورة عامة.

النظرية الإدراكية/نظرية العلاقة.

إن الاستبصار وتفحص الموقف من خلال العلاقات والروابط السائدة بـين المـوقفين هـو أمـر أسـاسي لحدوث انتقال التعلم حسب هذه النظرية. وأصحاب هذه النظرية هم الجشتالتيون الذين يؤكـدون عـلى الإدراك الكلي للموقف بما في ذلك المبادئ والروابط والعلاقات الموجودة لحصول انتقال التعلم.

وفيما يلي بعض الأمثلة على انتقال التعلم:

1. تعلم قاعدة مساحة متوازي الأضلاع يسهل تعلم قاعدة مساحة المثلث: نصف حاصـل ضرب القاعـدة في الارتفاع.
2. تعلم مجموع قياسات زوايا المثلث ينتقل إلى تعلم مجموع قياسات زوايا مضلع عدد أضلاعه ن.

3. تعلم نظرية الزاوية المركزية في الدائرة تساوي مثلي الزاوية المحيطية ينتقل إلى تعلم نظرية الزاوية المرسومة على قطر الدائرة قائمة.
4. القدرة على إجراء الحسابات في الأساس العشري وكتابة الأعداد في هذا الأساس ينتقل إلى إجراء الحسابات في الأساسات الأخرى، وكتابة الأعداد في هذه الأساسات.
5. تحليل المقادير الجبرية ينتقل إلى اختصار المقادير الجبرية والعمليات عليها بالإضافة إلى حل المعادلات.
6. إجراء الحسابات في الحساب الساعاتي الاثنا عشري ينتقل إلى إجراء الحسابات في الأنظمة الأخرى - الحساب الساعاتي السباعي، الخماسي...
7. تعلم قاعدة توزيع الضرب على الجمع في الأعداد ينتقل إلى تعلم قاعدة توزيع الضرب على الجمع في الرموز الجبرية.

وحتى يسهل انتقال التعلم لابد للمعلم من مراعاة ما يلي:

1. أن يعوَّد الطلاب التعرف إلى نماذج متشابهة في أوضاع جديدة، غير تلك التي ألفوها.

ففي قاعدة مساحة المثلث، تعرض للطلبة مثلثات مختلفة ضمن أشكال هندسية متنوعة، وأن لا يقتصر تطبيق القاعدة على مثلثات فقط.

2. أن يعود الطلاب البحث عن التشابهات والتماثلات والاختلافات من خلال أمثلة يوردها المعلم ويلفت نظر طلابه إلى التشابه أو الاختلاف بين الجديد والمألوف.

لماذا مثلاً ينطبق قانون مساحة المستطيل على مساحة المربع! أو قانون حجم الهرم على قانون حجم المخروط، في حين لا ينطبق قانون حجم الهرم على قانون حجم متوازي المستطيلات؟.

أسئلة للمناقشة وتدريبات

1- الاستعداد التطوري للتعلم عند بياجيه يؤثر بشكل خاص في تنظيم المنهاج. بيِّن كيف ينعكس ذلك في المناهج الحالية.

2- الاستعداد للتعلم عند جانييه ينعكس في تنظيم عملية التدريس. وضح كيف يتم ذلك.

3- اذكر بعض المواقف أو الأنشطة الرياضية التي يتم فيها استخدام التعلم بالاكتشاف. وتلك التي لا ينصح فيها باستخدام هذا الأسلوب.

4- ما النموذج المفضل للتعلم المدرسي:

نموذج كارول أم نموذج بلوم؟ وضح رأيك.

5- أعط أمثلة من الرياضيات ينتقل فيها التعلم، ووضح كيف يسهّل تعلم المهمة الأولى تعلم المهمة الثانية.

المراجع

- توق، محي الدين؛ وعدس، عبد الرحمن (1988).

  أساسيات علم النفس التربوي.

- حداد، عفاف (1980).

  أثر المنظم المتقدم في التعلم والاحتفاظ لمفاهيم اجتماعية رسالة ماجستير غير منشورة؛ جامعة اليرموك.

- عاقل، فاخر (1978).

  علم النفس التربوي، دار العلم للملايين.

- عباس، رشيد (2005).

  أنماط التعلم المفضلة لدى الطلبة في المرحلة الأساسية ومراعاة المعلمين لها أثناء التدريس. اطروحة دكتوراه – جامعة عمان العربية للدراسات العليا.

- الزغل، وفاء (2006).

  العلاقة بين التحصيل في الاحياء والقدرة على الاستدلال العلمي في ضوء الأنماط التعلمية المفضلة لدى طلبة المرحلة الأساسية العليا. اطروحة دكتوراه- جامعة عمان العربية للدراسات العليا.

- الزيات، فتحي (2004).

  سيكولوجية التعلم بين المنظور الارتباطي والمنظور المعرفي. القاهرة: دار النشر للجامعات.

■   Ausubel,D.P. (1977).

Limitations of Learning by Discovery, in Aichele & Reys (eds.) **Readings in Secondary School Mathematice** 2nd ed.

■   Ausuble,D. (1978).

InDefense of Advance Organizers: A Reply ti the Crit-ics. **Review of Educational Research.** 48, 251-257 .

■   Ausubel, D. & Fitzegerald. (1963).

Organizers : General Background & Anteredent Learning Variablrs, **Journal of Educational Psychology.** 53, 243-259.

■   Bruner, J. (1961).

The Act of Discovery. **Harvard Educational Review.** 13, 21-32.

■   Bruner J. (1964).

Some Theorems on Instruction illustrated with Reference to Mathematice. In Hilgaed (ed).**Theories of Leaning & Instrucction.** 63. Yearbook of the NSSE.

■   Bruner J. (1963).

The Process of Education . Harvard University press.

■   Carroll. J.B. (1963).

A Model for School Learning. Teachers College Record. 64, 723-733.

■   Copeland C. (1979).

How Chilren Learn Mathematice Macmillan pub, Co.Inc. (2nd ed.).

■   Gagne, R.M. (1970).

The Conditions of Learning Holt Rinehart & Winston, Inc.(2nd ed).

- Gagne R.M (1977).

  in Aichele & Reys (eds). **School Mathematics**. 161-169, 182-195.

- Haertel,G. et al. (1983).

  Psychological Models of Ed. Performance. **Review of Educational Research**.53, 75-91.

- Hendrix, G. (1961).

  Learning by Discovery. Mathematics Teacher. 54, 290-299.

- Lawton J, & Wansa, S. (1977).

  Advance Organizers as a Teaching Strategy. **Review of Educational Research**. 47, 233-244.

- Polya, G. (1977).

  On Learning, Teaching, and learning Teaching. In Aichele & Reys (**Readings in secondary Mathematics**).

- Shulman L. (1970).

  Psychology & Mathematics Teaching. In Begle (ed). **Mathematics Education**. 69th Yearbook of NSSE.

- University of Wisconsin. (1970).

  R & D Center Publications.

- Worthen, B. (1963).

  Discovery and Expository Task presentations in Elementary Mathematics. **Journal of Ed. Psyxhology**, Mono-graph Supplement, 59, (1, 2).

6

الفصل السادس
نماذج تعليم الرياضيات

1:6 نموذج العرض المباشر
2:6 نموذج المنظم المتقدم
3:6 النموذج الاستكشافي
4:6 نموذج التعلم الفردي
5:6 نموذج التعليم من أجل الإتقان
6:6 نموذج التعليم الزمري التعاوني
7:6 النموذج الاستقصائي
المراجع

نماذج تعليم الرياضيات

1:6 نموذج العرض المباشر

السمة المميزة لنموذج العرض المبـاشر في تعليم الرياضيات هـو سـيطرة المعلـم عـلى النشاط الصفي، فالمعلم يحكم سـير الحصـة عـن طريـق تقـديم المعلومـات جـاهزة للطلاب وعرض الحلول للمشكلات والمواقف التي يمر فيها الطلبة. إن الأساس الـذي يبنى عليـه هـذا النموذج هو التسلسل الدقيق في عـرض الخبـرات التعليميـة، وحتـى يكون الـتعلم ذا معنـى للطالب يتم ربط كل وحدة أو فكرة بما تم تعلمه سابقاً، وتعرض المادة عـلى المـتعلم بحيـث يمكن إدراكها ومن ثم استذكارها في المستقبل.

إن نقطة البداية في استخدام نموذج العرض المباشر هو مناقشة الأهداف مع الطلبة (بل، 1986، ص 80)، وتحديد المتطلبات السابقة لتعلم الموضوع الجديد. ومن أجل تحديد المتطلبات السابقة التـي يجـب أن يمتلكها الطلبة قبل البدء بتدريس موضوع جديد يجب أن يسأل المعلـم نفسـه: مـاذا يجـب أن يعـرف الطلبة، أو ما المهارة التي يجب أن يكونوا قد اكتسبوها قبل أن يبدأ بتدريسهم؟ (ديك وريـزر، 1991، ص 50) وذلك لأن كثيراً من التعليم الذي نقوم به يبنى على التعلم السابق.

ويقدم جانييه نموذجاً للتخطيط الهرمي للمتطلبات السـابقة لـتعلم موضـوع جديـد. فبعـد تحليـل المهمة التي توضع في قمة الهرم يتم تحديد المهمات أو المقدرات السابقة وهكذا

إلى أن نصل إلى نقطة البداية في المهمات التي نحتاجها. فالرياضيات موضوع تراكمي هرمي، وما لم يتم تعلمه بشكل جيد يصعب الرجوع إليه واعتماده لفهم وتعلم الموضوعات المستجدة.

إن تعليم أي موضوع جديد في الرياضيات يمر في أربعة مراحل أو أطوار وهذه هي:

1- التعليم من أجل تحقيق فهم أولي للموضوع.
2- التعليم من أجل تعميق الفهم.
3- التعليم لهدف انتقال التعلم والتدريب.
4- التعليم من أجل دوام التعلم واستبقاؤه.

وسنعرض بشيء من التفصيل هذه المراحل:(Butler, 1970,chap.5)

الفهم الأولى (Understanding)

عندما يبدأ الطلبة تعلم أي موضوع جديد في الرياضيات، لا يكفي أن يلقي المعلم محاضرة عن الموضوع، فالطالب لا يكون قادراً على استيعاب وفهم موضوع جديد غير مألوف إذا انفرد المدرس في وقت الحصة، فغالباً ما تعترض الطالب بعض الأمور الصعبة، والتي يؤدي عدم توضيحها من قبل المعلم وفهمها من قبل الطالب إلى التعثر في فهم الأجزاء اللاحقة. إلا أن ذلك لا يعني أن تقديم المعلومات بطريقة الإخبار أو العرض لا مكان له، أو يجب استبعاده بصورة مطلقة، فهناك أوقات يضطر فيها المعلم إلى إخبار طلبته عن شيء ما أو موضوع معين ليساعدهم على الفهم، كأن يوضح معنى جديداً، أو رمزاً أو مفهوماً.

وحتى لا يكون الموقف الصفي لجانب واحد، يجب أن يتخلله باستمرار أسئلة موجهه من المعلم لطلابه بغية التأكد من فهمهم، وبقصد استدراج أسئلة منهم، وحثهم على المساهمة في النقاش. وعن طريق الأسئلة المنتقاة يتمكن المعلم من توجيه تفكير الطلبة لاكتشاف الحقائق والعلاقات الجديدة بأنفسهم. وينبغي على المعلم أن يتحقق من

فهم طلابه من خلال أسئلة موجهه إليهم حتى يمنع نشوء أية ثغرة في تعلمهم.

● **تعميق الفهم والاستيعاب (Assimilation)**

ليست هناك طريقة وحيدة يتعلم بها الطلاب موضوعاً جديداً في الرياضيات، وحتى يطور المعلـم فهم طلابه للأفكار الجديدة بنجاح، يتوجب عليه أن يكيف أسلوبه ويعدله في ضوء المواقف التي تواجهـه، ويستخدم أكثر من طريقة، ويجعلها متكاملة لتسهم في تحقيق الهدف.

ومن الأخطاء التي يرتكبها المعلمون والطلبة على حد سـواء، محاولـة قطـع كميـة كبـيرة مـن المـادة الرياضية في وقت ضيّق، مما يؤدي إلى إخلال في تعلم المادة. فعلى المعلم والطالب تجنـب الإسراع في تعلـم موضوع جديد، ذلك أن تطوير تعلم المفاهيم الجديدة عملية بطيئة وتحتاج إلى مناقشة مستمرة، وتفـاعلاً ما بين مجهودات الطالب والمعلم.

إن الهدف الثابت هو تطوير الفهم الرياضي القابل للاتساع، والمسـتند إلى خلفيـة صـلبة ومتماسـكة، وتغذية الاهتمام المتواصل من جانب الطالب في الموضوع بغية جعله يستسيغ المـادة المتعلقـة ويقـدرها، ويكتسب قدرة متزايدة للتفكير فيها بصورة استقلالية، وضمان أعلى درجة ممكنة من مشاركة الطـلاب في المجهود المطلوب، وإثارة اهتمامهم لمتابعة دراسة الرياضيات.

إن فهم الأفكار والعلاقات الجديدة في الرياضيات شرط مسبق لإتقان التعلم، فإتقان تعلـم موضـوع جديد في الرياضيات يتطلب أكثر من مجرد فهمه، إنه يتطلب أن يكـون هـذا الموضـوع مألوفـاً للطالـب، وجزءاً من خلفيته الرياضية. وهذا لا يتم إلا بإتاحة الفرصة للطلبة للعمل والتفكير المستقلين ودراسة أمثلة متنوعة وحل مسائل متعددة، فالمفـاهيم الجديـدة، إجـمالاً، لا تـتقن إلا إذا وجـدت في مضـامين مختلفـة، والقواعد الرياضية والعلاقات لا تتقن إلا بالتطبيق المستمر.

هذه المرحلة هي فترة عمل ذاتي من قبل الطلاب، تتاح لهم فيها فرص العمل والتفكير المستقلين، إذ أنهم سيشتغلون بالأفكار والمبادئ التي تعلموها وحدهم لترسيخها بصورة أثبت في بنيتهم المعرفية، وليكتسبوا إدراكاً أوسع لدورها واستخدامها في المستقبل في تعلم مفاهيم وعلاقات جديدة. ويجب أن تتاح للطلاب فرصة التفكير في مسائل جديدة ليروا كيف تستخدم هذه الأفكار والمبادئ في حلها.

- **توجيه الدراسة في الرياضيات:**

غالباً ما يتبع الطلبة أساليب غير فعالة في دراستهم للرياضيات. فهم يقرأون دون تعمق، ويهملون أعمالهم الكتابية وواجباتهم البيتية، ولا يجلسون الجلسة الصحيحة، وينصتون لأمور تشتت أفكارهم، ولا يصبرون على الأمور التي تتطلب تفكيراً مركزاً ووقتاً طويلاً، ولا يأخذون الوقت الكافي. وفي أحيان كثيرة لا يكونوا هم البادئين في الأنشطة والأعمال، ويعتمدون اعتماداً كلياً على المعلم.

لا يحتاج الأمر من المعلم المدرك وقتاً طويلاً ليعرف حالة طلابه وإمكاناتهم، كما ولا يجب أن يندفع هذا المعلم وباستمرار تقديم المساعدة لطلابه وفي أتفه الظروف. إن المعلم ذا النظرة المتعمقة في أوضاع طلابه وحالاتهم يوجه طلابه ويرشدهم لاتخاذ أوضاع صحيحة في دراسة الرياضيات، ومعالجة الصعوبات والمواقف غير الصحيحة.

- **التعليم بهدف الانتقال: (Transfer)**

هل يمكن تعلم الرياضيات بحيث تستخدم أساليبها ومفاهيمها في حل المسائل في مواقف أخرى؟ إن الرياضيات تنطوي على مفاهيم ومبادئ ونظريات. وأنماط من التفكير والمعالجات الرياضية يمكن تطبيقها في موضوعات أخرى في الرياضيات، ويمكن تطبيقها أيضاً في مجالات خارج نطاق الرياضيات. وتمكننا معرفتنا الرياضية من تطبيق أساليبها ومفاهيمها في عدد من المشكلات اليومية أوسع بكثير مما تشمله المواقف الرياضية نفسها.

وانتقال التعلم يعني أن أداء مهمة مـا، أو الخـبرة التعلميـة في موقف معـين يـؤثر عـلى أداء مهمـة لاحقة، أو تعلم خبرة جديدة، أي أن التعلم في موقف معين سابق يؤثر على التعلم في موقف آخر جديـد. وانتقال التعلم قد يكون انتقالاً إيجابياً، بمعنى أن أداء مهمة ما يسهل أو يساعد على أداء مهمة ثانية، وقد يكون انتقال التعلم سلبياً عندما يؤدي أداء مهمة سابقة إلى تعطيل أو عرقلة أداء مهمة لاحقة.

وانتقال التعلم يجب أن يكون في قمة أهداف تدريس الرياضيات. ومن مظاهر انتقال التـعلم في الرياضيات التعرف إلى نموذج شامل في ظروف متعددة مما يؤدي إلى تعميم، أو التعرف إلى نموذج في وضع خاص يشابه نموذجاً جرى التعرف عليه من قبل في أوضاع أخـرى، أو جـرى تعميمـه سـابقاً. والانتقال قـد يكون تعميماً جديداً أو مثلاً أو تطبيقاً على تعميم معروف سابقاً.

وللنتاجات التعلمية (المقدرات) دور فاعل في المخطط التراكمي الذي اقترحه جانييـه لمـا تتصف بـه من قابلية لانتقال أثر التعلم أفقياً ورأسياً. ويكون الانتقال أفقياً عندما تعمل المقدرة عـلى المسـتوى نفسـه في موقف جديد مشابه للموقف الأصلي، أي عندما يتم الانتقال من مهمة إلى مهمة أخرى بنفس المستوى أو درجة الصعوبة. ويكون الانتقال رأسياً عندما توظف المقدرة (وحدها أو مع غيرها) في تعلم مقدرة مـن مستوى أعلى، أي عندما يكون انتقال التعلم مـن مهمـة إلى مهمـة أخـرى أكـثر تقـدماً أو صـعوبة أو تـأتي بعدها في سلم التعلم.

- **التعليم بهدف الدوام: (Permanence)**

إن كل موضوع جديد في الرياضيات يتم تعلمه قابل للنسيان مهما بلغت درجة إتقانه أساساً، إلا إذا حفظ عن طريق التطبيق والتدريب المتكررين. ويصح هذا بشكل خاص على المهارات والعلاقات الرياضية، فالمهارات تحتاج إلى تدريب منظم، والعلاقات والمفاهيم تحتاج إلى مراجعة وتطبيق في فترات متعددة.

وسبل التعلم بهدف الدوام هي التدريب والمراجعة والتطبيق.

أ) **التدريب**: إن وجهة النظر الحديثة في تعلم الرياضيات تعترف بالتدريب كوسيلة أساسية للوصول إلى ضوابط مرغوب فيها، هذا بالإضافة إلى التأكيد على المفاهيم والمعاني والعلاقات إذا ما أريد للفهم أن يتم. فالكثير من العمليات الحسابية يجب أن تتم لا بدقة فحسب، بل بسهولة وسرعة إذا أريد لها أن تكون ذات نفع. وتدعو الحاجة إلى جعل بعض هذه العمليات آلية. ولبلوغ السهولة في استخدام هذه العمليات لا بد من التمرين المنظم والمتكرر، أي التدريب. وإذا أريد أن يكون تعلم الرياضيات فاعلاً، وجب أن يتلازم الفهم جنباً إلى جنب مع الكفاية في إجراء العمليات، ولا فائدة من المهارة في إجراء عملية ما إذا لم يعرف الفرد الظروف التي تتم فيها هذه العملية.

ب) **المراجعة**: ترتبط المراجعة بالتدريب، إذ أن كليهما يتميز بالتكرار ويهدف إلى تثبيت المعلومات أو المفاهيم أو العلاقات، والتفريق بينهما مردّه إلى الهدف من كل منهما. فالتدريب يهدف إلى جعل بعض العمليات نسبياً آلية، بينما تهدف المراجعة لتثبيت التفاصيل، واستيعابها، وتنظيم الأشياء الهامة ورؤيتها بشكل كل متماسك بغية فهم العلاقة بين الأجزاء المختلفة بعضها ببعض، وعلاقة هذه الأجزاء بالوحدة ككل. أي أن المراجعة تعنى بترتيب، وربط العناصر ببعضها البعض، وبإلقاء نظرة جديدة على الموضوع الذي تمت دراسته.

ج) **التطبيق**: بعد أن يتعلم الطلاب جيداً وبكفاية، تبقى هناك مشكلة الاحتفاظ بما تعلموه جاهزاً في عقولهم وفي متناول أيديهم. ومن غير تطبيق واستعمال مستمرين تصبح المفاهيم غامضة، ومشوشة، أما المهارات فيعلوها الصدأ، وتصبح العلاقات والطرائق غير مؤكدة. ولكي نتجنب ذلك يجب التمرن على المهارات وتنشيط الأفكار بين الحين والآخر، حتى ولو كان الطالب قد انتقل إلى تعلم موضوع جديد. ويجب ملاحظة أن التدريب والتمرين يجب أن لا يكون مكثفاً ومركزاً بل يعاد على فترات متباعدة، وبالمثل تطبيق المبادئ والأفكار.

2:6 نموذج المنظم المتقدم: (Ausubel, 1978)

يعتبر نموذج المنظم المتقدم أحد أشكال العرض المباشر. فنموذج العرض المباشر يقترح تدرجاً في التعليم يبدأ بتعلم المواد الأقل تجريداً نحو المواد الأكثر تعقيداً، بينما يتم في نموذج المنظم المتقدم عرض المادة في الشكل الأكثر تجريداً ثم يتبع هذا بالمادة التعليمية الأقل تجريداً.

وتعتبر المنظمات المتقدمة إحدى الوسائل التي يمكن استخدامها لتسهيل التعلم ذي المعنى. وتتألف من مقدمة شاملة، ومادة تمهيدية تقدم إلى المتعلم قبيل تعلم المادة الجديدة، وتكتب بمستوى أعلى من التجريد والعمومية والشمول من المادة التعليمية نفسها وبعبارات مألوفة لدى المتعلم، ومتصلة اتصالاً واضحاً بالأفكار الموجودة في بنيته المعرفية، وبالمهمة التعليمية. وتصمم هذه المقدمة لتسهيل التعلم الاحتوائي من خلال توفير مرتكزات فكرية للمهمة التعليمية، أو من خلال زيادة القدرة على التمييز بين الأفكار الجديدة، وما يرتبط بها من أفكار موجودة في البنية المعرفية، سادة بذلك الفجوة التي تفصل بين ما يعرفه المتعلم مسبقاً، وما يحتاج لمعرفته ليتعلم مادة جديدة.

ويعتمد استخدام المنظمات المتقدمة بشكل أساسي على أهمية وجود أفكار مناسبة ومرتبطة بالموضوع المراد تعلمه، على أن تكون هذه الأفكار موجودة بشكل مسبق في البنية المعرفية للمتعلم من أجل جعل الأفكار الجديدة ذات المعنى المنطقي لها معنى سيكولوجي.

وفي موقف التعلم الصفي، حيث يجب ربط الأفكار الخاصة بالمعلومات الجديدة بالأفكار المتعلمة سابقاً، فإن قدرة المتعلم على التمييز بين مجموعتين من الأفكار يعتمد على وضوح وثبات المفاهيم المتعلمة مسبقاً. فكلما كانت المفاهيم واضحة وثابتة، فإن

الأفكار الجديدة تتفاعل مع الأفكار المشابهة لها. أما عندما تكون القدرة على التمييز ضعيفة بسبب عـدم كفاية المعلومات الأولية، فيمكن إثراء التعلم والاحتفاظ باستخدام المنظم المقارن.

ويرى اوزوبل أن التنظيم التتابعي للمادة والمصحوب باستخدام المنظم المقارن المناسـب، قـد يـؤثر على نحو فعال في عملية التعلم الصفي، لأن كـل زيادة جديدة في المعلومات تعمل كمرتكزات للتعلم اللاحق. ويفترض التنظيم المتتابع أن الخطوة السابقة يجب أن تكون واضحة وثابتة، ومنظمة تنظيماً جيداً، وإن لم تكن كذلك فإن تعلم كل الخطوات اللاحقة سيكون مهدداً بالضياع، ومن هنا فإن المـادة الجديـدة اللاحقة يجب أن لا تقدم إلى المتعلم إلا عند التأكد من تمكنه من فهم جميع الخطوات السابقة.

والمنظمات المتقدمة على أنواع منها:

أ)   المنظمات الشارحة (Expository)

وتستخدم عندما تكون المادة التعليمية الجديدة غير مألوفة للمتعلم، وفي هذه الحالـة فإن المـنظم الشارح يؤمن أفكاراً شاملة ترتبط بالأفكار الموجودة في البنية العقلية للمتعلم وبالمادة المراد تعلمها.

ب)   المنظمات المقارنة (Comparative)

وتستخدم عندما تكون المادة الجديدة المراد تعلمها مألوفة للمتعلم أو لها ارتباط بالأفكار المتعلمـة سابقاً. وفي هذه الحالة إن هدف المنظم هو تأمين مرتكزات فكرية لجزيئات المادة وزيـادة في التمييـز بـين الأفكار الجديدة والأفكار المتعلمة سابقاً عن طريق إظهار التشابهات والاختلافات الرئيسة بينهما.

ج)   المنظمات البصرية والمنظمات السمعية.

وهـي تلـك التي تستعمل الوسائل البصـرية مثـل الأفلام أو تلـك التي تستعمل الوسائل السـمعية كمنظم متقدم.

وللمنظمات المتقدمة عدة فوائد منها:

1- تعطي مخططاً عاماً للمادة التي ستعلم.

2- تعمل على تضييق الفجوة بين ما يعرفه المتعلم سابقاً وما يحتاج لمعرفته قبل أن يتعلم المهمة المطلوبة بطريقة لها معنى.

3- تشير المنظمات المتقدمة إلى مدى التشابه أو الاختلاف بين المفاهيم والأفكار ذات الصلة والمتعلمة سابقاً والموجودة في البنية العقلية للمتعلم وبين الأفكار والمفاهيم الجديدة.

4- تسهل التعلم وتزيد من سرعته.

5- تعمل على تنظيم المادة الجديدة ذات المعنى وتنسيقها بطريقة تقلل من احتمال النسيان وتزيد من القدرة على التذكر والاحتفاظ.

6- تعمل على التمييز بين المادة الجديدة والمفاهيم السابقة، فعندما تقدم المنظمات فإنها توضح التشابهات والاختلافات بين المفاهيم الجديدة والمفاهيم السابقة التي يمكن أن تحتويها وهذا يؤدي إلى تعلم واحتفاظ أكثر.

3:6 النموذج الاستكشافي

التعليم والتعلم بالاكتشاف ليس معرّفاً تعريفاً كافياً بالدرجة التي تسمح بتكوين تتابع منتظم من الأنشطة يسمى نموذجاً للتعليم والتعلم بالاكتشاف (بل، 1986، ص 96).

الاكتشاف قد يكون أسلوباً من أساليب التدريس أو طريقة من طرق التعلم. فالتعلم بالاكتشاف هو التعلم الذي يحدث نتيجة معالجة المتعلم للمعلومات وتركيبها

وتحويرها حتى يصل إلى معلومات جديدة. والعنصر الأساسي في اكتشاف المعلومات الجديدة هو أن الطالب يقوم بدور نشط في الوصول إلى المعلومات الجديدة.

ويتم التعليم بالاكتشاف من خلال مدى واسع من الأنشطة التي ينظمها المعلم بحيث ينتج عنها اكتشاف يقوم به الطالب. فقد تأخذ هذه الأنشطة شكل الألعاب الحرة غير المقيدة، أو قد تأخذ تتابعاً من التفاعلات والحوار بين الطالب والمعلم أو بين الطالب والمادة المطبوعة. ويمكن أن يتم الاكتشاف عن طريق الاستقراء أو الاستنتاج (الاستنباط).

ويمكن أن يحدث تعلم بالاكتشاف أثناء أسلوب العرض المباشر للدرس وفي المناقشات الجماعية، ومع ذلك فإن هناك احتمالاً ضعيفاً لأن يقوم الطلبة بالاكتشاف عندما يسيطر المعلم على عملية التدريس دون مشاركة أو تفاعل الطلبة. وهناك احتمالات أكبر في أن يصل الطلاب إلى اكتشافات في بعض المواقف التي يبدأ فيها المعلم الدرس بإعطاء إرشاد وتوجيه للأنشطة التي خطط لها المعلم وينفذها الطلبة أنفسهم فيرشدهم المعلم ويتدخل في الحالات التي تستدعي ذلك.

إن أفضل المواقف التي يحدث فيها تعلم اكتشافي هي تلك التي يستخدم فيها استراتيجيات التعلم الاستقرائية أو الاستنباطية (الاستنتاجية). وفي حالات استخدام الاستقراء فإن التعميمات والمبادئ أو العلاقات تكتشف من خلال معالجة عدد من الحالات الخاصة. أما الاستنباط فيتضمن توظيف مبادئ المنطق للوصول إلى تعميمات أو استنتاجات جديدة أو حالات خاصة للتعميمات أو النظريات التي تم الوصول إليها سابقاً (بل، 1986، ص 100).

لقد أشرنا في الفصل السابق إلى مواقف أربعة تحدد نموذج التعليم الذي ينفذه المعلم (Shulman, 1970)، وهذه هي:

القاعدة	الحل	نوع التوجيه	طريقة التعلم
معطاة	معطى	تام	استقبالية
معطاة	غير معطى	جزئي	استدلالية (اكتشاف موجه)
غير معطاة	معطى	جزئي	استقرائية (اكتشاف موجه)
غير معطاة	غير معطى	معدوم	اكتشاف حر

فعندما تقدم القاعدة والحل للموقف الذي يعرضه المعلم فإن التعليم يكون إلقائياً، أما عندما يقدم أحدهما ولا يقدم الآخر فإن التعليم يكون استقرائياً أو استنباطياً (اكتشافاً موجهاً).

إن توجيه المعلم لطلبته ليقيسوا زوايا عدة مثلثات يمكّنهم من استخلاص التعميم أو النظريـة التـي تنص على أن مجموع قياسات زوايا المثلث يساوي 180°. وهـو اكتشـاف اسـتقرائي. وبالمثـل يمكـن أن يصـل الطلبة إلى أن طول محيط الدائرة مقسوماً على قطرها يساوي مقداراً ثابتاً هو النسبة التقريبية، وذلك مـن خلال مواقف عملية يتعامل معها الطلبة في نشاط موجه.

أما الوصول إلى التعميم: مجموع قياسات الزوايا الداخلية لمضلع عدد أضلاعه ن يساوي 2ن - 4 زاوية قائمة"

اعتماداً على أن مجموع قياسات زوايا المثلث يساوي قائمتين فهـو اكتشـاف اسـتنباطي. وكـذلك فـإن توجيه المعلم لطلبته ليتوصلوا إلى أن قطري متوازي الأضلاع ينصف كل منها الآخر اعتماداً على التطـابق في المثلثات فهو اكتشاف استنباطي أيضاً.

لقد لاقت طرق الاكتشاف استحساناً واسعاً من قبل المربين ومعلمي الرياضيات، فهي تسمح بـالكثير من تفاعل الطالب واندماجه في النشاط التعلمـي، كـما أنهـا أكـثر متعـة للطلبـة مـن المحـاضرات ودروس العرض المباشر أو الإلقاء. ومع ذلك فقد واجهت طريقة الاكتشاف نقداً من بعض المربين من أمثال اوزوبل وأنصار التعليم المباشر لما تتطلبه من جهد ووقت.

4:6 نموذج التعليم الفردي (Individualization of Instruction)

تقوم فلسفة تفريد التعليم على مبدأ مراعاة الفروق الفردية، حيث أن هذه الفروق تراعى مراعاة مباشرة إذا ما أتيح لكل متعلم أن يتعلم ذاتياً حسب قدرته واستعداداته، لأن درجة تعلمه في نطاق التعليم الجمعي قد لا تتيح له فرصة التعلم حسب تلك القدرات والاستعدادات. والاختلافات بين الأفراد في الصفات والخصائص والقدرات قد تكون جسمية أو عقلية أو مزاجية (انفعالية). وفيما يلي بعض المظاهر التي يتضح فيها الفروقات الفردية والتي تعتبر مهمة بالنسبة لتعلم الرياضيات.

أ)   القدرات العقلية، كالقدرة على حل المشكلات والتفكير والاستنتاج.

ب)   القدرة الرياضية، كالقدرة على استخدام الرموز، والاستنتاج المنطقي، والقدرات الحسابية.

ج)   معرفة المفاهيم الرياضية والتعميمات والعمليات، وترتبط هذه بالخبرات التربوية السابقة للمتعلم، وتحقق المتطلبات السابقة لتعلم موضوع جديد في الرياضيات.

د)   الدوافع والاهتمامات والاتجاهات.

ه)   النضج الاجتماعي والفسيولوجي والعاطفي للمتعلمين.

و)   المواهب الخاصة، كالقدرة على الحفظ والتذكر والابتكار والإبداع.

ز)   عادات المتعلمين والانضباط الذاتي، وذلك من حيث طريقة دراستهم أو تنظيم أعمالهم الكتابية (المغيرة، 1989، ص103- 104).

إن اختلاف الطلاب في كل ما سبق يحتم على المعلم عدم استعمال أسلوب تدريس واحد ومادة رياضية واحدة وواجبات واحدة للجميع. والمعنى الذي يجب أن يعطى لتفريد التعلم يتضمن:

1) إتاحة الفرصة لكل طالب التقدم في التعلم حسب ما تسمح له قدراته الخاصة.

2) تكييف المتغيرات الداخلية في عملية التعلم كمستوى المادة التعليمية والتمرينات المطلوب ممارستها بحيث تتلاءم مع مستوى التحصيل للفرد، واستعداده للتعلم حيثما أمكن ذلك.

وبصورة أخرى، فإن التعليم الافرادي يعني تنظيم المنهاج التعليمي بحيث يساعد المتعلمين – كل حسب قدرته وسرعته في التعلم – على اكتساب خبرات تعلمية ناجحة. والفرضية الأساسية في التعلم الفردي هي أن للفرد قابلية للتعلم الذاتي، وتتم ممارسة النشاط الذاتي بتوجيه من المدرس أو مصمم البرنامج. وقد وجدت أنواع كثيرة من أدوات التعلم والتكنولوجيا الحديثة التي توفر الظروف التي تساعد في تسهيل عملية التعليم الافرادي. وكان على رأس الأمور التي يسرت عملية التعلم الافرادي إعداد الرزم التعليمية (Learning Packages). ويقصد برزمة التعليم الافرادي المواد التدريسية والوسائل التعليمية، ومجموعة الاختبارات وأدوات التقويم اللازمة للمتعلم الفرد في موقف تعليمي. وكثيراً ما تستخدم الوحدات التدريسية (Modules) في التعلم الافرادي، وهذه عبارة عن المواد التعليمية والمصادر التي يحتاج إليها المتعلم في تعلم وحدة دراسية.

والتعليم بمساعدة الحاسب الإلكتروني هو أسلوب آخر لتنفيذ فكرة تفريد التعليم وخاصة في التعلم المبني على التدريب والمهارات وفي البرامج التي يتحتم علينا تطبيقها على حالات فردية (Tutorial Programs).

التعليم المبرمج:

التعليم المبرمج أسلوب للتعليم يمكّن كل طالب من أن يعلّم نفسه بنفسه، بحيث يسير في عملية التعلم وفقاً لسرعته الشخصية. والتعليم المبرمج بشكله الحالي يعرف عند الكثيرين بأنه من ابتكار سكنر (Skinner). ففي عام 1954 قدم سكنر هذا النوع من التعليم في مقالة بعنوان "التعلم وفن التدريس"، وأوضح في مقالته كيفية تعليم الصغار

والكبار بطريقة ذاتية، وطرح سكنر اكتشافه للتعليم المبرمج على أنه حل لمشكلتي نقص المعلمين وزيادة أعداد الطلبة. وقد سبق سكنر العالم بريسي۔ (Pressey) عندما صمم أول أداة تعليمية تقوم على فكرة التعليم المبرمج في عام 1926، وكانت تلك الآلة تقدم مجموعة من الأسئلة، وتقترح عدة إجابات، يختار المفحوص الإجابة التي يعتقد بأنها الصحيحة عن طريق الضغط على مفتاح خاص.

وفي عام 1954 اعتمد سكنر المبادئ السيكولوجية في التعلم ونصح باستخدام الآلات التعليمية، فالأداة التعليمية توفر الجهد لأنها تضع برنامجاً واحداً يمكن أن يتعلم عن طريقه أعداد كبيرة من المتعلمين. والتعليم المبرمج ليس مجرد تقنية تدريسية، بل هو تطبيق للمبادئ والنظريات في المدرسة السلوكية، ويمثل أول تطبيق منظم لمبادئ ضبط السلوك التي درست مخبرياً على القضايا العملية للتربية.

إن التعليم المبرمج يساعد الطالب على التعلم الذاتي الذي يأخذ فيه المتعلم دوراً إيجابياً وفعالاً، ويقوم فيه البرنامج المعد بدور الموجه نحو تحقيق أهداف معينة. (عاقل، 1978، ص 276)

ويقوم التعليم المبرمج على أساس تقسيم المادة التعليمية إلى أجزاء صغيرة نسبياً، مرتبة ترتيباً منطقياً متسلسلاً، وتقدم للمتعلم في خطوات متتابعة ومتدرجة في الصعوبة، وتسمى كل خطوة إطاراً. ويتطلب كل إطار استجابة معينة من المتعلم، فإن كانت الاستجابة صحيحة فإنها تعزز فوراً، وذلك باطلاع المتعلم فوراً على الإجابة الصحيحة، ومقارنة استجابته بالاستجابة الصحيحة. وعندها ينتقل إلى الإطار الثاني، وهكذا... أما إذا كانت الاستجابة خاطئة فإن البرنامج يوجه المتعلم إلى ما يجب عمله أو الإطلاع عليه قبل الانتقال إلى الإطار الثاني، كأن يطلب منه قراءة إطار سابق أو إطار فرعي مصاحب، ثم الرجوع إلى الإطار المعني.

إن شعور المتعلم بأن استجابته صحيحة يعزز تعلمه ويدعمه، ويجعل المتعلم يستجيب نفس الإجابة الصحيحة في المستقبل إذا مرّ بنفس الموقف أو الظروف. ويجب

ملاحظة أن هذه الأطر يجب أن تصمم بدقة وعناية وبمهارة فائقة، وأن تتسم بالتتابع المنطقي المتسلسل في الصعوبة بحيث يستجيب لها المتعلم استجابة صحيحة في معظم الحالات. (Skinner, 1968 P. 66)

إن المتعلم بطريقة التعليم المبرمج يكون إيجابياً ونشطاً في تفاعله مع البرنامج، ويقوم بتعليم نفسه بنفسه وتقويم تعلمه أولاً بأول. ويسير في عملية التعلم تبعاً لسرعته الشخصية. ويجب أن لا يعني ذلك أن التعليم المبرمج يمكن أن يكون بديلاً للمعلم في جميع الحالات، ولكن يجب اعتباره مساعداً للمعلم في بعض الأحيان (Skinner, 1968, P.64).

وهناك أسلوبان معروفان من أساليب البرمجة هما: الأسلوب الخطي، والأسلوب المتفرع. ففي البرنامج الخطي يستخدم جميع الطلبة التتابع نفسه في البرنامج، حيث تقسم المادة التعليمية إلى وحدات صغيرة، أو أطر متتابعة، وينتقل الطالب من خطوة إلى التي تليها بعد أن يكون قد تعلم الخطوة السابقة بنجاح، بمعنى أن كل خطوة يجب أن تعلّم قبل الانتقال إلى الخطوة التالية.

أما في البرنامج المتشعب، فيشتمل الإطار على فقرة أو فقرتين من المعلومات أكثر تعقيداً مما يحتويه الإطار في البرنامج الخطي، وفي نهاية كل إطار مجموعة من الإجابات المحتملة. فإذا كانت إجابة المتعلم صحيحة فإنه ينتقل إلى الإطار التالي، أما إذا كانت إجابته خاطئة، فإن البرنامج يوجهه إلى بعض الأطر العلاجية الأخرى، حيث تبين له أن إجابته كانت خاطئة، وتقدم له مجموعة من الأسئلة والعبارات حتى يتقن الخطوة السابقة، ثم يسمح له بالانتقال إلى خطوة جديدة. وهذا يبين أن البرنامج المتشعب هو أسلوب تشخيصي وعلاجي في نفس الوقت، فهو تشخيص لنواحي القوة والضعف في المتعلم، ومن ثم فهو علاجي لأخطاء التعلم. (كرام، 1975، ص 260)

ويمكن للمعلمين مراعاة الفروق الفردية بطرق عملية منها (المغيرة،1989، 106-108):

1. تنويع أساليب التدريس المستخدمة من قبل المعلم بحيث تناسب الحاجات الفردية المختلفة للمتعلمين.
2. تنويع الواجبات البيتية والأنشطة اللاصفية التي يكلف بها المعلم طلبته.
3. تخصيص فترات زمنية خارج الحصص الرسمية تعطى فيها أنشطة متنوعة للفئات المختلفة من الطلبة، منها أنشطة إثرائية، وأنشطة تقوية، وأنشطة زيادة في التدريب (أبو زينة،1985،1989).
4. تقسيم الفصول إلى مجموعات صغيرة متجانسة أحياناً وغير متجانسة في أحيان أخرى.

5:6 نموذج التعليم من أجل الإتقان

يقوم نموذج التعليم من أجل الإتقان على نموذج بلوم للتعلم المدرسي والذي تمت الإشارة إليه في الفصل السابق. ويمكّن هذا النموذج القائمين على العملية التعليمية التعلمية من مراعاة الفروق الفردية بين المتعلمين وذلك من خلال تعديل في نوعية التعليم وأنشطته التي ينفذها المعلم بالإضافة إلى الأخذ بالاعتبار الوقت المخصص للتعلم بحيث يكون مناسباً للمتعلمين لتلائم تعلم كل منهم.

اقترح بلوم (Bloom,1968) إستراتيجية في التعليم توفر إتقان التعلم لنسبة عالية من الطلبة تتراوح بين 75% - 90% منهم، وبنفس المستوى الذي توفره الاستراتيجيات التعليمية الأخرى لحوالي 25% منهم فقط. وتعتبر هذه الاستراتيجية من أكثر الاستراتيجيات التعليمية تأكيداً على تعلم المواد التعليمية، مما يسهل على الطلبة تعلم مواد جديدة بعد تعلمهم للمتطلبات السابقة لها، وهذا بدوره يساعد الطلبة ذوي التحصيل المتدني للوصول إلى مستويات تحصيل عالية. كما تسهم هذه الاستراتيجية

بزيادة سرعة تعلم بطيئي التعلم من الطلبة، مما يـؤدي إلى تقليـل التبـاين في معـدل تعلمهـم واستـغلال وقت التعلم بشكل جيد.

واستراتيجية إتقان التعلم التي اقترحها بلوم قد تم تصميمها لتستخدم في غرفة الصـف حيـث يكـون الوقت المسموح به للتعلم ثابتاً نسبياً. وتعتبر التغذية الراجعة عاملاً مهماً وضرورياً في هـذه الاسـتراتيجية كما أنها عاملاً مهماً أيضاً في عملية التعلم بشكل عام. كما تتضمن إجراءات تنفيذ هذه الاسـتراتيجية تـوفير الوسائل العلاجية عند الحاجة لها من أجل الوصول إلى إتقان تعلم كل وحدة دراسية بأقصر وقت ممكن من خلال تأثيرها على تعلم كل طالب وقدرته على فهم ذلك التعلم.

ويذكر جرونلند (Gronlund,1976) الخطوات التالية عند تنفيذ استراتيجية إتقان التعلم.

1. تجزئة محتوى المادة الدراسـية إلى وحـدات تعليميـة (واجبـات دراسـية محـددة)، يتضمن كـل منهـا مجموعة من الأهداف التعليميـة، يمكـن أن يـتم تعلمهـا خـلال فـترة زمنيـة، تـتراوح مـن أسـبوع إلى أسبوعين، وتكون هذه الوحدات فصلاً في الكتاب المقرر أو جزءاً من المـادة المقررة بنـاء عـلى تقسـيم معين.

2. تحليل محتوى هذه الوحدات التعليمية إلى وحدات أصغر منها، ويتم هذا التحليل ابتداءً من تحديـد المصطلحات، والحقائق البسـيطة، إلى الأفكـار المجـردة، كالمفـاهيم، والنظريـات وتطبيقاتهـا. أي، يـتم تحديد الأهداف التعليمية لهذه الوحدات الدراسية المنوي تحقيقها وصياغتها بعبارات محددة.

3. تحديد محكات لإتقان تعلم الأهداف في كل وحدة دراسية، وذلك بتحديد نسبة الفقرات التي يتوقع أن يجيبها الطلبة إجابة صحيحة، حيث تكون في العادة 80-85% من الفقرات الموضوعة لقياس إتقان تعلم كل وحدة دراسية، وتبيان نسبة محددة مـن الطلبة 80% فـأكثر للوصول إلى مسـتوى الإتقـان المحدد.

4. إعـداد نمـاذج متكافئـة مـن الاختبـارات التشخيصـية التكوينيـة (Diagnostic Formative Tests)، تستخدم لقياس ما تعلمه الطلبة من الوحدة الدراسية وما لم يتعلموه، ومعرفة مسـتويات تحصيلهم، لمعالجة الصعوبات التعليمية التعلمية لديهم. ويفيد هذا النوع من الاختبارات في تعزيز تعلم الطلبـة الذين أتقنوا التعلم، وتشخيص الأخطاء في تعلم الطلبة الـذين لم يتقنـوا الـتعلم. ولا تسـتخدم هـذه الاختبارات لأغراض درجات الطلبة أو وضعهم في رتب من أجل المقارنة.

5. إعداد مجموعة من المواد التعليمية المتنوعة لمساعدة الطلبة الذين لا يصلون إلى مسـتوى الإتقـان، في تعلمهم للوحدة الدراسية، بعد تطبيق الاختبار التشخيصي التكويني لديهم؛ كتحديد بعض الصـفحات من كتاب غير الكتاب المقرر، أو استخدام مادة دراسية مبرمجة، أو اسـتخدام وسـائل سـمعية بصـرية، وكذلك تحديد بعض الإجراءات كالتعليم في مجموعات صغيرة. وإذا لم يـنجح إجـراء أو أسـلوب معـين للتغلب على مشكلة معينة لدى الطلبة، فإنه يتم تشجيعهم على استخدام طريقة بديلة، وبعد أن تتم هذه الإجراءات، يعاد الاختبار مرة ثانية (أي تطبيق اختبار مكافئ للاختبار الأول، من أجل التأكد مـن مستوى إتقان التعلم).

6. البدء بعملية التدريس للوحدة الدراسية الأولى. وبعد الانتهاء من تدريس كل جزء من أجزائها، يقـوم المعلم بإجراء اختبار تشخيصي تكويني، من أجل معرفة ما تم تعلمه من هذا الجزء، ومعرفة مسـتوى تحصيل كل طالب، والكشف عن نقاط الضعف لديهم، من أجل مسـاعدتهم في الوصـول إلى مسـتوى الإتقان المطلوب. ويتم ذلك من خلال إعطائهم حصص علاجية بشكل فردي، أو في مجموعات صغيرة، أو باتباع أي إجراء يراه المعلم مناسباً حسب حاجاتهم لذلك.

7. بعد معالجة جوانب الضعف، لدى الطلبة ، يعاد تطبيق نمـاذج أخرى (صـور متكافئـة) مـن الاختبـار التشخيصي- التكويني،حتى يصل الطلبة إلى مستوى الإتقان.

8. بعد الانتهاء من تدريس جميع أجزاء الوحدة الدراسية الأولى، يتم تطبيق اختبار إجمالي (Sunmative Test) لها، من أجل قياس تحصيل الطلبة فيها. فإن دلت النتائج على أن تحصيل بعض الطلبة، لم يصل إلى مستوى الإتقان المطلوب، يتم تزويدهم بالمزيد من التعليم العلاجي، مـن أجـل الوصول إلى ذلك المستوى، ومن ثم يتم الانتقال إلى تعليم وتعلم وحدة دراسية جديدة، باتباع الخطوات آنفة الذكر.

9. وبعد إنهاء جميع الوحدات الدراسية، يطبق اختبار إجمالي، من أجل قياس مستوى إتقان تعلم الطلبـة، وفي ضوء نتائج الاختبار هذا، تعطى درجات الطلبة للفصل الدراسي.

يتبين من هذا، أن نتائج الاختبارات التشخيصية التكوينية، والاختبار الإجمالي، تستخدم جميعهـا مـن اجل تقويم، وتحسين العملية التعليمية التعلمية.

أهمية إستراتيجية إتقان التعلم

تمتاز هذه الاستراتيجية بما يلي:

1. تؤكد هذه الاستراتيجية على إتقان تعلم المواد التعليمية، مما يسهل على المتعلمين تعلم مواد تعليمية جديدة بعد تعلمهـم للمواد التعليميـة التـي تعتـبر متطلبـات سـابقة. ويساعد هـذا، الطلبـة ذوي التحصيل المتدني في الوصول إلى مستويات تعليمية عالية، ويسهم في زيادة سرعة تعلم بطيئـي الـتعلم من الطلبة، ويؤدي إلى تقليل التباين في معدل تعلمهم واستغلال وقت التعلم بشكل أفضل.

2. تعتمد هذه الإستراتيجية على محكات محددة كمستوى التحصيل المطلوب والمحدد مسبقاً (80% من الطلبة يتقنون 80% أو أكثر من المادة التعليمية) ويؤدي هذا بـدوره، إلى أن يسـود جـو التفاعـل والمشاركة بين الطلبة في التعلم بدلاً من روح التنافس بينهم عند استخدام الطرق العادية، التي يسعى الطالب من خلالها للحصول على مركز معين بين مجموعته الصفية، مهما كان مستوى إتقانه للمـادة التعليمية. وقد أشارت نتائج دراسات عديدة إلى أن مستوى تحصيل الطلبـة عنـد تطبيـق اسـتراتيجية إتقان

التعلم في التعليم، يفوق تحصيلهم عند تطبيق الطرق التقليدية (Slavin & Karwiet, 1984).

3. تسهم هذه الاستراتيجية أكثر من الطرق العادية في زيادة اهتمام المتعلم بالمادة الدراسية، وذلك لأن الخبرات التعليمية الناجحة التي توفرها هذه الاستراتيجية لمعظم الطلبة تزيد من ثقتهم بقدراتهم وكفاءاتهم، وترفع من مستوى طموحاتهم وتدفعهم لمزيد من التعلم والإنجاز. فإذا أنجز المتعلم الواجب التعليمي بنجاح، كما يحصل في استراتيجية إتقان التعلم، فإنه يقدم على تعلم الواجبات التعليمية التالية، بثقة وإحساس بالقدرة على النجاح في تعلمها. ومثل هذه الواجبات سهلة التعلم والإتقان، مما يؤدي إلى زيادة اهتمامه بها. أما إذا كان أداؤه لمجموعة من الواجبات التعليمية لم يتم بشكل كاف ومرض، فإن المتعلم يحس بعدم قدرته وكفاءته لتعلم مثل هذه الواجبات، فيتجنب تعلمها ولا يقدم عليها إلا مكرهاً مما يؤدي إلى عدم الاهتمام بها. فثقة المتعلم بنفسه وإحساسه بقدراته على الإنجاز والتعلم وتزداد وتنقص تبعاً لأدائه السابق لواجبات تعليمية مختلفة، وأن كفاءة المتعلم لإنجاز المهمات اللاحقة، تعتمد على إدراكه لمستوى قدراته على النجاح أو الفشل في التعلم.

4. توفر استراتيجية إتقان التعلم نجاحاً لغالبية الطلبة في تعلم المواد التعليمية، ويسهم هذا النجاح في تكوين اتجاهات إيجابية. ويذكر بلوك (Block,1971) أن الطالب الذي يواجه خبرات تعليمية ناجحة يطور مفهوماً إيجابياً عن ذاته، وعلى العكس من ذلك، عندما لا يواجه مثل هذا النجاح، فإنه يطور مفهوماً سلبياً عنها.

6:6 نموذج التعليم الزمري التعاوني

اعتمدت المدارس، وما زالت، أسلوب التنافس بين الطلبة حيث تتداخل الأهداف التي يسعى الفرد إلى تحقيقها مع أهداف زملائه. واستند تقويم التحصيل على التنافس

أيضاً. ولما كان نجاح الفرد في تحقيق أهدافه يؤدي إلى إعاقة الآخرين عن تحقيق أهدافهم فقد عزز ذلـك روح التناحر والبغضاء بين الطلبة.

ثم جاءت حركة تفريد التعليم، فلم يعد المعيار تحصيل الفرد بالمقارنة مع زملائه، فقد التفتت هذه الحركة إلى رعاية الفرد من حيث هو، والعمل وفق السرعة التـي تناسبـه، وعليـه فـإن تحـرك الفـرد نحـو تحقيق أهدافه لا يعوق ولا يدعم في الوقت نفسه تحرك زملائه نحو تحقيق أهـدافهم. وقـد عـززت هـذه الحركة الفردية والعمل المفرد والتركيز على الأهداف وعدم التعاون مع الآخرين.

تعتبر محاولة مورتـون دويـتش في أواخـر الأربعينـات مـن هـذا القـرن مـن المحـاولات التـي نبهـت التربـويين إلى أهميـة التعـاون بـين الطلبـة (Johnson and Johnson 1985,pp.22-23)، فقـد اقـترح ثلاثـة تنظيمات تؤدي إلى تحقيق أهداف الجماعات، هي: التنظيم التنافسي، والتنظيم الفردي، والتنظيم التعاوني. وفي التنظيم التعاوني تتآلف أهداف الفرد مع أهداف زملائه في الجماعة، وتكون العلاقة بين تحقيق الفـرد لأهدافه وتحقيق زملائه في الجماعة لأهدافهم علاقة إيجابية، وبالتالي فإن سعي الفرد لتحقيق هدفه يدعم ويسهل تحرك زملائه نحو تحقيق أهدافهم.

إن الطالب يمكن أن يتعلم من زميل له مثلما يمكن أن يتعلم من معلمه، وفي بعـض الحـالات يمكـن أن يتعلم من زميله أكثر مما يتعلم من معلمه. والتعلم التعاوني يقوم على فكـرة أن الـتعلم يكـون أجـدى عندما يحصل أو يتم من خلال العمل الجماعي للأفراد، وإن على المدارس أن تقلع عن التعليم التنافسي ـ أو الفردي (Fitzgerald and Bouck, 1993, p.250).

إن كل زمرة أو مجموعة من الطلبة يمكنهم أن يتعلموا معاً بحيث يكون الواحد منهم مسؤولاً عـن مساعدة زملائه في المجموعة على التعلم بالإضافة إلى مسؤوليته عن تعلمه المادة الدراسية.

والتعلم التعاوني ليس في العمل الجماعي التقليدي الذي يستخدمه بعض المعلمين حيث يطلب من الطلبة الجلوس جنباً إلى جنب في مقاعدهم أو حول طاولة واحدة، يتحدثون لبعضهم بعضاً وهم يقومون بنشاطاتهم بصورة فردية. إن التعاون هو موقف تكون فيه العلاقة بين أهداف الفرد وأهداف الجماعة علاقة إيجابية، وبالتالي فإن تحرك الفرد نحو تحقيق هدفه يسهل تحرك الآخرين نحو تحقيق أهدافهم حيث تكون أهداف الفرد هي نفس أهداف الجماعة. والتعلم يكون تعاونياً إذا ما أدرك كل فرد أن عليه أن يعمل بجد لإنجاز المهمة الموكولة للمجموعة من خلال تفاعله مع الآخرين في مجموعته، ويتحمل كل فرد مسؤولية أداء المهمة الموكولة إليه.

والتعلم التعاوني يتسم بالخصائص التالية (Fitzgerald and Bouck ,1993, p251):

أ) وجود هدف مشترك للمجموعة، وتوزيع المهام على أفراد المجموعة؛ ويعتمد كل عضو في مجموعة التعلم التعاوني على نفسه وزملائه بحيث يؤدي الاعتماد الإيجابي المتبادل إلى تحقيق الهدف.

ب) يتفاعل أفراد المجموعة التعليمية الواحدة مع بعضهم بعضاً من خلال المواجهة المباشرة أثناء إنجازهم وقيامهم بالمهام المطلوبة منهم.

ج) يكون كل فرد في المجموعة مسؤولاً عن العمل والواجب الذي تقوم به المجموعة، فهو مسؤول عن نفسه وعن غيره في المجموعة. والاختبارات الفردية أو اختبار فرد من المجموعة بشكل عشوائي هما الأسلوبان المستخدمان لتقويم أداء المجموعة.

د) يتدرب الطلبة ويمارسون مهارات التواصل والعمل في مجموعات صغيرة متعاونة، مما يؤدي إلى تنمية القيادة وبناء الثقة واتخاذ القرار ومهارات الاتصال لدى الطلبة.

هـ) إتاحة الفرصة لأفراد المجموعة الواحدة لتقويم جودة العمل أو الأداء ومدى نجاحهم الذي وصلت إليه بين الحين والآخر.

ويستخدم المعلم طرقاً وأساليب متنوعة لتقويم أداء الأفراد.

حجم المجموعات المتعاونة

ومع أن التعلم التعاوني يقوم أساساً على إشراك الطالب بشكل مباشر في عملية التعلم، إلا أن التأكيد على دور المتعلم لا يقلل من أهمية الدور الـذي يقـوم بـه المعلـم لتحقيـق الأهـداف عـلى أحسـن وجـه. ويتمثل دور المعلم في التخطيط والإعداد لتنظيم الصف وإدارته، وتنظيم المهـمات التعليميـة والملاحظـة الواعية لمشاركة أفراد المجموعة. كما أن إدراك المعلم لنظام الحوافز المستخدم يساعد كثيراً في إنجاح هذا الأسلوب.

لقد اختلفت الآراء في تحديد العدد المناسب الذي يمكن أن تتكون منه الجماعة ليحصل مـن خلالهـا تعلم أفضل؛ فمنهم من رأى أن العدد المناسب يتراوح مـا بـين خمسـة وسبعة، ومـنهم مـن رأى أن العـدد الأنسب يتراوح ما بين اثنين وسبعة. ويجب أن يتقرر حجم المجموعة بحيث تتوافر مـوارد كافيـة لقيامهـا بمهمتها، ولكن يجب أن لا تكون المجموعة كبيرة بحيث لا يتم استخدام الموارد بصورة كاملة. وكقاعدة فإن حجم المجموعة ينحصر بين أربعة طلاب وسبعة وأن يكونوا غـير متجانسـين قـدر الإمكان. وقد أظهـرت التجارب أن مجموعات الطلبة في العمل التعاوني يجب أن تتكون بحيث يكون أعضاؤها مكملـين لبعضـهم البـعض. أي أن المجموعـة الواحـدة مـن حيـث تشكيلها يجب أن تكـون غـير متجانسـة، فقـد كـان أداء المجموعـات المتعاونة غـير المتجانسـة في الـتعلم التعـاوني أفضـل مـن المجموعـات المتعاونـة المتجانسـة (Workman,1990).

أشكال التعلم التعاوني

هناك أشكال عدة من التعلم التعاوني، لكنها جميعها تشترك في إتاحة الفرصة للطلبة للعمل معاً في مجموعات صغيرة، يساعدون بعضهم بعضاً. ويكمل فيها الـتعلم التعـاوني عمـل المعلـم بإتاحـة الفرصـة للطلبة لمناقشة المادة العلمية أو التدرب عليها، وفي بعض الأحيان اكتشافها أو تعلمها ذاتياً.

وهناك شكلان بارزان من أشكال التعلم التعاوني في الرياضيات:

أ- فرق التعلم الطلابية، وقد طورت في جامعة جون هوبكنز، وفي هذا النموذج يعمل الطلاب معاً في المجموعة ليتعلموا المادة. تتشكل المجموعة الواحدة من أربعة طلاب غير متجانسين، ويكون التركيز على تعلم المهارات الأساسية في الرياضيات أكثر من التركيز على مهارات الاتصال بين أفراد المجموعة الواحدة. أما طرق تقويم الطلبة المستخدمة فهي التقويم الفردي للمتعلمين.

ب- فرق التعلم معاً، وهو شكل من أشكال التعلم التعاوني طوره جونسون وجونسون. ويعمل الطلبة في هذا النموذج في مجموعات أو فرق مؤلفة من أربعة أو خمسة أفراد يعملون معاً لتحقيق هدف مشترك واحد، والهدف من هذه النموذج تحقيق مهارات الاتصال والعمل التعاوني بالإضافة إلى التحصيل الدراسي.

إن النتائج الإيجابية للتعلم التعاوني ظهرت في الاتجاهات، وتقدير الذات، والعمل التعاوني إلى جانب التحصيل الدراسي (Slavin,1990).

ويمكن أن ينفذ أسلوب التعلم التعاوني في تدريس الرياضيات وفق الخطوات التالية:

1) يشرح المعلم أو يقدم الأفكار الرئيسة للدرس في بداية الحصة ولجميع طلبة الصف ولفترة زمنية قد لا تزيد عن 15 دقيقة في معظم الحيان.

2) يوزع الطلبة في مجموعات صغيرة غير متجانسة، وهذا التوزيع قد يستمر على حاله لفترة من الوقت حتى يتم تغطية وحدة من وحدات المنهاج. ويعين لكل فرقة أو مجموعة منسق أو قائد يتم تبديله أسبوعياً.

3) يبدأ الطلبة في المجموعة المختلفة بالقيام بالمهام المطلوبة منهم، وتحدد المجموعة المسؤوليات والمهام المطلوبة من كل عضو منها حيث يتحمل كل عضو مسؤولية تعلم زملائه وتعليمه هو.

4) تختتم الحصة بخلاصة أو توجيهات أو ملاحظات عامة يقدمها المدرس لطلبة الصف.

5) عند الانتهاء من الوحدة الدراسية يتقدم الطلبة بشكل فردي لاختبار تحصيلي تحدد بناءً عليه الفرقة الفائزة، والتي ستحصل على الجائزة المخصصة.

6) يفضل عند البدء بالوحدة التالية توزيع الطلبة في مجموعات جديدة غير متجانسة.

7:6 النموذج الاستقصائي

إن إشغال الطلبة في عملية التعلم بإثارة اهتمامهم بالموضوع وحفزهم على المشاركة الفاعلة في تطوير فهمهم هو أمر أساسي ومحوري في التعليم الجيد. وإشغال الطلبة في تعلم نشط يتم من خلال توفير خبرات وأنشطة ومهام تحفزهم على التعلم وتجعلهم يتحملون مسؤولية تعلمهم؛ فالمتعلم من خلال الأنشطة والفعاليات التي يقوم بها يبذل جهداً عقلياً وجسدياً أحياناً في عملية التعلم للوصول إلى بناء وتنظيم المعرفة أو اكتشافها بنفسه؛ ويوفر النموذج الاستقصائي للمتعلمين خبرات وأنشطة تجعل التعلم فعالاً ومنتجاً.

والاستقصاء هو عملية فحص واختبار موقف ما بحثاً عن معلومات أو معاني أو علاقات متضمنة في الموقف لاستخلاص استدلال ما (فريدريك بل/ مترجم المغني وسليمان، 1986) فالطلبة الذين يتفحصون الاعداد: 24 ، 78 ، 81، 243، 255، ويحسبون مجموع أرقامها (عندما يُطلب منهم ذلك) يجدون بأن مجموع أرقام كل منها يقبل القسمة على 3 ، وكل عدد منها يقبل القسمة على 3 (فمثلاً مجموع أرقام 243 هو (9)؛ والعدد 243 يقبل القسمة على 3 ، وناتج القسمة هو 81 . ويكون الاستدلال هنا

"إذا كان مجموع أرقام العدد يقبل القسمة على 3 فإن العدد يقبل القسمة على 3 (استدلال استقرائي)؛ ويستمر الطلبة في استقصاء أعداد مثل:

75 ، 227، 327، 627، 819، 945 ، وهكذا (بعض الأعداد يقبل القسمة على 3 وبعضها لا يقبل).

في الاستقصاء السابق تم استخدام الاستدلال الاستقرائي للوصول إلى تعميم، ثم اتبع باستخدام استدلال استنتاجي على حالات خاصة. وقد يكون هدف الاستقصاء استخلاص معنى أو فهم، كمفهوم الشكل الرباعي الدائري، أو الحادثان المستقلان، أو معنى خاصية توزيع الضرب على الجمع، أو تمييز التباديل عن التوافيق.

وقد ينتج عن الاستقصاء اكتشاف معرفة جديدة أو علاقة أثناء قيام الطالب بالنشاط كأن يتوصل إلى العلاقة بين محيط (الشكل الدائري) وقطره (كما سنبين لاحقاً) والاستقصاء قد يتم فردياً أو زمرياً تعاونياً، كما أن مسرحه وفعالياته قد تكون داخل الغرف الصفية أو خارجها. والاستقصاء قد يكون موجهاً (مقيداً) أو استقصاءً حراً (غير موجه) ومعيار التصنيف هو درجة التوجيه والإرشاد الذي يمارسه المعلم او يقدمه الكتاب للطالب. فالمعلم في الاستقصاء الموجه ينظم الموقف ويخطط له، ويحدد المواد والإجراءات للقيام بالنشاط، إلا أن دور المعلم في توجيه العمليات والأنشطة يتقلص إلى الحدود الدنيا في الاستقصاء غير الموجه (الحر). إلا أن الاستقصاء في تعليم الرياضيات وتعلمها غالباً ما يتم من خلال الاستقصاء الموجه.

عمليات الاستقصاء :

العمليات الأساسية المستخدمة في الاستقصاء بشكل عام هي (أبو زينة، 2009):

1- الملاحظة / المشاهدة (Observing)

الملاحظة أو المشاهدة هي الطريقة المباشرة للوصول إلى المعرفة أو الحصول على بيانات، وتستخدم بشـكل خاص للأشياء المادية أو المرتبة شبه الحسية كالرسومات والأشكال.

2- التأمل (Reflecting) والتساؤل (Questioning)

نحتاج دوماً في التأمل والتفكير ملياً فيما نلاحظ، أو فيما نقـرأ أو نسـمع، ويتطلـب التأمـل التفكير مليـاً، وإعمال الفكر والعقل في البيانات أو المعلومات التي نجملها أو تقدم لنا، وطرح العديد من التساؤلات على هذه البيانات والمعلومات.

3- إجراء الحسابات على الأعداد Computing

العمليات الحسابية الأساسية التـي نحتاجهـا تتمثـل في جمـع وطـرح وضرب وقسـمة الأعـداد واستخراج الجذور ، وتطبيق التوافيق على حالات خاصة.

4- التصنيف Classifying

يمكن تجميع الأشياء أو البيانات وتصنيفها وفق خاصية واحدة أو أكثر تشترك فيهـا، فقـد يكـون التصـنيف وفق خاصة أو صفة نوعية كاللون أو الشكل أو النوع أو وفـق خاصـية كميـة كالتصـنيف وفـق الطـول أو الوزن أو العمر.

5- الترتيب Ordering

تتطلب عملية التصنيف للصفات أو الخصائص الكمية عملية أساسية هي الترتيب، فالترتيب حسب الطول أو الكم، أو عدد الأضلاع وغيرها.

6- الاستدلال (Inferring)

الاستدلال يعني الوصول إلى تفسير أو اعطاء معنى أو التوصل إلى مفهوم أو تصميم أو علاقة بالاسـتقراء أو الاستنتاج .

7- القياس   Measuring

بالقياس نحصل على كم أو مقدار ما يحويه الشيء من الخاصة المقاسة، وقد يستخدم العد المباشر، أو قد تستخدم الأدوات لقياس خصائص الأشياء المادية كالطول أو الوزن أو السرعة.

8- جمع البيانات   Collect Data

جمع البيانات عملية نحتاجها في موضوعات متعددة في الرياضيات خصوصاً في الاحصاء والاحتمالات، أو تطبيقات الرياضيات في الحياة.

9- تنظيم سجلات للبيانات   Recording & Organizing

يمكن عرض البيانات وتنظيمها في جداول خاصة، ويمكن أن تمثل بأشكال ورسومات بيانية متعددة.

ومن العمليات التي يتطلبها الاستقصاء العلمي ما يلي:

التنبؤ (Predicting) صياغة الفرضيات (Formulating Hypothesis) اختبار الفرضيات (Hypothesis Testing).

أمثلة على استقصاءات في الرياضيات :

1-   العلاقة بين محيط الدائرة وقطرها.

2-   احتمال الحوادث البسيطة في تجربة القاء حجر النرد في الهواء وتسجيل الرقم الظاهر على الوجه العلوي:

القاء حجر النرد 30 مرة ، 60 مرة ، 90 مرة ، 120 مرة

3-   ضرب كسر عشري في كسر عشري (منزلتين عشريتين على الأكثر)

4-   مجموع قياسات زوايا المضلع : عدد الأضلاع 4 ، 5 ، 6 ، 7 ، 8 القاعدة العامة؟

5- استخدام قانون التباديل والتوافيق في الحياة .

6- الأشكال الهندسية المستخدمة في إشارات المرور.

7- تقسيم الدائرة إلى مثلثات صغيرة لتجمع مع بعضها وتكون مستطيلاً، واستنتاج مساحة الدائرة.

وفيما يلي توضيح لخطوات السير في "استقصاء العلاقة بين محيط الدائرة وقطرها"

الخطوة الأولى : مواجهة الموقف وتحديد المطلوب من الاستقصاء (وضع الخطة)

– الهدف من الاستقصاء ايجاد العلاقة بين محيط الدائرة وقطرها.

– المتطلبات السابقة : التعرف على الدائرة وعناصرها .

– متطلبات الاستقصاء :

● قطع كرتون على شكل دوائر

● أواني منزلية دائرية الشكل

● خيوط، ومتر لاستخدامها في القياس

الخطوة الثانية : اتخاذ خطوات إجرائية لجمع البيانات

– رسم دوائر على قطع الكرتون وقصها (3 – 5 دوائر) .

– قياس المحيط والقطر لكل دائرة وتسجيل القياسات.

– قياس أقطار أواني منزلية لها شكل الدائرة وتسجيل القياسات.

الخطوة الثالثة : تنظيم البيانات والمعارف لإعطاء معنى للنتيجة

يتم إعطاء البيانات التي جمعت في جدول خاص كالتالي :

جدول قياسات المحيط والقطر

الرقم	المحيط (سم)	القطر (سم)	المحيط /القطر
-1			
-2			
-3			
-4			
-5			
-6			
-7			

تأمل ناتج قسمة المحيط على القطر في جميع الحالات .

ماذا تلاحظ ؟ (القيمة قريبة جداً من $\frac{22}{7}$)

الخطوة الرابعة

- مراجعة وتقويم الاستقصاء والتعميم .
- مراجعة الإجراءات السابقة وما تم التوصل اليه .
- التحقق من النتيجة السابقة من خلال مزيد من الحالات .
- خذ ساعة حائط ومروحة ، وسجل النتيجة.
- التعميم : محيط الدائرة = $\frac{22}{7}$ × قطر الدائرة

وحتى يكون التعليم والتعلم بالاستقصاء فاعلاً ومنتجاً لابد من توفر أربعة شروط كما أوردها ساخمان (Suchman) وهي:

1- توفير بيئة مستجيبة : والبيئة المستجيبة هي الصف، المختبر، أو خارج المدرسة أو أي مكان يوفر فرصاً للاستقصاء، ولا يمكن أن يكون صفاً تقليدياً مزدحماً بالطلبة أو قائمة محاضرات. وفي البيئة المناسبة يجب توفير مصادر المعلومات والأدوات الضرورية والمساحة الكافية، وما تتطلبه الاستقصاءات.

2- التركيز: الاستقصاء نشاط غرضي يتم فيه بحث عن معنى أكبر وأكثر عمقاً في حدث ما، شيء ما أو حالة ما تثير أسئلة وتساؤلات في عقل من يقوم بالاستقصاء، والاستقصاء موجه نحو تحقيق هدف ما محدد وواضح لدى الفرد.

3- الضغط القليل (Low Pressure) يتطلب الاستقصاء أن يقوم الطلبة، منفردين أو جماعات تعاونية، بالعمل تحت ظروف مرنة وعدم إلحاح من المعلم بإنجاز المهمة في ظروف ضاغطة ومساحة ضيقة من الخير والوقت. فالطلبة يتفاوتون في قدراتهم وسرعة إنجازهم وأنماط تعلمهم.

4- شرط الحرية ويعني حرية المتعلمين في النقض والبحث عن المعلومات المطلوبة بحيث يسمح لهم بتجريب الأفكار ووضع الفرضيات واختبارها، وينطبق هذا الشرط على الاستقصاء غير الموجه على وجه الخصوص.

(عبد الحميد وزملائه – مترجمون ، 2004 ، ص ص 279)

المراجع

■ أبو زينة، فريد كامل (1985).

أثر استراتيجية العلاج التشكيلي في تدريس الرياضيات على تعلم الطلبة، **دراسات**: 12 ، 43-60 .

■ أبو زينة، فريد كامل (1989).

أثر الاستراتيجية التفاضلية في تدريس الرياضيات على تعلم الطلبة، **أبحاث اليرموك**: 15 ، 175-189.

■ المغيرة، عبد الله (1989).

طرق تدريس الرياضيات. جامعة الملك سعود.

■ بل، فريدريك (1986).

طرق تدريس الرياضيات (ترجمة: محمد أمين المغني ورفاقه) الدار العربية للنشر والتوزيع(قبرص).

■ ديك، ولتر؛ وريزر، روبرت (1991).

التخطيط للتعليم الفعال (ترجمة: محمد ذيبان غزاوي).

■ توق، محي الدين؛ وعدس، عبد الرحمن (1988).

أساسيات علم النفس التربوي. مكتبة المكتبة، أبو ظبي.

■ حداد، عفاف (1980).

أثر المنظم المتقدم في التعلم والاحتفاظ لمفاهيم اجتماعية في القضية الفلسطينية، رسالة ماجستير غير منشورة.

■   كرام، ديفيد (1975).

التعليم بالتعليم المبرمج (ترجمة حسين قدورة)، دار المعارف.

■   Ausubel, D.P. (1978).

In Defense of Advance Organizors. **Review of Ed. Research**. 48, 251-257.

■   Butler, C. (1970).

The Teaching of Secondary Mathematics.

■   Block, J. (1970).

Mastery Learning: Theory and Practice. Holt, Rinehart and Winston.

■   Fitzgerald, W.' Bouck, M. (1993).

Models of Instruction. In **Research Ideas for the Chassroom Middle Grades Mathematics** (edited by Owens, D.) Macmillan Pub. Company.

■   Groneund, N. (1976).

Measurement and Evaluation in Teaching. Macmillan.

■   Johnson, R. and Johnson, D. (1985).

Student - Student Interaction. **Journal of Teacher Education**. 30, 22-26.

■   Johnson, D.; Johnson, R.; Nolubec, E. (1989).

Cooperation in the Class room. International Book Company.

■   Johnson, D.; Maruyama, G., Johnson, R. Nelson, D. and Skon, L. (1989).

Effects of Cooperative, Competitive and individualistic goal structures on achievement : A meta analysis. **Psychological Bulletin**, 89, 47-62.

- Johnson, D; Johnson, R., Maruyama, G. (1983).

  Interpersonal attraction among heterogeneous and homogeneous individuals: A theoretical formulation and a meta analysis of the research. **Review of Educational Research,** 53, 5-54.

- Kulik, C.; Kulik, J. (1990).

  Drawns, R. Mastery Learning: A Meta Analysis of Research. **Review of Educational Research.** 60, 265-295.

- Shulman, L. (1970).

  Psychology and Mathematics Teaching. In Begle (ed.): **Mathematics Education.** 69 Yearbook of NSSE.

- Skinner, B. (1968).

  The Technology of Teaching.

- Slavin, R. and Karweit, N. (1984).

  Mastery Learning and Student Teams. **American Educational Research Journal,** 725-736.

- Slavin, R. (1990).

  Synthesis of Research on Cooperative Learning. **Educational Leadership.** 47, 71-82.

- Workman, M. (1990).

  The Effects of Grouping Patterns in a Cooperative Learning Environment on Student Academic Achievement, Unpublished Thesis, Dominican College.

7

الفصل السابع
تدريس المفاهيم الرياضية

1:7   معنى المفهوم واستعمالاته

2:7   تصنيفات المفاهيم الرياضية

3:7   التحركات في تعليم المفاهيم

4:7   استراتيجيات تعليم المفاهيم الرياضية

5:7   استراتيجيات تدريس مفاهيم رياضية مختارة

6:7   إرشادات تعليمية مبنية على البحث التجريبي

     المراجع

تدريس المفاهيم الرياضية

1:7   معنى المفهوم واستعمالاته

من أهم ما تتميز به الرياضيات الحديثة أنها ليست مجرد عمليات روتينية منفصلة أو مهارات، بل هي أبنية محكمة يتصل بعضها ببعض اتصالاً وثيقاً مشكلة في النهاية   بنياناً متكاملاً. واللبنات الأساسية لهذا البناء هي المفاهيم الرياضية، إذ أن المبادئ والتعميمات والمهارات الرياضية تعتمد اعتماداً كبيراً علـى المفاهيم في تكوينها واستيعابها أو اكتسابها.

ومن هنا تبرز الأهمية الكبرى للمفاهيم الرياضية في العملية التربوية، الأمـر الـذي حـدا بكثيـر مـن المربين والرياضيين أن يتناولوا بالبحث والتحليل المفاهيم الرياضية، من حيث معناهـا وتصـنيفاتها وكيفيـة تدريسها. وهم يقومون بالبحث عن أفضل الطرق والأساليب التي يمكن للمعلم استخدامها، وهـو مطمـئن إلى فعاليتها في تحقيق الأهداف التي يتوخاها، والتي من خلالها يكتسب طلابه المفاهيم بدقة ووضوح.

يستخدم الكثيرون، ومنهم المعلمون، كلمة المفهوم بشكل غير محدد أو واضـح، بحيـث لا يسـتطيع المرء أن يتبين المقصد من وراء استخدامهم لهذا المصطلح سوى كونه «شيئاً من المعرفة يراد الإشـارة إليـه». فالمعلم الذي يضمن خطته التدريسية «تعليم العدد الأولي» يرى أن الهدف يتحقق عندما يميز الطلبة بـين العدد الأولي والعدد غير الأولي، بينما يـرى آخر أن الهـدف يتعـدى ذلك إلى تعريـف العـدد الأولي ويـرى غيرهما أن الهدف يتحقق عندما يتمكن الطالب من تحليل العدد إلى عوامله الأولية.

لا يوجد تعريف جامع أو متفق عليه للمفهوم، وقد جرت محاولات كثيرة من قبل العلماء لتعريف المفهوم، إلا أنهم وجدوا صعوبة كبيرة في الاتفاق على ذلك، واختلفوا في تعريفاتهم. وقد أورد هندرسون (Henderson, 1970) تعريفات مختلفة للمفهوم، منها:

- المفهوم هو الصفة المجردة المشتركة بين جميع أمثلة ذلك المفهوم. أي أن المفهوم يوجد حيثما وجد شيئان (أو أكثر) متمايزان، أو حيثما وجدت حوادث مصنفة معا ومنفصلة عن الأشياء الأخرى على أساس بعض الملامح المشتركة بينها أو وجود خاصية مشتركة لها. ويمكن وضع هذه الأشياء أو الحوادث ضمن فصيلة واحدة على أساس صفاتها أو خصائصها المشتركة، وتعطى هذه الفصيلة اسما هو في العادة مصطلح المفهوم.
- المفهوم قاعدة لاتخاذ قرار أو حكم، عندما تطبق على مواصفات أو خصائص شيء ما نستطيع أن نحدد فيما إذا كان بالإمكان إعطاء التسمية (المصطلح) لذلك الشيء، أو عدم إعطائه هذه التسمية (المصطلح).
- إن وضع الأشياء أو الحوادث ضمن فصيلة واحدة، وذلك بدلالة الخصائص المعيارية لهذه الأشياء، يعطي هذه الفصيلة اسما هو في العادة مصطلح المفهوم. ويمكن تعريف المفهوم بدلالة صفات وخصائص الأشياء التي تكّون الفصيلة أو المجموعة التي تنتمي للمفهوم. فالخصائص التي تميز متوازي الأضلاع مثلاً، هي توازي وتساوي الأضلاع المتناظرة.

ومن التعريفات الأخرى التي أعطيت للمفهوم:

- المفهوم تجريد ذهني لخصائص مشتركة لمجموعة من الظواهر أو الخبرات أو الأشياء. كما عرفه ميريل (Merril, 1977, P.12) على أنه مجموعة من الأشياء المدركة بالحواس، أو الأحداث التي يمكن تصنيفها مع بعضها البعض على أساس من الخصائص المشتركة والمميزة، ويمكن أن يشار إليها باسم أو رمز خاص.

إن المفهوم تصور عقلي أو ذهني للتصنيف الـذي تنطـوي تحتـه الأمثلـة الدالـة عليـه عـلى أسـاس السمات المشتركة والمميزة لهذه الأمثلة. أي أن المفهوم هو عملية عقلية تهدف إلى تصنيف الأشياء ووضعها في فئتين؛ فئة عناصر المفهوم حيث يكون لها صفات مشتركة ومميزة لها عن صفات الفئة الأخرى، أي فئـة عناصر اللامفهوم.

وفيما يلي بعض الأمثلة على مفاهيم رياضية:

العـدد8، العـدد الأولي، النسـبة المئويـة، عمليـة الطـرح، المسـتطيل، المثلـث، الزاويـة، متـوازي المستطيلات، الحد الجبري، المعادلة الخطية بمتغير واحد، الفرق بين مربعين، نهاية الاقتران، المشـتقة الأولى، كثيرة الحدود، تكامل الدالة.

يتضح مما سبق أن المفهوم بناء عقلي أو تجريد ذهني. أنه الصورة الذهنية التي تتكون لدى الفـرد نتيجة تعميم صفات وخصائص استنتجت من أشياء متشابهة هي أمثلة ذلك المفهوم. إن مجموعـة معينـة من الخصائص الحرجة المترابطة مع بعضها بصورة مناسبة تشكل مفهوماً. والخاصية الحرجة لمفهوم ما هي الخاصية التي من الضروري تواجدها في مفهوم ما. أما الخاصية غير الحرجة (المتغيرة) فهي خاصية ليس من الضروري وجودها في مفهوم ما.

إن لكل مفهوم سمة مميزة (خاصية حرجة أو أكثر) وهي الصفة أو السمة التي تتوافر في جميـع الأمثلة الدالة على المفهوم. إن السمة المميزة للمثلث هي شكل مغلـق مكون مـن ثلاثـة قطـع مسـتقيمة تلتقي كل قطعتين في نقطة هـي رأس المثلـث. ولكـن ثمـة مثلثـات كثيرة مختلفـة في نوعهـا وفي اتسـاعها. فتختلف المثلثات في مساحاتها ومقادير زواياها وأطوال أضلاعها. فمنها المثلث القائم الزاويـة، أو المتسـاوي الساقين أو المتساوي الأضلاع، ولكنها جميعها تلتقي في السمات المميزة.

أما السمة غير المميزة (المتغيرة) للمفهوم فهي تلك الصفة التي لا تتوافر في جميع أمثلة المفهوم.

وللمفهوم في العادة ثلاثة استعمالات هي:

1- الاستخدام الاصطلاحي للمفهوم (Connotative Use)

أو   (Conventional Use)

في هذا الاستخدام نتحدث عن خصائص الأشياء التي تدخل ضمن إطار أو حدود المفهوم أو المصطلح الدال على المفهوم. فنتكلم مثلاً عن خصائص وصفات الأعداد التي يطلق عليها أعداد نسبية أو عن الشروط التي تحدد العدد النسبي عند استخدامنا لمصطلح الأعداد النسبية.

2- الاستخدام الدلالي (Denotative Use)

فقد يستخدم مصطلح العدد النسبي لنميز العدد النسبي عن غيره من الأعداد. أي أننا نفرز أمثلة المفهوم من اللاأمثلة على المفهوم، فالاستخدام هنا تصنيفي لأمثلة المفهوم عن غيرها.

3- الاستخدام التضميني للمفهوم (Implication Use)

نلجأ أحياناً إلى استخدام مصطلح المفهوم من حيث الشروط الضرورية والكافية لتكوين المفهوم أكثر مما نذكر أو نتحدث عن الأشياء المسماة به، فنعرّف مثلاً العدد النسبي أو العدد الأولي، أو نعطي مصطلحات مرادفة لمصطلح المفهوم. أي أن الاستخدام التضميني للمفهوم هو استخدام لغوي أو لفظي. أن بعض المفاهيم لا تدرك إلا بتعريفها عن طريق الألفاظ الكلامية مثل مفهوم الحجم والمساحة والاتصال والاستقامة.

2:7 تصنيفات المفاهيم الرياضية

هناك عدة تصنيفات مختلفة للمفاهيم الرياضية، نذكر منها التصنيفات التالية:

أولاً: تصنيف برونر ومعاونيه

تصنف المفاهيم هنا في ثلاثة أصناف:

أ) **المفاهيم الربطية**، وهي التي يستخدم فيها أداة الربط و، أي يجب توفر أكثر من خاصية واحـدة في الأشياء التي تقع ضمن إطار المفهوم (أمثلة المفهوم)، كمفهوم «المعين»، ومفهوم «الزمرة».

ب) **المفاهيم الفصلية**، وهي المفاهيم التي يستخدم فيها أداة الربط أو ، أي التـي تتـوفر فيهـا خاصـية واحدة من بين عدة خصائص أو صفات مذكورة.

مثل مفهوم «العدد الصحيح غير السالب» فنقول مثلاً هو عدد صـحيح موجـب أو صـفر، ومفهـوم «أكبر من أو يساوي» (≤)

ج) **مفاهيم العلاقات**، وهي المفاهيم التي تشتمل على علاقة معينة بين الأشياء كمفهوم «أكبر مـن» أو مفهوم «البينية».

ثانياً: المفاهيم الدلالية (Denotative) بالمقارنة مع المفاهيم المميزة (الوصفية) (Attributive)

أ) المفاهيم الدلالية

هي المفاهيم التي تستخدم للدلالة على شيء ما مثل مفهوم «عبارة صائبة»، وهناك أمثلة كثيرة من العبارات الصائبة مثل: 5+3 > 7؛ تحدد أية نقطتين في المستوى خطاً مستقيماً وحيداً.

ومجموعة الأشياء التي يحددها مفهوم ما تسمى مجموعة الاسناد أو مجموعة المرجع (Referrent) للمفهوم.

والمفهوم الدلالي هو المفهوم الذي مجموعة الاسناد، أو مجموعة المرجع له ليست مجموعة خالية. إن مفهوم النسبة التقريبية مثلاً هو مفهوم دلالي حيث مجموعة الاسناد هي المجموعة الأحادية $\{\pi\}$، ومجموعة الاسناد لمفهوم العدد الطبيعي هي المجموعة $\{1، 2، 3،....\}$، وهي مجموعة غير منتهية من العناصر.

ب) المفاهيم الوصفية (المميزة)

وهي المفاهيم التي تحدد خصائص معينة تتصف بها مجموعة من الأشياء كمفهوم «الصدق» -في العبارات الرياضية- أو مفهوم التآلف في النظام الرياضي المبني على المسلمات، ومفهوم الاتصال.

إن المفاهيم الوصفية هي مفاهيم غير دلالية، لكن لا بد من ملاحظة أنه في حين أن مفهوم الصدق هو مفهوم وصفي، إلا أن مفهوم عبارة صائبة هو مفهوم دلالي. ويبدو واضحاً أن لا وجود لمجموعة اسناد للمفاهيم الوصفية، أي أن مجموعة الاسناد لها هي المجموعة الخالية.

ومن المفاهيم ما يكون غير دلالي وهو بنفس الوقت مفهوم غير وصفي، وهذه مفاهيم يكون مجموعة الإسناد لها المجموعة الخالية مثل مفهوم عدد زوجي أولي (غير العدد 2).

جـ) المفاهيم الحسية (Concerete) والمفاهيم المجردة (Abstract)

يمكن تصنيف المفاهيم الدلالية إلى مفاهيم حسية ومفاهيم مجردة. والمفهوم الحسي- هو المفهوم الذي عناصر مجموعة اسناده أشياء مادية أي أشياء يمكن ملاحظتها أو مشاهدتها، كمفهوم المسطرة الحاسبة، والفرجار والمنقلة، والمعداد وغيرها من الأدوات الهندسية.

أما المفهوم المجرد فهو مفهوم دلالي غير حسي، حيث لا يمكن ملاحظة أو مشاهدة عناصر مجموعة الأسناد للمفهوم. ومن أمثلة المفاهيم المجردة: العدد النسبي، النسبة التقريبية، الاقتران، الاقتران المتصل. ونستطيع القول أن معظم المفاهيم الرياضية هي من نوع المفاهيم المجردة.

د) المفاهيم المفردة (Singular) والمفاهيم العامة (General)

ويمكن أيضاً تقسيم المفاهيم الدلالية إلى مفاهيم مفردة، ومفاهيم عامة. والمفاهيم المفردة هي المفاهيم التي مجموعة اسنادها مجموعة أحادية، مثل مفهوم العدد7، النسبة التقريبية، نقطة الأصل. أما المفاهيم التي تحتوي مجموعة اسناد كل منها على أكثر مـن عنصرـ واحد فتسـمى مفـاهيم عامـة، مثل مفهوم عدد طبيعي، عدد سالب، عدد مركب، اقتران تربيعي.

هـ) المفاهيم البسيطة (Simple) والمفاهيم المركبة (Complex)

إن مفهوم العدد الصحيح مثلاً هو مفهوم بسيط، أما مفهوم العدد النسبي فهو مفهوم مركب، كما أن العلاقة هي مفهوم بسيط، أما علاقة التكافؤ فهي مفهوم مركب. والمفاهيم المركبة تتشكل أو تعتمـد على أكثر من مفهوم بسيط أو أولي واحد.

ثالثاً: يصنف جونسون ورازينج (Johnson & Rising, 1972) المفاهيم إلى الأصناف التالية:

أ)	مفاهيم متعلقة بالمجموعات يتم التوصل إليها من خلال تعميم الخصائص على الأمثلـة أو الحـالات الخاصة على المفهوم، مثل مفهوم العدد3، مفهوم المربع، اقتران كثير حدود.

ب) مفاهيم متعلقة بالإجراءات تركز على طرق العمل كمفهـوم جمـع المصـفوفات، تركيـب الاقترانـات، القسمة الطويلة...الخ.

ج) مفاهيم متعلقة بالعلاقات تركز على عمليات المقارنة والربط بين عناصر مجموعة أو مجموعات، كمفاهيم: المساواة، علاقة الترتيب: > ، < ، =.

د) مفاهيم متعلقة بالبنية أو الهيكل الرياضي كمفهوم الانغلاق، العنصر المحايد، التجميع، العملية الثنائية.

3:7 التحركات في تعليم المفاهيم (Moves)

تشكل مهمة إكساب المفهوم جزءاً رئيسياً من عملية التعليم داخل غرفة الصف حيث يقوم المعلمون، وبشكل مستمر، بتعليم مفاهيم جديدة ومتنوعة للطلبة تتباين في عرضها طرقهم وأساليبهم، حتى إن التباين قد يحدث لدى نفس المعلم في عرض مفهومين مختلفين لصف واحد. فعند تعليم أي مفهوم، قد يبدأ المعلم بإعطاء تعريف للمفهوم، ثم يعرض أمثلة عليه، ثم يتبع ذلك بإعطاء مثال لا يتفق مع المفهوم، أي أنه يقوم بالتحركات التالية:

تحرك التعريف - تحرك المثال- تحرك اللامثال

وقد يقوم معلم آخر بنفس هذه التحركات بترتيب مغاير، وقد يكتفي آخر بتحرك واحد من هذه التحركات.

وحتى يمكن إجراء دراسة تحليلية مفصلة عن طريقة تعليم المفاهيم لا بد من استعراض التحركات التي يقوم بها المعلم والطالب داخل غرفة الصف للوصول إلى هدف معين.

والمعلم في تعليمه للمفاهيم يلجأ إلى استخدام لغة المحسوس (Object Language) أو لغة غير المحسوس (Meta Language). والتحركات في لغة المحسوس يمكن تصنيفها بدلالة الاستخدامات الاصطلاحية أو الاستخدامات الدلالية للمفهوم.

أ) التحركات الإصطلاحية:

هناك تحركات اصطلاحية شائعة نذكر منها ما يلي:

1. **تحرك الخاصية الواحدة:** يجري النقاش في هذا التحرك حول خاصية واحدة لعناصر مجموعة الإسناد إذا كان المفهوم دلاليا مثل:

- **الزمرة** لها خاصية الانغلاق.

وسؤال المعلم: أعط خاصية تتوفر في الأعداد الأولية يحتاج إلى تحرك الخاصية الواحدة من قبل الطالب.

- **المعين** شكل محدب له أربعة أضلاع.

2. **تحرك الشرط الكافي:** تناقش في هذا التحرك خاصية أو أكثر من الخصائص المتعلقة بالمفهوم من حيث كفايتها لإدراج الشيء موضوع النقاش، في مجموعة الاسناد للمفهوم. أما إذا كان المفهوم غير دلالي فتناقش الخاصية على أنها الشرط الكافي لاستخدام مصطلح المفهوم على الشيء موضوع البحث. والأمثلة التالية توضح ذلك:

- إذا حقق عدد ما المعادلة فإنه يكون جذراً لها.
  الخاصية المفهوم
- يكون العدد أولياً إذا كانت عوامله العدد نفسه والعدد واحد
  المفهوم الخاصية
- إذا ارتبط كل عنصر في المجموعة بنفسه فإن العلاقة تكون انعكاسية على المجموعة.

3. **تحرك الشرط الضروري:** يناقش في هذا التحرك الشرط أو الشروط اللازم توافرها في الشيء ليكون عنصراً في مجموعة اسناد المفهوم الدلالي وليعطى اسم المفهوم، مثل:

- حتى يكون الاقتران <u>قابلاً للاشتقاق</u> عند نقطة يجب أن يكون <u>متصلاً عن تلك النقطة</u>

المفهوم   الشرط الضروري

- لكي تكون المعادلة التربيعية في س، ص هي <u>معادلة دائرة</u> يجب أن يكون <u>معامل س2= معامل ص2</u>

الشرط الضروري   المفهوم

حتى يكون الشكل الرباعي <u>معيناً</u> يجب أن <u>تتساوى أضلاعه الأربعة</u>

المفهوم   الشرط الضروري

4. **تحرك التصنيف (Classification Move):** تحدد في هذا التحرك مجموعة أعم و أشمل تحوي مجموعة اسناد المفهوم، مثل:

- شبه المنحرف شكل رباعي.

فالمفهوم هنا هو شبه المنحرف، والمجموعة الأعم هي مجموعة الأشكال الرباعية.

$$\frac{\text{الكسر العشري}}{\text{المفهوم}} \quad \text{هو} \quad \frac{\text{عدد نسبي}}{\text{المجموعة الأعم}}$$

$$\frac{\text{الاقتران التربيعي}}{\text{المفهوم}} \quad \text{هو} \quad \frac{\text{اقتران كثير حدود}}{\text{المجموعة الأعم}}$$

وهذا التحرك شائع الاستعمال عند معلمي الرياضيات، ويتطلب بطبيعة الحال معرفة الطالب للمفهوم المتضمن في المجموعة الأعم والأشمل.

5. **تحرك التحديد (Identification Move)** يستخدم هذا التحرك مع المفاهيم الدلالية، وفيه يتم تحديد الشيء الذي يطلق عليه المفهوم عن طريق ذكر خصائصه الكافية والضرورية، والأمثلة التالية توضح ذلك:

- <u>شبه المنحرف</u> شكل رباعي فيه ضلعان متقابلان متوازيان فقط.

المفهوم

- <u>الاقتران التربيعي</u> هو ما أمكن كتابته على الصورة:

المفهوم

ق(س) = أس^2 + ب س + جـ (أ≠0)

- العدد النسبي هو العدد الذي يكتب على الشكل $\frac{أ}{ب}$ حيث أ ، ب عددان صحيحان، ب ≠0.

ويطلق البعض على هذا التحرك تحرك التعريف.

6. **تحرك التحليل (Analysis Move)**: نسمي في هذا التحرك مجموعـة جزئيـة أو أكـثر مـن مجموعـة الاسناد، فمثلاً:

- الدائرة، القط المكافئ، القطع الناقص، القطع الزائد هي <u>قطوع مخروطية</u>.

المفهوم

إن مجموعة اسناد الدائرة ومجموعة اسناد القطع المكافئ هي مجموعات جزئية من مجموعة اسناد القطوع المخروطية.

<u>المستطيل، المربع، المعين، شبه المنحرف، هي منحنيات محدبة</u>.

المفهوم

- <u>اقتران الجيب، اقتران جيب التمام، اقتران الظل هي اقترانات دائرية</u>

المفهوم

7. **تحرك المقارنة:** في هذا التحرك يعالج الوضع الذي يكون فيه الشيء الذي يدل على المفهوم مشابهاً في الصفات للشيء الآخر موضوع البحث مثل:

العددان 15، 22 غير أوليين إلا أنهما أوليان نسبياً.

وقد يعالج هذا التحرك الاختلاف بين عناصر مجموعة الاسناد والعناصر التي لا تنتمي إلى مجموعة الاسناد، أو قد يبحث فيما إذا كانت تختلف خاصية معينة للمفهوم عن خاصية معينة أخرى، فمثلاً:

– يختلف الاقتران التربيعي عن المعادلة التربيعية
المفهوم

– يتقاطع قطرا الشكل الرباعي المحدب داخل الشكل، بينما يتقاطع
المفهوم
قطرا الشكل الرباعي المقعر خارج الشكل

– يختلف القطع الناقص عن الدائرة في أن له بؤرتين بدلاً من بؤرة واحدة.
المفهوم

ب) التحركات الدلالية

في هذه التحركات يذكر المعلم أو الطالب أو الكتاب بعض العناصر التي تنتمي إليها، أو يطلب فيها تبيان فيما إذا كانت مجموعة من العناصر تنتمي إلى مجموعة الإسناد أو لا. أي أن التحركات الدلالية تهتم بإيراد الأمثلة على المفهوم واللاأمثلة عليه. وهذه التحركات مقصورة على المفاهيم الدلالية. ومن أمثلة هذه التحركات:

1- تحرك المثال (أمثلة الانتماء) Example Move

في هذا التحرك يعطى مثال أو أكثر على المفهوم، مثل:

3، 17، 29 هي أعداد أولية (حيث المفهوم هو العدد الأولي).

– الحصول على عدد زوجي عند رمي قطعة النرد، والحصول على صورة عند رمي قطعة النقود هما حادثان مستقلان.

المفهوم

– القاسم المشترك الأعظم للعددين 21،15 هو العدد 3 والقاسم

المفهوم

المشترك الأعظم للعددين 25،12 هو العدد 1.

2- تحرك اللاأمثال(أمثلة عدم الانتماء) Non Example Move

في هذا التحرك يعطى لامثال (مثال عـدم الانـتماء) عـلى المفهـوم أو عنصر- لا ينتمـي إلى مجموعـة إسناد المفهوم، ومثال ذلك:

- $\sqrt{2}$ ، π ، $\sqrt{4}$ ليست أعداد نسبية (المفهوم).
- ق(س) = $\frac{س^3 + 1}{س}$ ليس **كثير حدود** (المفهوم).
- مجموعة الأعداد الصحيحة تحت عملية الضرب لا تشكل **زمرة** (المفهوم).

3- تحرك المثال مع التبرير

وفيه يعطى مثال انتماء مع التعليل، مثل:

- 17 عدد أولي (المفهوم) لأن عوامله 17،1 فقط.
- مجموعة الأعداد الصحيحة مع عملية الجمع زمرة (المفهوم) لأنها تحقق الخصائص الأربعة للزمرة: الانغلاق، التجميع، العنصر المحايد، العنصر النظير.

4- تحرك اللامثال مع التبرير

يعطى في هذا التحرك مثال عدم انتماء مع التعليل، مثل:

- $\sqrt{2}$ ليس عدداً نسبياً لأنه لا يمكن كتابته على الصورة $\frac{أ}{ب}$

حيث أ،ب عددان صحيحان ،ب≠0

- الاقتران ق(س) = | س | ليس له <u>مشتقة أولى</u> عندما س = 0 لأن المشتقة

المفهوم

الأولى من اليمين لا تساوي المشتقة الأولى من اليسار.

جـ) تحركات الرسم والتمثيل البياني

هناك عدد كبير من المفاهيم الرياضية تحتاج إلى استخدام تحركات الرسم أو التمثيل البياني لتوضيحها وتدريسها، بينما لا تحتاج مفاهيم أخرى لمثل هذه التوضيحات أو الرسومات.

إن مفهوم العدد الأولي أو العدد النسبي مثلاً لا يحتاج إلى رسم أو توضيح بياني، وبالمثل مفاهيم القاسم المشترك الأعظم، أو المضاعف المشترك الأصغر، أو كثير الحدود، أو الفرق بين مربعين وغيرها.

أما المفاهيم الهندسية كمفهوم المربع، أو المعين، أو متوازي الأضلاع، وغيرها فلا يمكن الاستغناء عن الرسم والأشكال الهندسية لتوضيحها للطلبة عند تدريسها. إن كل شكل يرسمه المعلم لمفهوم متوازي الأضلاع هو بمثابة مثال على ذلك المفهوم. وبالمثل مفهوم الزاوية، أو الدائرة أو السداسي المنتظم، أو الزاوية المحيطية والزاوية المركزية.

وهناك من المفاهيم الرياضية ما يحتاج إلى تمثيل بياني لها كجزء مكمل للتحركات الأخرى المستخدمة، كمفهوم الاقتران الخطي، أو ميل المستقيم، أو الاقتران التربيعي، أو القطع الناقص وغيرها.

وعلاوة على ما سبق فهناك مفاهيم يعتبر تمثيلها البياني التحرك الوحيد لتدريسها كمفهوم المحاور الإحداثية، أو إحداثيات النقطة، أو نقطة الأصل، أو التحويلات الهندسية.

د) تحركات التعريف (Meta Language Moves)

تتناول التحركات هنا اللفظ الدال على مفهوم الشيء عن طريق إعطائه تفسيراً لغوياً يوضح معنـاه. والتعريف بأبسط صوره عملية عـلى الرمـوز أو الألفـاظ (المصـطلحات) تعـين لكـل رمـز معنـى، فالرموز والمصطلحات تحتاج إلى تعريف لتوضيح معناها.

ويعتبر تحرك التعريف من أكثر التحركات شيوعاً في الاستعمال وسهولة في الاستخدام، وأكثرهـا دقـة وتحديداً للمفهوم، إلا أن هناك ما يشير إلى أنها من أكـثر التحركات صـعوبة عـلى فهـم الطـلاب، وبخاصـة أولئك الذين لا يملكون ذخيرة كافية مـن المفـاهيم، أو لا يسـتطيعون اكتشـاف العلاقـات بسـهولة، أي أن كفاءتها العالية تجعلها أكثر صعوبة على الطـلاب بطيئـي الفهـم، مـما يـدفعهم إلى حفظهـا دون فهمهـا، وبالتالي لا يستطيعون توظيفها أو استخدامها (Henderson,1970).

وهناك وجهتا نظر حول الوقت المناسب لإعطاء التعريف، ترى وجهة النظر الأولى أن نبـدأ بإعطـاء تعريف المفهوم أولاً، ثم نعطي أمثلة نوضح بها التعريف، وقد نعطي لا أمثلة لإزالة سوء الفهـم الـذي قـد يحـدث لـدى الطلبـة نتيجـة عـدم قـدرتهم عـلى تمييـز الخصـائص الأساسـية للمفهـوم مـن الخصـائص الثانوية(Cooney, 1975,p. 108). وترى وجهة النظر الثانية أن نبـدأ بإعطاء أمثلة على المفهوم ولا أمثلـة ثـم إعطاء تعريف للمفهوم (Aichele &Reys, 1977,p.204).

وإعطاء تعريف للمفهوم يعني القيام بتحرك لغوي (Meta Language Move) والـذي يقصـد بـه القيام بتوضيح موجز لمصطلح مفهوم ما، أي إعطاء معنـى للمصـطلح إن كـان جديـداً، وتقريـر مـا يعنيـه المصطلح إن كان شائع الاستعمال. وفي معظم الأحيان يقدم المصطلح ليـدل على اختصار لمصطلح أطـول، وتوضع الشروط التي يمكن معها استخدام المصطلح، ومثال ذلك:

الدائـــــرة : هي مجموعة النقط في المستوى التي تبعد كل منها بعداً ثابتاً عن نقطة معينة.

التناســـب : تعبير عن المساواة بين نسبتين.

نقطة الأصل : هي نقطة تقاطع محورين إحداثيين.

المنـــــوال : هو أكثر القيم شيوعاً في التوزيعات التكرارية أو القيمة الأعلى احتمالاً في التوزيعات الاحتمالية.

$\in$: رمز يعبر عن انتماء عنصر لمجموعة.

$>$: رمز يدل على مصطلح أكبر من.

4:7 استراتيجيات تعليم المفاهيم الرياضية

عند تعليم أي مفهوم، من المعلمين من يبدأ بإعطاء تعريف للمفهوم، أي يبدأ بتحرك التعريف، ثـم يعطي أمثلة إيجابية على المفهوم، أي يقوم بتحرك المثال ويتبع هذين التحركين بتحرك اللامثال، أي يعطـي أمثلة سلبية (لا أمثلة) على المفهوم. ومن المعلمين من يقوم بهذه التحركات ولكن بتتابع مختلـف. ومـنهم من يكتفي بتحرك واحد أو اثنين من هذه التحركات. وقد تعرفنا عـلى تحركـات أخـرى أوردناهـا في البنـد السابق. وكل مجموعة متتابعة من التحركات التي يقوم بها المعلم عند تعليم أي مفهوم تسمى استراتيجية تعليم ذلك المفهوم (Henderson,1970,p.192).

وإذا تفحصنا كتب الرياضيات لرأينا أنها تتبع استراتيجيات مختلفة عند تقديم المفاهيم. ومـن الاستراتيجيات المتبعة استراتيجية: (تعريف، مثال، لا مثال)، أو استراتيجية(تعريف،مثال) أو استراتيجية(مثال، تعريف)، إلى غير ذلك.

ويدور الجدل حول مكان تحرك التعريف في الاستراتيجية، فمنهم من يرى أن نبدأ بهذا التحرك عند تقديم المفهوم، ومنهم من يرى تأخير إعطاء هذا التحرك في الاستراتيجية. وبـالرغم مـن وجـود أدلـة كافيـة على قيمة الأمثلة الإيجابية على تعلم المفاهيم، إلا أن الأمثلة السلبية، لا زالت، موضع جدل ونقاش فهنـاك دراسات تشير إلى الأثر الإيجابي لاستخدام الأمثلة السلبية في تعلم المفاهيم، وهناك دراسات تشـير إلى عـدم فائدتها في تعلم المفاهيم(Bolton,1977, p.105).

والاهتمام بدراسة أثر الاستراتيجيات على تعلم المفاهيم هـو حـديث العهـد، حيـث بـدأ في العقـود الثلاثة الأخيرة، وبعض هذا الاهتمام يستند إلى الافتراض القائل بأن للاستراتيجية أثراً على اكتسـاب المفهـوم، وبالتالي المفاهيم المتصلة به.

ونظراً لأهمية الاستراتيجيات في تعليم المفاهيم الرياضية، فقد أجريـت دراسـات عـدة للبحـث عـن أكثرها فعالية، ومن هذه الاستراتيجيات ما يلي:

1. الاستراتيجية المكونة من سلسلة من تحركات أمثلة الانتماء.
2. الاستراتيجية المكونة من سلسلة من تحركات أمثلة الانتماء وتحركات أمثلة عدم الانتماء.
3. الاستراتيجية المكونة من أمثلة الانتماء وأمثلة عدم الانتماء، ولكن ليس بترتيب ثابت أو محدد.
4. استراتيجية: تعريف، أمثلة انتماء، أمثلة عدم انتماء.
5. استراتيجية: أمثلة انتماء، أمثلة عدم انتماء، تعريف.

وأمام المعلم مجال واسع من الاستراتيجيات المختلفة لتعليم المفاهيم الرياضية.

وحتى يستطيع المعلم تقويم مدى فعالية الاستراتيجيات المستخدمة لا بد من تعيين معايير سـلوكية يقيس بها مدى إتقان فهم الطلاب للمفاهيم. وفيمايلي نموذجان لقياس مدى إتقان الطالب للمفهوم.

النموذج الأول:

قائمة بالأعمال التي يقوم بها الطالب لقياس إتقان التعلم:

الشيء المعطي	العمل الذي يقوم به الطالب
1. إذا أعطي اسم المفهوم	يعطي مثالاً عليه
2. إذا أعطي اسم المفهوم	يعطي مثالاً لا ينطبق على المفهوم
3. إذا أعطي مثالاً على المفهوم	يختار اسم المفهوم
4. إذا أعطي اسم المفهوم	يختار الصفة المرتبطة بالمفهوم
5. إذا أعطي اسم المفهوم	يختار صفة لا ترتبط بالمفهوم
6. إذا أعطي تعريف المفهوم	يعطي اسم المفهوم
7. إذا أعطي اسم المفهوم	يعطي تعريف المفهوم
8. إذا أعطي اسمي مفهومين	يبين العلاقة التي تربطهما.

النموذج الثاني: نموذج ديفيس في اكتساب المفهوم؛ يقسم هذا النموذج درجة اكتساب المفهوم إلى مستويين:

المستوى الأول: ويقيس قدرة الطالب على تمييز أمثلة المفهوم من لا أمثلته ويستطيع الطالب أن يقوم بالتحركات التالية:

1. يعطي أمثلة للمفهوم، أو يقوم بتحديد أمثلة المفهوم من بين مجموعة من الأمثلة المتنوعة.
2. يعلل سبب اختيار أمثلة المفهوم.
3. يعطي أمثلة سلبية للمفهوم.
4. يعلل سبب اختيار الأمثلة السلبية.

المستوى الثاني: ويقيس قدرة الطالب على تمييز خصائص المفهوم، ويستطيع أن يقوم بالتحركات التالية:

1. يحدد الأشياء التي يجب توفرها في أمثلة المفهوم.
2. يحدد الخصائص والشروط الكافية حتى يكون أي مثال هو مثال على المفهوم.
3. يحدد الطالب الصفات المشتركة بين مفهومين والصفات غير المشتركة.
4. يعطي تعريفاً دقيقاً ومحدداً للمفهوم.
5. يذكر الطالب طرق استخدام المفهوم المختلفة.

5:7 استراتيجيات تدريس مفاهيم رياضية مختارة

أ- تدريس مفهوم **الزاويتان المتقابلتان بالرأس.**

الاستراتيجية المناسبة هي:

تحرك أمثلة الرسم، تحرك اللاأمثلة تحرك التحديد (التعريف)، تحرك اللامثال مع التبرير، تحرك تقويم التعلم.

1) **تحرك أمثلة الرسم:** يقدم في هذا التحرك الأمثلة التالية (وعددها ثلاثة أمثلة).

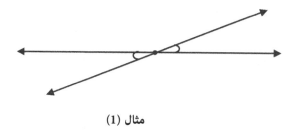

مثال (1)

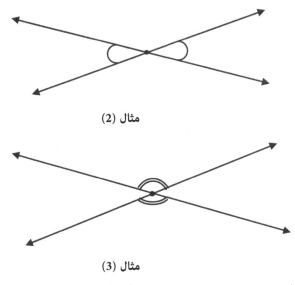

مثال (2)

مثال (3)

2) تحرك **اللاأمثلة**: يقدم في هذا التحرك ثلاثة من أمثلة عدم الانتماء.

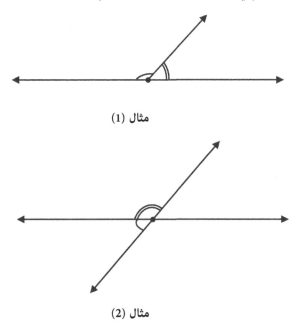

مثال (1)

مثال (2)

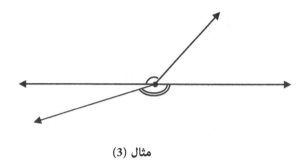

مثال (3)

3) **تحرك التحديد:** يقـدم في هـذا التحـرك الشـروط الكافيـة والضـرورية لتكـون الزاويتـان المرسـومتان أو الموضحتان بالشكل متقابلتين بالرأس.

حتى تكون الزاويتان متقابلتين بالرأس يجب:

أ) أن تشتركا في رأس واحد.

ب) الشعاعان المكونان للزاوية الأولى على استقامة واحدة مع الشعاعين المكونين للزاوية الثانية.

يوجه المعلم نظر الطلبة إلى الأمثلة الثلاثة الأولى.

4) **تحرك اللامثال مع التبرير:**

يناقش المعلم مع الطلبة لماذا لا تشكل الأشكال الواردة في تحرك اللامثال زوايا متقابلة بالرأس.

5) **تحرك تقويم تعلم الطلبة للمفهوم.**

— ارسم شكلاً ووضح عليه زاويتين متقابلتين بالرأس.

— اكتب أزواج الزوايا المتقابلة بالرأس في الشكل المرسوم أدناه.

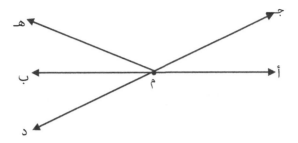

- وضح على الرسم التالي الزوايا المتقابلة بالرأس.

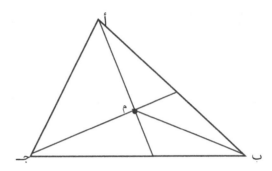

ب-تدريس مفهوم **علاقة الانعكاس**

الإستراتيجية المناسبة هنا هي:

تحرك المثال، تحرك الرسم، تحرك التعريف، تحرك اللامثال مع التبرير، تحرك تقويم تعلم المفهوم.

1. تحرك أمثلة المفهوم:

مثال(1): العلاقة الممثلة بالمجموعة:

{ (2،2)،(3،3)،(5،5) } علاقة انعكاس على المجموعة { 2 ،3 ،5 }.

مثال (2): العلاقة الممثلة بالمجموعة:

{ (3،3)،(5،5)، (5 ، 10)(10،10) }

علاقة انعكاس على المجموعة { 3 ،10،5 }.

مثال(3) علاقة «لها نفس باقي القسمة على 3» هي علاقة انعكاس عل المجموعة { 1،2،3،4،5 }

يلاحظ في هذا المثال أن:

1ع1، 2ع2، 3ع3، 1ع4، 2ع5، 4ع4، 5ع5 ، 4ع1 ، 5ع2 .

أو ع = { (1،1)،(2،2)،(3،3)،(4،1)، (2، 5)،

(4،4)،(5،5)،(1،4)،(2،5) }.

2. تحرك الرسم:

يقدم في هذا التحرك توضيحاً بالرسم للأمثلة السابقة

مثال(1)

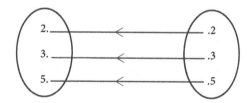

.3
3.

مثال(2)

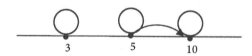

3
10

مثال(3)

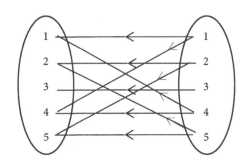

أو الرسم التالي:

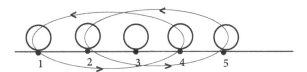

3. **تحرك التعريف:**

يقدم هذا التحرك من خلال مناقشة الطلبة في الشروط التي تتوفر في الأمثلة المقدمة في التحرك السابق.

يتم التوصل إلى أن العلاقة هي علاقة انعكاس على مجموعة إذا ارتبط كل عنصر في المجموعة مع نفسه، أي إذا كان أع أ لكل أ في المجموعة.

4. تحرك اللاأمثلة (مع التبرير)

مثال (1) العلاقة {(2،2)،(5،5)} ليست علاقة انعكاس على المجموعة {2، 3، 5} لأن 3 لم يرتبط بنفسه.

مثال (2) العلاقة {(3،3) (5،5) (5، 10)} ليست علاقة انعكاس على المجموعة (3، 5، 10).

لأن 10 ع̸ 10.

مثال (3) الشكل التالي لا يمثل علاقة انعكاس على أ = {3،6،15}.

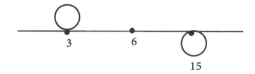

لأن (6 ، 6) ∋ / أ

5. تحرك تقويم تعلم الطلبة للمفهوم.

* يطلب إعطاء أمثلة على علاقات انعكاسية، وأمثلة على علاقات ليست انعكاسية من خلال الرسم.

* كوّن علاقات انعكاسية على المجموعة {2،3،5،7،9}.

* بين أيّ من العلاقات التالية علاقة انعكاس، وأيها ليست علاقة انعكاس (مع التبرير).

أ) العلاقة {(3،3)، (6،3)، (6،6)، (9،3)، (9،9)} على المجموعة {3،6،9}.

ب) العلاقة {(3،3)، (6،3)، (9،3)، (9،9)} على المجموعة {6،9،3،5}.

ج) علاقة المساواة على مجموعة الأعداد من 1 إلى 10.

د) علاقة أكبر من على مجموعة الأعداد {2،3،5،6}.

* أيّ من الأشكال التالية توضح علاقة انعكاس وأيها لا تمثل علاقة انعكاس. أجرِ التعـديلات علـى الأشكال حتى تمثل هذه علاقة انعكاس.

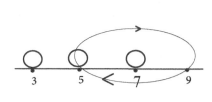

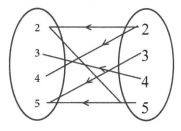

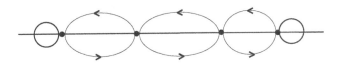

6:7 إرشادات تعليمية مبنية على البحث التجريبي

قام تينيسون وبارك (Tenyson and Park, 1980) بمراجعة عدد كبير من الدراسات التجريبية المتعلقة بتنظيم المادة التعليمية في تعليم المفاهيم وتوصلا إلى النتائج التالية:

1) عند تعليم المفهوم بطريقة استنتاجية يجب تعريف المفهوم بالإشارة إلى صفاته الحرجة قبل تقديم الأمثلة واللاأمثلة على المفهوم. فالتعريف يغني عن العمليات المطلوبة لتحديد الصفات الحرجة للمفهوم من خلال خبرات المتعلم للأمثلة واللاأمثلة على المفهوم.

وبينت نتائج عدة دراسات أن أداء الطلبة الذين أعطوا التعريف أفضل من أداء الطلبة الذين لم يعطوا التعريف. كما أن إعطاء تعريف للمفهوم يقلل من عدد الأمثلة اللازمة لتعلم المفهوم، وأن أثر إعطاء تعريف للمفهوم يسهل عملية التعلم بشكل يعادل أثر مجموعة منطقية من الأمثلة واللاأمثلة. والمجموعة المنطقية هي مجموعة الأمثلة واللاأمثلة التي تبين مختلف صفات المفهوم.

إن الأثر الإيجابي لتعريف المفهوم يعتمد على مدى الدقة في تحديد ووصف جميع الخصائص الحرجة للمفهوم، كما يعتمد على مدى قدرة التعريف على بيان أهمية هذه الخصائص والعلاقات بينها للمتعلم، وأن تعريف المفهوم يجب أن يصاغ بمصطلحات وعبارات مناسبة وبلغة مألوفة.

2)   دلت التجارب على أن مجرد إعطاء التعريف للطلاب لا يضمن حدوث التعلم، فإذا ما أعطي تعريف للمفهوم دون أن يصاحب ذلك أمثلة ولاأمثلة، فمن الممكن أن يستظهر الطلاب سلسلة من الترابطات اللفظية فقط. وللتأكد من تعلم الطلاب للمفهوم، وليس فقط استظهارهم لمجموعة من الكلمات يجب على الأقل أن يعطوا أمثلة ولاأمثلة ليقوموا بتصنيفها.

تبين الأمثلة الصفات الخاصة بالمفهوم مع الإشارة إلى أي من هذه الصفات يعتبر حرجاً. وتساعد اللاأمثلة في إبراز الصفات الحرجة للطالب عندما تقدم للطالب ضمن مجموعة متقابلة من الأمثلة واللاأمثلة.

3)   تكون الأمثلة واللاأمثلة فعالة أكثر كلما كانت الأمثلة متباينة في صفاتها المتغيرة بينما اللاأمثلة تكون مختلفة عن الأمثلة بغياب أقل عدد ممكن من الصفات الحرجة في المرة الواحدة. وإعطاء أمثلة ولاأمثلة من هذا النوع يساعد الطلبة في تجنب الأخطاء الناتجة عن اتساع مدى التعميم (أي تصنيف اللاأمثلة كأمثلة(Overgeneralization) – أو الحد من مدى التعميم (أي تصنيف الأمثلة كلاأمثلة – Undergeneralization) – أو الخطأ في الفهم.

إن إعطاء أمثلة يكون مدى التباين في الصفات المتغيرة للمفهوم فيها كبيراً يساعد الطلاب على القيام بالتعميم الصحيح عبر المجموعات المنطقية. كما أن تركيز انتباه الطلاب على الفروق بين الصفات الحرجة والصفات المتغيرة يساعد الطلبة على القيام بالتمييز ضمن المجموعات المنطقية. والأمثلة تساعد الطالب على تعلم التعميم، بينما تساعد اللاأمثلة الطالب على تعلم التمييز.

وملخص القول فإن المجموعة المنطقية في تعلم المفهوم يجب أن تحتوي بالإضافة إلى التنوع في الأمثلة، على أمثلة ولاأمثلة تجري مقابلتها حسب تشابه الصفات المتغيرة فيها، كما ويجب إعطاء الأمثلة واللاأمثلة في المجموعة المنطقية في آن واحد، وبترتيب عشوائي.

4)   التدرج في الصعوبة والتنوع في الأمثلة وتقديم أزواج من الأمثلة واللاأمثلة المتقابلة يؤدي بالمتعلم إلى القيام بالتصنيف بصورة صحيحة.

أما إذا كانت الأمثلة صعبة ومتنوعة، وبدون مقابلة فسيحدث إفراط في التعميم الخاطئ.

— وإذا كانت الأمثلة سهلة ومتنوعة ومتقابلة فإن عملية التعميم تكون ضيقة.

— وإذا كانت الأمثلة متدرجة من السهل إلى الصعب، وغير متنوعة، (أي أن الصفات المتغيرة في الأمثلة متشابهة) وبدون مقابلة كان هناك فهم خاطئ.

5) توصلت بعض الدراسات إلى أن أنسب عدد من الأمثلة يمكن إعطاؤها في وقت واحد هو أربعة. إن عدد الأمثلة التي يحتاج إليها المتعلم في تعلم المفهوم يتحدد حسب عدد الصفات الحرجة والمتغيرة للمفهوم المراد تعليمه أي بناءً على خصائص المفهوم، ومستوى التجريد فيه، وخصائص الطالب التعليمية. وهناك حاجة إلى أمثلة أكثر لتعليم المفاهيم المجردة منه لتعلم المفاهيم المادية.

وأشارت عدة دراسات إلى أن الخصائص التالية للمتعلم لها علاقة مباشرة بتعلم المفهوم: العمر، المعرفة القبلية، والأسلوب المعرفي للمتعلم.

وقدّم كلارك (Clark,1971) مجموعة من الإرشادات التعليمية المبنية على البحث التجريبي، حيث قام بمراجعة ما يزيد عن 200 دراسة من بين الدراسات التي أجريت حول تعلم المفهوم.

وفيما يلي أهم هذه الإرشادات:

1) اختر المفهوم الذي تنوي تعليمه، وحدد هدفاً مفاهيمياً واحداً أو أكثر لتعلم المفهوم. حدد الخصائص الحرجة والخصائص غير الحرجة التي تظهر في المفهوم، وكذلك حدد المفاهيم القبلية والمهارات الأدائية اللازمة لتعلم المفهوم، وتأكد من أنها ضمن قدرات الطالب.

2) أعد أمثلة خالية كلياً من الخصائص غير الحرجة (أمثلة إيجابية تمهيدية)، أو على الأقل أمثلة تحتوي على أقل عدد ممكن منها. وإذا كان هناك صفات غير حرجة لا

يمكن تجنبها في مثال ما حاول أن تغير الأمثلة كي:

– تكون الخصائص غير الحرجة مختلفة قد الإمكان عن الخصائص الحرجة.

– تكون الخصائص غير الحرجة أقل بروزاً بينما الخصائص الحرجة أكثر بروزاً.

– تكون الصفة غير الحرجة مختلفة قدر الإمكان من مثال إلى مثال بينما الصفة الحرجـة تبـدي أقل تباين ممكن.

3) أعد أمثلة إيجابية (تثبيتية) يبدي كل منها أو يحتوي عـلى جميـع الخصـائص الحرجـة، وصـفة غـير حرجة واحدة، ويفضل جميع الصفات غير الحرجة. أعد أيضاً مجموعـة أخـرى مـن الأمثلـة السـلبية يحتوي كل منها على مجموعة غير كاملة من الخصائص الحرجة أو عدة صفات غير حرجة.

4) قدم عدداً مناسباً من الأمثلة، ويتوقف العدد المناسب على عمر الطالب ونوع المفهـوم الـذي يقـدم، وقدم الأمثلة بطريقة مرتبة ومنتظمة.

تقدم الأمثلة في نفس الوقت وتبقى على مرآى مـن الطلبـة ليشـاهدها ويتفحصـها. كـما أن مراجعـة الأمثلة التي تم تقديمها يكون ضرورياً أحياناً وهو مفيد دائماً.

5) في المرحلة التمهيدية، تعرض أمثلـة تمهيديـة إيجابيـة فقـط، ويشـار إلى جميـع الخصـائص الحرجـة وأسلوب ترابطها، وبالإضافة لذلك يشار إلى الخصائص غير الحرجة التي قد تكون موجـودة في الأمثلـة المقدمة.

6) في المرحلة التثبيتية، يعرض خليط مـن الأمثلـة الإيجابيـة التأكيديـة والأمثلـة السـلبية. ويطلب مـن الطالب أن يذكر إن كان المثال إيجابياً أو سلبياً وأن يعدد الصفات الحرجة كلما كان ذلك ممكناً.

وبعد كل إجابة صحيحة أو خاطئة يعطى الطالب التغذية الراجعة الكاملة.

7) يتم التحقق من اكتساب الطلبة للمفهوم الذي تم تعلمه.

أسئلة للمناقشة وتدريبات

- أعطِ ثلاثة مفاهيم رياضية، وبين السمات المميزة لكل مفهوم منها، والسمات غير المميزة.
- اختر وحدة من وحدات كتب الرياضيات لأي من الصفوف، وحدد فيها المفاهيم الرياضية الجديدة، وكذلك المفاهيم الرياضية الأخرى.
- اذكر ثلاثة مفاهيم رياضية، وبين كيف ستدرسها معتمداً على التحركات المختلفة الواردة في الكتاب. حاول أن تستخدم أكبر عدد ممكن من هذه التحركات.
- أعطِ أمثلة على مفاهيم رياضية بسيطة، وأخرى مركبة، وبينّ المفاهيم البسيطة المكونة للمفاهيم المركبة التي اخترتها.
- وضح وجهة نظرك في استخدام تحرك التعريف في تدريس المفاهيم الرياضية. مع إعطاء أمثلة.
- ما دور تحرك اللامثال في تدريس المفهوم الرياضي؟ وما العدد المناسب في اللاأمثلة المستخدمة عند تدريس المفهوم الرياضي؟.

المراجع

- Aichele & Reys. (1977).

  Readings in Secondary School Mathematics. Prindle, Weber & Schmidt. 203-204.

- Bolton, N. (1977).

  Concept Formation. Pergamon Press.

- Catanzano & Godwin, (1977).

  Comparative Effectiveness of three Sequences of Moves for Teaching Concepts. **Journal for Research in Math. Education**. 33-46

- Clark, C. (1971).

  Teaching Concepts in the Classroom. **Journal of Educational Psychology Monograph**. 62, 253-278.

- Cooney T., Davis E. and Henderson K. (1975).

  Dynamics of Teaching Secondary School Mathematics. Honghton Mifflin .

- Davis E. (1977).

  Models for Understanding in Mathematics. **Arithmatic Teacher**. 13-17.

- Feldman K. (1972).

  The **Effects of Number of Pos. & Neg. instances in the Attainment of Mathematical Concepts**. Report of R & D Center at University of Wisconsin.

■ Johnson & Rising. (1972).

   Guidelines for Teaching Mathematics, Chap. 11.

■ Henderson K. (1970).

   Concepts in The **Teaching of Secondary School Mathematics**. 33rd Yearbook of NCTM.

■ Larry. (1979).

   Definition Placement in Mathematics Concept Learning. **DAI**, 6006 - 6007.

■ Merrill M. (1979).

   Concept Teaching, An Instructional Design Guide.

■ Tennyson, R.; Park, C. (1980).

   The Teaching of Concepts. **Review of Educational Research**. 50, 55-70 .

8

الفصل الثامن
تدريس المبادئ
والتعميمات الرياضية

1:8   التعميم الرياضي وأمثلته

2:8   تعليم التعميمات الرياضية

3:8   طريقة العرض في تدريس التعميمات

4:8   طريقة الاكتشاف الموجه

5:8   اكتساب التعميم

6:8   أهداف تدريس التعميمات الرياضية

      المراجع

تدريس المبادئ والتعميمات الرياضية

1:8 التعميم الرياضي وأمثلته

التعميم في علم النفس، هو الاستجابة استجابات متشابهة لمثيرات متشابهة.وهذه الاستجابات والمثيرات قد لا تكون متطابقة تماماً. فالمبدأ أو التعميم (Principle or Generalization) هو المقدرة المستنتجة التي تجعل الفرد قادراً على الاستجابة لفئة من المثيرات بفئة من الاستجابات، والأخيرة ترتبط مع الأولى بفئة من العلاقات. وباختصار، حسب ما يرى جانييه، المبدأ هو علاقة بين مفهومين أو أكثر. ويأتي تصنيف المبادئ والتعميمات فوق المفاهيم في السلم الهرمي لنتاجات التعلم عند جانييه (Gagne,1970).

إن النظر إلى مجموعة العناصر التي تشترك ببعض الصفات المحددة، ومعاملتها كصف أو صنف واحد، والاستجابة لها استجابات متشابهة، هو التعميم بذاته. والتعميم الرياضي هو عبارة رياضية(جملة إخبارية) تنطبق على مجموعة من الأشياء أو العناصر. أو هو توسيع لعبارة بسيطة لتصبح عبارة أعم وأشمل، في حين تكون العبارة البسيطة حالة خاصة منها، وقد يعرّف التعميم الرياضي على أنه عبارة (جملة إخبارية) تحدد علاقة بين مفهومين أو أكثر من المفاهيم الرياضية.

والتعميمات الرياضية، هي في معظمها، عبارات رياضية يتم برهنتها، أو استنباطها واكتشافها، وبعضها الآخر عبارات يسلّم بصحتها مثل المسلمات والبديهيات.

فالنظريات هي تعميمات رياضية، ومن أمثلتها:

– يقبل العدد القسمة على 3 إذا كان مجموع أرقامه يقبل القسمة على 3.

– مجموع قياسات زوايا المثلث في هندسة اقليدس يساوي $180°$.

- طول القطعة المستقيمة الواصلة بين منتصفي ضلعين في المثلث يساوي نصف طول الضلع الثالث.
- الاقترانات كثيرات الحدود هي اقترانات متصلة على مجموعة الأعداد الحقيقية.

والقوانين الرياضية، أو المبادئ كما تسمى أحياناً، هي تعميمات رياضية، ومن الأمثلة عليها:

- قانونا ديمورغان في المجموعات:

$$\overline{أ \cup ب} = \overline{أ} \cap \overline{ب} \quad ، \quad \overline{أ \cap ب} = \overline{أ} \cup \overline{ب}$$

- قانون التوزيع (توزيع الضرب على الجمع في الأعداد):

أ×(ب+ج) = أ×ب + أ ×ج.

- مبدأ العدّ :

إذا أمكن أجراء عملية ما بطرق عددها ن$_1$ ، وأمكن إجراء عملية ثانية بطرق عددها ن$_2$ ، أمكن إجراء عملتين معاً بطرق عددها ن$_1$× ن$_2$.

- لو$_{حـ}$ أ.ب = لو$_{حـ}$ أ + لو$_{حـ}$ ب، حيث أ،ب عددان حقيقيان موجبان، حـ > 0 ولا تساوي 1.
- والمسلمات في الرياضيات، وكذلك البديهيات، هي تعميمات رياضية ومن أمثلتها:

- يمكن رسم مستقيم وحيد يصل بين نقطتين مفروضتين.
- إذا أضفيت أشياء متساوية لشيء واحد كانت النواتج متساوية.
- إذا رسم مستقيم داخل مثلث ماراً بأحد رؤوسه، فإنه يقطع الضلع المقابل للرأس.
- القطعة المستقيمة الواصلة بين مركز الدائرة ونقطة خارجها تقطع الدائرة (محيط الدائرة) في نقطة.

يلاحظ من الأمثلة السابقة، كيف أن كل تعميم رياضي حدد علاقة بين مجموعة من المفاهيم أو الرموز، فالتعميم: كل عدد نسبي يمكن كتابته بصورة كسر عشري منتهي، أو كسر عشري دروي، يتضمن المفاهيم التالية، عدد نسبي، كسر عشري منتهي، كسر عشري دوري، وكيفية ارتباط هذه المفاهيم بعضها ببعض.

ومن غير المعقول أن يتعلم الطالب هذا التعميم إلا إذا كان قد تعلم أصلاً المفاهيم المكونة له. أي أن المتطلبات السابقة لتعلم المبادئ والتعميمات هي تعلم المفاهيم التي تكّون هذه المبادئ والتعميمات.

والتعميم في الرياضيات قد يكون تعميماً كلياً (Univeral)، أو قد يكون تعميماً جزيئاً (Existential). فالتعميم الكلي هو عبارة مسورة كلياً، أي أنها تبدأ بلفظ لكل أو لجميع أو تبتدئ بالرمز $\forall$، وإليك الأمثلة التالية:

- لجميع قيم س الحقيقية، $س^2 \geq 0$.
- جميع الاقترانات المتصلة قابلة للتكامل.
- $\forall$ س،ص، ع ، حيث س،ص،ع أعداد صحيحة، ع (س + ص) = ع ×س + ع×ص.

وقد لا يذكر صراحة في التعميم لفظ "لجميع أو لكل"، أو قد لا يبدأ التعميم برمز"$\forall$" فيفهم من سياق الكلام تسوير العبارة (التعميم) تسويراً كلياً، كما يتضح من الأمثلة التالية:

- قطرا المستطيل ينصف كل منهما الآخر.
- مساحة المربع المنشأ على الوتر في المثلث القائم الزاوية يساوي مجموع مساحتي المربعين المنشأين على الضلعين الآخرين.
- إذا كان مميز المعادلة التربيعية عدداً سالباً فإن جذري المعادلة هما عددان تخيليان.
- إذا كان س، ص عددين سالبين، س > ص فإن $س^2 < ص^2$.

أما التعميم الجزئي، فهو عبارة رياضية تبدأ بلفظ يوجد أو لبعض أو بالرمز E، أي أنها عبارة مسورة جزئياً، ومن الأمثلة على هذه التعميمات مايلي:

- بعض الاقترانات المتصلة غير قابلة للاشتقاق.
- يوجد مثلثات قائمة الزوايا متساوية الساقين.
- تتعامد أقطار بعض متوازيات الأضلاع.
- بعض متوازيات الأضلاع هي مستطيلات.

2:8 تعليم التعميمات الرياضية

يمكن تلخيص التتابع التدريسي لتدريس المبادئ والتعميمات، سواء علمت من قبل المعلم أو الكتاب، بالخطوات التالية:

1. أخبار المتعلم عن طبيعة الأداء المتوقع عندما ينهي تعلم المبدأ أو التعميم ، ففي ذلك وسيلة للحصول على تعزيز فوري للمتعلم عندما يصل إلى الفعل النهائي.
2. توجيه أسئلة للمتعلم لاستدعاء المفاهيم المتعلمة السابقة التي تكّون التعميم
3. استخدام عبارات لفظية أو رموز (كالأمثلة والأسئلة) تقود المتعلم لربط المفاهيم اللازمة لتكوين المبدأ أو التعميم مع بعضها، وبالترتيب الملائم لتكوين المبدأ.
4. قبل الصياغة اللفظية للمبدأ، يُسأل المتعلم أن يصف واحدة أو أكثر من الحالات الكثيرة التي تنطبق على التعميم وتكون مثالاً عليه.
5. الطلب من المتعلمين وصف التعميم أو عمل صياغة لفظية له.

إن هذا التتابع في تدريس التعميمات الرياضية، والذي يمكن أن يستخدمه المعلم أو الكتاب، يتم عادة بطريقتين:

الأولى: طريقة الشرح والتفسير (طريقة العرض).

والثانية: طريقة الاكتشاف الموجه.

وقبل أن نتعرض لهاتين الطريقتين، نذكر فيما يلي بعض التحركات التي يقوم بها المعلم أو الكتاب، لتسهيل عملية التعلم. وهذه التحركات هي مجموعة الأعمال الهادفة والتي في تسلسلها وتتابعها المنتظم تكوّن استراتيجية التدريس المستخدمة لتدريس التعميم.

– **تحرك التقديم:** وهو بداية لما يتبعه من تحركات، ويستطيع المعلم أن يقدم للتعميم إما بتركيز انتباه الطلاب على الموضوع الذي سيدرسونه، وذلك بذكر عنوانه مثلاً، أو بيان الهدف من تعلم التعميم، أو بإقناع الطلبة بأهمية هذا التعميم واثارة دافعيته نحو تعلمه؛ ويمكن أن يشار إلى هذا التحرك بالتهيئة الحافزة.

– **تحرك الأمثلة:** وهنا يستخدم المعلم مثالاً أو أكثر على التعميم. والمثال يعني إحدى الحالات الخاصة التي ينطبق عليها التعميم، فإذا كان التعميم مثلاً:

لو$_{ح}$ م × ن = لو$_{ح}$ م + لو$_{ح}$ ن ، فإن أحد الأمثلة عليه هو:

لو$_{3}$ 35 = لو$_{3}$ 7 + لو$_{3}$ 5 .

– **تحرك اللاأمثلة:** وتعتبر هذه التحركات امتداداً لتحركات الأمثلة، وفيها يُقدَّمُ للطلبة حالات لا ينطبق عليها التعميم. ففي التعميم السابق، نذكر للطالب أن الاستنتاج التالي غير صحيح، لأنه لا يخضع للتعميم:

لو$_{ح}$ (م +ن) ≠ لو$_{ح}$ م × لو$_{ح}$ ن .

فمثلاً، لو$_{3}$ (27+9) ≠ لو$_{3}$ 27 × لو$_{3}$ 9.

– **صياغة التعميم:** وهنا يقدم للطلاب نص التعميم، أو نساعدهم على اكتشاف التعميم وصياغته بصورة كلامية أو رمزية.

– **تحرك التفسير:** بعض التعميمات قد تتضمن مفاهيم غير واضحة، أو قد يكون التعميم نفسه غير واضح في صياغته وألفاظه، فيقوم المعلم بمراجعة معاني هذه المفاهيم، أو صياغة التعميم بعبارات أوضح حتى يتضح المعنى الذي يتضمنه التعميم في ذهن الطالب. ففي التعميم يقبل العدد القسمة على 3 إذا كان مجموع أرقامه تقبل القسمة على 3، يُوضّح للطالب معنى القسمة، ومفهوم أرقام العدد وتمييزها عن العدد نفسه.

– **تحرك التبرير:** تبرير التعميم يعني إعطاء دليل أو سبب يبين أو يؤكد صحة التعميم، ويجعل الطلاب يقتنعون بذلك.

فقد يلجأ المعلم إلى إثبات صحة التعميم بالبرهان،أو تبيان ذلك بالأمثلة أو الأشكال أو الرسومات، أو قد يلجأ إلى البحث عن مثال ينقض التعميم (وذلك في الحالات التي تثبت أن تعميماً ما هو تعميم خاطئ). فالتبرير الذي يقدمه المعلم للتعميم:

$$\overline{أ \cap ب} = \overline{أ} \cup \overline{ب}$$

هو البرهان، أو إعطاء أمثلة عليه، أو من خلال أشكال فن.

والتبرير الذي يعطي للتعميم: $أ^{0} = 1$

هو استخدام الأمثلة في الحالات التي يكون فيها م = ن في التعميم:

$أ^{م} \div أ^{ن} = أ^{م-ن}$ ، أو استخدام الاختصار في حالات من مثل:

$$\frac{أ^3}{أ^3} = \frac{أ \times أ \times أ}{أ \times أ \times أ} = \frac{1}{1} = 1$$

– تحرك التطبيق: وفيها يقدم المعلم المسائل والتمارين والتدريبات التي تتطلب استخدام التعميم والتدريب لحلها، وتحتاج هذه تحليل المسألة لمعرفة أي التعميمات التي ستستخدم، وخاصة إذا لم تكن المسألة مباشرة على التعميم، وإذا تطلبت استخدام أكثر من تعميم واحد.

3:8 طريقة العرض في تدريس التعميمات

تتميز هذه الطريقة في تدريس التعميمات الرياضية بتقديم صياغة للتعميم والنص عليه في مرحلة مبكرة،أي أن تحرك صياغة التعميم هو بداية التحركات التي يستخدمها المعلم في الاستراتيجية التدريسية التي يسير وفقاً عليها. ويلي هذا التحرك بطبيعة الحال، تحركات أخرى، مثل تحركات الأمثلة وتحركات اللاأمثلة.

وقد يُدخل المعلم تحركات أخرى، فقد يستخدم تحرك التفسير للتعميم، والتبرير على صحة التعميم، وقد يستخدم تحركات تهدف لإثارة الدافعية عند الطلاب لتعلم المفهوم. ومهما كانت سلسلة التحركات هذه فإن المعلم يحافظ دوماً على الخطوة الأولى وهي تقديم تحرك صياغة التعميم أولاً، ثم يتبعها بسلسلة من التحركات التي تتناسب وطبيعة التعميم والهدف من تعلمه. فقد لا يحتاج إلى تحرك التطبيق إذا كان الهدف من تعلم المفهوم فهمه وتذكره فقط، أو كان بحاجة إليه في تعميمات أخرى، أو كان التعميم نفسه نتيجة أو تطبيقاً على تعميم سابق.

ومن الاستراتيجيات الشائعة عند معلمي الرياضيات لتدريس التعميم الرياضي وفق طريقة العرض هذه، الاستراتيجية التالية:

1. تحرك التقديم: في هذا التحرك يقدم المعلم لطلبته مقدمة تمهيدية عن التعميم.
2. صياغة التعميم: في هذا التحرك يقدم المعلم نص التعميم كلاماً أو رمزاً.
3. تحرك الأمثلة: وهنا يورد المعلم مثالاً أو أكثر على التعميم.
4. تحرك التفسير: حيث يوضح المعلم المفاهيم والمعاني التي يتضمنها نص التعميم.
5. تحرك التبرير: يقدم المعلم الدليل على صحة التعميم أو أية وسيلة لإقناع الطلبة بصحته كالأمثلة أو الأشكال أو الرسومات.

وقد يدخل بعض المعلمين تحركات أخرى على هذا التتابع، أو قد يعدّلون في ترتيب هذه التحركات بشكل يحافظ على تصدر تحرك صياغة التعميم لسلسلة التحركات التي يتبعها.

وسنقدم فيم يلي مثالين على طريقة العرض في تدريس التعميمات الرياضية.

مثال(1):

خطوات طريقة العرض في تدريس التعميم:

إذا ضربنا بسط الكسر ومقامه بنفس العدد فإن الكسر الناتج يكافئ الكسر الأصلي.

1. تحرك التقديم.

يمكن أن يتم هذا التحرك من خلال سؤال المعلم للطلبة: من منكم يعطي كسراً مكافئاً(مساوياً) للكسر $\frac{3}{4}$؟

ويسأل غيره وهكذا.

وهنا يلفت المعلم نظر طلبته إلى أن هناك قاعدة عند استخدامها يمكننا الحصول على عدد كبيرا جداً من الكسور المكافئة لهذا الكسر أو غيره.

2. تحرك صياغة التعميم مع التفسير

يكتب المعلم التعميم على السبورة:

إذا ضربنا بسط الكسر ومقامه بنفس العدد فإن الكسر الناتج يكافئ الكسر الأصلي.

إذا كان الكسر الأصلي هو $\frac{أ}{ب}$ (ب ≠0) وضربنا البسط والمقام بالعدد جـ فإن $\frac{أ \times جـ}{ب \times جـ}$ يساوي أو يكافئ $\frac{أ}{ب}$ (جـ ≠0).

يوضح المعلم المفاهيم التالية أو يتأكد من وضوحها لدى الطلبة:

الكسر، البسط والمقام، ب ≠0 ، جـ ≠0.

3. تحرك الأمثلة

مثال (1) الكسر الأصلي $\frac{3}{4}$

$$\frac{2\times3}{2\times4} = \frac{6}{8} = \frac{3}{4}$$

مثال (2)   الكسر الأصلي $\dfrac{5}{6}$

$$\dfrac{5}{6} = \dfrac{15}{18} = \dfrac{3 \times 5}{3 \times 6}$$

مثال (3)   الكسر الأصلي $\dfrac{8}{5}$

$$\dfrac{8}{5} = \dfrac{24}{15} = \dfrac{3 \times 8}{3 \times 5}$$

وقبل الانتقال للتحرك التالي يطلب المعلم من التلاميذ إعطاء أمثلة على التعميم في حالات مثل:

$$\dfrac{3}{5} \quad ، \quad \dfrac{4}{7} \quad ، \quad \dfrac{7}{4}$$

4. تحرك التبرير

اعتماداً على الرسم المجاور

$$\text{(i} \quad \dfrac{2}{4} = \dfrac{2 \times 1}{2 \times 2} = \dfrac{1}{2}$$

$$\text{(ii} \quad \dfrac{6}{8} = \dfrac{2 \times 3}{2 \times 4} = \dfrac{3}{4}$$

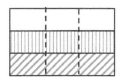

$$\text{(iii} \quad \dfrac{6}{9} = \dfrac{3 \times 2}{3 \times 3} = \dfrac{2}{3}$$

مثال (2):

خطوات طريقة العرض في تدريس التعميم:

قانون توزيع الضرب على الجمع في الأعداد

1. تحرك التقديم

الجميع يعرف حقائق الضرب(جدول الضرب) حتى 10×10

من منكم يعطيني ناتج ضرب (ذهنياً)

12×5، 13×7، $8،14$ وهكذا.

سوف ندرس قانوناً بسيطاً يمكن استخدامه لإيجاد نواتج الضرب بسرعة وبدون استخدام الورقة والقلم أي ذهنياً.

2. تحرك صياغة التعميم (والتفسير)

القانون هو

أ $\times$(ب + جـ) = أ $\times$ب + أ $\times$ حـ

ويدعى قانون توزيع الضرب على الجمع .

يوجه المعلم نظر الطلبة إلى ما يعنيه هذا القانون

3. تحرك الأمثلة مع التبرير

i) 5 $\times$ $(7+9)$ = $5\times7+5\times9$ (حسب القانون)

$= 35 + 45 = 80$

ولتبرير النتيجة: $5\times(7+9)$ =5×16 (بالجمع أولاً داخل القوسين)

$= 80$

ii) $8\times(7+15)$ = $8\times7+ 8\times15$

$= 56 + 120 = 176$

ولتبرير النتيجة 8 $\times$ $(7 + 15)$ = 8×22

$= 176$

$$9 \times 12 + 11 \times 12 = \qquad (9 \times 11) \times 12 \quad (iii$$

$$240 = 108 + 132 =$$

لتبرير النتيجة: $12 \times (9+11) = 12 \times 20$

$$240 =$$

4. تحرك التطبيق:

ينطبق التعميم السابق على إيجاد ناتج الضرب

9×235، هكذا:

$$9 \times 235 = (200+30+5) \times 9$$
$$= 9 \times 200 + 9 \times 30 + 9 \times 5$$
$$= 1800 + 270 + 45 = 2115$$

تعطى أمثلة من نفس النوع، ويمكن إعطاء أمثلة كمستطيلات لتطبيق القاعدة عليها مثل:

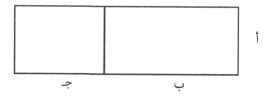

أ

جـ   ب

مساحة المستطيل الكلي	= أ × (ب+جـ)
مساحة المستطيلين	= أ×ب+أ×جـ
إذن أ × (ب+جـ)	= أ × ب + أ×جـ

5. تحرك التدريب

من خلال أمثلة وتدريبات تعطى للطلبة مع التشجيع على الحساب الذهني.

4:8 طريقة الاكتشاف الموجه

الفارق الرئيس بين هذه الطريقة والطريقة السابقة، هو موقع تحرك صياغة التعميم في سلسلة التحركات المستخدمة. فيمكن أن ينظر إلى هذه الطريقة على أنها سلسلة من التحركات أو الأنشطة تأتي فيها صياغة التعميم والتأكيد عليه في مرحلة متأخرة بخلاف طريقة العرض، حيث يتصدر تحرك الصياغة سلسلة التحركات. فقد يبدأ المعلم بتقديم عدد من الأمثلة التي تقود الطلاب وترشدهم إلى استنتاج التعميم، أو يبدأ بالمعلومات المتوفرة لدى الطلاب، ويطرح عدداً من الأسئلة التي تؤدي في النهاية إلى استنتاج التعميم والتوصل إليه.

لاحظ هذين الأسلوبين (التعميم عن طريق الأمثلة، والتعميم عن طريق الاكتشاف) في المثالين التاليين:

أولاً: التعميم عن طريق الأمثلة:

مربع أي عدد أما أن يكون فردياً أو يقبل القسمة على 4.

- تمعن في مربعات الأعداد التالية، وربع الأعداد الأخرى (غير المربعة).

$1^2 = 1$

$3^2 = 9$

$5^2 = 25$

$7^2 = ...$

$9^2 = ...$

$$11^2 = ...$$
$$13^2 = ...$$
$$15^2 = ...$$

لاحظ أن جميع الأعداد التي تم تربيعها هي أعداد فردية.

ماذا تستنتج؟ مربع أي عدد فردي هو ....

تمعن الآن في الأمثلة التالية :

$$2^2 = 4$$ (4 يقبل القسمة على 4)
$$4^2 = 16$$ (16 يقبل القسمة على 4)
$$6^2 = 36$$ (36 يقبل القسمة على 4)
$$8^2 = ...$$
$$10^2 = ...$$
$$12^2 = ...$$
$$14^2 = ...$$
$$16^2 = ...$$

لاحظ أن جميع الأعداد التي رُبعّت هي أعداد زوجية.

ماذا تستنتج؟ مربع أي عدد زوجي هو عدد.................

من الأمثلة السابقة يمكن التوصل إلى التعميم التالي:

مربعات الأعداد هي إما أعداد .... أو أعداد تقبل القسمة على.......

ثانياً: التعميم عن طريق الأسئلة:

مجموع قياسات الزوايا الداخلية للمضلع المحدب الذي عدد أضلاعه ن يساوي (2ن – 4) زاوية قائمة.

أجب عن الأسئلة التالية، وارسم شكلاً يوضح إجابتك أو يساعدك على الإجابة حيثما لزم:

- كم عدد أضلاع المثلث؟........... ما مجموع زاويا المثلث؟......
- كم عدد أضلاع الشكل الرباعي؟........ ما مجموع زواياه؟.............
- كم عدد أضلاع الشكل الخماسي؟............
- إلى كم مثلث يمكن أن ينقسم الشكل الخماسي؟........
- ما مجموع زوايا الشكل الخماسي؟.........
- كم عدد أضلاع الشكل السداسي؟...................
- إلى كم مثلث ينقسم الشكل السداسي؟...............
- ما مجموع زوايا الشكل السداسي؟.............

وهكذا حتى نصل إلى السؤال التالي:

- إلى كم مثلث ينقسم الشكل الذي عدد أضلاعه ن؟............

وما هو مجموع قياسات زواياه؟............

(ملاحظة: يمكن دعم التساؤلات السابقة بأشكال لتساعد الطلبة على الإجابة عليها).

إن أسلوب تقديم الأمثلة للوصول إلى التعميم في طريقة الاكتشاف هو الأسلوب الاستقرائي في الاكتشاف الموجه، وسنأتي بشيء من التفصيل عن هذا الأسلوب.

أسلوب الاكتشاف الاستقرائي: ويعني الوصول إلى نتيجة عامة من بعض المشاهدات الخاصة. والاكتشاف الاستقرائي يتضمن عمليتين مترابطتين هما التجريد والتعميم، فإذا أدرك الطالب بعض الخصائص العامة لمجموعة من الأشياء فقد توصل إلى تجريد، أما إذا تنبأ بأن علاقة ما متوفرة في عينة خاصة ستكون صحيحة في عينة أوسع فيكون قد توصل إلى تعميم.

فمن الأمثلة: 4 = 2+2

3+3 = 6

3+5= 8

10= 3+7 أو 5+5

12= 5+7

14= 7+7 أو 3+11

16= 11+5 أو 13+3

يستطيع الطالب أن يستنتج أن: أي عدد زوجي أكبر من أو يساوي 4 يساوي مجموع عددين أوليين.

فملاحظة الطالب للأعداد الزوجية إلى يمين المتساويات، والأعداد الأولية إلى يسارها هو تجريد لخاصية عامة يكون قد أدركها من تفحصه الأعداد على طرفي المتساويات. أما قوله (أي عدد زوجي أكبر من أو يساوي 4) فهو تعميم لهذه الخاصية التي أدركها من مجموعة الأعداد 4،6،8،10،12،14،16 إلى مجموعة الأعداد الزوجية التي هي أوسع منها وتحتويها كمجموعة جزئية. وقوله(أي عدد زوجي أكبر من أو يساوي مجموع عددين أوليين) هو تعميم أيضاً لتجريد أدركه من الأمثلة السابقة الذكر.

فإذا كان التعميم صحيحاً يعرف المعلم أن الطلاب قد توصلوا إلى الاكتشاف الصحيح. وليس من الضروري أن تكون الصياغة الكلامية ضرورية في كثير من الأحيان، فقد يدرك الطالب التعميم دون أن يستطيع التعبير عنه بالكلام (Hendrix,1961). ولكي يتأكد المعلم أن الطلاب قد أدركوا التعميم يعطيهم بعض الأمثلة الصعبة نسبياً والتي لا يستطيع الطالب الإجابة عليها إلا إذا أدرك التعميم فعلاً.

فمثلاً: إذا طلب منهم أن يكتبوا العدد 52 كمجموع عددين، كما في الأمثلة السابقة، وكانت إجاباتهم 52 = 11+41 أو 5+47 مثلاً فقد أدركوا معنى التعميم.أما إذا ظهرت إحدى الإجابات 52 = 7+45 مثلاً، فلم يدركوا التعميم لاستخدامهم العدد 45 وهو عدد فردي، ولكن ليس أولياً.

وعملية التعميم ليست بالسهولة الظاهرة من هذا المثال. اذ يجب على المعلم أن يؤكد على طلابه بعدم قبول أي تعميم إلا بعد تمحيصه جيداً، وتطبيقه على أمثلة متعددة ومختلفة. ويستعمل أسلوب المضاد عند توصل الطلاب إلى تعميم خاطئ. وعند إتباع هذا الأسلوب، يجب اختيار الأمثلة التعليمية ممثلة لمجال تطبيق التعميم وحالاته المتعددة.

هذا، وتشير بعض الدراسات إلى أن عدد الأمثلة اللازمة لتكوين تعميم معين يتراوح من 3 إلى 6 أمثلة. وهذا طبعاً يختلف من متعلم لآخر حسب عوامل منها العمر، ومستوى الذكاء، وطبيعة التعميم نفسه (سودر،1971).

ومن الأخطاء التي تقع وبشكل متكرر عند الطلبة هو التعميم بدون توفر المعلومات والحالات الكافية على هذا التعميم، بل أن بعض الطلبة يتوصلون إلى تعميمات خاطئة، ويأخذون بها، وهناك مواقف يصح فيها التعميم في عدد محدود من الأمثلة أو الحالات، ولكن لا يصح في غيرها، فمثلاً:

$2+1=3$ عدد أولي.

$2\times3+1 = 7$ عدد أولي.

$2\times3\times5+1 = 31$ عدد أولي.

$2\times3\times5\times7+1 = 211$ عدد أولي.

$2\times3\times5\times7\times11+1=2311$ وهذا أيضاً عدد أولي.

ولكن $2\times3\times5\times7\times11\times13+1=30031 = 59\times209$ وهذا ليس عدداً أولياً. ولذا يجب توخي الحرص والحذر من التعميم من أمثلة قليلة.

وبالرغم من أهمية ودور الاكتشاف الاستقرائي في التدريس، إلا أنه قد يحتاج وقتاً أطول من الأسلوب الاستدلالي(الاستنتاجي).

الأسلوب الاستدلالي: يلعب هذا الأسلوب دوراً هاماً في تعليم الرياضيات. وجوهر هذا الأسلوب هو إعطاء الطلاب بعض المفاهيم والمبادئ الرياضية وتشجيعهم على اشتقاق معلومات رياضية ليست معروفة لديهم سابقاً.

والأسلوب الاستقرائي والاستدلالي يتطلبان من الطلاب أن يكونوا فعالين في اكتساب المعرفة غير المعروفة سابقاً. ففي الأسلوب الاستقرائي يقوم الطالب بهذا العمل من الأمثلة والتمارين، أما في الأسلوب الاستدلالي فيقوم الطالب بهذا العمل عن طريق الاستدلال المنطقي من المعارف السابقة، ودور المعلم في هذا الأسلوب هو توجيه سلسلة من الأسئلة الهادفة التي توجه تفكير الطلاب نحو التعميم المراد تعليمه.

ولا يخفى أن بعض التعميمات قد تعَّلم أما بالأسلوب الاستقرائي أو بالأسلوب الاستدلالي أو بالاثنين معاً. وعلى المعلم أن يدرك طبيعة التعميم المراد تعليمه كي يقرر أي الأسلوبين سيتبع:الاستقرائي أو الاستدلالي أم كليهما. لأن أسلوب الاكتشاف الاستقرائي لا يناسب كل الحالات والتعميمات.

وسنقدم فيما يلي مثالين على استخدام الاكتشاف في تدريس التعميمات الرياضية.

مثال(1)

تدريس التعميم: مساحة المستطيل تساوي حاصل ضرب طول المستطيل في عرضه، عن طريق الاكتشاف الموجه(من خلال الأمثلة).

1) تحرك التقديم: تقسيم طلاب الصف إلى مجموعات (3-4) أفراد في المجموعة الواحدة.
   - يطلب من كل مجموعة رسم 5 مستطيلات (ويفضل على ورق رسم بياني) بالأبعاد الآتية: (3،2)،(4،2)،(3،4)،(5،4)،(5،3).
- يطلب من كل مجموعة تقسيم المستطيلات إلى مربعات صغيرة ضلع كل منها 1 سم، هكذا.

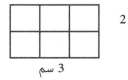

2

3 سم

2) تحرك الأمثلة

يطلب من كل مجموعة تعبئة الجدول التالي:

رقم المستطيل	أبعاده	عدد المربعات داخله	طول المستطيل × عرضه
1	3،2		
2	4،2		
3	4،3		
4	5،4		
5	3،5		
6	6،3		
7	6،4		
8	8،5		

مع ملاحظة ضرورة تقديم المستطيلات 8،7،6 (مما لم يرسم الطالب) كما في الجدول أعلاه.

3) صياغة التعميم (والتفسير):

يتوصل الطلبة إلى التعميم التالي:

عدد المربعات داخل المستطيل = طول المستطيل × عرضه.

يسأل المعلم طلبته عما يعنيه عدد المربعات داخل المستطيل، ومن ذلك يتوصل الطلاب إلى كتابة التعميم بالصورة:

مساحة المستطيل = طول المستطيل × عرضه.

4) تحرك التدريب مباشرة على استخدام التعميم:

5) إعطاء تدريبات مباشرة لحساب مساحة المستطيل في حالات متعددة.

6) إعطاء تدريبات لحساب طول المستطيل أو عرضه إذا علمت المساحة.

7) تحرك التطبيق:

إعطاء تمارين ومسائل غير مباشرة، كحساب مساحة أرض، أو مسطح بيت، ومعرفة تكاليف إنشاءات عليه أو ثمنه، أو حساب مساحة مناطق تؤول إلى مستطيلات متعددة.

مثال (2):

تدريس التعميم: قانون المسافة بين نقطتين أ (س 1، ص1)، ب(س 2، ص2):

أب= $\sqrt{(س_1 - س_2)^2 + (ص_1 - ص_2)^2}$

باستخدام أسلوب الاكتشاف الاستدلالي

1. تحرك التقديم:

على الرسم المجاور لو سارت النقطة أ إلى الوضع جـ (1،5)، ثم إلى الوضع ب (5،5).

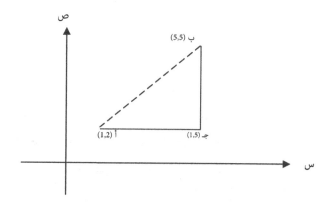

ص
س

فما المسافة التي سارتها النقطة حتى وصلت إلى الوضع ب؟.

لو سارت النقطة أ مباشرة وبخط مستقيم إلى الوضع ب، فما المسافة التي تكون قد قطعتها (بدون قياس)؟.

سنتوصل إلى قانون يعطينا المسافة دون الحاجة إلى قياس هذه المسافة.

2. تحرك النقاش (الاستدلال المنطقي)

لصياغة التعميم:

لنمثل وضعاً عاماً للنقطتين أ، ب

كما في **الشكل المجاور**

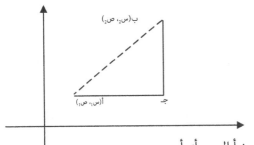

ماذا نريد أن نجد؟ نريد أن نجد المسافة من أ إلى ب. أي أب.

يكمل المعلم الشكل أعلاه ليصبح مشابهاً للشكل السابق:

ما الأحداثي السيني للنقطة جـ ؟	الجواب س$_2$
ما الأحداثي الصادي للنقطة جـ ؟	الجواب ص$_1$
إذن إحداثيات النقطة جـ :	(س$_2$، ص$_1$)
ما نوع المثلث ب جـ أ؟	قائم الزاوية في جـ
ما طول الضلع جـ أ؟	س$_2$ - س$_1$
ما طول الضلع ب جـ؟	ص$_2$ - ص$_1$

إذا كان المثلث ب جـ أ قائم الزاوية في جـ ، فماذا نستخلص من ذلك؟

من يكتب أو يذكر نص ذلك بالإحداثيات السينية والصادية للنقطة؟

ويمكن كتابة قانون المسافة بين النقطتين أ (س$_1$، ص$_1$)، ب(س$_2$، ص$_2$)

كما يلي:

$$أب = \sqrt{(س_2 - س_1)^2 + (ص_2 - ص_1)^2}$$

3. تحرك التدريب على التعميم

يقدم المعلم مثالين أو ثلاثة أولاً على التعميم ثم يتدرب الطلبة على القانون بإعطائهم أمثلة وتدريبات مباشرة ومتنوعة.

4. تحرك التطبيق:

تُعطى حالات غير مباشرة، كاستخدام القانون في استخلاص بعض العلاقات في الأشكال الهندسية.

5:8 اكتساب التعميم

والسؤال الذي يطرح نفسه على المعلم بعد تدريس التعميم الرياضي. هو كيف يقوّم أداء طلبته ليحكم على مدى اكتسابهم للتعميم وقدرتهم على استخدامه. بعض الأسئلة تركز على حل بعض التمارين (الأمثلة) على التعميم، وبعضها يهتم بالمعرفة والحفظ، وغيرها تهتم بالفهم والتفسير والبرهان. ويمكننا اعتماد نموذج ديفيس (Davis,1978) في اكتساب التعميم. والنموذج مبني على تحركات الطلبة حيث تندرج هذه التحركات في مستويين. كما في التعميم التالي:

المعادلة التربيعية على الصورة

$\text{س}^2 + \text{ص}^2 + 2\,\text{ل س} + 2\,\text{ك ص} + \text{جـ} = \text{صفر}$

هي معادلة دائرة مركزها (- ل، - ك)، ونصف قطرها $\sqrt{\text{ل}^2 + \text{ك}^2\ \text{جـ}}$

المستوى الأول: فهم المعنى المتضمن في التعميم

يشتمل هذا المستوى على التحركات التالية:

1. فهم المفاهيم والمصطلحات الواردة في التعميم:
والمفاهيم هي : معادلة تربيعية، الدائرة، مركز الدائرة، نصف قطر الدائرة (مع تمثيل المفاهيم بيانياً).

2. صياغة التعميم بلغة الطالب الخاصة:
بإمكان الطالب كتابة أو صياغة معادلة الدائرة باستخدام رموز أخرى، أو بصورة كلامية أو لغوية.

3. إيراد أمثلة وحالات خاصة على التعميم:
إعطاء أمثلة على معادلة دائرة مثل س^2 + ص^2 − 2س + 3 ص − 1 = 0.
وذكر مركزها ونصف قطرها حسب التعميم.

4. ذكر الشروط الضرورية لاستخدام التعميم:
يلاحظ الطالب الشرط: معامل س 2 = معامل ص 2، وكيفية استخدام المعادلة للحصول على المركز،
ونصف القطر، مع مقارنة معادلة الدائرة بالصورة العامة للمعادلة التربيعية في س 2، ص 2.

5. استخدام التعميم في حالات خاصة وبسيطة:
يُسأل الطالب ليجد نصف قطر دائرة، ومركزها، إذا علمت المعادلة، وكتابة المعادلة إذا علم نصف
قطرها ومركزها.
المستوى الثاني: تبرير التعميم واستخداماته
يشتمل هذا المستوى على التحركات التالية:

6. بيان صحة التعميم أو برهنته:
أما أن يبدأ الطالب من تعريف الدائرة واستخدام العلاقة:
(س−ل)^2 + (ص − ك)^2 = نق^2 ليصل إلى المعادلة المعطاة، أو أن يبرهن أن المعادلة المعطاة بعد
عمليات جبرية (إكمال المربع) معينة تحقق العلاقة أعلاه.

7. استخدام أمثلة عددية ومادية لتوضيح التعميم:
يعطي الطالب أمثلة عددية على التعميم، وقد يستخدم في ذلك الدوائر المتماسة من الداخل أو الخارج، أو المرسومة داخل بعضها ومتحدة المركز.

8. التعرف على استخدامات التعميم في مواقف غير مألوفة: أن يصل الطالب إلى معادلة الدائرة التي مركزها نقطة الأصل ومعادلة الدائرة التي تمس أحد المحورين، أو تمس كليهما... ومتى تؤول المعادلة إلى معادلة دائرة تمثل دائرة تخيلية أو دائرة وحدة....

9. وغير ذلك من التطبيقات غير المباشرة على استخدام التعميم.

والمقدرة على اكتساب التعميم موجودة، ولكن بدرجات متفاوتة عند الطلبة ذوي القدرات المتباينة في الرياضيات. ويبدو أن الطلبة ذوي القدرة العالية يصنفون المسائل والأمثلة حسب التركيب الرياضي لها أي أنهم يقومون بعملية التجريد، ومن ثم يعممون، في حين أن الطلبة ذوي القدرات المنخفضة يصنفون المسائل والأمثلة حسب السياق اللفظي لها ويعممون الحل على مسائل حسابية بعد أن يدركوا العلاقات اللفظية(Silver, 1987) دون الوصول إلى تجريد لهذه العلاقات. وكلما كان الطالب قادراً على تصنيف المسائل، وإدراك ارتباطها مع بعضها من حيث التركيب الرياضي (التجريد) كلما كان أقدر على التعميم.

ويمكن زيادة قدرة الطلبة على التعميم، بإتباع تدريب معين للطلبة، فقد وجد ويلز(1967) أن الطلبة ضاعفوا قدرتهم على التعميم مرتين من خلال التدريب الذي حصل عليه الطلبة واستمر مدة أسبوعين. ويؤكد ويلز أن القدرة على التعميم هي مهارة تكتسب من خلال التدريب المنظم.

6:8 أهداف تدريس التعميمات الرياضية

يمكن النظر إلى التعميمات من حيث أهداف تدريسها كما يلي:

أ) تعميمات الهدف من تعليمها وتعلمها إجراء الحسابات، أو الاستخدامات المباشرة من مثل التعميمات التالية:

- يقبل العدد القسمة على 3 إذا كان مجموع أرقامه يقبل القسمة على 3.
- إذا قسمنا بسط الكسر ومقامه على نفس العدد فإن الكسر الناتج يكافئ الكسر الأصلي.

حيث يستخدم هذا التعميم في اختصار الكسور.

- $ب^{م} \times ب^{ن} = ب^{م+ن}$.

وغيره من قوانين الأسس، والتي تستخدم في اختصار المقادير الكسرية، أو في التحليل إلى العوامل.

- قوانين الاشتقاق في حساب التفاضل.

ب) تعميمات تستخدم من أجل تطبيقاتها واستخداماتها في مواقف غير مباشرة، أو من أجل تنمية القدرة على التفكير الاستنتاجي والبرهان الرياضي:

- مجموع قياسات زاويا المثلث يساوي 180°.
- مبدأ العد:

إذا أمكن إجراء عملية ما بطرق عددها م، وأمكن إجراء عملية أخرى بطرق عددها ن فإنه يمكن إجراء العمليتين معاً بطرق عددها م ×ن (حيث يستخدم في التباديل والتوافيق).

- الضلع الأكبر في المثلث يقابل الزاوية الكبرى، أو طول أي ضلع في المثلث هو أكبر من مجموع طولي الضلعين الاخرين.

– الشكل الناتج من وصل منتصفات أضلاع أي شكل رباعي هو متوازي أضلاع.

جـ) يهدف تدريس بعض التعميمات استخداماتها في إجراء الحسابات وكذلك لتطبيقاتها واستخداماتها في المواقف غير المباشرة، مثل:

– قانون المسافة بين نقطتين.

– قوانين الربح البسيط أو الربح المركب.

– نظرية فيثاغورس.

– قوانين الاحتمالات.

د) وهناك تعميمات تكمن أهميتها في إتاحة الفرصة للطلبة للتدريب على عمليات الاكتشاف والاستقراء، ولذا ينصح المعلم باستخدام أسلوب الاكتشاف الموجه أو الاكتشاف الحر عند تدريسها، ومن مثل هذه التعميمات:

– عدد المجموعات الجزئية لمجموعة عناصرها ن يساوي $2^ن$.

– عدد أقطار مضلع محدب عدد رؤوسه ن يساوي $\dfrac{ن(ن-1)}{2} - ن$

– عدد الاقترانات من نوع واحد لواحد، وشامل والتي يمكن تكوينها من مجموعة إلى نفسها يساوي ن! حيث ن عدد عناصر المجموعة.

– مجموع الزوايا الخارجة لأي مضلع يساوي 4 زوايا قوائم.

وإدراك المعلم لطبيعة التعميم الذي يدرسّه والهدف من تدريسه يوجهه إلى اختيار الأسلوب المناسب لتدريسه، فقد يختار مثلاً طريقة الاكتشاف الموجه لتدريس تعميم لا يستخدم في التطبيقات المباشرة أو غير المباشرة، ولكنه قد يستخدم طريقة العرض المباشر لتدريس تعميم الهدف من استخدامه في التطبيقات المباشرة أو إجراء الحسابات.

أسئلة للمناقشة وتدريبات

1. اذكر خمسة تعميمات رياضية متنوعة، وبين الأهداف من تدريس هذه التعميمات.

2. اختر وحدة من وحدات كتب الرياضيات، وبيّن التعميمات الرياضية الواردة في هذه الوحدة.

3. اختر تعميمين مناسبين، وبين كيف تدرسهما مستخدماً أسلوب العرض.

4. اختر تعميمين مناسبين، وبيّن كيف تدرسهما مستخدماً أسلوب الاكتشاف.

5. ما الأسلوب المناسب لتدريس النظريات الهندسية؟ وضح إجابتك بأمثلة.

6. كيف نتبين الفرق بين المفهوم الرياضي، والتعميم الرياضي:

   مثلاً: العدد النسبي، محيط الدائرة، المسافة بين النقطتين؟

المراجع

- Davis, E.A (1978).

  Model for Understanding in Mathematics. **Mathematics Teacher.** 13-17 .

- Gagne, R. (1970).

  The Conditions of Learning, Holt Rinehart and Winston. Inc. (2nd ed.) .

- Hendrix, G. (1961).

  Learning by Discovery. **Mathematics Teacher.** 54, 290-299.

- Wills H.

  Generalizaticns in The Teaching of Secondary School Mathematics. Chap. 10, NCTM.

- بحوث ودراسات

الدوريات: (سودر، 1971)، (سيلفر، 1978)، (ويلز، 67) من الدوريات.

- **Journal For Research in Math Education.**

- **School Science and Mathematics.**

- **Journal of Educational Psychology .**

9

الفصل التاسع
تدريس الخوارزميات والمهارات الرياضية

1:9 المهارات الرياضية وأهميتها
2:9 المهارات الأساسية الضرورية
3:9 التدريب على المهارات
4:9 تعليم المهارات وتطويرها
5:9 المنهاج والمهارات الرياضية
المراجع

تدريس الخوارزميات والمهارات الرياضية

1:9 المهارات الرياضية وأهميتها

بحثنا في الفصلين السابقين كيف نعلم المفاهيم الرياضية، والتعميمات، وفي هذا الفصل سوف نتعرض لنوع آخر من المعرفة الرياضية التي تكّون جزءاً أساسياً من منهاج الرياضيات لأية مرحلة من المراحل التعليمية، ولأي صف من الصفوف. هذه المعرفة تتعلق بكيفية عمل شيء ما، فمثلاً يتعلم الطالب كيف يقسم عدداً مكوناً من ثلاث منازل أو أكثر على عدد آخر مكون من منزلتين أو أكثر، أو يستخرج الجذر التربيعي لعدد. ويتعلم أيضاً كيف ينصف قطعة مستقيمة أو يقيم عموداً عليها من منتصفها، أو يضرب مقداراً جبرياً في مقدار جبري آخر. مثل هذه الأشياء يطلق عليها مهارات. والطالب في قيامه بكل هذه الأعمال يستند على طريقة ما أو إجراءات معينة تسمى خوارزميات **(Procesures or Algorithms)**. وتعرف الخوارزمية بأنها الطريقة الروتينية للقيام بعمل ما. أما المهارة فهي القيام بالعمل بسرعة ودقة وإتقان. وغالباً ما يرتبط هذا العمل بخوارزمية تحدد أسلوب العمل وإجراءاته. ومن الأمثلة على الخوارزميات: خوارزمية الضرب، خوارزمية القسمة، خوارزمية استخراج الجذر التربيعي، خوارزمية إيجاد القاسم المشترك الأعظم أو المضاعف المشترك الأصغر، إلى غير ذلك.

ومن الخصائص المميزة للمهارات السرعة والدقة والإتقان في الأداء. فالمهارة هي قدرة من قدرات الإنسان على القيام بعمل ما. وتتصف هذه القدرة بالسرعة والإتقان،

فنقول مثلاً طالباً يجد مفكوك مقدار جبري ذي حدّين بسرعة ودقة. أو يجد مشتقات الاقترانات على اختلاف أنواعها بسرعة وإتقان.

ويلعب تعليم المهارات الرياضية دوراً مهماً في تدريس الرياضيات، فإذا لم يطور الطالب ويحسن مهارته في أداء بعض الأعمال ويكتسب بعض المهارات فإن ذلك سيعيق تعلمه للرياضيات. ويعتبر الكثيرون، وخاصة أولياء الأمور، إن تعلم الرياضيات هو اكتساب المهارات الأساسية في الرياضيات خاصة في مجال الأعداد والترقيم والعمليات الحسابية والجبرية والهندسية.

وتعم الشكوى، هذه الأيام، أوساط المتعلمين والتربويين وأولياء الأمور من العجز الظاهر عند الطلبة في أداء المهارات الأساسية. ويعزو البعض أسباب ذلك إلى ما يلي:

1- النقص الواضح في اهتمام المتعلمين بتعلم المهارات، مع ظهور الآلات الحاسبة وانتشارها بشكل واسع بين الناس.

2- وسائل التعليم غير الفعالة التي يتبعها المعلمون في - تعليمهم للمهارات الرياضية - فمعظم هذه الوسائل لا تستشير دافعية الطلبة وحماسهم للتدريب على هذه المهارات وتثبيتها، بل على العكس من ذلك يثير فيهم الملل والرتابة.

3- الافتقار إلى المتعة والميل والاستعداد عند المتعلمين في التعامل مع الأعداد والرموز. وغيرها من المفاهيم الرياضية المجردة للوصول إلى مستوى عالٍ في اكتساب المهارات المطلوبة.

ويعتقد البعض أن تعلم المهارات الرياضية أضحى غير ضروري هذه الأيام بسبب التقدم التكنولوجي الواسع في مجال الكمبيوتر والآلات الحاسبة، وتوفرها في كل مكان وانتشارها السريع.

وفي الوقت نفسه استفاد آخرون من المبادئ التي يستند عليها عمل الكمبيوتر والآلات الحاسبة في تدريس المهارات الرياضية وأدخلوا خرائط سير العمليات

والمخططات الإنسيابية (Flow Charts) في مناهج جميع المراحل، واستفادوا من هذه المخططات في تدريس المهارات.

ومع الاقتناع بالدور الذي تلعبه الآلات الحاسبة والكمبيوتر في وقتنا الحاضر، إلا أن تدريس المهارات الرياضية واكتسابها لا يزال ضرورياً وهاماً لعدة أسباب منها:

1- اكتساب المهارة وإتقانها يساعد المتعلم على فهم الأفكار والمفاهيم الرياضية فهماً واعياً، فإذا كان المتعلم متمكناً من الحسابات بشكل جيد فإن ذلك سيتيح له فرصة أفضل لأن يوجه تفكيره واهتمامه بالمسائل والمواقف التي يواجهها.

2- بعض المواقف لا تحتاج إلى آله حاسبة، فقد تحتاج إلى حسابات بدائية أولية تعتمد على مهارة الفرد وقدرته على إجراء الحسابات ذهنياً. واللجوء إلى الآلة الحاسبة باستمرار يعطل التفكير، ويصيبه بالركود والخمول.

3- اكتساب المهارات يسهل أداء كثير من الأعمال الحياتية واليومية للفرد في البيت والعمل والتعامل مع الآخرين بسهولة ويسر، كما ويزيد قدرة الفرد على القيام بأنشطة متنوعة.

4- إتقان المهارات يتيح الفرصة للمتعلم لأن يوجه تفكيره وجهده ووقته بشكل أفضل في المسائل والمواقف التي يواجهها، وبالتالي تسهل عليه حل المشكلات حلاً علمياً سليماً، وتنمي قدرة المتعلم الإنتاجية على حل المسائل.

5- القيام بالمهارات واكتسابها تزيد من معرفة المتعلم وإلمامه بخصائص الأعداد والعمليات المختلفة عليها، وتعمق فهمه للنظام العددي والترقيم والبنية الرياضية عموماً.

2:9 المهارات الأساسية الضرورية

يحتاج الأفراد إلى قدر من المهارات الرياضية يختلف باختلاف طبيعة الأعمال التي يمارسونها في حياتهم اليومية وفي أعمالهم. إلا أن هناك مهارات أساسية لا غنى لكل متعلم مثقف عنها إذا أراد أن يتعامل مع غيره بسهولة ويسر، خصوصاً في حياة الحاضر والمستقبل. وقد حدد المجلس الوطني لمعلمي الرياضيات في الولايات المتحدة الأمريكية عدداً من المهارات والكفايات تعتبر ضرورية لكل مواطن مثقف، ووردت هذه ضمن عشر موضوعات رياضية كما يلي:

1- الأرقام والأعداد:

- تحويل الكسر العادي إلى كسر عشري.
- كتابة مضاعفات الأعداد من 2 إلى 12.
- استخدام الأعداد الصحيحة في حل المسائل.
- معرفة القيمة المنزلية للرقم.
- قراءة الأعداد وكتابتها حتى البلايين.
- معرفة الصور المختلفة للأعداد، قراءتها وكتابتها وتحويلها.
- النسبة، النسبة المئوية، الأرقام الرومانية، الصيغة العشرية، الصورة الكسرية.

2- العمليات الحسابية وخصائصها:

- إعطاء إعداد نسبية مكافئة لإعداد أخرى، مثل $\frac{1}{2}$ ، $\frac{2}{3}$ ، $\frac{3}{5}$ ، ....
- استخدم الخوارزميات المعروفة في العمليات الحسابية على الأعداد النسبية.
- إدراك خصائص العمليات وبعض الأعداد مثل 1,0 واستخدمها.

- حل مسائل تتضمن العمليات الحسابية الأساسية على الكسور.
- حل مسائل تتضمن النسبة والتناسب والنسبة المئوية.
- إجراء العمليات الحسابية على المقاييس.
- تقدير النتائج وتقريبها وإصدار أحكام معقولية الأجوبة.

3- الجمل والعبارات الرياضية:

- تكوين عبارات رياضية من مسائل لفظية.
- حل معادلات خطية بسيطة.
- تحويل الجمل والعبارات الرياضية إلى مسائل لفظية.

4- الهندسة:

- تمييز الخطوط المتوازية والمتعامدة والأفقية والمتقاطعة.
- تصنيف الأشكال الهندسية المستوية من خلال صفاتها وخصائصها.
- حساب المحيط للمضلعات.
- حساب المساحات للأشكال الرباعية والمثلثات والدوائر.
- إدراك مفاهيم التشابه والتطابق والتكافؤ والتعرف على الأشكال المتشابهة والمتطابقة.

5- القياس:

- استخدام مقاييس الطول والحجم والمساحة والوزن والزمن والنقود والحرارة.
- قياس الطول والحجم والمساحة والوزن والحرارة والزوايا.
- التحويل من وحدات قياس إلى وحدات أخرى.

- قراءة الخرائط وتقدير المسافات بين الأماكن والمواقع.

6- العلاقات والإقترانات:

- تفسير المعلومات من خلال الأشكال البيانية والرسومات.

- تطبيق مفاهيم النسبة والتناسب في إنشاء الأشكال والرسومات والخرائط وتحديد العلاقات الكمية.

- كتابة عبارات وجمل تظهر العلاقات بين الكميات أو المقادير مثل:

$$= ، > ، < ، ≠ .$$

7- الإحصاء والاحتمالات:

- حساب الوسط والوسيط والمنوال لأية مجموعة من البيانات.

- حساب مقاييس التشتت المختلفة.

- تحليل وحل مسائل احتمالية بسيطة على حجر النرد والنقد وورق اللعب.

- التعرف على الإجراءات والوسائل المستخدمة في التنبؤ والتقدير من العينات.

8- الرسم:

- رسم الأشياء بمقياس رسم معين، وتحديد أبعاده الحقيقية من خلال الرسم.

- إنشاء رسم يوضح العلاقة بين المتغيرات من البيانات المعطاة.

- قراءة الرسومات وتحليل النتائج منها.

- إنشاءات هندسية أساسية.

9- التعليل الرياضي:

- إعطاء أمثلة نقيض لاختبار صدق العبارات.

- جمع المعلومات والبيانات التي تدعم نتيجة ما وعرض هذه البيانات.
- اختيار ووصف الثغرات والأخطاء في الأفكار الرياضية التي تسند إلى البيانات الإحصائية.

10- الرياضيات المالية والمعيشية:

- التخطيط لميزانية الفرد المعيشية.
- تقدير التكاليف الفعلية للأشياء والاحتياجات الفردية.
- حساب الضرائب والفوائد والعوائد الأخرى للفرد.
- استخدام المعادلات البسيطة لمصاريف الحياة اليومية والأرباح.

(Aichele and Reys,1977,PP.263-271)

وفي دراسة مسحية شاملة شارك فيها عدد كبير من معلمي الرياضيات في المراحل التعليمية المختلفة وعدد من المختصين والمهتمين بتدريس الرياضيات، تمّ تحديد الموضوعات التالية كمهارات أساسية وضرورية يجب أن تدرس في الصفوف من 1-12(Denmark and Keppner,1980) .

الحسابات والتطبيقات الحياتية، التقريب والتقدير، القياس، الهندسة، أساسيات الجبر، الإحصاء والاحتمالات، الآلات الحاسبة اليدوية، بعض أساسيات الرياضيات الحديثة، الاستمتاع بدراسة الرياضيات(من المجال الوجداني).

ومن الملاحظ أن مصطلح المهارة الرياضية يستخدم بمعنيين مختلفين، فهو يستخدم ليعني محتوى رياضي أو معرفة رياضية في المنهاج، ويعني أيضاً استخدام المعرفة بسرعة وإتقان. وسيتم التمييز بين استخدام هذا المصطلح بالمعنيين أعلاه كما يلي:

المهارات الرياضية(الأساسية) في المعنى الأول والمهارة الرياضية بالمعنى الثاني(أبو زينة،1985).

وقد قام مجلس معلمي الرياضيات في الولايات المتحدة الأمريكية بوضع قائمة بالمجالات والمهارات التي يجب أن يشملها منهاج الرياضيات في الصفوف المختلفة ويبين الملحق هذه القائمة (NCTM,1989).

3:9 التدريب على المهارات

من الخصائص المميزة للمهارات أنها يمكن أن يمكن تتعلم بالتقليد والتدريب، ولكن يجب أن لا يفهم من ذلك أن التقليد هو الطريقة المثلى لتعلم المهارة. فبدون بعض المعرفة الواعية للنظريات والمبادئ سيكون التقليد والتدريب مضيعة للوقت، وأسلوباً غير مجد لتعلم المهارة. وتزويد الطالب بمجموعة المعارف والأفكار التي تتعلق بالمهارة، وإعطاؤه الفرصة الكافية للتدريب المناسب، يمكنه من تطوير المهارة لديه واكتسابها وإتقانها بطريقة ذات معنى، وتجعله يفهم ما يعمل ليقوم به.

ولكي يكون الطالب قادراً على القيام بالعمل بسرعة ودقة، فأنه يحتاج إلى التدريب، ولذلك فعلى المعلم عند تعليمه المهارات أن يمنح الطلاب الفرصة الكافية للتدريب، ويزودهم بتعليمات وتوجيهات ترشدهم وتوجه أعمالهم.

والتدريب هو الوسيلة الرئيسية لتعلم المهارة واكتسابها وتطويرها عند الفرد، وعلاوة على ذلك فللتدريب فوائد تتلخص فيما يلي:

أ) التدريب ضروري للتذكر، ودوام التعلم واستبقاؤه لفترة أطول، فنحن لا نستذكر إلا جزءاً بسيطاً من المادة التي نتعلمها إذا تعرضنا لها مرة واحدة، بينما قد يساعد التدريب الموزع على فترات والمتواصل على استبقاء جزء كبير من المعلومات التي نتعلمها.

ب) التدريب وسيلة لبناء الدقة وزيادة الكفاءة فيما نقوم به من أعمال، فالتدريب يساعد المتدرب على تجنب الأخطاء التي وقع فيها سابقاً.

جـ) التدريب يعزز ثقة المتعلم بنفسه، فالنجاح في إجراء الحسابات وأداء الأعمال واكتساب المهارات يزيد الدافعية عند المتعلم نحو التعلم، ويطور عنده الاتجاهات الإيجابية نحو المهارة أو الموضوع.

وحتى يكون التدريب فعالاً يجب الأخذ بعين الاعتبار الأمور الأربعة التالية:

التعزيز، التغذية الراجعة، التدريب المجدول، والتنويع في التدريب، وفيما يلي موجز لكل واحد من هذه الأمور:

أ) التعزيز:

من المعلوم أن مكافأة الفرد على سلوك ما واستجابته بشكل معين يجعل في الغالب، ذلك السلوك يظهر ثانية في ظروف مشابهة. وهذا ما ينص عليه مبدأ التعزيز. والتعزيز في تعليم الرياضيات قد يكون الارتياح عند التلميذ الناتج عن فهم العمل الذي يقوم به، أو الثناء من المسؤولين في المدرسة، أو الامتيازات الخاصة والمكافآت التي يحصل عليها. ويجب أن يستخدم التعزيز بحكمة كي يعطي النتائج المرجوة. وقد حدد بعض علماء النفس الأمور التالية التي يجب الالتزام بها حتى يكون التعزيز فعالاً:

1- في المراحل الأولى للتعلم، تعزز جميع الاستجابات الصحيحة.

2- يجب أن يأتي التعزيز بعد ظهور السلوك المطلوب مباشرة.

3- يجب أن يقترن التعزيز بالسلوك المرغوب فيه ويرتبط به.

4- لا يعزز السلوك غير المرغوب فيه.

ب) التغذية الراجعة:

وهي تزويد المتعلم بما وصل إليه،فيقارن ما بين أدائه الحقيقي والأداء القياسي للمهارة. وتزويد الطالب بالمعلومات الصحيحة تمكنه من تحسين أدائه، وتوصله إلى الهدف النهائي، ولذا فهي تعمل كمعزز للسلوك فيجب أن تأتي بعد الأداء مباشرة.

جـ) التدريب المجدول:

عند إعطاء التدريب للطلبة يجب الأخذ بعين الاعتبار عاملين: توزيع التدريب على فترات، ومقدار التدريب في كل مرة. ويبدو من المؤكد أن توزيع التدريب على فترات، وبمقادير قليلة نسبياً، أفضل من إعطائه التدريب جميعه مرة واحدة وبكمية كبيرة، فإعطاء التدريب دفعة واحدة غالباً ما يكون مصحوباً بالملل والضجر، ثم أن الأخطاء التي تظهر أثناء التدريب تثبت عند التلميذ، ويصعب تصحيحها. وبالإضافة إلى ذلك، فإن التدريب المكثف يجعل من الصعب تحديد نقاط الضعف عند التلميذ وأية ثغرات تكون قد تكونت لديه.

والتدريب على فترات يساعد على التذكر، بينما التدريب المكثف يكون عرضة للنسيان بعد وقت قصير. وفترات التدريب يجب أن نكون متقاربة إلى الحد الذي يقلل من آثر النسيان. ويعتمد عدد فترات التدريب وكميته على طبيعة العمل، وأعمار الطلبة، وقدراتهم واستعدادهم لذلك.

د) التنويع في التدريب:

إن التدريب الذي يستمر على نفس الاستجابة، ولنفس المثيرات، وبنفس الأسلوب، يؤدي إلى الملل واللامبالاة. فبالرغم من أن التدريب في الفترات الأولى يجب أن يكون قياسياً أو نمطياً، إلا أن المعلم يجب أن يعمل جاهدا للتنويع في الفترات اللاحقة. واستخدام الألعاب، والتنوع في الأسئلة التي تتناول التدريب والتطبيقات الحياتية التي تتعرض للمهارة يساعد على أن لا يكون التدريب رتيبا ومملا، ويجعل للتدريب معنى

عند المتعلم. والمعلم في اختياره للمسائل والتطبيقات والألعاب يسعى لدعم المهارة. وهذا التنويع يثير اهتمام الطلاب للتعلم، ويحثهم على الإنتاج، ويشجعهم على التفكير ورؤية المعاني الواقعية للتدريبات، كما يزيد من قدرة المتعلم على تطبيق ونقل ما يتعلم إلى مواقف أخرى.

إن حصولنا على نتائج إيجابية نتيجة التدريب الذي نقوم به يتوقف على نوعية ذلك التدريب والظروف التي يتم فيها، إذ لا يمكن أن نتوقع نتائج إيجابية من تدريب غير منظم أو هادف. وللوصول إلى مثل تلك النتائج الإيجابية. لا بد من الأخذ بالاعتبار عدة مبادئ أساسية عند البدء بالتدريب وخلال عملية التدريب.ومن هذه المبادئ ما يلي:

1- التدريب في ظروف مناسبة للمتدربين يسهل تعلم المهارة واكتسابها.

2- تبصير الطالب واستيعابه لما يقوم به من تدريب إذ يجب أن يبدأ التدريب بعد الفهم والاستيعاب.

3- يكون التدريب والتمرين على الاستجابات والحلول والإجراءات الصائبة، ولا يتم التدريب على الخاطئ منها.

4- تفريد التدريب حسب حاجة المتعلمين وقدراتهم واستعداداتهم.

5- يتم التدريب على فترات موزعة، ولا يكون هناك إسراف فيه.

6- يعطي التدريب ضمن تمارين ذات معنى للمتعلم حتى يتم انتقال اثر التدريب إلى مواقف أخرى.

7- يجب أن يركز التدريب ويتناول مبادئ وقواعد أساسية.

8- يعطي المتدرب إرشادات وتوجيهات في كيفية التدريب.

9- يجب أن تتنوع الأنشطة التي يتناولها التدريب، وألا تكون وتيرة أو روتينية.

10- يكون التدريب مثمرا وذا معنى إذا المتدرب بمدى تقدمه وتحسنه.

11- يجب أن لا يكون التدريب عقابا للمتعلم. إذ أن التدريب يكون بهدف التحسين والتطوير.

4:9 تعليم المهارة وتطويرها

يقوم المعلم عند تعليمه المهارة بمجموعة من التحركات، بعضها يشبه التحركات التي يقوم بها عند تعليم التعميمات الرياضية، ومن هذه الحركات:

1- **التقديم للمهارة**: تفيد المبادئ الإرشادية والتعليمات التي تقدم إلى المتعلم، لأنها تقدم نصائح عامة حول ماذا سيفعل المتعلم وكيف يفعله ويقوم به. وقد تشرح له هذه التعليمات سلسلة الخطوات التي سيتبعها المتعلم. وفي بعض الأحيان يكون تعليم التعميم أو المبدأ أولا ثم يستخلص منه المبادئ الإرشادية للعلمية، فمعرفة التعميم أو المبدأ الذي تستند عليه المهارة يساعد في إعطاء معنى وفهم لما يقوم به المتعلم.

2- **التفسير**: ويقصد به مساعدة الطلاب على فهم معنى المبادئ والإرشادات. وإعادة صياغة المبدأ بلغة أبسط وأوضح تجعل الطالب قادرا على تنفيذها والقيام بها. وفي بعض الأحيان يستلزم الأمر مراجعة الطلاب لبعض المعلومات السابقة والضرورية لاكتساب المهارة الحالية، أو تنفيذها هذه المبادئ والتعليمات على مثال ما ويطلب من الطلاب تقليده والسير على منواله.

3- **التبرير**: وفي هذا التحرك يهتم المعلم بالتأكيد على أن مجموعة المبادئ الإرشادية تعطى النتيجة الصحيحة. وقد يكون التبرير التأكد من صحة النتيجة بوسائل أخرى، أو بإثبات أن المبادئ مبنية على تعميم رياضي مقبول.

4- **التدريب:** جميع التحركات السابقة تبحث في معرفة كيفية القيام بعمل ما، أما في هذا التحرك فإن الطالب يطور قدرته على إتمام العمل بسرعة ودقة.

واكتساب المهارة يتم من خلال التدريب عليها. والتدريب الفعال هو ما أرتبط ارتباطا ذا معنى بخلفية الطالب المعرفية، وحاجته لمثل هذا التدريب.

ويتبع المعلمون إستراتيجيتين في تدريسهم للمهارات وهما:

أ) **إستراتيجية الأجزاء:**

في إطار هذه الإستراتيجية يتم تدريس الطالب الأجزاء التي تتكون منها المهارة واحدة، قبل أن تتكامل، ويجري التدريب على كل جزء لوحده أولا.

ب) **إستراتيجية الكل:**

في هذه الاستراتيجية يوجه المعلم انتباه الطلاب إلى التسلسل المناسب لمكونات المهارة. وبدلا من أن يكون التركيز على تعليم وممارسة كل جزء لوحده يكون التركيز على تعلم وممارسة الكل كوحدة واحدة.

أن استخدام استراتيجية أو أخرى مما سبق يعتمد على المهارة ودرجة تعقيدها، وبطبيعة الحال قد يجمع المعلم بين هاتين الاستراتيجيتين.

وفي نموذج العرض المباشر الذي قدمه بل، هناك ثمانية أنشطة تستخدم في تدريس المهارة الرياضية (المفتي ورفاقه،1986،ص80) وهي:

1- مناقشة أهداف تدريس المهارة مع الطلاب.

2- تسمية المهارة.

3- تحديد ومناقشة المهارات والمفاهيم والمبادئ المتطلبة مسبقا من خلال التقويم القبلي.

4- تنمية المهارة من خلال الأمثلة.

5- عرض المهارة من خلال المزيد من الأمثلة.

6- جعل الطلاب ينمون خوارزمية للمهارة.

7- جعل الطلاب ينمون المهارة من خلال التدريب الفردي.

8- تقويم تمكن الطلاب من المهارة.

5:9 المنهاج والمهارات الرياضية

اعتمادا على تصنيف المعرفة الرياضية إلى مكوناتها الأربعة:

المفاهيم، التعميمات، المهارات، المسائل.

فإن المهارات ترتبط بشكل مباشر بالمكونات الأخرى على النحو الذي سنوضحه فيما يلي:

1) المفاهيم الرياضية:

يتناول منهاج الرياضيات عدداً كبيراً من المفاهيم ينصب الاهتمام في تدريسها على المهارة في استخدامها أو إجراء الحسابات أكثر من أي شيء آخر، ومن هذه المفاهيم:

- مفاهيم العمليات الحسابية كمفهوم جمع عددين أو ضرب عددين.
- مفاهيم الجذر التربيعي، النسبة المئوية، التناسب.
- مفهوم تحليل المقدار الجبري.
- المشتقة الأولى، نهاية الإقتران.
- جيب الزاوية، جتا الزاوية، لو غريتم العدد.

أن الهدف من تدريس هذه المفاهيم وأمثالها هو في إجراء الحسابات المتضمنة فيها، في حين أن مفاهيم أخرى كمفهوم العدد النسبي، علاقة الانعكاس، الإقتران التربيعي، العنصر المحايد أو النظير فإنها مفاهيم بنائية تهم في تطوير وتعميق وتماسك المعرفة الرياضية.

2) **التعميمات الرياضية**

معظم التعميمات الرياضية في الحساب والجبر تدرس لغرض استخداماتها المباشرة وتطبيقاتها. واستخدام هذه التعميمات بشكل مباشر أو مواقف نمطية يتطلب اكتساب هذه التعميمات من خلال إجراء الحسابات، هذا مع العلم بأن اكتساب مهارة إجراء الحسابات على هذه التعميمات يفيد أيضا في استخدامها في المواقف التطبيقية غير المباشرة. ومن هذه التعميمات:

- قوانين المساحات والحجوم.

- قوانين الربح البسيط والمركب.

- قوانين الأسس واللوغريتمات.

- المسافة بين نقطتين، معادلة الدائرة،...

- قوانين تحليل المقادير الجبرية.

- قوانين ونظريات في الهندسة المستوية.

- زوايا المضلعات، نظرية فيثاغورس، الزوايا المركزية والمحيطية.

3) **الخوارزميات**

- خوارزميات ضرب الأعداد وقسمتها.

- استخراج الجذر التربيعي، القاسم المشترك الأعظم.

- الإنشاءات الهندسية.

- حل المعادلات الآنية بالطرق المختلفة.

- إيجاد نهايات الاقترانات.

- حل المعادلات باستخدام عمليات الصف البسيطة.

واكتساب المهارة لا ينفصل أبدا عن تعلم أو اكتساب المعرفة الرياضية المتضمنة في المهارة، فاكتساب مفهوم تحليل المقدار الجبري أو لوغريتم العدد لا ينفصل عن اكتساب المهارة في إجراء الحسابات ذات العلاقة، وبالمثل فإن اكتساب تعميم رياضي معين مثل مساحة الدائرة يرتبط بشكل أساسي بالمهارة في حساب مساحة دائرة عُرف تصف قطرها، وهكذا.

وفي دراسة تحليلية لمناهج الرياضيات في المرحلة الابتدائية في الأردن (أبو زينة، 1987) نالت الموضوعات الأساسية في المنهاج النسب المئوية التالية:

الموضوع	النسبة
الأعداد والترقيم	21%
نظرية الأعداد	7%
العمليات الحسابية	41%
الكميات والقياس	9%
مفاهيم وأشكال هندسية	15%
تطبيقات حياتية	7%
	100%

ويلاحظ أن المنهج قد خصص نسبة عالية جداً لجانب المهارات الرياضية. وفي الدراسة المشار إليها هنا كان مستوى تحصيل طلبة الصف الثالث الابتدائي على اختبار شمل جميع موضوعات المنهج 58%، وكان أداء الطلبة الأفضل على العمليات الحسابية حيث بلغ 63%، وكان الأدنى على المسائل التطبيقية حيث بلغ 48% فقط. أما أداء طلبة الصف السادس الابتدائي فكان متدنياً، وبلغ حوالي 33% على مجمل موضوعات المنهاج، وكانت النتائج متقاربة فيما يتعلق بكل موضوع على حدة.

أسئلة للمناقشة وتدريبات

1- اختر وحدة من وحدات كتب الرياضيات المدرسية، وحللها إلى المفاهيم، والتعميمات، والمهارات المكونة لها.

2- أذكر خمسة مهارات رياضية، وحدد المعرفة الرياضية المتضمنة في هذه المهارات أي المفاهيم والتعميمات الرياضية المتضمنة فيها.

3- بين كيف يتم تدريس كل من المهارات التالية مستخدماً طريقة الأجزاء.

    أ)   ضرب كسر عشري في كسر عشري.

    ب) التحليل إلى العوامل.

    ج) حل المعادلات الآنية بمجهولين.

4- ما هي العناصر الرئيسية أو المبادئ في التدريب على المهارة والتي تؤدي إلى اكتساب المهارة بشكل أفضل؟

    وضح كيف يمكن استخدامها في تدريس مهارات معينة تختارها.

5- اختر منهجاً للرياضيات لأحد الصفوف وحاول أن تحدد النسبة المئوية المخصصة في المنهج للمهارات الرياضية، وتلك المخصصة للمفاهيم والتعميمات الرياضية.

    ماذا تستنج عن توجهات منهج الرياضيات لهذا الصف؟

المراجع

■ أبو زينة، فريد. (1985).

المهارات الرياضية الأساسية في المرحلة الابتدائية: واقعها وتنميتها. **دراسات**، المجلد 12، 97 – 112.

■ المفتي، محمد أمين؛ ممدوح، سليمان (مترجمان) (1986).

طرق تدريس الرياضيات (تأليف فريدريك بل). الدار العربية للنشر والتوزيع، قبرص.

■ Aichele and Reys. (1977).

Readings in Secondary School Mathematics in Butler et al. **The Teaching of Secondary Mathematics.**

■ Denmark, T. and Keppner, H. (1980).

Basic Skills in Mathematics. **Journal for Research in Mathematics Education,** 11, 104-124.

■ National Council of Teachers of Mathematics (NCTM). (1989).

Curriculum and Evaluation Standards for School Mathematica.

10

الفصل العاشر
حل المسألة الرياضية

1:10 أهمية حل المشكلات
2:10 المسائل والتمارين الرياضية
3:10 أهمية حل المسائل الرياضية
4:10 خطوات حل المسألة
5:10 استراتيجيات حل المسائل الرياضية
6:10 العوامل والصعوبات المؤثرة في حل المسألة
7:10 تنمية قدرة الطلبة على حل المسائل
8:10 التعلم المستند إلى مشكلات
المراجع

حل المسألة الرياضية

1:10 أهمية حل المشكلات

القدرة على حل المشكلات هي متطلب أساسي في حياة الفرد؛ فكثير من المواقف التي تواجهنا في الحياة اليومية هي أساساً مواقف تتطلب حل المشكلات. ويعتبر حل المشكلات أكثر أشكال السلوك الإنساني تعقيداً وأهمية؛ ويأتي في قمة الهرم (هرم النتاجات التعليمية) عند جانييه. ويتعلم الطلاب حل المشكلات ليصبحوا قادرين على اتخاذ القرارات السلمية في حياتهم. فلو كانت الحياة التي سيواجهها الأفراد ذات طبيعة ثابتة، وكان لكل منهم دوراً أو أدوار محددة يؤدونها، لما كان حل المشكلات قضية ملحّه. فكل ما على الفرد أن يتعلمه هو تأدية أدواره المحددة له، ولكن الحياة متغيرة، ومعقدة. وكل ما نستطيع أن نتنبأ به هو أنها لن تكون على ما هي عليه الآن. في عالم كهذا، تغدو مقدرة الفرد على التكيف وحل المشكلات أمرً بالغ الأهمية.

فماذا يعني مصطلح مشكلة؟ وما الفرق ما بين المشكلة والمسألة؟ وماذا يعني حل المشكلة؟

المشكلة موقف يواجه الفرد، أو مجموعة من الأفراد، ويحتاج إلى حل، حيث لا يرى الفرد طريقاً واضحاً أو ظاهراً للتوصل إلى الحل المنشود. ليست كل المواقف التي يواجهها الفرد تمثل مشكلات بالنسبة له. وما هو مشكلة اليوم بالنسبة لفرد قد لا يكون مشكلة له في الغد، كما قد لا يكون مشكلة بالنسبة لفرد آخر. وحتى يتصف الموقف بالنسبة لفرد ما بأنه مشكلة يجب أن تتوفر فيه شروط هي Krulik and Rudnik, 1987,P.3:

1- القبول (Acceptance): ينبغي أن يكون للشخص هدف واضح ومحدد، يشعر بوجوده ويسعى لتحقيقه. فالفرد أو المتعلم يتقبل الموقف أو المشكلة باهتمام ويتفاعل معها ويسعى جاهداً وينشط لحلها والتغلب عليها.

2- الحاجز (Blokage): هناك ما يمنع الفرد من تحقيق هدفه، فيفشل في محاولته الأولى في التوصل إلى الحل حيث لا تسعفه عادات الشخص وردود فعله التقليدية في حل المشكلة، فتنسدّ عليه الطريق ولو للحظات.

3- الاستقصاء (Exploration): يتضح الموقف أمام الشخص، وينشط الشخص عن طريق الحفز الذاتي في استقصاء سبل ووسائل جديدة للتصدي للمشكلة وحلها.

وحل المشكلات العملية (**Process**) يستخدم فيها الفرد معلوماته السابقة، ومهاراته المكتسبة لتلبية موقف غير عادي يواجهه، وعليه أن يعيد تنظيم ما تعلمه سابقاً ويطبقه على الموقف الجديد الذي يواجهه. ومهارة حل المشكلات تتطلب القدرة على التحليل والتركيب لعناصر الموقف الذي يواجهه الفرد.

ويرى جانييه أن حل المشكلات هو تعلم استخدام المبادئ والتنسيق فيما بينها لبلوغ الهدف. وأن من أحد الأسباب الرئيسية لتعلم المبادئ هو استخدامها في حل المشكلات. وما حل المشكلات إلا امتداد لتعلم المبادئ، حيث يمكن النظر إلى حل المشكلات كعملية يكتشف بواسطتها المتعلم ربط القوانين المتعلمة سابقاً والتي يستطيع تطبيقها لحل مشكلة جديدة.

وحل المشكلات ليس ببساطة تطبيق القوانين المتعلقة سابقاً، ولكن أيضاً عملية تنتج تعلماً جديداً. فعندما يوضع المتعلم في موقف مشكل فإنه يقوم يحاول استدعاء القوانين المتعلمة سابقاً في محاولة لإيجاد حل. وفي تنفيذ هذا فإنه يقوم بعمليات تفكيريه، فيجرب عدداً الفروض ويختبر ملاءمتها، وعندما يجد ترابطاً خاصاً للقوانين ملائماً للموقف فإنه لا يحل المشكلة فقط بل يتعلم أيضاً شيئاً جديداً، وينتج عن ذلك تعلم

استراتيجيات عالية تتميز عن غيرها من أنماط التعلم بقابليتها للانتقال الواسع في مواقف أخرى (Shulman, 1970).

ويستخدم التربويون مصطلح المشكلة بشكل أضيق مما سبق. فهم يتحدثون عن مشكلات في المواد الدراسية المختلفة: الرياضيات، والعلوم، والدراسات الاجتماعية وغيرها. ويسعى المنهاج المدرسي لتنمية قدرة الطلبة على حل المشكلات من خلال تقديم مشكلات محددة وواضحة الحل في المواد الدراسية المختلفة، وتزويدهم بالمعلومات والمبادئ والمهارات التي تلزمهم للوصول إلى ذلك الحل.

وعند الحديث عن المشكلات في الرياضيات سوف نستخدم مصطلح المسألة بدلاً من المشكلة. وستقوم بتوضيح مفهوم المسألة الرياضية وتمييزها عن المصطلحات الأخرى المستخدمة.

2:10 المسائل والتمارين الرياضية

حل المسألة الرياضية من أهم الموضوعات التي شغلت العاملين في مجال تدريس الرياضيات، والمهتمين بها وبطرق تدريسها منذ فترة طويلة وحتى وقتنا هذا. والمسألة موقف جديد ومميز (Novel and Unique) يواجه المتعلم ولا يكون له حل جاهز لدى المتعلم في حينه. والشائع عند المعلمين أن المسائل الرياضية هي مسائل كلامية، تطبق فيها المبادئ والتعليمات الرياضية بالإضافة إلى العمليات الحسابية. والسؤال الذي يطرح نفسه:

هل كل مسألة كلامية هي مسألة رياضية؟

وهل يقتصر مصطلح المسألة الرياضية على المسائل الكلامية فقط؟

يمكننا التمييز بين ثلاثة مصطلحات مستخدمة في كتب الرياضيات هي:

أ) **السؤال** (Question): السؤال هو مثير أو موقف يحتاج إلى استجابة من المتعلم، وهذه الاستجابة هي تذكر أو استذكار للمعلومات السابقة أو ما تعلمه الفرد سابقاً، مثل:

- متى يكون الشكل الرباعي مستطيلاً؟

- ما حاصل ضرب 5 في 7؟

- أذكر نص نظرية فيثاغورس؟

- ما مجموع قياسات زوايا المثلث؟

ب) **التمرين** (Exercise): موقف يهدف إلى اكتساب المتعلم مهارة في إجراء العمليات الحسابية أو التدريب على استخدام القوانين والمفاهيم. مثل:

- أوجد نواتج الضرب التالية:...

- اختصر الكسور الآتية لأبسط صورة:...

- احسب المسافة بين كل زوج من النقط التالية:...

- حلل إلى العوامل المقادير التالية:...

جـ) **المسألة** (Problem): موقف جديد يواجه المتعلم وليس له حل جاهز، فيحتاج من المتعلم أن يفكر فيه ويحلله ومن ثم يستخدم ما تعلمه سابقاً ليتمكن من حله. وليس كل مسألة كلامية هي مسألة رياضية.

إن المسألة الكلامية:

يبيع أحد المحال التجارية البضاعة بخصم 25% لزبائنه، فبكم يشتري أحد الزبائن بدله كتب عليها 60 ديناراً؟

هي مسألة رياضية بالنسبة لطالب في المرحلة الابتدائية، ولكنها ليست مسألة بالنسبة لطالب في المرحلة الثانوية.

كما أن المسألة الكلامية:

قطعة أرض مستطيلة الشكل طولها 30 متراً وعرضها 25 متراً، فكم يدفع أحمد ثمناً لها إذا كان ثمن المتر المربع 18 ديناراً؟

هي مسألة رياضية بالنسبة لطالب في الصف الخامس أو السادس الابتدائي، ولكنها ليست مسألة رياضية بالنسبة لطالب في المرحلة الثانوية.

والآن تفحص (التمارين) التالية:

- محيط دائرة $\frac{44}{7}$ سم، أحسب مساحتها (الصف السادس).
- أوجد قيمة $(102)^2-(98)^2$ بدون إجراء عمليات الضرب العادية (الثاني الإعدادي)
- أوجد البؤرة والرأس والدليل للقطع المكافئ:

3ص^2 + 4س^2-15س+ 16= 0 (الثالث الثانوي)

- أوجد معادلة المستقيم الذي يتعامد مع القطعة المستقيمة الواصلة بين النقطتين (5.2)، (3.-4) من منتصفها (الثالث الإعدادي).

إن كلاً من التمارين السابقة هي بمثابة مسألة رياضية في المستوى الموضح إزاء كل تمرين.

لقد ارتبطت المسائل الكلامية في الرياضيات بمصطلح المسألة الرياضية أكثر من التمارين الرياضية. وقد يكون السبب في ذلك هو أن المسائل الكلامية أقوى أثراً في تعليم حل المسألة من التمارين، كما أن الإفادة من التمارين في تنمية قدرة الطلبة على حل المسألة لم يكون سليماً وفعالاً. إن اعتبار سؤالاً ما مسألة رياضية يعتمد على مستوى

المعرفة والخبرة التي يمتلكها الفرد، وما هو مسألة عند فرد معين قد لا يكون كذلك عند فرد آخر، أو عند نفس الفرد في وقت لاحق. إن المسائل الكلامية التي يحلها الأفراد بشكل روتيني ومباشر لقاعدة معينة درسها الطلاب لا تعتبر مسائل رياضية. إن أي موقف يتصف بالخصائص التي أشير إليها سابقاً هو الذي يشكل مسألة رياضية.

لقد أورد هيلدبرانت (Hildebrandt,1959) أربع مستويات من المسائل الرياضية هي:

1- نوع يستخدم مفهوماً رياضياً أو تعميمياً، ويمثل موقفاً لم يتعرض له الفرد سابقاً.

2- موقف يتطلب مقدراً من التجريب والملاحظة، وجمع البيانات قبل أن يقتنع الفرد بأن هناك حلاً ممكناً للموقف.

3- نوع ثالث من المسائل يرتبط بالظروف والمواقف التي يتعرض لها الفرد تتطلب منع إجراء تعديل وتغيير على هذه الظروف.

4- أما النوع الرابع فيشير إلى تلك المواقف أو المسائل والمشكلات التي تتطلب صياغة فرضيات وتقديم حلول مقترحة وأدلة أو براهين على الحل.

إن مقدرة الطلبة على حل المسائل كانت، وما زالت، دون المستوى لأنهم لم يواجهوا إلا بالقليل من المسائل الحقيقية والجيدة أثناء دراستهم، إذ إن تركيز المعلم ينصب على اكتساب الطلبة المهارات وإجراء الحسابات الروتينية والتطبيقات المباشرة للقوانين، أما حل المسألة فهو نشاط مقصور على تمارين ومسائل كلامية روتينية أو ذات نمط ضيق. وحتى يأخذ حل المسألة جزءاً أساسياً من المنهاج ووقت المعلم ينبغي أن تتضمن دروس الرياضيات كثيراً من المسائل التي تتوافر فيها شروط المسألة الجيدة. والمسألة الجيدة هي المسألة التي تتوافر فيها الشروط التالية:

1- تتضمن المسألة استيعاب مفهوم رياضي محدد أو استخدام نبدأ (تعميم) أو أكثر مما تعلمه الطالب.

2- يمكن تعميم المسألة أو طريقة حلها إلى عدد من المواقف الأخرى، فلا تقتصر المسألة أو طريقة حلها على موقف واحدٍ وضيق، إذ أن الهدف من تعلم حل المسألة هو تعلم استراتيجيات في التفكير قابلة للتطبيق والانتقال إلى مواقف أخرى.

إن تُسْلِم المسألة نفسها لعدد من الحلول وليس لحل واحد فقط -Krulik and Rudnik, 1987,Pp.7 16). وعلى المعلم تشجيع طلبته للبحث عن طرق أخرى بديلة للمسائل حيثما كان ذلك ممكناً، وإن لا يلزمهم بحل واحد فقط.

3:10 أهمية حل المسائل الرياضية

اهتمت المناهج الحديثة للرياضيات في جميع دول العالم بتنمية التفكير لدى الطلبة، إذ تقع مسؤولية تنمية عادات التفكير الفعال والمنتج على مناهج الرياضيات بشكل خاص. وعمليات التفكير هي المحاولات التي يبذلها الكائن الحي عندما يحاول أن يحل ما يواجهه من مشكلات في بيئته، أو يتغلب على ما يصادفه من صعاب لكي يتمكن من فهم البيئة والسيطرة عليها، والتكيف لها.

وتستمد مهارة حل المشكلات أهميتها من علاقتها بالتفكير. ويرى جون ديوي أن خطوات حل المشكلات على صلة بخطوات عمليات التفكير المنتج أو الفعال. وتركز المناهج الحديثة في الرياضيات على أسلوب حل المشكلات كأسلوب مناسب في تعليم وتعلم الرياضيات. وقد أصدر المجلس الوطني لمشرفي الرياضيات في الولايات المتحدة الأمريكية نشرة تضمنت عشرة مهارات أساسية لمنهاج الرياضيات المدرسية كان حل المشكلات على رأسها. كما عبّرت مقررات مؤتمر كمبرج عن اهتمامها بتطوير المسألة الحسابية، وإتاحة الفرصة للطالب للتعرف على مسائل رياضية متنوعة تعينه على الاكتشاف (Adler,1977).

كما اعتبر حل المسألة الرياضية وسيلة لإثارة الفضول الفكري وحب الاستطلاع (Johnson & Rising, 1972)، وامتداداً طبيعياً لتعلم المبادئ والقوانين في مواقف جديدة. كما أنها تدريب مناسبة للفرد ليصبح قادراً على حل المشكلات التي تواجهه في حياته اليومية، وبناءً عليه فإنها تكسبه خبرة في حل المشكلات الحياتية والمستقبلية.

وحل المسألة الرياضية له أهمية عظمى في تعليم وتعلم الرياضيات لعدة أسباب منها:

1) حل المسائل وسيلة ذات معنى للتدرب على المهارات الحسابية واكتسابها معنى وتنويعها.

2) من خلال المسائل تكتسب المفاهيم المتعلمة معنى ووضوحاً لدى المتعلم.

3) عن طريق حل المسائل يتم تطبيق القوانين والتعميمات في مواقف جديدة.

4) تنمية أنماط التفكير لدى الطلبة والتي يمكن أن تنتقل إلى مواقف أخرى.

5) حل المسألة وسيلة لإثارة الفضول الفكري وحب الاستطلاع.

6) استخدام مسائل رياضية مناسبة تحفز الطلبة على التعلم وإثارة الدافعية، فنجاح الطلبة في حل المسائل يدفعهم لمتابعة نشاطهم ومواصلته.

4:10 خطوات حل المسألة

إن انتقاء مسائل رياضية جديدة وحلها لا يكفي لتنمية قدرات الطلبة على حل المسألة. على المعلم أن يوجه عناية الطالب إلى ضرورة التفكير والتأمل في المسألة التي تواجهه قبل أن يقوم بخطوات عشوائية لمحاولة حلّها. لقد وضع جورج بوليا في كتابه المشهور " البحث عن الحل How To Solve It" أربع خطوات لحل المسألة، هي:

1) قراءة المسألة وفهمها:

إن عرض المسألة بلغة واضحة ومفهومة تتلاءم ومستوى الطالب هو أمر لا جدال فيه، ويجب على المعلم التأكد من فهم الطالب للمسألة التي تواجهه، ويتم ذلك بأكثر من وسيلة، ومن هذه الوسائل:

- إعادة صياغة المسألة بلغة الطالب الخاصة.

- معرفة العناصر الرئيسية في المسألة، وتحديد المعطيات والمطلوب.

- رسم توضيحي للمسألة (إن كان ذلك ضرورياً).

2) ابتكار خطة الحل:

إن أول ما تتطلبه هذه الخطوة هو تنظيم المعلومات المعطاة بشكل يسهل على الطالب ملاحظة الترابط فيما بينها، وهل يتوفر من المعلومات ما يكفي لحل المسألة.

قد يتبين للفرد فكرة الحل تدريجياً، وقد يسبقها محاولات فاشلة، وقد تظهر فجأة أمام الطالب.

إن واجب المعلم هنا أن يكشف للطالب الغموض الذي يعترض الوصول إلى الحل، كأن يطرح بعض الأسئلة التي تزيل الغموض، أو يعرض مسألة سابقة ذات صلة، أو يجري بعض التعديلات لتتضح المسألة بشكل أفضل.

3) تنفيذ الحل:

إن تنفيذ خطة الحل هو خطوة سهلة نسبياً إذا أدركها الطالب إدراكاً صحيحاً، وتوفرت لديه المهارة اللازمة لذلك.

4) مراجعة الحل:

يتم التحقق من صحة الحل إما من خلال السير بخطوات الحل عكسياً، أو من خلال التحقق من الجواب بالتعويض، أو اللجوء إلى طريقة أخرى في حل المسألة، إلى غير ذلك.

لقد لاقت إستراتيجية بوليا في حل المسألة قبولاً واسعاً، واعتمدت أساساً لأي استراتيجية أخرى مستخدمة. ومن الاستراتيجيات المشتقة عن استراتيجية بوليا، استراتيجية كروليك ورودنيك (Kulik & Rudnik, 1987). والتي استخدمت في تدريب المعلمين على تدريس حل المسألة للطلبة:

أما خطوات هذه الاستراتيجية فهي:

1- **قراءة المسألة وفهمها:**

تتمثل هذه الخطوة في:

- إبراز الكلمات الرئيسية في المسألة.

- وصف الموقف وتمثل الأفعال فيه.

- صياغة المسألة بلغة الطالب الخاصة.

- ما المطلوب في المسألة؟

- ما هي المعطيات في المسألة؟

2- **مرحلة الاستكشاف / الاستقصاء:**

- تنظيم المعلومات المتوفرة بجدول أو خارطة.

- رسم تخطيطي للمسألة أو عمل نموذج لها.

- هل تتوفر معلومات كافية لحل المسألة؟

- هل هناك معلومات غير ضرورية لحل المسألة؟

3- **اختيار استراتيجية الحل (خطة الحل):**

- اكتشاف النمط (Pattern).

- السير عكسياً (افتراض أن المسألة محلولة).

– خمّن الحل وأختبر.

– تمثل المسألة والاختبار.

– حالة خاصة.

– عرض الحالات واختبارها فردياً.

– التسلسل المنطقي.

4- **تنفيذ الحل.**

5- **مراجعة الحل وتوسيع مجاله.**

– تحقق من الجواب.

– ناقش الحل، هل استخدمت جميع المعلومات في المسألة؟

– لاحظ أية تغييرات يمكن إجراؤها.

– اسأل أسئلة من نوع "ماذا لو...؟".

سوف تعرض ثلاثة مسائل رياضية وتستخدم استراتيجية حل المسألة التي تم تقديمها في تدريسها.

المسألة الأولى:

ذهب والد أحمد ونجوى ليشتري أدوات مكتبية ومعه(200) درهماً، ولقد أراد شراء(14) دفتراً سعر الدفتر الواحد (5) دراهم، (4) أقلام سعر القلم الواحد (16) درهماً. فهل يستطيع شراء حقيبتين مدرستين سعر الواحدة (27) درهماً؟

(مستوى الصف الرابع الأساسي).

خطوات الحل:

الخطوة الأولى: قراءة المسألة وفهمها.

بعد أن يقرأ التلاميذ المسألة يتحقق المعلم من فهمهم بأن يوجه لهم أسئلة مثل:

ماذا أراد والد أحمد ونجوى أن يشتري لولديه؟

ما ثمن كل نوع من هذه الأنواع؟

كم كان مع الوالد من نقود؟

الخطوة الثانية: استقصاء الحل ووضع الخطة.

نظم المعلومات في جدول.

يوجّه التلاميذ لمسألة أبسط.

كيف سنحل المسألة التي أمامنا؟

ما هي الخطة؟

الخطوة الثالثة: تنفيذ الحل.

ينفذ التلاميذ الحل بأنفسهم بخطوات مرتبة، ثم يكتب الحل على اللوح.

الخطوة الرابعة: مراجعة الحل وتوسيع مجاله.

يمكن أن يتم ذلك بإعادة ترتيب الخطوات لتوسيع مجال حل المسألة بتغيير في أثمان الأدوات التي يريد الوالد شراءها.

المسألة الثانية:

تقطع سيارة المسافة بين مدينتين بزمن معين، ولو زادت سرعتها 10 أميال في الساعة لقطعت المسافة بزمن أقل بنصف ساعة. إذا علمت أن المسافة بين المدينتين هي 225 ميلاً، فما سرعة السيارة؟ (مستوى الصف الثامن أو التاسع).

الخطوة الأولى: قراءة المسألة وفهمها.

يقرأ الطلاب المسألة قراءة صامته.

ما هي المعطيات في المسألة؟

ما هي المجاهيل؟

من يستطيع تمثيل المسألة برسم تقريبي؟

الخطوة الثانية: استقصاء الحل ووضع الخطة.

على ماذا يعتمد حل هذه المسألة؟

ما هي العلاقة بين المسافة والسرعة والزمن؟

ما هي المجاهيل في المسألة؟

أعطِ الرمز س لسرعة السيارة، والرمز ص للزمن.

ما هو الزمن الذي تستغرقه السيارة في قطع المسافة؟

ما هو الزمن الذي تستغرقه السيارة عندما تزيد سرعتها 10 ميل/ ساعة؟

ما هي العلاقة بين الزمن الأول والزمن الثاني؟

أكتب المعادلة التي توضح العلاقة السابقة.

الخطوة الثالثة: تنفيذ الحل.

يحل الطلبة المعادلة ويتوصلون إلى الحل.

الخطوة الرابعة: مراجعة الحل وتوسيع مجاله.

يتم التحقق من صحة الإجابة بالتعويض.

يمكن مناقشة الحل بإجراء بعض التعديلات أي بتغيير المجاهيل والمعطيات.

المسألة الثالثة:

القطعة المستقيمة الواصلة من رأس المثلث القائم الزاوية إلى منتصف الوتر تساوي نصف الوتر (الثامن أو التاسع الأساسي) .

- **الخطوة الأولى:** قراءة المسألة وفهمها.

يقرأ الطالب المسألة، ويوضحها بشكل هندسي(هكذا).

يطلب من كل طالب توضيح المعطيات في المسألة من خلال الشكل وكذلك توضيح المطلوب، وكتابة ذلك.

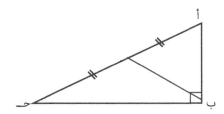

- **الخطوة الثانية:** استقصاء الحل ووضع الخطة.

بما أن المطلوب هو إثبات أن ب د = أد

فكيف نثبت ذلك؟

قد يجيب بعض الطلبة بإثبات أن Δ أ د ب متساوي الساقين!

نطلب منهم السير قدماً في ذلك، وبالطبع لن يوصلهم ذلك إلى الحل.

يحاول المعلم مع الطلبة استقصاء طرق أخرى!

مثلاً: التفكير في دائرة مركزها النقطة د، وتمر بالنقط أ ب جـ

(وهذا سيوصلنا للحل).

أو: تكملة الشكل أ ب جـ هـ ليكون مستطيلاً، واعتماداً على أن قطري المستطيل ينصف كل منهما الآخر ومتساويان يمكننا التوصل إلى الحل.

- **الخطوة الثالثة**: تنفيذ الحل.

ينفذ الحل وفق استراتيجية الحل التي تم التوصل إليها، وتنظم خطوات البرهان بالتسلسل المنطقي السليم.

- **الخطوة الرابعة**: مراجعة الحل ومناقشته.

يمكن أن يحلّ السؤال بأكثر من طريقة.

ماذا لو كان أ ب جـ مثلثاً ليس قائم الزاوية؟ أين المشكلة في البرهان؟

5:10 استراتيجيات حل المسائل الرياضية

يوجد العديد من الاستراتيجيات التي يمكن استخدامها في حل المسائل الرياضية، ومعظم هذه الاستراتيجيات جاءت لتبين معيار حل المسألة الرياضية الذي ورد في وثيقتي المجلس الوطني لمعلمي الرياضيات المختلفة في الولايات المتحدة عامي 1989، 2000م، وتبنت مشاريع الرياضيات المختلفة في الولايات المتحدة هذه المعايير واقترحت عدداً من الاستراتيجيات لحل المشكلات الرياضية، ونورد فيما يلي عدداً من هذه الاستراتيجيات التي استخدمت في مشروع (1999) Middle School Mathematics.

1- استراتيجية البحث عن نمط:

تظهر الأعداد أو الأشكال أو الرموز في بعض الأحيان على شكل نمط معين، وهذا النمط يقودنا إلى التوصل إلى قاعدة تستخدم للتوصل إلى الحل.

مثال(1): تم تكوين الأشكال التالية من مثلثات صغيرة متساوية الأضلاع:

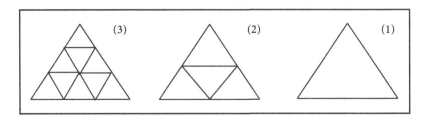

أرسم الشكل السابع الذي يتكون من مثلثات صغيرة وبنفس الأسلوب، ما عدد المثلثات التي يتكون منها هذا الشكل؟

إرشاد: يتكون الشكل الأول من مثلث واحد، في سطر واحد.

يتكون الشكل الثاني من 4 مثلثات، في سطرين.

يتكون الشكل الثالث من 9 مثلثات، في 3 أسطر.

النمط: يتكون الشكل السابع من...،   جاءت في 7 أسطر.

2- استراتيجية البحث عن قاعدة أو قانون لحل المسألة:

في هذه الاستراتيجية يتضح لنا وجود قاعدة ما أو قانون نبحث عنه لحل المسألة الرياضية.

مثال(2): إنتاج بئر ارتوازي من الماء 10%سنوياً، إذا كان إنتاجه في العام الأول 60.000م3، فما مجموع ما يستخرج من البئر حتى نفاذ كمية الماء فيه؟

إرشاد: القانون الذي يستخدم هو قانون مجموع حدود المتتالية الهندسية اللانهائية.

3- استراتيجية عمل قائمة منظمة أو جدول.

عمل قائمة منظمة أو جدول طريقة جيدة لتنظيم المعلومات الواردة في المسألة بحيث تمكننا من اكتشاف علاقة ما أو نمط للبيانات الواردة في المسألة.

مثال(3): ما مجموع الأعداد الفردية العشرين الأولى؟

إرشاد: نظم البيانات التالية في جدول

العدد	الأعداد الفردية	المجموع
2	1، 3	4
3	1، 3، 5	9
4	1، 3، 5، 7	16
5	1، 3، 5، 7، 9	25

هل لاحظت أن مجموع أول 5 أعداد فردية مثلاً $5^2 = 25$

4- استراتيجية عمل نموذج أو شكل:

تمثيل الموقف أو المسألة بنموذج أو شكل هندسي طريقة منظمة في توضيح العلاقات بين مكونات الموقف أو المسألة ويسهم بشكل فعال في التوصل إلى الحل.

مثال(4): شارع دائري حول منظمة سكنية قطرها 600م، إذا كان عرض الشارع 10م فما تكلفة تعبيده وتزفيته إذا كان المتر المربع الواحد يكلف 8 دنانير؟

إرشاد: أرسم الشكل الذي يمثل المسألة

احسب مساحة المنظمة السكنية (الدائرة الداخلية) واحسب مساحة المنطقة السكنية مع الشارع (الدائرة الخارجية).

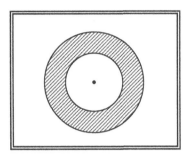

مثال(5): لديك قطعة من الكرتون أبعادها 60.45سم كيف تعمل منها مكعباً حجم أكبر ما يمكن؟

إرشاد: ارسم شكلاً يمثل طبق الكرتون.

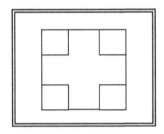

ثم على الرسم ضع مخططاً للمكعب هكذا، وتكون القطع المظللة هي شبكة أو مخطط المكعب.

5- **استراتيجية حل مسألة أسهل.**

تعتبر هذه الاستراتيجية من الاستراتيجيات التي تستخدم لتبسيط المواقف أو المسائل المعقدة نسبياً حيث تستخدم أرقام سهلة وبسيطة أو أشكال مكونة من عناصر بسيطة أو مألوفة.

مثال (6): ما مجموع الزوايا الداخلية لمضلع عدد أضلاعه 8؟

إرشاد: مسألة أسهل مجموع زوايا الشكل الرباعي 2×2ق = 4ق

وذلك لأن الشكل الرباعي ينقسم إلى مثلثين.

والشكل الثماني يتقسم إلى 6 مثلثات.

مثال (7): كم عدداَ مكوناً من 3 منازل يمكن تكوينه من الأرقام 2، 5، 7، 8 ؟

إرشاد: مسألة أسهل:

كم عدداً مكوناً من منزلتين يمكن تكوينه من الأرقام 2، 5، 8؟

العدد هو 3×2=6.

6- استراتيجية السير بطريقة عكسية:

عادة ما تقدم معطيات المسألة بشكل متسلسل، وفي هذه الاستراتيجية تكون نقطة البداية في الحل هي المعطيات الأخيرة في المسألة، وهكذا نصل إلى نقطة البداية.

مثال(8): يصرف موظف 20% من راتبه للسكن، 25% من راتبه على الأكل والشرب، يحتاج إلى 15% للملابس، أما المصاريف الأخرى فيصرف عليها $\frac{1}{4}$ راتبه، ويوفر 72 ديناراً في الشهر. ما راتب هذا الموظف؟

إرشاد: يوفر الموظف 72 ديناراً، وهي تشكل ما نسبته

(%20 + %25 + %15 +%25) - %100

%15 = %85 - %100 =

أي أن 15% من راتب الموظف يعادل 72 ديناراً

7- استراتيجية الحذف أو المحاولة والخطأ:

في استراتيجية المحاولة والخطأ يقترح عدد من الحلول، ويتم التأكد من الحل الصحيح، أما استراتيجية الحذف فتعتمد على حذف الحلول غير الممكنة.

مثال(9): ما أكبر عدد صحيح مكون من منزلتين ويقبل القسمة على 3، إذا كان الفرق بين المنزلتين يساوي 2؟

إرشاد: الأعداد التي تقبل القسمة على 3 هي:

99، 96، 93، 90، 87، ...

بالحذف نصل إلى الجواب وهو 75.

مثال(10): مستطيل مساحته 72 سم^2، يزيد طوله عن عرضه بـِ 6 سم، ما طول المستطيل، وما عرضه؟

إرشاد: لتكن المحاولة الأولى هي: عرض المستطيل4، وطوله10 إذن مساحته 40سم^2 (محاولة خطأ).

قم بمحاولة ثانية واختبرها.

8- استراتيجية التبرير المنطقي أو البرهان:

يمكن استخدام التبرير المنطقي في حل مسائل حياتية خارج نطاق الرياضيات أما المسائل الرياضية فنلجأ إلى استخدام التسلسل المنطقي أو البرهان في الوصول إلى الحل.

مثال(11): يشارك كل من رامي وغيث، وخالد في فريق المدرسة لألعاب كرة القدم، كرة السلة، تنس الطاولة؛ وطول خالد لا يساعده في أن يشارك في كرة السلة، ورامي صديق لاعب كرة السلة ولكنه لا يحب تنس الطاولة.

اعتماداً على المعطيات السابقة، في أي فريق يشارك كل منهم؟

إرشاد :	كرة القدم	كرة السلة	تنس الطاولة
نظم البيانات:	رامي		لا
كما في الجدول	غيث	نعم	
	خالد	لا	

مثال(12): مثلث قائم الزاوية طول ضلعي القائمة 5سم. ما طول المستقيم الواصل من رأس القائمة إلى منصف الوتر؟

إرشاد: طول وتر المثلث = 13 سم.

المستقيم الواصل من رأس القائمة إلى منتصف الوتر = $\frac{1}{2}$ الوتر (نظرية)

إذن: طول المستقيم = 13÷ 2 = 6.5سم

6:10 العوامل والصعوبات المؤثرة في حل المسألة

تؤثر الطريقة التي تعرض بها المسألة في فهمهما وبالتالي في حلها، فقد تعرض المسألة باستخدام الرسوم أو النماذج التوضيحية بشكل بسيط أو معقد، وقد تعرض هذه المسائل بصورة لفظية فقط. وقد بينت بعض الدراسات (Sherril, 1970) إن عرض المسائل مع صورة ورسومات مصاحبة أعطى نتائج أفضل من عرض المسائل بدون صور أو رسومات. كما توصلت دراسات أخرى إلى أن وجود مفردات غريبة أو معلومات إضافية قد زادا من صعوبة المسائل على الطلبة في المرحلة الابتدائية (ديباجة، 1986).

إن أسلوب صياغة المسألة، ونوع المطلوب فيها (مصطفى، 1988) قد أثرا بشكل واضح في صعوبة المسائل لدى طلبة الصف الثامن، كما أسهم عدد الخطوات، ووجود

معلومات غير مناسبة، وأسلوب تتابع تقديم المعلومات في المسألة في صعوبة المسائل الرياضية المقدمة للطلبة (شاهين، 1983).

ويواجه بعض الطلبة صعوبة في حل المسائل الرياضية نتيجة ضعف قدراتهم القرائية أو قدرتهم على التفسير. فقد يفشل التلميذ أحياناً في حل المسألة لعدم معرفته بالمفردات اللغوية في المسألة (Kagan and Lang, 1978). أو قد تتدخل خبرات التلميذ السابقة في فهم معطيات المسألة خاطئاً ولا تتوفر لديهم القدرة على ربط عناصر المسألة ببعضها. كما أظهرت دراسة (Ballow & Cunningham, 1982). إن 29% من طلبة الصفوف الابتدائية قد واجهوا صعوبة في حل المسائل نتيجة ضعف قدرتهم القرائية، وأن 19% قد واجهوا صعوبة نتيجة ضعف قدرتهم في التفسير. وهناك علاقة إيجابية ما بين التحصيل في الرياضيات بشكل عام، وقدرة الطلبة على حل المسائل الرياضية. فقد بينت دراسة وب (Webb, 1979) على عدد من طلبة المدارس الثانوية أهمية معرفة الطالب بالمفاهيم والمبادئ والعمليات التي تتطلبها حل المسألة ودورها الإيجابي في قدرته على حل هذه المسائل. وقد ارتبط أداء الطلبة بدرجة كبيرة باستيعابهم للمفاهيم الرياضية (Exezidis, 1983). وأكدت دراسة كاجان ولانج (Kagan and Lang, 1978) إن فشل بعض الطلبة في حل المسائل عائد لعدم معرفتهم بالمفاهيم والمبادئ ذات الصلة بالمسائل المقدمة لهم, فقد واجه 26% من طلبة الصف السادس صعوبة في حل المسائل نتيجة ضعف قدراتهم الحسابية (Ballew and Cunningham, 1982).

ومن العوامل التي تؤثر في القدرة على حل المسألة الرياضية، قدرة الطالب على التقدير (Hall, 1976)، خصوصاً عند طلبة الرحلة الابتدائية. كما كان لعامل القدرة المكانية تأثير واضح وارتباط قوي بقدرة الطلبة على حل المسائل الرياضية. وأكدت ذلك دراسات عدة منها:

دراسة شونبرجر (Schonberger, 1976) على طلبة الصف السادس.

دراسة كونسين (Konsin, 1981) على طلبة الصفين السادس والسابع.

دراسة كولم وبيوسمان (Kulm & Bussman, 1980) على طلبة المرحلة الثانوية.

ويجب التنويه أيضاً بالعلاقة القوية بين القدرة العقلية العامة أو مستوى التطور المعرفي للفرد وبين مقدرته على حل المشكلات، وهذا ما أيدته معظم الدراسات والأبحاث التي تناولت العلاقة بين هذين العاملين.

ويمكن أن نخلص مما سبق أن معظم الصعوبات التي يواجهها الطلبة في حل المسائل الرياضية تعود إلى الأسباب التالية:

1) عدم التمكن من مهارة القراءة، ووجود عادات سيئة في القراءة، بالإضافة إلى ضعف حصيلة المفردات اللغوية لدى الطالب.

إن عملية القراءة عملية ليست بسيطة، فهي تنطوي على كثير من المهارات وتتطلب فهماً سليماً، وقراءة المسألة في الرياضيات تتطلب أسلوباً في القراءة يختلف عما يتطلبه قراءة مادة وصفية أو قصة. فالمسائل الكلامية تصاغ بعبارات موجزة وأسلوب مقتضب مع كثير من المصطلحات والألفاظ الفنية أو العلمية، وينبغي أن يكون لها معنىً لدى الطالب حتى يتسنى له فهم المسألة، وإعداد خطة الحل.

2) الإخفاق في استيعاب المسألة، وعدم القدرة على تمييز الحقائق الكمية، والعلاقات المتضمنة في المسألة وتفسيرها، أي ضعف القدرة في عملية تحليل المسألة إلى عناصرها.

3) الصعوبة في اختيار الخطوات التي ستتبع في حل المسألة، وضعف خطة معالجة المسألة وعدم تنظيمها.

4) عدم التمكن من المبادئ والقوانين والمفاهيم والعمليات ومعاني بعض المصطلحات الرياضية ومهارات العمليات الحسابية الأساسية.

5) عدم القدرة على اختيار الأساليب المناسبة واستذكار المعلومات الأساسية، وضعف القدرة على التفكير الاستدلالي والتسلسل في خطوات الحل.

6) ضعف قدرة الطلبة على التخمين والتقدير من أجل الحصول على جواب سريع، وعدم تشجيع الطلبة على ذلك، واللجوء إلى الآلية وحكم العادة في مباشرة الحل ومتابعته دون نفحص أو تفكير مليّ ومتروٍّ.

وقد أورد سيديام (Sydam, 1971) خصائص الطلبة ذوي القدرة العالية في حل المسائل فذكر منها ما يلي:

1- القدرة على ملاحظة التشابهات والاختلافات وإجراء المقارنات.

2- فهم المصطلحات والمفاهيم والتعابير الرياضية.

3- القدرة على رؤية وتفسير الحقائق الكمية والعلاقات.

4- المهارة في إجراء الحسابات.

5- القدرة على اختيار الإجراءات الصحيحة وجمع البيانات وتنظيمها.

6- استيعاب المادة المكتوبة.

7:10 تنمية قدرة الطلبة على حل المسائل

يعتبر حل المشكلات أكثر أشكال السلوك الإنساني تعقيداً، فعلى الفرد الذي يواجه مشكلة أن يفكر من أجل أن يحل هذه المشكلة. وتوجد المشكلة عندما يواجه الفرد موقفاً، عليه أن يستجيب له، ولكنه لا يملك في الحال الطرق أو المعلومات أو كليهما، للوصول إلى حل دون أن يفكر. وحل المسائل الرياضية هو تدريب مناسب للفرد ليصبح قادراً على حل المشكلات في شؤون حياته المختلفة في الحاضر والمستقبل. ويتطلب حل المسألة الرياضية من الطالب أموراً ثلاثة هي: التكيف للمسألة، استحضار المادة الفكرية المتعلقة بها، واختبار فرضيات الحل أو الحلول المقترحة. ويتطلب كل أمر من هذه الأمور مهارات

ومعارف متعددة نتناولها، بشيء من التحديد، في الإرشادات التالية التي تقدمها لتنمية قدرة التلاميذ على حل المسائل الرياضية.

1- مساعدة الطلاب على التكيف للمسائل:

على الطالب أن يفهم أن المسألة موقف أو حالة جوابها غير جاهز، وإن من المفروض أن يجابه الطالب بصعوبة في حلها، ويحتاج الموقف منه التفكير والتروي والتأمل.

فالمسألة إذا قبل بها الطالب ينبغي أن تدفعه إلى العمل، وإلا فهي ليست مسألة بالنسبة له.

والتكيف للمسائل يعتمد على مجموعة منظمة من المعارف التي تتعلق بالمسائل، والتي تتوفر في البنية المعرفية للفرد. ومن مظاهر التكيف للمسألة أن يعرف الطالب موقع المسألة في هذه المجموعة المعرفية. والمسائل الرياضية الكلامية تصاغ عادة بعبارات موجزة وأسلوب مقتضب مع كثير من المصطلحات. وهذه المصطلحات ينبغي لها أن تكون ذات معنى لدى الطالب حتى يتسنى له فهمها. ولذا فقراءة مسألة كلامية تتطلب تقنية في القراءة ذات صيغة تختلف عن غيرها. ويكون من المفيد تدريب الطلاب على قراءة المسائل وإعادة صياغتها بلغتهم الخاصة وتوضح أبعادها ومطلبها ومعطياتها.

2- تشجيع الطلاب على إعادة المسألة بالكلام، وتوضيحها بالأشكال، وتمثيلها أو إنشاء نموذج يوضحها.

وتخطيط شكل المسألة قد يكون تمثيلاً شكلياً للمسألة أو تمثيلاً رمزياً لها، وهو يساعد الطالب في جلاء العلاقات بين التفاصيل، ويمكن الطالب من رؤية جميع حقائق المسألة وتفاصيلها في حين أن ذاكرته لا توفر له ذلك، وقد يفيد المخطط في الوصول إلى الجواب بسرعة. وفي بعض المسائل ذات الأبعاد الثلاثة، تتضح المسألة للطالب إذا أعد لها نموذجاً. ويفيد في بعض الأحيان تمثيل الأدوار المختلفة التي تتناولها المسألة، كمسائل البيع

والشراء والبنوك والشركات والإرث، وغيرها من المسائل الاجتماعية والمعيشية.

3- مساعدة الطلاب على استحضار المزيد من المادة الفكرية والمعلومات:

إن حل المسائل يعتمد على عوامل عدة منها، حصيلة الفرد من تجارب ومعارف ومهارات والحقل أو الموضوع الذي ترد فيه المسألة أو تتناوله. ومن المفيد أن يساعد المعلم طلابه على استذكار هذه المعارف والمهارات واستحضارها. وهناك أسلوب مفيد يمكن أن يستعمله المعلم، وأن يشجع الطلاب على استعماله، ألا وهو أسلوب الاستقصاء، فيستطيع المعلم أن يوجه أسئلته بحيث يغير مضمار التفكير، وتتغير معه بؤرة انتباه الطالب، وتدخل عناصر جديدة، وتتكون رؤيا جديدة بناء على ذلك.

ويقدم بوليا في كتابه البحث عن الحل مجموعة من الأسئلة التي يجدر بالمرء أن يلقيها على نفسه وهو يحاول حل المسألة، وهي أسئلة تصلح لأن يسألها المعلم لطلابه، ومن هذه الأسئلة:

- هل تعرف مسألة ذات صلة بالمسألة الحالية؟ وهل تعرف نظرية أو تعميماً يفيد في حلها؟.
- هل يمكنك أن تعيد نص المسألة بشكل مختلف وحسب فهمك؟.
- هذه مسألة ذات صلة بمسألتك، وقد حُلّت من قبل. هل يمكنك استخدامها والاستفادة من طريقتها أو نتيجتها؟.
- هل استعملت كل المعطيات والفروض؟ وهل أخذت بعين الاعتبار كل المبادئ الجوهرية في المسألة؟.

وعملية البحث عن مسألة مماثلة عملية تستحق أن يتعلمها الطالب لفائدتها الكبيرة، وإذا لم يستطع الطالب حل المسألة المقترحة، فمن المفيد له أن يجرب مسألة ذات صلة قد تكون أسهل حلاً أو أكثر تعميماً أو أكثر تخصيصاً.

4- مساعدة الطالب على التخلص من "حكم العادة" أو التشبث بنموذج حل فاشل.

وينصح الطلاب بأن يتركوا إلى حين محاولتهم حل مسألة ظلوا يحاولونها طويلاً دون جدوى، على أن يعودوا إليها فيما بعد، وقد يفيد أحياناً اللجوء إلى أسلوب آخر في الحل.

5- تشجيع الطلاب على حل المسألة بأكثر من طريقة واحدة:

ينبغي أن يدرك الطلاب أن طريقة الحل على جانب كبير من الأهمية. ويستحسن أن يُعَوّد الطالب على تجربة الطرق المختلفة، فهذا يساعده على تجنب الطريقة الآلية والتفكير الآلي التقليدي. ويتأتى ذلك بتشجيع المبادرة الذاتية بنشاط حل المسائل المتنوعة، وتعزيز الحلول الصحيحة مهما اختلفت وتنوعت، وعدم المعاقبة على الحلول الخاطئة، أو الإلحاح على حل المسائل بالسير خطوة خطوة، أو الرتابة والروتين في الحل. ويجدر بالمعلم أن يتحلى بالصبر والموضوعية، والامتناع عن النقد واللوم منذ الخطوات الأولى.

6- مساعدة الطلاب على تحسين قدرتهم في اختبار الفرضيات وتشجيعهم على المضي في الاستقراء والاستقصاء:

إن إبراز العلاقات والإشارة المستمرة إليها يساعد الطلاب على تكوين الفرضيات، وكلما أكد المعلم على الروابط والعلاقات بين أجزاء المسألة زادت فرص الطالب لتكوين الفرضيات وتخمين الحلول. والمهارات والمدارك اللازمة لاختبار الفرضيات هي تلك التي ترافق التفكير الإستنتاجي، وتلك التي ترتبط بتجميع المعلومات وتحليلها، وترافق بذلك الأساليب الاستقرائية، فينبغي توفر هذه كلها. ويجب كذلك أن يتضح للطلبة أن أسلوب اختبار الفرضيات يتم أيضاً بالتنبؤ بالحل قبل البدء فيه، والتحقق من الحل بعد الحصول على الجواب.

هذه بعض الأساليب والإرشادات لتحسين قدرة الطلاب على حل المسائل. وهناك من الأساليب الأخرى التي ترتبط بالجو الصفي والمعاملة الأخوية وغيرها مما يخلق الدافعية والتشويق عند الطلبة، لحل المسألة وتنمية قدرتهم على ذلك. والتدريب على حل المسائل الرياضية له دور رئيسي وبارز في تنمية قدرة الطلبة على ذلك. وهناك عدد كبير من الدراسات العربية والأجنبية التي بينت أن التدريب يزيد من قدرة الطلبة؛ وتدريب الطلبة على حل المسألة آخذاً بالاعتبار الإرشادات السابقة سينمي ويزيد من مقدرة الطلبة على تحقيق هدف أساسي من أهداف تدريس الرياضيات.

8:10 التعلم المستند إلى مشكلات

دعت معايير مناهج الرياضيات الصادرة عن المجلس الوطني لمعلمي الرياضيات في الولايات المتحدة الأمريكية لعام 2000   (NCTM, 2000)

أن يكون حل المشكلات جزءاً لا يتجزأ من تعليم الرياضيات، وأن يتم النظر إلية كوسيلة للتعلم وليس مجرد هدف من أهداف تعليم الرياضيات إذ تضمن حل المشكلات المعايير الفرعية التالية:

- بناء معرفة رياضية جديدة من خلال حل المشكلات.

- حل مشكلات تظهر في الرياضيات وفي سياقات أخرى.

- استخدام وتكييف العديد من الاستراتيجيات الملائمة لحل المشكلات.

- ملاحظة عملية حل المشكلة والتأمل بها.

ويشير هذا المعيار إلى أنه يمكن تقديم المفاهيم والمبادئ الرياضية من خلال مشكلات تنبع من العالم الذي يعيشه الطالب، وعندما يحسن المعلم اختيارها فإنها تحفز تعلمهم للرياضيات.

ويقدم التعلم المستند إلى مشكلات للمعلم طريقة منظمة لمساعدة طلبته لتنمية مهاراتهم في التفكير وحل المشكلات. إن التعلم المستند إلى مشكلة ينقل الدور النشط في غرفة الصف إلى الطلبة من خلال المشكلات التي ترتبط بحياتهم والإجراءات التي تتطلب منها أية يجددا المعلومات اللازمة وأن يفكروا في موقف ما ويحلوا المشكلة [*] (Delisle, 2001)

وفيما يلي دراسة بعنوان :

أثر تقديم مادة تعليمية مستندة إلى بناء المعرفة الرياضية من خلال المشكلات في تنمية القدرة على حل المشكلات وعلى التحصيل في الرياضيات لدى طلبة المرحلة الثانوية (خشان، 2005).

استخدمت فيها مشكلات رياضية لبناء المعرفة الرياضية، وفيما يلي ملخص للدراسة:

هدفت الدراسة إلى تقصي أثر تقديم مادة تعليمية مستندة إلى بناء المعرفة الرياضية من خلال المشكلات في تنمية قدرة طلبة الصف الأول الثانوي على حل المشكلات وعلى التحصيل في الرياضيات من خلال الإجابة عن الأسئلة التالية:

1- ما أثر تقديم مادة تعليمية مستندة إلى بناء المعرفة الرياضية من خلال المشكلات في تحصيل طلبة الصف الأول الثانوي العلمي في مادة الرياضيات؟

---

* كتاب مترجم: مدارس الظهران الأساسية – السعودية............)

2- ما أثر تقديم مادة تعليمية مستندة إلى بناء المعرفة الرياضية من خلال في تنمية طلبة الصف الأول الثانوي العلمي على حل المشكلات؟

3- هل هناك تفاعل بين طريقة تقديم المادة التعليمية والجنس على تحصيل طلبة الصف الأول الثانوي العلمي؟

4- هل هناك تفاعل بين طريقة تقديم المادة التعليمية والجنس على قدرة طلبة الصف الأول الثانوي العلمي على حل المشكلات؟

تكونت العينة من(131) طالباً وطالبة من الصف الأول الثانوي العلمي، حيث اختار الباحث مدرستين إحداهما للذكور والأخرى للإناث، وبواقع شعبتين في كل مدرسة. وزعت الشعبتان عشوائياً من كل مدرسة واحدة تجريبية والثانية ضابطة، يقوم على تدريسهما نفس المدرس. وقد تم تدريس المجموعة التجريبية بأسلوب التعلم القائم على المشكلات بينما درست المجموعة الضابطة بطريقة التعلم الصفي التقليدية.

وبعد الانتهاء من تطبيق المادة التعليمية طبق الباحث أدوات الدراسة على طلبة المجموعتين التجريبية والضابطة، وهذه الأدوات هي: الاختيار التحصيلي، واختبار حل المشكلات، وللإجابة عن أسئلة الدراسة تم استخراج المتوسطات الحسابية والانحرافات المعيارية لعلامات طلبة المجموعتين التجريبية والضابطة على اختبار التحصيل واختبار حل المشكلات، كما تم استخدام تحليل التباين الثنائي لدراسة أثر طريقة التدريس والجنس والتفاعل بينهما في التحصيل والقدرة على حل المشكلات.

وقد أظهرت نتائج الدراسة المتعلقة بالتحصيل في الرياضيات: تفوق طلبة المجموعة التجريبية على طلبة المجموعة الضابطة، وعدم وجود فروق ذات دلالة إحصائية بين الوسط الحسابي لعلامات طلبة مجموعة الدراسة من الذكور، والوسط الحسابي لعلامات طلبة مجموعة الدراسة من الإناث، كما أظهرت النتائج عدم وجود فرق ذي دلالة إحصائية في تحصيل الطلبة، يعزى للتفاعل بين طريقة التدريس والجنس.

كما أظهرت نتائج الدراسة المتعلقة بحل المشكلات: تفوق طلبة المجموعة التجريبية على طلبة المجموعة الضابطة، وعدم وجود فروق ذات دلالة إحصائية بين الوسط الحسابي لعلامات طلبة مجموعة الدراسة من الذكور، والوسط الحسابي لعلامات طلبة مجموعة الدراسة من الإناث، كما أظهرت النتائج عدم وجود فرق ذي دلالة إحصائية في قدرة الطلبة على حل المشكلات، يعزى للتفاعل بين طريقة التدريس والجنس.

مسائل رياضية للتدريب

القسم الأول:

المسألة الأولى:

تصب حنفيتان الماء في حوض، إذا فتحت الحنفية الأولى لوحدها فإنها تملأ الحوض في 4 ساعات، وتملأه الثانية لوحدها في 3 ساعات. إذا فتحت الحنفيتان معاً، فبعد كم ساعة يمتلئ الحوض؟

المسألة الثانية:

تبعد قريتان عن بعضهما 13كم وتقعان في جهة واحدة من نهر يمر بالقرب منهما. تبعد الأولى عن النهر 8كم وتبعد الثانية عنه 3كم. يراد حفر بئر للماء على ضفة النهر ومد أنابيب منه للقريتين. أين يجب حفر البئر لتكون التكاليف أقل ما يمكن؟

المسألة الثالثة:

أوجد أعداداً نسبية $\frac{أ}{ب}$ ، $\frac{جـ}{د}$ بحيث يكون ناتج جمعها:

$$\frac{أ}{ب} + \frac{جـ}{د} = \frac{أ + جـ}{ب + د}$$

المسألة الرابعة:

أ) اكتب الأعداد الثلاثة التالية في المتسلسلة:

2، 3، 5، 8، 13، ... ، ... ، ... ،

ب) أكتب الأعداد الثلاثة التالية في المتسلسلة:

2، 3، 5، 8، 13، ...، ...، ... ،

المسألة الخامسة:

إذا كان مجموع عددين يساوي 9، وحاصل ضربهما يساوي21، فما هو مجموع مقلوبيهما؟

القسم الثاني:

لو كنت مدرساً فكيف ستقوم بتنفيذ خطوات الحل أو استراتيجية الحل الموضحة سابقاً على المسائل التالية:

المسألة الأولى:

منتصفات أضلاع أي شكل رباعي هي رؤوس متوازي أضلاع (نظرية في الهندسة).

المسألة الثانية:

اشترى رجل بيتاً بمبلغ 50000 دينار، ودفع عمولة للمكتب 2%، كما دفع 4000 دينار لإجراء الإصلاحات اللازمة على البيت. فإذا أراد الرجل بيع البيت ليكسب 12% فبكم يبيعه؟

المسألة الثالثة:

تنتج مزرعة أبقار 600 لتر من الحليب يومياً، وتعبأ في زجاجات على النحو التالي:

$\dfrac{1}{5}$ كمية لحليب تعبأ في زجاجات تتسع الواحدة منها $\dfrac{1}{2}$ لتر من الحليب،

$\dfrac{1}{2}$ كمية الحليب تعبأ في زجاجات تتسع الواحدة منها لليترين من الحليب،

ما تبقى من الحليب يعبأ في زجاجات تتسع الواحدة منها للتر واحد فقط.

فما عدد الزجاجات التي يعبأ بها الحليب؟

القسم الثالث:

استخدم الاستراتيجية (الاستراتيجيات) المناسبة لحل المسائل التالية:

1- إذا قدت سيارتي بسرعة 40 كم/ ساعة أصل عملي متأخر بمقدار ربع ساعة وإذا قدتها بسرعة 60 كم/ ساعة أصل عملي مبكراً بمقدار ربع ساعة. احسب المسافة بين بيتي ومكان عملي وما هو موعد الدوام في عملي علماً بأنني أنطلق عند الساعة 7:15 صباحاً.

2- رصدت علامات ستة طلاب ثم جرى ترتيبها تنازلياً من الأكبر إلى الأصغر. فإذا كان معدل علاماتهم = 35 في حين كان معدل أول أربعة منهم= 40، ومعدل علامات آخر أربعة منهم= 30 فأحسب معدل علامات الطالبين الثالث والرابع.

3- يستيقظ علي في الصباح للذهاب إلى المدرسة. فإذا علمت أنه بحاجة إلى 40 دقيقة حتى يعد نفسه للخروج من البيت، كما أن الحافلة التي تقله إلى المدرسة تحتاج إلى 30 دقيقة للوصول إلى المدرسة. في أي ساعة من الصباح يجب أن يستيقظ علي حتى يصل المدرسة قبل 20 دقيقة من قرع الجرس الذي يقرع عند الساعة 7:40؟

4- وصل أحد سكان العاصمة إلى بلدة مجاورة يسكنها 60000 ألف نسمة ومعه خبر يهمهم جميعاً فرواه إلى أول 3 أشخاص قابلهم في الطريق ثم تولى كل واحد منهم رواية ذلك الخبر إلى ثلاثة آخرين، وهكذا استمرت العملية على نفس النمط حتى وصل الخبر لكافة سكان تلك البلدة. والمطلوب منك تحديد الوقت اللازم ليصل هذا الخبر لجميع سكان تلك البلدة علماً كل عملية إخبار تستغرق 20 دقيقة؟

المراجع

- مدارس الظهران الأهلية (2001).

كيف تستخدم التعليم المستند إلى مشكلة في غرفة الصف. كتاب مترجم تأليف Robert Delisle

- Adler, I. (1977).

  The Cambridge Conference. In Aichele and Reys: **Readings in School Mathematics.**

- Hilderbrandt, (1959).

  Mathematical Modes of Thought in **The Growth of Mathematical Ideas.** NCTM, Chap. 9.

- Johnson & Rising. (1972)

  Guidelines for Teaching Mathematics. Chap.14.

- Krulik, s, Rudnik, J. (1987).

  Problem Solving: Handbook for Teachers . Allyn and Bacon.

- Shulman, L.S. (1970).

  Psychological Controversies in the **Teaching of Mathematics.** In Begle (ed). Mathematice Teaching,NSSE.

- ⊙Sydam, M. (1971).

  Verbal Problem Solving. Material Published by the University of Wisconsin.

- Polya, G. (1957).

  How to Solve It. Princeton University Press.

(كتاب مترجم)

- Bolster, C. etal (1999).

  Middle School Mathematics. Scott Oresman- Addisn Wesley.

دراسات وأبحاث:

■ خشان، خالد (2005).

أثر تقديم مادة تعليمية مستند إلى بناء المعرفة الرياضية من خلال المشكلات في تنمية القدرة على عدم حل المشكلات وعلى التحصيل في الرياضيات. **أطروحة دكتوراه – جامعة عمان العربية للدراسات العليا.**

دراسات وبحوث:

■ Ballow and Cunningham. (1982).

Diagnosing Strengths and Weaknesses In Solving Word Problems. **Journal Research in Math**. 13.

■ Exezidis, R. (1976).

An Investigation in Problem Soving. **DAI**, 43.

■ Hall, T. (1976).

Situational Problem Solving, **DAI**.

■ Kagan and Lang. (1978).

Psychology and Education. Harcourt Brace Jov.

■ Konsin, N. (1981).

Spacial Visualization and Problem Sovling. **DAI**, 41.

■ Kulm, G. and Bussmann. (1980).

Model of Math, Problem Solving. **Journal for Research in Math**.

■ Schonberger, A. (1976).

Mathematical Problem Solving Ability. Wis- Consin R& D Center, 1976.

- Sherril, J. (1970).

  The Effect of Presentation of Woed Problems. **DAI**.

- Webb, N. (1979).

  Processes and Conceptual Knowledge and Math Probllem Solving Ability. **Journal for Research in Math**. 10.

هناك عدد كبير من الدراسات العربية في مجال حل المسألة سنأتي على بعض منها في الفصل الأخير من الكتاب.

11

الفصل الحادي عشر
تقويم التحصيل في الرياضيات

1:11 أغراض التقويم ومراحله

2:11 الاختبارات المحكية والمعيارية

3:11 إعداد اختبارات التحصيل

4:11 كتابة أسئلة الاختبار

5:11 أساليب أخرى في تقويم تحصيل الطلبة

6:11 معايير تقييم تدريس الرياضيات MCTM 1995

7:11 استخدام معايير التقييم لأغراض مختلفة

الملاحق

المراجع

تقويم التحصيل في الرياضيات

1:11 أغراض التقويم ومراحله

المنهاج بمفهومه الحديث يشتمل على جميع الخبرات التربوية التي تنظمها وتقدمها المدرسة لطلبتها، وهو بهذا المعنى يتضمن المكونات التالية:

1. الأهداف التربوية العامة، والأهداف التعليمية الأخرى.
2. المحتوى وتنظيمه في مقررات أو موضوعات دراسية، أو بأي شكل آخر من أشكال التنظيم المستخدمة، ويشمل ذلك الكتب الدراسية وأدلة المعلمين وغيرها من مطبوعات المنهاج.
3. الأنشطة التعليمية المستخدمة لتطبيق المنهاج وطرق التدريس وتكنولوجيا التعليم التي توظف لخدمة المنهاج من قبل المعلمين.
4. الأنشطة التقويمية التي تستخدم لتقويم تقدم الطلبة نحو تحقيق الأهداف التي خططها المنهاج.

إن استمرار عملية تقويم المناهج الدراسية لتطويرها وتحسينها أمر لا غنى عنه لكي تصبح المناهج أكثر تمشياً مع احتياجات الأفراد والمجتمع في عالم متجدد ومتغير.

وعملية التقويم أمر لا مفر منه في تطوير أي برنامج أو منهاج مدرسي. ولتقويم المنهاج طريقتان: تتمثل الأولى في ملاحظة المنهج أثناء تطبيقه، وتتمثل الثانية في تحليل مطبوعات المنهج من كتب دراسية وأدلة.

والتقويم في التربية عملية مبنية على القياس، وتعنى بتحديد مدى ما تحقق لدى الطالب من الأهداف المتوخاه، واتخاذ القرارات بشأنها (Gronlund, 1981, P.6).

وللتقويم أغراض عديدة (أبو زينة، 1992)، نذكر منها:

1- تحديد الاستعداد أو المتطلبات السابقة:

نحتاج في كثير من الموضوعات أو المساقات التعرف على مقدرة المتعلم أو قابليته لتعلم شيء ما، أو تحديد اكتسابه لأنواع من المعلومات أو المهارات اللازمة لتعلم موضوع جديد. وهذا التحديد ضروري في الحالات التي تتطلب فيها المعرفة الجديدة حداً أدنى من امتلاك مهارات ومعارف أساسية لا يمكن تعلمها دون توفر المتطلبات السابقة.

ومهمة المعلم الرئيسية تحديد استعداد المتعلم وقابليته للتعلم الجديد والوقوف على مدى امتلاكه أو اكتسابه لما يتطلبه التعلم الجديد من معارف ومهارات ضرورية.

2- تشخيص الضعف أو صعوبات التعلم:

يهدف التقويم هنا إلى كشف مواطن الضعف عند الطالب وكشف الأسباب التي تعيق تعلمه لفكرة معينة أو موضوع ما. وبعد تحديد أو تشخيص الضعف يتم وضع العلاج اللازم. والاختبارات التي تقوم بهذا الدور هي اختبارات تشخيصية (Diagnostic).

3- التقويم التشكيلي أو التكويني (Formative):

يهدف هذا النوع من التقويم تحديد مدى استيعاب الطلبة وفهمهم لناحية تعليمية محددة أي أن هدفه تسهيل عملية التعلم وجعلها أكثر فاعلية.

ويعتبر التقويم لهذا الغرض جزءاً لا يتجزأ من العملية التعليمية (Chambers, 1993)، فيساعد على تحسين وتطوير خطة التدريس والبرنامج التعليمي، كما أنه يعطى في أثناء عملية التدريس، ويتمثل في متابعة تقدم الطلبة في تعلم المفاهيم والمهارات والمعلومات الجديدة من خلال التقويم المتواصل والملازم لعملية التدريس، ويسمى أحياناً

بالتقويم المرحلي. ويعتمد بشكل رئيسي على الملاحظة المستمرة والأسئلة الصفية التي يوجهها المعلم لطلبته.

4- **التحصيل الدراسي:**

عندما يعد المعلم اختباراً أسبوعياً أو شهرياً أو فصلياً لقياس نواتج التعلم التي تحققت لدى الطلبة، أو قياس مقدار ما تحقق من الأهداف التي خطط لها في موضوع معين، فإنه يُعدّ بذلك اختباراً لقياس التحصيل. وتقويم التحصيل الدراسي هو الأكثر شيوعاً في النظام التعليمي الرسمي. ومن وظائفه توجيه القرارات اليومية للمعلم ورصد الدرجات التي تحتاجها الإدارة لنقل الطلبة من صف لآخر.

ولا تقتصر اختبارات التحصيل على الاختبارات التي يعدها المعلم بنفسه بل أن هناك اختبارات تحصيل مقننة يعدها ناشرون أو هيئات رسمية لاستخدامها على نطاق واسع في عدة مدارس أو مناطق تعليمية.

ويعرّف التحصيل على أنه المعرفة، والفهم، والمهارات التي اكتسبها المتعلم نتيجة خبرات تربوية محددة (Brown, 1981,P.2). ويقصد بالمعرفة مجموعة المعلومات المكتسبة كمعرفة تواريخ حوادث معينة، ومعرفة أسماء ورموز ومصطلحات وتعميمات وغيرها. والفهم يعبر عن القدرة على التعبير عن هذه المعرفة بطرق شتى مثل إيجاد علاقة معرفة ما بمعارف أخرى، والقدرة على تطبيقها واستخداماتها في مواقف جديدة.

أما المهارة فيقصد بها القدرة على القيام بعمل ما بدقة وإتقان، مثل مهارة الكتابة، وإجراء العمليات الحسابية، أو الأعمال المخبرية، وغيرها من المهارات الحركية أو العقلية.

5- **المناهج والمقررات الدراسية:**

إن استمرار عملية تقويم المناهج الدراسية لتطويرها وتحسينها أمر لا غنى عنه لكي يصبح أكثر تمشياً مع احتياجات الأفراد والمجتمع في عالم متجدد ومتغير. والمنهاج هو أداة التغيير المنشود لمواكبة التقدم المعرفي والتكنولوجي الكبير والمتسارع.

والتقويم جزء لا يتجزأ من عملية التدريس ويتخلل جميع مراحلها من البداية عند التخطيط للتدريس، وفي اختتامها (Gronlund, 1977, 2-5). ويمكن تطوير وزيادة فاعلية القرارات التي يتخذها المعلم بالاعتماد على عملية التقويم.

وهناك ثلاثة أسئلة يطرحها المعلم في هذا الصدد:

1- إلى أي مدى يمتلك الطلبة المفاهيم والمعلومات والمهارات التي يحتاجها الطلبة قبل البدء بالتعلم الجديد أو الدرس الجديد؟

2- هل أساليب التدريس التي يستخدمها المعلم ملائمة لمستويات الطلبة وتحقق لهم تقدماً مستمراً نحو الأهداف أو النواتج المنشودة؟

3- إلى أي مدى تحققت الأهداف التعليمية التي خطط لها المعلم قبل البدء بعملية التدريس؟

إن التقويم في عملية التدريس يتناول المراحل الثلاث التالية من تعلم الطالب ومن خلالها يستطيع المعلم أن يحصل على إجابات لتساؤلاته.

أ- تقويم التعلم القبلي للطالب:

أي تحديد مستوى الطالب قبل البدء في تدريس موضوع جديد. ويهدف التقويم هنا إلى قياس مدى تمكن الطالب من المفاهيم والمهارات والمعلومات اللازمة للتعلم الجديد.

ب- التقويم أثناء عملية التعلم:

يجري التقويم في هذه المرحلة أثناء سير عملية التعلم نفسها وذلك من خلال الملاحظة الواعية لنشاط الطالب التعليمي على اختلاف أنواعه، ومن خلال الاختبارات الفترية القصيرة التي يعطيها المعلم بين الحين والآخر أثناء عملية التدريس.

ويهدف التقويم في هذه المرحلة متابعة الطالب في تعلمه والتأكد من أنه يسير في اتجاه بلوغ الأهداف المرسومة له بشكل مناسب. كما يهدف أيضاً إلى تقويم الخبرات التعليمية نفسها وتحديد مدى ملاءمتها للموقف التعليمي لتحقيق الأهداف المخطط لها.

ويسمى التقويم في هذه المرحلة التقويم التكويني أو التشكيلي، كما أن الاختبارات التي تواكب تقدم الطالب نحو تحقيق الأهداف هي اختبارات تشكيلية (Formative) لتمييزها عن الاختبارات التي تقيس ما تحقق من الأهداف وتأتي في نهاية عملية أي الاختبارات الجمعية أو التراكمية (Summative).

جـ- تقويم التعلم البعدي للطالب:

في هذه المرحلة يتم تحديد مستوى التحصيل لدى الطالب وذلك بعد الانتهاء من عملية التدريس. والهدف من التقويم في هذه المرحلة تحديد مدى تمكن الطالب من المهارات والمعلومات والمفاهيم التي تناولتها عملية التدريس، أي تقويم مدى حصول الطالب على النتاجات التعليمية المتوقعة والتي تم التخطيط لها مسبقاً.

إن الاختبارات التي تصمم لهذه الغاية تسمى اختبارات بعدية لأنها تتم بعد الانتهاء من تدريس وحدة أو موضوع معين، أو تتم في نهاية مساق أو فصل دراسي، وتسمى أيضاً بالاختبارات الجمعية أو التراكمية لأنها تقيس نتاجات أو نواتج تعليمية تحصلت لدى المتعلم.

2:11 الاختبارات المحكمية والمعيارية

إذا حصل رامي على العلامة 25 في امتحان الحساب، فماذا تعني لنا هذه العلامة؟ وكيف نفسرها أو نقيمها؟

إن العلامة 25 التي حصل عليها رامي نتيجة عملية القياس لا معنى لها في حدّ ذاتها ولا يمكن تفسيرها. فنحن لا ندري إذا كانت العلامة 25 تمثل علامة كاملة على الاختبار أو كانت منخفضة أي 25 من 100 مثلاً، أو متوسطة أي 25 من 40 مثلاً، فهي بذلك لا معنى لها كعلامة خام، إلا أنها تأخذ معنى خاصاً عندما نقارنها بمعيار أو محك ما.

ويمكن إعطاء معنى أو دلالة للعلامة 25 وتفسيرها في ضوء نوع الاختبار الذي اتخذت فيه العلامة موقعها. فهناك فئة من الاختبارات صنفت كاختبارات محك (Criterion- Referenced)؛ في هذه الاختبارات يتحدد المعيار على أساس الأهداف الخاصة التي صمم الاختبار لقياسها، ومستوى مقبول للأداء الذي حدده أو اعتمده المدرس. وفي الحالة التي نحن بصددها نفترض أن معلم الحساب حدد 30 هدفاً تعليمياً في اختباره. وحدد الأداء المقبول على الاختبار ب 25 هدفاً تعليمياً. في الحالة هذه تكون العلامة 25 والتي تمثل تحقق 25 هدفاً علامة مقبولة لدى المعلم، ويعتبر أداء الطالب مقبولاً أي أنه وصل إلى مستوى الإتقان الذي حدده المعلم.

ويصلح هذا النوع من الاختبارات للمواقف والظروف التي يتحدد فيها مستوى الكفاية أو الإتقان للنواتج التعليمية، فقد يحدد المعلم مستوى أداء مقبول 85% على إتقان الحقائق الأساسية في عمليات الجمع والطرح والضرب والقسمة، وقد يحدد مستوى أداء مقبول يصل إلى 90% لإتقان مهارات القراءة والكتابة لتلاميذ الصفوف الابتدائية الدنيا. وتحديد الأداء المقبول ودرجة الإتقان على مستوى عالٍ (في حدود 90% مثلاً) يبدو ضرورياً في المواد الدراسية الأساسية والتي تتسلسل فيها موضوعاتها وترتبط ببعضها ارتباطاً وثيقاً مثل اللغة والرياضيات.

إن معظم الاختبارات التي نعدها تقع ضمن فئة من الاختبارات تسمى الاختبارات المعيارية (Norm- Referenced). ويتحدد الأداء المقبول في هذه الاختبارات بالمقارنة مع

أداء أفراد المجموعة. فأداء الطالب رامي على اختبار الحساب 25 ينظر إليه بمقارنته مع أداء طلاب صفه. فقد تكون العلامة 25 من أعلى العلامات في الصف، وقد تكون علامة متوسطة أو متدنية، وربما تكون علامة في الصف حيث الوسط الحسابي للعلامات على الاختبار 21 مثلاً مما يدل على أنها علامة فوق الوسط الحسابي.

وتهتم الاختبارات التي يعدّها المعلمون بالفروق الفردية بين المتعلمين. ولذا فإن أسئلتها تراعي مستويات المتعلمين المختلفة، فالتوزيع المرغوب فيه للدرجات على الاختبار ينطوي على حذف الفقرات السهلة جداً أو المتطرفة في الصعوبة. ولذا فإن معظم الاختبارات التي يعدها المعلمون لقياس تحصيل طلبتهم هي اختبارات معيارية.

واختبارات المحك تصمم لكل تخدم الأغراض التالية:

1- قياس المتطلبات السابقة أو المهارات اللازمة للبدء في تدريس موضوع جديد، أي أنها تستخدم كاختبارات قبلية أو اختبارات تحديد المستوى.

2- قياس مدى التقدم في إنماء المعارف والمهارات خلال تدريس وحدة دراسية، أي أنها تخدم كاختبارات تشكيلية.

3- تحديد الصعوبات الدراسية وتوضح طبيعة الصعوبات التي يواجهها بعض الطلبة في تعلم موضوع معين، أي أنها تستخدم كاختبارات تشخيصية.

3:11 إعداد اختبارات التحصيل

لاختبارات التحصيل دور بارز في العملية التعليمية التعلمية وخصوصاً في تقويم تحصيل الطالب والقرارات التربوية المبنية على ذلك، وعلى الرغم من شيوع استخدامها لدى أوساط المعلمين، إلا أن القليل منهم لديه الخبرة التي تؤهله لبناء اختبارات تحصيلية على مستوى جيد. والاختبارات التي يعدها المعلمون محلياً لتقويم تحصيل طلبتهم في نهاية

الفصل الدراسي أو في نهاية العام أو بعد تدريس وحدة دراسية معينة هي الأكثر انتشاراً وملاءمة للمواقف التعليمية.

إن الاختبارات الجيدة هي حصيلة تخطيط سليم ومسبق بالإضافة إلى مهارة عالية في وضع أسئلة الاختبار. وسوف نتناول هذين المطلبين بشيء من التفصيل.

يمر إعداد اختبار التحصيل في سلسلة من الخطوات كما يلي:

1) **تحديد غرض / أغراض الاختبار:**

فقد يكون غرض الاختبار تشخيصياً لتحديد جوانب التأخر الدراسي أو الضعف في موضوع أو موضوعات معينة في المنهاج، أو قد يكون هدفه قياس تحصيل الطالب بعد الانتهاء من تدريس وحدة دراسية معينة، أو قياس التحصيل في نهاية الفصل الدراسي، وقد يكون هدف الاختبار تحديد المتطلبات السابقة للتعلم الجديد، إلى غير ذلك من الأغراض المختلفة للاختبارات التحصيلية.

ويرتبط بتحديد غرض أو أغراض الاختبار تحديد الزمن المتاح للاختبار لما يترتب على ذلك نوع وشكل وعدد الأسئلة التي يشتمل عليها الاختبار.

2) **تحديد أهداف الاختبار (النواتج التعليمية)**

إن الخطوة الأساسية بالنسبة لمعلم يُعد اختباراً تحصيلياً تكمن في تحديد نواتج التعلم التي خطط لها المعلم قبل البدء بعملية التدريس، وكنتيجة لمرور الطلبة في الخبرات التعليمية التي نفذها بعد ذلك. فالاختبارات التحصيلية تقيس السلوك المحدد الذي يتوقع من المتعلمين أن يظهروه عند مرورهم في خبرات تعليمية محددة. والأهداف التعليمية التي تصاغ بعبارات سلوكية محددة تعكس نواتج التعلم التي يقيسها الاختبار.

إن معظم العبارات التي يصوغها المعلمون غير المدربين يكتنفها الغموض وعدم الوضوح، ولا بد من الاسترشاد ببعض الإرشادات التي تعين المعلم في صياغة الأهداف بشكل محدد وواضح وقابل للقياس. وقد أوردنا سابقاً عدداً من الإرشادات التي تعين المعلم في صياغة أهدافه بشكل جيد.

3) تحليل المحتوى إلى عناصره

للمحتوى أهمية خاصة في تخطيط الاختبار بل إنه حجر الزاوية في نظر المعلمين لأنه الوسيط الذي تتحقق من خلاله الأهداف التعليمية. إن عملية تحليل المحتوى تفيد في تحقيق الشمول والتوازن في الاختبار، وبإمكان المعلم الاعتماد على التقسيمات الموجودة في الكتاب المقرر أو دليل المعلم، وقد يلجأ إلى اعتماد تقسيم آخر يراه أكثر مناسبة ولا ينصح بأكثر من خمسة أو ستة تقسيمات للمحتوى.

4) إعداد جدول المواصفات (مخطط الاختبار)

يمثل تحليل المحتوى إلى عناصره، وتحديد الأهداف التعليمية أو النواتج بعدين في مخطط الاختبار أو جدول مواصفات الاختبار، وفي جدول المواصفات ترتبط الأهداف بالمحتوى وتلتقيان معاً في خانة من خانات الجدول، ويتحدد في هذه الخانة عدد الأسئلة التي تقيس هذا الجانب من المحتوى. والجدول التالي يمثل جدول مواصفات لاختبار الرياضيات للصف السادس الأساسي.

جدول مواصفات اختبار في الرياضيات

للصف السادس الأساسي

المحتوى/ النواتج	معرفة	فهم	تطبيق	تحليل وتركيب	المجموع
المجموعات والعمليات عليها	6	6	-	-	12
الأعداد وتطبيقاتها	2	4	5	5	16
النسبة والنسبة المئوية	2	1	2	-	5
الهندسة	6	6	6	-	18
المساحات والحجوم	2	1	3	3	9
المجموع	18	18	16	8	60

كما يتضح، فإن جدول المواصفات يمثل مخططاً للاختبار يتحدد فيه محتوى المادة الدراسية على شكل عناوين للموضوعات مع تحديد الوزن النسبي لكل عنوان منها مُمثّلاً بعدد الأسئلة الخاصة بذلك العنوان. كما يتحدد فيه أيضاً مستويات الأهداف أو النواتج التعليمية مع الوزن النسبي لكل مستوى مقابل كل موضوع أو عنوان.

ويتطلب إعداد جدول المواصفات ما يلي:

أ- تحديد الوزن النسبي لكل عنوان أو موضوع من موضوعات الاختبار حسب ما يقرره المعلم أو يراه من أهمية ذلك الموضوع، وقد يستعين بمرجع يستند إليه في هذا التحديد كالكتاب مثلاً أو دليل المعلم أو سواهما.

ب- تحديد عدد أسئلة الاختبار وتوزيعها على الموضوعات الفرعية للمحتوى اعتماداً على الوزن النسبي لذلك العنوان.

ج- توزيع الأسئلة في كل عنوان على مستويات السلوك أو النواتج التعليمية التي يحددها المعلم.

ويحقق جدول المواصفات عدة فوائد منها:

أ- يحقق الشمول المطلوب في كل اختبار تحصيلي مما يتيح تغطية جميع عناصر المحتوى أو الموضوعات التي تم تدريسها.

ب- يعطي للاختبار صدق المحتوى الذي تتطلبه مواصفات اختبارات التحصيل التي ننشدها.

ج- يعطي لكل جزء أو موضوع وزنه الفعلي عندما توزع الأسئلة في الجدول حسب الأهمية النسبية لها.

د- يساعد على الاهتمام بجميع مستويات الأهداف وعدم التركيز على الجوانب الدنيا فقط والمتمثلة في المعرفة أو التذكر.

5) اختيار نوع الفقرات أو الأسئلة المناسبة وعدد المطلوب منها في كل خلية من خلايا جدول المواصفات:

لا نستطيع بأي حال أن نُضمّن الاختبار كل الأسئلة التي نريد أن نسأل عنها في الاختبار الذي يحدد له وقت وزمن يقيد المعلم، وبناء عليه فإنه يمكننا إدراج عدد مناسب من الفقرات أو الأسئلة في الاختبار بحيث تمثل هذه عينة محدودة من السلوك الذي نخضعه للقياس. وتكون مسؤولية المعلم اختيار عينة من الأسئلة تعكس النواتج التعليمية التي خطط لها في تدريسه واختيار المواقف التعليمية التي تستثير السلوك الخاضع للملاحظة والقياس. وسنبين في الجزء التالي من هذا الفصل بعض أنواع الأسئلة وأكثرها انتشاراً والتي تلائم المواقف والأهداف التعليمية على مستوياتها المختلفة.

4:11 كتابة أسئلة الاختبار

هناك عدة أنواع من الأسئلة التي يمكن استخدامها في الاختبارات المدرسية، ويمكن تصنيفها إلى فئتين:

أ- الفئة الأولى، وهي الأنواع التي يكتب فيها الطالب إجابته بنفسه.

ب- الفئة الثانية، وهي الأنواع التي يختار الطالب إجابته من بين عدة إجابات بديلة موجودة أمامه.

وتضم الفئة الأولى الأسئلة المقالية التي تتطلب من الطالب إجابة طويلة مفصلّة، والأسئلة القصيرة الإجابة في حدود سطر واحد أو سطرين. وهناك ضمن هذه الفئة أيضاً أسئلة التكميل التي تتطلب ملء الفراغ بكلمة أو شبه جملة.

والأمثلة على الفئة الثانية: **أسئلة الاختبار من عدة بدائل، وعبارات الصواب والخطأ، وأسئلة المقابلة أو المزاوجة.**

ويعتمد اختيار المعلم لنوع الفقرات أو الأسئلة الملائمة للاختبار على الهدف الذي يريد قياسه وطبيعة المحتوى ومهارته في صياغة الأسئلة. ويحتاج واضع الاختبار إلى اتخاذ قرار حول عدد الأسئلة التي سيتألف منها الاختبار. فإذا كان قرار المعلم استخدام أسئلة المقال الطويلة فإن الوقت المتيسر له يسمح بعدد قليل من الأسئلة. فالامتحان الذي يخصص له حصة صفية واحدة يمكن أن يتضمن في حدود ثلاثة أو أربعة أسئلة فقط (أربعة مسائل رياضية) إذا كانت الإجابة على كل سؤال في حدود صفحة واحدة تقريباً. وبطبيعة الحال فإن ذلك يعتمد على المستوى والمرحلة العمرية للطلبة.

وإذا كان قرار المعلم استخدام الأسئلة ذات الإجابات القصيرة أو أسئلة من الفئة الثانية فإن مجموع الأسئلة سيكون كبيراً ليمثل جوانب سلوك التلميذ في مجالات المحتوى بكامل تفصيلاته وجزئياته.

ويعتمد عدد الفقرات أو الأسئلة في اختبار ما على مجموعة من العوامل منها:

1) نوع الفقرات المستخدمة

فالأسئلة ذات الإجابة القصيرة تتطلب من التلميذ وقتاً أطول من أسئلة الصواب والخطأ أو الاختيار من بدائل.

2) عمر الطالب ومستواه التعليمي

فالطلبة في الصفوف الأولى الذين لم يتمكنوا من مهارات القراءة والكتابة يحتاجون وقتاً أطول في الاستجابة للفقرة الواحدة مما يحتاجه الطلبة الذين امتلكوا هذه المهارات.

3) مستوى القدرة عند الطلبة

فالطلبة ذوو القدرات العالية أو المتفوقة يستطيعون الإجابة على عدد أكبر من الأسئلة أكثر مما يستطيعه الطلبة من ذوي القدرات المتدنية في زمن محدد.

4) **طول الفقرة ودرجة تعقيدها**

إذا كانت الفقرة في اختبار ما تعتمد على نص ما أو مادة في جدول أو خارطة أو رسم بياني فيجب أن يحسب حساب الوقت اللازم لقراءة واستيعاب ذلك، وبالتالي تقل عدد الأسئلة عندما تكثر الأسئلة من هذا النوع.

5) **نوع العمليات العقلية التي يهدف السؤال إلى اختبارها**

فالفقرات التي تتطلب مجرد استدعاء المعرفة من الذاكرة أو التعرف عليها يمكن الإجابة عنها بسرعة أكبر من تلك التي تتطلب تطبيق المعرفة في مواقف جديدة.

وفيما يلي بعض المقترحات التي نقدمها عند كتابة أسئلة الاختبار بغض النظر عن أنواع أو أشكال هذه الأسئلة وينصح المعلم بمراعاتها والاسترشاد بها:

1- تجنب التعقيد اللفظي في السؤال على أن تكون متطلبات القراءة والمفردات اللغوية في حدودها الدنيا، خاصة إذا لم تكن للقراءة أو المفردات علاقة مباشرة بإجابة السؤال.

2- أن تكون لكل فقرة أو لكل سؤال إجابة صحيحة أو إجابة فضلى متفق عليها.

3- يجب أن تتناول كل فقرة جانباً مهماً في المحتوى وليس أمراً تافهاً لا قيمة له أو تفصيلات لا ضرورة لها.

4- يجب أن تكون كل فقرة مستقلة بذاتها بمعنى أن الإجابة على فقرة ما لا يرتبط بالإجابة عن الفقرات السابقة لها أو اللاحقة لها.

5- تأكد أن كل سؤال يطرح موقفاً واضحاً لا لبس فيه ولا غموض.

كتابة الأسئلة الموضوعية:

سميت بعض أنواع الأسئلة بالأسئلة الموضوعية لأن تصحيحها يتم موضوعياً، فهي لا تعتمد على ذاتية المصحح في إعطاء النتيجة، فاعتماداً على مفتاح التصحيح يمكن

لأي فرد أن يقوم بتصحيحها دون أن يخطئ أو ينحاز. ويتفق على الدرجة أو العلامة التي يحصل عليها الطالب أكثر من مصحح واحد في وقت واحد، أو يتفق المصحح مع نفسه إذا قام بتصحيحها في أوقات مختلفة. وقد اشتهر منها الأنواع التالية:

- الصواب والخطأ.
- فقرات التكميل.
- أسئلة المزاوجة أو المقابلة.
- الاختيار من متعدد.

وسنقدم فيما يلي قواعد وإرشادات كتابة الأسئلة الموضوعية بمختلف أشكالها.

أسئلة الصواب والخطأ:

تتكون فقرات هذا النوع من الأسئلة من جمل خبرية (عبارات)، أما أن تكون صحيحة أو خاطئة. ويطلب من المستجيب تحديد فيما إذا كانت الجملة صائبة أو خاطئة، وذلك بوضع دائرة حول الحرف ص إذا كانت العبارة صائبة أو حول الحرف **خ** إذا كانت العبارة خاطئة.

ومن الأمثلة عليها:

- حاصل ضرب عدد فردي في عدد زوجي هو عدد زوجي	ص	خ
- قطرا المستطيل ينصف كل منهما الآخر	ص	خ
- لكل مصفوفة ثنائية الرتبة نظير ضربي	ص	خ
- جميع الاقترانات المتصلة قابلة للاشتقاق	ص	خ

ولا ينصح باستخدام هذا النوع من الأسئلة في الرياضيات لأن نسبة التخمين فيها عالية.

ومن الأمور التي يجب مراعاتها عند أعداد هذا النوع من الأسئلة ما يلي:

- تجنب الجمل الطويلة التي تحتوي على تحديدات كثيرة.

- تجنب الأفكار أو المعلومات غير المهمة، أو الملاحظات الجانبية.

- تجنب استخدام الجمل المنفية، بقدر الإمكان، وتجنب النفي المزدوج.

- تجنب الجمل المركبة (المربوطة بإحدى أدوات الربط)، إلا إذا كانت الفقرة تهدف إلى قياس أحد جوانب المنطق.

- أن تكون صحة الجملة أو خطؤها قطعياً.

- أن لا يحتاج الطالب القيام بعمليات حسابية مطولة للوصول إلى الإجابة الصحيحة.

أسئلة التكميل:

وهي أسئلة ذات إجابات محددة وقصيرة، حيث تكون الإجابة عن السؤال رمزاً أو مصطلحاً أو كلمة أو شبه جملة قصيرة. ويظهر هذا النوع من الأسئلة أما على شكل تكملة فراغ، أو على شكل سؤال. ومن الأمثلة عليها:

- حاصل جمع عدد فردي مع عدد زوجي هو عدد ─────────

- متتالية حدها العام $ق_ن = \dfrac{ن}{ن(ن-1)}$ ، ما هو الحد الخامس فيها؟

- رميت علبة كبريت 5 مرات متتالية، إذا كان احتمال استقرارها على أحد جوانبها 0.2 فما احتمال استقرارها على أحد جوانبها 3 مرات؟

- قياس الزاوية المحيطية المرسومة على قطر الدائرة يساوي ─────────

- الجذر التربيعي للمقدار الجبري $س^4 - 4س^2 + 4$ يساوي ─────────

ومن الشروط اللازم توفرها في هذا النوع من الأسئلة ما يلي:

- وضع الفقرة (السؤال) بطريقة تتيح المجال لإجابة قصيرة محددة.
- أن تكون الفقرة على هيئة سؤال، أو على شكل عبارة ناقصة، ويفضّلُ عادة صيغة السؤال، لأن السؤال يحدد المطلوب بشكل دقيق وواضح.
- ترك فراغ مناسب بعد كل سؤال للإجابة، وبشكل يسهل معه عملية تصحيح السؤال.
- أن تشتمل الفقرة الواحدة أو السؤال الواحد على فراغ واحد أو اثنين على الأكثر.
- أن يتناول السؤال أو الفقرة هدفاً واحداً فقط.
- عدم التشويش على الهدف الأساسي بأهداف أخرى جانبية، مثل التعقيدات الحسابية أو الكلمات الغامضة.

أسئلة الاختيار من متعدد:

تتكون الفقرة أو السؤال في هذا النوع من نص يسمى أرومة أو أصل السؤال، يليها عدد من الإجابات المحتملة للسؤال، تسمى البدائل أو الخيارات، وتكون واحدة منها صحيحة، ويطلب من المفحوص اختيار البديل الصحيح أو تحديده.

ويمكن أن تأتي الأرومة في الفقرة في شكل سؤال تكميل - أي جملة ناقصة- بحيث يكتمل المعنى باختيار البديل الصحيح من بين البدائل الواردة والتي يتراوح عددها ما بين أربعة إلى خمسة بدائل في معظم الأحيان، أما الزمن الذي يخصص لكل فقرة أو سؤال فهو في العادة دقيقة واحدة إلى دقيقتين.

ومن الأمثلة على أسئلة الاختيار من متعدد ما يلي:

- $\frac{3}{4} + \frac{5}{6} =$

أ) $\frac{8}{10}$ ب) $\frac{19}{12}$ ج) $\frac{8}{24}$ د) $\frac{15}{24}$

- إذا كان العدد "1" صفراً للاقتران ق(س) = 5س^3 + 7س+ جـ ، فإن جـ =

أ) صفر ب)1 ج)11 د) -12

- ما مجموعة الحل للمعادلة س^2 - 2س = صفر؟

أ) {2} ب){0، 2} ج) {0، 2 } د){0، 2 ، - 2 }

- ح$_1$ ، ح$_2$ حادثان مستقلان، إذا كان

ل(ح$_1$∩ح$_2$) = 0.18 ، ل(ح$_1$)= 2ل (ح$_2$) فإن ل (ح$_1$∪ح$_2$)=

أ) صفر ب) 0.6 ج) 0.18 د)0.42

- قياس زاوية الشكل السداسي المنتظم تساوي:

أ)$60°$ ب)$120°$ ج)$90°$ د)$150°$

وعند وضع أسئلة الاختيار من متعدد يجب مراعاة عدة أمور، أهمها:

- أن تكون جميع البدائل إجابات محتملة أو معقولة للسؤال، أي لها ارتباط بمعطياته، شريطة أن تكون واحدة منها فقط صحيحة.
- أن تكون جميع البدائل المستخدمة في فقرة معينة متشابهة في الشكل، وإن لا تشذ الإجابة الصحيحة عن البدائل الأخرى.
- يجب أن تحدد أرومة السؤال جميع المعلومات اللازمة للإجابة عنه.

- يستحسن أن يكون عدد البدائل أربعة أو خمسة.

- يجب أن لا تعتمد إجابة سؤال آخر، أي أن تكون الأسئلة مستقلة بعضها عن بعض.

ثانياً : أسئلة المقال أو الأسئلة الحرة:

وهي أقدم أنواع الأسئلة من حيث استخدامها في قياس التحصيل. ولا تزال شائعة الاستعمال، حتى إن بعض المعلمين لا يزالون يقتصرون اختباراتهم على هذا النوع من الأسئلة؛ فإعدادها لا يحتاج إلى الوقت والجهد الذي يحتاجه النوع السابق من الأسئلة، كما أنها لا تحتاج إلا إلى رقعة صغيرة أو مساحة قليلة لكتابتها. ويختلف هذا النوع من الأسئلة عن أنواع الأسئلة السابقة في أنه يعطي الطالب حرية مطلقة في الإجابة، فيطلب من المفحوص حل مسألة رياضية مثلاً أو البرهنة على صحة تعميم رياضي، أو إيجاد ناتج عملية معينة إلى غير ذلك. ويغلب استخدامها لقياس مستويات التحليل والتركيب والبرهان.

وبالرغم من حسنات هذا النوع من الأسئلة، إلا أن لها بعض الجوانب السلبية، فمن حسناتها أنها تتيح الفرصة للطالب للتعبير عن نفسه بحيث يتمكن المعلم من الحكم على قدرة الطالب على التعبير، أو قدرته على ربط الأفكار والمعلومات وتنظيمها، أو قدرته على الابتكار والإبداع. ومن عيوبها اقتصارها على عدد محدود من الأهداف التعليمية وأنها ليست على درجة عالية من الموضوعية، وذلك لاختلاف تقييم الإجابة (أي إعطاء العلامة المستحقة) باختلاف المصحح، أو اختلاف الوقت الذي يصحح فيه السؤال. فعند تصحيح سؤال المقال، من النادر إعطاء نفس العلامة من قبل أكثر من مصحح، أو حتى من قبل نفس المصحح إذا أعاد تصحيح السؤال في وقت لاحق.

ومن الأمور التي يجب مراعاتها في أسئلة المقال ما يلي:

- أن تستخدم لقياس أهداف المستويات العليا في تصنيف الأهداف، كإنتاج حل متكامل لمسألة رياضية، أو البرهان على نظرية أو تعميم.

- أن يشتمل السؤال على جميع المعطيات اللازمة، مع تجنب السؤال تقديم معلومات مضللة وغير لازمة أو مموهة.

- أن يكون عدد الأسئلة مناسباً وشاملاً ما أمكن للأهداف الأساسية والأفكار الرئيسية في الوحدة.

وحتى يقترب المصحح من الموضوعية عند تصحيح سؤال المقال، ينبغي وضع مفتاح للحل، مقسم إلى خطوات تعطي قيماً محددة لكل خطوة في الحل.

ومن الأمثلة عليها:

- أوجد معادلة الدائرة المارة بالنقطتين (2-، 1) ، (2، 3) وتمس محور السينات.

- إذا كان ناتج قسمة ق(س) على س^2 – 1 هو س+1، وباقي القسمة هو 2س-3، فأوجد ق(س).

- اشترت سيدة قطعتين من القماش الأولى : $3\frac{1}{2}$ متراً بسعر $5\frac{1}{4}$ ديناراً للمتر الواحد، والثانية $2\frac{1}{3}$ متراً بسعر $3\frac{3}{4}$ ديناراً للمتر الواحد. فكم يبقى معها، إذا كان معها 35 ديناراً؟

- المستقيم الواصل من رأس المثلث القائم الزاوية إلى منتصف الوتر يساوي نصف الوتر. برهن ذلك.

5:11 أساليب أخرى في تقويم تحصيل الطلبة

استخدام الاختبارات المعتمدة على الورقة والقلم (الاختبارات الكتابية) بنوعيها: المعيارية والمحكية، كمقاييس لنواتج التعلم أو التحصيل في المجال المعرفي هو الشائع بين أوساط المعلمين في جميع الصفوف ومراحل التعليم. ومعظم هذه الاختبارات هي من إعداد المعلمين أنفسهم، وتعطى لمجموعة كبيرة أو صف كامل في نفس الوقت. وهذه الاختبارات تبين لنا فيما إذا كان المتعلم يعرف ماذا يفعل في مواقف معينة، ومدى امتلاكه للمهارة اللازمة لتمكنه من القيام بهذا العمل، أو استخدام ما يمتلكه من معرفة وفهم.

ويجب أن نشير إلى أن قياس الأهداف في المجال المعرفي لا يقتصر على الاختبارات الكتابية، فهناك مواقف تتطلب استخدام الاختبارات الشفوية، وخصوصاً تلك التي تتطلب القدرة على إجراء الحسابات ذهنياً، أو القدرة على التواصل اللفظي والحوار، أو المهارة في استخدام الأدوات الهندسية أو أدوات القياس المختلفة.

والأنشطة التقويمية الممثلة بالاختبارات يجب أن تتناول أيضاً الأعمال الكتابية والواجبات التي يكلف بها الطلبة خارج المدرسة خصوصاً عندما تتناول هذه الواجبات أنشطة تتطلب عمليات تفكيرية عليا تتجاوز مجرد اكتساب المهارة في مستواها الأدنى.

إن نواتج التعلم في المجالين الآخرين: المجال النفسي- حركي، والمجال الوجداني لا تناسبها الاختبارات الكتابية من النوع الذي كان محور الحديث، ولا بد من استخدام أدوات أخرى تعتمد على الملاحظة أو المشاهدة المنتظمة لقياس الأهداف في المجال النفس- حركي، أو استبيانات خاصة لقياس الأهداف في المجال الانفعالي. وتشتمل نواتج التعلم في المجال الوجداني على الميول والاتجاهات. والميول هي مشاعر الفرد ومواقفه سلباً أو إيجاباً من الأنشطة أو الفعاليات أو الأشياء على اختلاف أنواعها. أن اهتمامات الطالب بموضوع معين يمكن أن يوّلد لديه الميل نحو هذا الموضوع، ويسهل عليه

فهمه من خلال ما يقوم به من أنشطة متنوعة يمكن أن نلاحظها في سلوك الفرد أو أفعاله. والاتجاه هو موقف الفرد من شيء ما أو موضوع معين. وهدفنا تكوين اتجاهات إيجابية لدى الطلاب من الرياضيات مما ينعكس إيجابيا على تحصيل الطالب.

وقياس الميول والاتجاهات يتم من خلال قوائم التقدير الذاتي أو الاستبيانات. وقد أعدت استبيانات في جميع المواد الدراسية. وتجدر الإشارة إلى استبيان الاتجاهات نحو الرياضيات وتدريسها الذي أعده أبو زينه والكيلاني(1982). وهذا الاستبيان يقيس وجهة نظر الطالب نحو الرياضيات في ستة مظاهر هي: صعوبة الرياضيات، قيمتها الذاتية، قيمتها بالنسبة للفرد، أهميتها بالنسبة للمجتمع، تدريسها وتعلمها. وفي الملحق التالي نموذج لمقياس اتجاهات نحو الرياضيات يناسب الطلبة في المراحل الدراسية المختلفة.

ولقياس نواتج التعلم التي تتطلب الملاحظة والمشاهدة يستخدم قوائم تقدير من قبل المشاهد أو المعلم. ولمزيد من الإطلاع على هذه القوائم يمكن الرجوع إلى كتاب أساسيات القياس والتقويم في التربية (أبو زينة،1992) الفصل الثامن.

6:11 معايير تقييم تدريس الرياضيات

أصدر المجلس الوطني لمعلمي الرياضيات في الولايات المتحدة عام 1995 (NCTM) المعايير التالية لتدريس الرياضيات:

1) إبراز الرياضيات التي يحتاج جميع الطلاب معرفتها ويستطيعون القيام بها

إن عملية التقييم التي تقابل النظرة المعاصرة للرياضيات تتضمن نشاطات مبنية على رياضيات مهمة وصحيحة. وتطوير نشاطات تقييمية تعكس نوعية الرياضيات التي

يجب أن يعرفها الطلاب ويكونوا قادرين على التعامل معها يتطلب من المقيمين فهماً للرياضيات، ومعرفة وإطلاعاً على مناهج الرياضيات.

لذا فإن وجود إطار للتقييم يعطي الوزن المناسب لمختلف جوانب الرياضيات يمثل نظرة شاملة للرياضيات التي يجب أن يعرفها الطلاب ويستطيعون التعامل معها؛ وأي نشاط تقييمي محدد يكون ذا معنى داخل هذا الإطار. ولا تعطي سلسلة النشاطات التقييمية التي تلائم هذا الإطار الطلاب فقط فرصاً متعددة لإظهار مقدرتهم الرياضية المتنامية، لكنها أيضاً تزيد من فرصهم لتعلم رياضيات إضافية.

2) تدعيم أو تفعيل Enhance تعلم الرياضيات:

إن عملية التقييم جزء لا يتجزأ من عملية تدريس الرياضيات، وتساهم بشكل واضح في تعلم الطلاب، ولهذا يجب أن توفر عملية التقييم فرصاً تعليمية للطلاب. وعملية التقييم هذه توجه تعلم الطلاب اللاحق، وتمكنهم من استخدام عمليات التقييم في التعلم الذاتي من خلال اعتبارها مؤشرات للرياضيات المهمة لهم. وعلى الرغم من تعدد أغراض التقييم فإن غرضه الأساسي هو تحسين تعلم الطلاب، وتقديم المعلومات اللازمة للمعلمين لاتخاذ القرارات.

وعملية التقييم الداعمة لتعلم الرياضيات تتضمن نشاطات منسجمة مع النشاطات المستخدمة في عملية التدريس وأحياناً مشابهة لها. ويعتبر العمل داخل غرفة الصف إضافة إلى المشاريع والواجبات مصدراً غنياً للمعلومات من أجل الوصول إلى استنتاجات عن تعلم الطلاب، فالكثير من نتاجات غرفة الصف تعتبر مؤشرات على تعلم الطلاب مثل التعليقات الشفوية والأوراق والمجلات والرسومات ونماذج الكمبيوتر.

3) إيجاد وتدعيم العدالة والإنصاف:

إن الالتزام بمعيار العدالة والإنصاف يعني أن جميع الطلاب، بمن فيهم ذوي الحاجات والمواهب الخاصة يتوقع أن يحققوا مستويات عالية من الإنجاز، ويعني ذلك إعطاء كل طالب الفرصة للوصول إلى هذه المستويات والدعم اللازم لذلك.

وفي عملية التقييم العادلة يعطى كل طالب الفرصة لإظهار قدرته الرياضية، ولأن الطلاب يختلفون في طرق إظهار معرفتهم وقدرتهم الرياضية، يجب أن تسمح عملية التقييم باستخدام أساليب متعددة وأنماطاً مختلفة أو مجموعات من عمليات التقييم للحصول على معلومات عن تعلم نفس النوع من الرياضيات. وتكون عملية التقييم عادلة عندما يستطيع الطلاب ذوي الحاجات الخاصة الوصول إلى نفس التسهيلات والتعديلات التي يتلقونها خلال عملية التعليم.

4) التقويم عملية مفتوحة Open:

يمكن التأكد من انفتاح عملية التقييم بطرق عديدة منها:

1- توفير المعلومات عن عملية التقييم لهؤلاء المتأثرين بها وذلك بإطلاع الطلاب مسبقاً عما يحتاجون معرفته وكيف يتوقع منهم إظهار معرفتهم وكذلك النتائج المترتبة على عملية التقييم. ومن المهم أن يفهم الطلاب المعايير المستخدمة في الحكم على أعمالهم وأن تقدم لهم نماذج من الاستجابات الكاملة وتلك الناقصة لتحسين أدائهم.

وانفتاح عملية التقييم يتضمن إعلام الجمهور (الآباء، صانعي السياسة، رجال الأعمال، علماء الرياضيات، والمواطنين) عن عمليات التقييم داخل غرفة الصف، وعمليات التقييم التي تجري على مستوى المنطقة، ويسمح لهم بالاطلاع على أعمال الطلاب المصححة.

2- عملية التقييم المفتوحة تحترم الاشتراك المهني في أي برنامج تقييمي على مختلف المستويات. ويشارك المعلمون بنشاط في تحديد ما يتم تقييمه وكيفية ذلك، وكذلك في تطوير معايير الأداء واختيار نماذج من أعمال الطلاب لتوضيح تلك المعايير، إضافة إلى مشاركتهم في تطوير إجراءات تقديم النتائج ووصف استخدامها وآثارها.

3- عملية التقييم المفتوحة تكون قابلة للاختبار والتعديل في ضوء أي متغيرات وجعلها أكثر انسجاماً مع الإصلاحات الأخرى، وتتضمن مسؤوليات مشتركة بين الطلاب والمعلمين والجمهور، وهي تؤدي إلى فهم جماعي لمعايير الأداء العالي، وتضييق الفجوة بين أداء الطلاب الحالي ووصولهم إلى تلك المعايير، فالجميع يستفيدون من عملية التقييم التي تتصف بالعمومية والتشاركية والدينامية.

5) الوصول إلى استنتاجات صادقة عن تعلم الرياضيات:

التقييم عملية جمع الأدلة من أجل الوصول إلى استنتاجات لأغراض متعددة. والاستنتاج عن التعلم هو الوصول إلى نتيجة عن العمليات العقلية للطالب والتي لا يمكن ملاحظتها مباشرة، ولهذا يجب أن تعتمد على أداء الطالب. وهناك كثير من مصادر الأداء في الرياضيات (الملاحظة، المقابلة، المهمات المغلقة أو المفتوحة، مواقف حل المشكلة، والحقائب، إضافة إلى الأدوات التقليدية المتمثلة في الاختبارات بأشكالها المختلفة).

واستخدام مصادر متعددة يضيف إلى صدق الاستنتاجات عن التعلم، ويسمح لنقاط القوة في بعضها بالتعويض عن نقاط الضعف في بعضها الآخر، كما تساعد المعلمين على الحكم على اتساق عمل الطالب في الرياضيات.

6) يجب أن تكون عملية التقييم مترابطة منطقياً Coherent:

ويعني ذلك أولاً أن عملية التقييم تشكل وحدة مترابطة لجميع مراحلها، وثانياً أن عملية التقييم تماثل الغرض المستهدف منها. فعندما تكون عملية التقييم مترابطة مع بعضها البعض ومع الغرض منها يكون لها قيمة تربوية. وثالثاً أن عملية التقييم تسير إلى جانب المنهاج والتدريس، فتعلم الطلاب يرتبط بخبراتهم في عملية التقييم.

7:11 استخدام معايير التقييم لأغراض مختلفة

إن أحد أغراض التقييم المهمة هو ملاحظة تقدم الطلاب نحو الأهداف التعليمية، فبعد وضع الأهداف يجب جمع البيانات لتزويد الطالب والمعلم بالتغذية الراجعة عن التقدم نحو هذه الأهداف، وهذه التغذية الراجعة تستخدم في محاولة مستمرة لتشجيع نمو المقدرة الرياضية لكل طالب. والغرض الثاني لتقييم الرياضيات هو صنع القرارات بعملية التدريس. أما الغرض فهو تقويم تحصيل الطلاب. ومن الأغراض الهامة الأخرى للتقييم تقويم برامج الرياضيات التي يدرسها الطلاب.

وقد أصبح ضرورياً إجراء تغييرات عديدة في ممارسات التقييم إذا أريد لهذه الممارسات أن تكون منسجمة مع محاولات الإصلاح في المناهج والتدريس. وفي الأجزاء التالية توضيح لبعض التغييرات في ممارسات التقييم التي يجب أن ينظر إليها كمكونات للتغيرات الضرورية في نظام التقييم ككل وليس فقط بالارتباط مع الغرض الذي تم تقديمها معه.

وتتضمن جميع عمليات التقييم نفس المراحل مثل التخطيط، جمع الأدلة أو المعلومات والبيانات، تفسير الأدلة، واستخدام النتائج التي تم الحصول عليها.

1) ملاحظة تقدم الطلاب:

يقوم المعلمون بملاحظة تقدم الطلاب من أجل فهم وتوثيق تقدم كل طالب بالنسبة لأهداف الرياضيات، ولتزويد الطلاب بالتغذية الراجعة عن عملهم وتقدمهم. والملاحظة الفعالة لتقدم الطالب نحو هذه الأهداف يدعّم التعلم من خلال توضيح هذه الأهداف ومدى تقدم الطالب نحوها.

ويتضمن الحكم على هذا التقدم نحو هذا الهدف الواسع مكونين اثنين:

1- وضع أهداف بصورة معايير أداء.

2- تقييم تقدم الطلاب نحو هذه الأهداف.

ومساعدة الطلاب على التقدم وتحقيق الأهداف هو لب التدريس الجيد. ومن أجل تقييم التقدم نحو هذه الأهداف يجب صياغة معايير أداء، واطلاع المعنيين عليها، والحكم على أداء الطلاب في ضوء هذه المعايير.

التواصل مع الطلاب حول أدائهم:

يعتمد ملاحظة تقدم الطلاب الفعّال على التواصل الجيد بين المعلمين والطلاب على أساس ثنائي المسار، فالمعلمون يجمعون الأدلة عن تقدم الطلاب ويقدمون لهم التغذية الراجعة عن تقدمهم، وخلال جمع المعلومات يستطيع المعلمون استخدام أساليب أخرى عدا عن مهمات القلم والورقة (الكتابية).

وإحدى أقوى مصادر جمع المعلومات عن تعلم الطلاب يأتي من الاستماع لهم وهم يفسرون تفكيرهم في غرفة الصف. ثم أن وضع الأهداف وجمع البيانات (الأدلة) عن تقدم الطلاب على هذه الأهداف لن يكون ذا قيمة إذا كانت الأحكام على هذا التقدم في الأداء لن توصّل بانتظام إلى الطالب.

ان معيار الانفتاح هو التواصل مع الطلاب حول تقدمهم يساعدهم في فهم التوقعات منهم، وأفضل أنواع التغذية الراجعة هي التي تكون وصفية، ومحددة، ومناسبة، وفي الوقت المناسب، مشجعة، وقابلة للاستخدام في الحال. ويمكن أن تكون التغذية الراجعة شفوية أو كتابية، رسمية أو غير رسمية، علنية أو خصوصية، موجهة نحو الفرد أو المجموعة، كما يمكن أن تركز على نشاط تقييمي واحد أو على سلسلة من النشاطات. وتوفير التغذية الراجعة الفعّالة بصورة مستمرة ومتكررة يساعد الطالب على أن يصبح متعلماً مستقبلاً.

مهمات الأداء والمشاريع والحقائب Portfolios كأدوات تقييم:

توفر الأعمال الكبيرة مثل مهمات الأداء والمشاريع والحقائب فرصاً للطلاب لإظهار نمو مقدرتهم الرياضية، وأحد المعايير التي يجب أن يأخذها المعلمون في الحسبان عند تصميم التقييم هو فيما إذا كان النشاط المحدد يعطي الطلاب فرصاً متساوية لإظهار معرفتهم. وأحد القضايا التي يواجهها المعلمون في مراقبة تقدم طلابهم هي في كون مهمات الأداء المستخدمة للحكم على التقدم عادلة، وهل هناك تنوع كاف في

هذه المهمات؟ وهل تسمح ظروف المهمات للطلاب بإظهار ما يعرفونه ويستطيعون القيام به؟

مشاركة الطلاب في تقييم أعمالهم:

يتعلم الطلاب الاشتراك في مسؤولية عملية التقييم عندما يفهمون ويصدرون الأحكام على نوعية عملهم؛ فالانتقال في التدريس نحو مساعدة الطلاب على تنمية مقدراتهم في التحليل وصياغة المشكلات والتواصل حول العمل الرياضي الصحيح يدعم عندما يصبح الطلاب متمرسين في الحكم على نوعية عملهم وأعمال الآخرين كما هو الحال في اختيار الأعمال التي تتضمنها الحقيبة الخاصة به. ويتعلم الطلاب البحث عن الطرق التي من خلالها توفر المواقف الرياضية المعقدة التي يكتشفوها معلومات تساعدهم في تقرير ما إذا كان طريقتهم للحل معقولة بالمقارنة مع استراتيجيات أخرى قد يختارونها.

2) اتخاذ القرارات المتعلقة بالتدريس

عندما يتكون لدى المعلمين فهم أفضل لما يعرفه طلابهم ويستطيعون القيام به فإنهم يكونوا قادرين على اتخاذ القرارات التدريسية المناسبة. وتضمن مثل هذه القرارات تحديد المحتوى المناسب، التتابع والسرعة، تعديل أو توسيع النشاطات حسب حاجات الطلاب، واختيار الأساليب الفعالة.

وتتضمن عملية استخدام التقييم لاتخاذ قرارات تدريسية استخدام الأدلة عن تعلم الطلاب في غرفة الصف في الحالات التالية:

1- اختبار آثار المهمات والواجبات، وبيئة التعلم على معرفة الطلاب ومهاراتهم واستعداداتهم وميولهم.

2- جعل التدريس أكثر استجابة لحاجات الطلاب.

3- التأكد من اكتساب الطالب للمقدرة الرياضية.

وتعمل معايير التقييم على إحداث تغييرات في ممارسة التقييم من أجل قرارات تدريسية أكثر استجابة للحاجات، وتشتمل التغييرات على:

- تكامل التقييم والتدريس:

يعني ذلك تقييم تعلم الطلاب لتزويد المعلمين بالمعلومات بينما يتخذون قراراتهم التدريسية عن عمل الطلاب في غرفة الصف. وتعتبر الملاحظة، الإصغاء وطرح الأسئلة من أكثر الطرق شيوعاً لجمع المعلومات عن التعلم خلال عملية التدريس.

- استخدام المصادر المتعددة للمعلومات للتخطيط قصير المدى:

تصبح قرارات التدريس قصيرة المدى أفضل عندما يحصل المعلون على معلومات وأدلة من خلال الملاحظة، والأسئلة، وأعمال الطلاب. وهذه الأدلة توفر رؤى على مستويات متعددة من التعقيد يمكن مقارنتها بمعايير الأداء والتوقعات. والفروق التي لا يمكن تفسيرها في العمل الكتابي يمكن أن يكون نتيجة لغياب العدالة والذي يصبح واضحاً من خلال الملاحظة وطرح الأسئلة. والجمع بين الأدلة المؤقتة من الملاحظة وطرح الأسئلة، وبين العمل الكتابي، يعطي صورة أفضل لمقدرة الطلاب الرياضية من تلك التي يمكن الحصول عليها فقط من الاختبارات والتعيينات والتي تركز على إتقان الإجراءات.

إن العديد من نماذج التقييم المفيدة مثل الصحف والمجلات، الحقائب، المشاريع، والتحقيقات المطولة يتطلب تخطيطاً مسبقاً ووقتاً إضافياً لإيصال التوقعات ومعايير التصحيح للطلاب. ولأنها أكثر تعقيداً من الاختبارات القصيرة والطويلة فإن هذه النماذج توفر أدلة على التعلم لا يمكن الحصول عليها من خلال النماذج البسيطة.

- **استخدام أدلة التعلم في التخطيط طويل المدى:**

إضافة إلى التخطيط للدرس اليومي التالي، يحتاج المعلمون إلى التخطيط لفترات طويلة يحددون فيها العناوين التي سوف ينخرط الطلاب فيها. ويتم تنفيذ هذه الخطط غالباً خلال السنة لأن الأدلة على نمو وتطور مقدرة الطلاب الرياضية تساعد المعلمين على إعداد خطط أفضل وإجراء تعديلات عليها حسب تقدم الصف.

أن العديد من أهداف عملية التقييم المطورة تتحقق من خلال تفسيرات متناسقة(مرتبطة منطقياً) في أساليب التدريس واستراتيجيات التقييم. ويمكن للنشاطات التقييمية المعقدة والتي تشرك الطلاب في حل مشكلات غير عادية وتعليل حلولهم واستراتيجياتهم أن توفر أدلة ضرورية على التعلم يستطيع المعلمون الاعتماد عليها في اتخاذ قرارات تدريسية تستجيب لحاجات طلابهم.

3) **تقويم تحصيل الطلاب**

يتم فحص أعمال الطلاب وتلخيصها وتقديم التقارير التي توضح إنجازات كل طالب في الرياضيات على فترات منتظمة، ولهذا النوع من التقويم عدة خصائص منها:

1- أنها ذات طبيعة ختامية موجهة إلى أشخاص خارج غرفة الصف.

2- تستخدم لاتخاذ قرارات تربوية مهمة بالنسبة للطلاب(قبول، مستوى، شهادة).

ولكي يكون التقييم منسجماً مع الرؤية الإصلاحية للرياضيات المدرسية ومعايير التقييم ينبغي إحداث عدة تغيرات في طريقة تقويم تحصيل الرياضيات باتجاه:

- مقارنة أداء الطلاب بمعايير الأداء وبعيداً عن مقارنة الطلاب ببعضهم.

- تقييم نمو مقدرة الطالب الرياضية، وبعيداً عن تقييم المعرفة لحقائق محددة ومهارات منفردة.

- تقديم الدليل المبني على مصادر ومعلومات متعددة ومتوازنة، بعيداً عن الاعتماد على مصادر ضيقة للمعلومات عن تعلم الطلاب.

- عمل ملخصات للتحصيل مبنية على معايير عامة، وبعيدة عن درجات الحرف الواحد أ، ب، جـ د المعتمدة على معايير غير ثابتة وغير معروفة للآخرين.

إن تطوير نماذج بديلة للدرجات يتطلب أن تقوم المدرسة بإعادة دراسة بعض افتراضاتها عن التقييم واتخاذ قرارات حول كيفية جمع المعلومات عن تعلم الطلاب وتقويمها.

ويجب أن يتم تطوير النماذج التي تصف تقدم الطلاب نحو معايير الأداء التي تحافظ على أكبر قدر ممكن على عمق الأدلة متعددة المصادر. وفي التقارير الملخصة Summary Reports ينظم المعلم تحصيل الطلاب بطرق عديدة(قوائم الشطب، ملفات، وسجلات التقدم) إضافة إلى وجود مجال للتعليقات عن عمل الطالب وتقدمه. وتقدم مصادر التقويم المتعددة والتعليقات معلومات غنية وسهلة الفهم للآباء عن تقدم أبنائهم.

4) تقويم البرامج

أن السؤال الرئيسي الذي ينبغي الإجابة عليه في عملية تقويم أي برنامج هو: إلى أي مدى يكون البرنامج ناجحاً بالنسبة إلى الأهداف والتوقعات من الطلاب؟ وفي برنامج الرياضيات المدرسية يكون السؤال: إلى أي مدى حقق البرنامج رؤيا المنهاج، التدريس، التقويم، ومعايير التقييم؟

ويستخدم مصطلح البرنامج هنا للدلالة على أي وحدة تدريس مهمة مثل وحدة محورها النسبة والتناسب والنسبة المئوية؛ الكسور والعمليات عليها، وغيرها.

وفي عملية تقويم البرنامج تستخدم بيانات عن أداء الطلاب بالإضافة إلى الأدلة الأخرى للحكم على نوعية نجاح البرنامج. ويمكن استخدام المعلومات عن تحصيل الطلاب الناتجة عن عمليات التقييم في اتخاذ القرارات حول الاستمرار في برنامج معين أو تعديل برنامج آخر. لكن عملية تقويم البرنامج هي أكثر من مجرد نتائج عمليات تقييم الطالب؛ فبالإضافة إلى تقويم تعلم الطالب يتضمن معلومات عن العناصر الأخرى مثل الأهداف، مواد المنهاج، أساليب التدريس، فرص التعلم للطلاب ومسؤوليات المعلمين والإداريين.

التحليل المفصل لبيانات المجموعة

إن العديد من الاختبارات المستخدمة حالياً تقدم معلومات غير كافية لاتخاذ قرارات متعلقة بالبرامج، فالمتوسطات لا تعطي معلومات عن تشتت العلامات التي أخذت معدلاتها؛ فمعرفتنا أن صفاً حصل على 65% إجابات صحيحة تعطينا أدلة قليلة لاتخاذ القرار. فكم عدد الطلاب الذين حصلوا على علامات أعلى وعدد الذين حصلوا على علامات أقل؟ كما أن نسبة 65% لا تعطينا معلومات عن أداء الطلاب المقبول على جميع مفردات المنهاج التي يجري تقييمها.

لهذا يصبح من المفيد توزيع العلامات والذي يمكن أن يساعدنا في الإجابة على أسئلة عن مجتمع الطلاب مثل: هل تساوى نجاح الذكور والإناث في البرامج؟ كذلك الأمر بالنسبة للمجموعات العرقية، وللإجابة على هذه الأسئلة يمكن توزيع العلامات إلى مجموعات فرعية، وحسب المحتوى الرياضي، وسيكشف ذلك عن نقاط القوة والضعف في أداء الطلاب وبالتالي عن نقاط قوة وضعف البرنامج.

الأحكام المهنية للمعلمين:

ينظر البعض إلى الامتحانات الكتابية المطورة خارجياً على أنها أفضل من الامتحانات الشفوية للمعلمين على أساس كونها حيادية ومنصفة لجميع الطلاب. وعلى الرغم من استمرار وجود هذه النظرة إلى أحكام المعلمين في بعض الدوائر، فإنه من

المعترف به الآن أن الامتحانات الخارجية الحيادية يمكن أن تكون متحيزة من حيث إنها لا ترتبط بالمنهاج الذي درسه الطالب ومقيدة من حيث أن فقرات الاختيار مصممة ليكون لها جواب واحد صحيح، وأن الوقت محدد فيها، وهي لا تنسجم مع بعض معايير التقييم.

ويستطيع المعلمون إصدار أحكام على نوعية مهمات التقييم وأداء الطلاب على العديد من المهمات المعقدة، وكذلك عن طرق استخدام هذه النتائج لأغراض تقويم البرامج.

ملاحـــق

اختبـــارات

الملحق (1)

نماذج وأمثلة: أهداف وأسئلة

أ-   **مستوى المعرفة (تصنيف بلوم)**
   أو مستوى الحسابات (تصنيف ويلسون)

-   الهدف: أن يذكر الطالب حالات تطابق مثلثين.
   السؤال: اذكر حالات تطابق مثلثين .

-   الهدف: أن يتعرف الطالب على وحدات قياس الطول والعلاقة بينها.
   السؤال: الديسمتر وحدة لقياس الطول، وتساوي:

أ) 10سم   ب) 10ملم   جـ) 10م   د) $\frac{1}{10}$ سم .

-   الهدف: أن يعطي النظير الضربي لعدد نسبي.

   السؤال: النظير الضربي للعدد $\frac{-3}{4}$ هو ─────── .

-   الهدف: أن يحسب مساحة دائرة علم نصف قطرها.
   السؤال: ما مساحة دائرة نصف قطرها 7سم؟

ب- مستوى الاستيعاب / الفهم

- الهدف: أن يرتب الكسور العادية ترتيباً تصاعدياً أو ترتيباً تنازلياً.

السؤال: ترتب الكسور:

$\frac{5}{7}$ ، $\frac{3}{5}$ ، $\frac{4}{6}$، ترتيباً تصاعدياً كما يلي :

أ) $\frac{3}{5}$ ، $\frac{4}{6}$ ، $\frac{5}{7}$

ب) $\frac{3}{5}$ ، $\frac{5}{7}$ ، $\frac{4}{6}$

جـ) $\frac{4}{6}$ ، $\frac{3}{5}$ ، $\frac{5}{7}$

د) $\frac{5}{7}$ ، $\frac{3}{5}$ ، $\frac{4}{6}$

- الهدف: أن يجد القاسم المشترك الأعظم لعددين.

السؤال: القاسم المشترك الأعظم للعددين 28، 42 هو

أ) 42   ب) 28   جـ)14   د)7

- الهدف: أن يحوّل من نسبة عادية إلى نسبة مئوية وبالعكس.

السؤال: 5:8 تساوي كنسبة مئوية:

أ) 8%   ب)40%   جـ) $\frac{8}{5}$%   د) 160%

- الهدف: أن يجد الحد النوني في متتالية حسابية أو هندسية.

السؤال: الحد العاشر في المتتالية التالية:

$12\frac{1}{2}$ ، 10 ، $7\frac{1}{2}$ ... هو

أ) $2\frac{1}{2}$ ب) 0   جـ) $-12\frac{1}{2}$ د)10-

- الهدف: أن يجد مركز أو نصف قطر دائرة علمت معادلتها:

مركز الدائرة س^2 + ص^2 - 2ص- 5 = 0 هو النقطة:

أ) (2،- 4) ب) (2-،4) جـ) (1،2-) د) (1-،2)

ج- مستوى التطبيق

- الهدف: أن يحل مسائل كلامية تتضمن العمليات الحسابية على الكسور العشرية.

السؤال: اشترت سيدة قطعتين من القماش، طول الأولى 3.75 متراً، وطول الثانية 4.45 متراً، فكم يبقى من ثوب القماش إذا كان طول الثوب 12 متراً؟

- الهدف: أن يطبق قوانين اللوغرتمات في إيجاد لوغرتمات الأعداد.

السؤال: إذا كان لوب2=0.693 ، لوب3=1.099

فإن لوب 12 = _____

لوب $\dfrac{3}{4}$ = _____

- الهدف: أن يحسب قياس الزاوية الداخلية لمضلع منتظم.

السؤال: قياس الزاوية الداخلية لمثمن منتظم تساوي:

أ) 80° ب) 160° جـ)120° د)135° .

- الهدف: أن يحل مسائل كلامية تؤول في حلها إلى معادلات خطية بمجهولين

السؤال: عدد مؤلف من رقمين يزيد رقم آحاده عن رقم عشراته بـ(5)، إذا عكس وضع الرقمين فإن العدد الناتج يزيد عن الأصلي بـ (45).

اعتماداً على النص السابق أجب عن الأسئلة التالية:

1- إذا رمزنا لرقم الآحاد بالرمز س ولرقم العشرات بالرمز ص فإن العلاقة بين س،ص هي:

أ) س+ص=5   ب) س= ص+5

جـ) ص= س+5   د) س= 5ص

2- اعتماداً على أن رقم الآحاد هو س، ورقم العشرات هو ص، فإن العدد يساوي:

أ) س+ص   ب) س+10ص

جـ) س+ص +5   د)10س+ص

3- المعادلة التي تمثل العلاقة بين العدد الأصلي والعدد الناتج من عكس وضع الرقمين هي:...................

د- مستوى التحليل والتركيب:

- الهدف: أن يحل مسائل كلامية حياتية على المكسب والخسارة (النسبة المئوية) .

السؤال: يبيع تاجر البضاعة لزبائنه بخصم 20% من السعر المكتوب على البضاعة، ومع ذلك يربح 20% من سعر التكلفة. فكم يربح من غير زبائنه؟

- الهدف: أن يبرهن على صحة بعض النظريات أو الاستنتاجات الهندسية مستخدماً ما تم برهنته سابقاً.

السؤال: برهن على أن الشكل الناتج من وصل منتصفات أضلاع الشكل الرباعي هو متوازي أضلاع.

- الهدف: أن يحل مسائل تطبيقه على القيم العظمى والصغرى.

السؤال: صندوق مفتوح من الأعلى، وقاعدته مربعة الشكل. نحتاج لملء كمية معينة من الأرز داخله، فإذا كانت مساحة جدرانه وقاعدته أقل ما يمكن فأوجد نسبة ارتفاع الصندوق إلى طول ضلع قاعدته.

- الهدف: أن يستخدم الطالب فترات التزايد والتناقص، والقيم العظمى والصغرى للاقترانات في رسم هذه الاقترانات.

السؤال: استخدم خصائص الاقترانات التي درستها في رسم تقريبي للاقتران:

$$ص = س^3 - 6س^2 + 9 س$$

الملحق (2)

اختبار محك (ضرب وقسمة الكسور العشرية) للصف الخامس الابتدائي.

أولاً: الأهداف:

1:0 **يجد ناتج ضرب الكسور العشرية**   (هدف عام)

1:1 يجد ناتج صرب كسر عشري في 10.

1:2 يجد ناتج ضرب كسر عشري في 100 أو 1000.

1:3 يجد ناتج ضرب كسر عشري (منزلة عشرية واحدة) في عدد صحيح.

1:4 يجد ناتج ضرب كسر عشري (منزلتين أو أكثر) في عدد صحيح.

1:5 يجد ناتج ضرب كسر عشري (منزلة واحدة) في كسر عشري (منزلة واحدة).

1:6 يجد ناتج ضرب كسر عشري (منزلتين أو أكثر) في كسر عشري (منزلة واحدة أو أكثر).

2:0 **يجد ناتج قسمة الكسر العشرية**   (هدف عام)

2:10 يجد ناتج قسمة كسر عشري على 10

2:20 يجد ناتج قسمة كسر عشري على 100، 1000

2:30 يجد ناتج قسمة كسر عشري على عدد صحيح (كسر عشري منزلة واحدة أو اثنين والقسمة منتهية).

2:40 يجد ناتج قسمة كسر عشري على عدد صحيح.

2:50 يجد ناتج قسمة كسر عشري(منزلة واحدة) على كسر عشري (منزلة واحدة).

2:60 يجد ناتج قسمة كسر عشري (منزلة أو أكثر) على كسر عشري (منزلة أو أكثر)

ثانياً: الأسئلة (يخصص لكل هدف سؤالان على الأقل ويفضل ثلاثة)

1:1 يجد ناتج ضرب كسر عشري في 10.

السؤال (1): $17.32 \times 10=$

أ) 170.32   ب) 1.732   جـ) 173.2   د) 17.320

السؤال (2): $52 \times 10=$

أ) 0.520   ب) 5.2   جـ) 0.052   د) 10.52

1:2 يجد ناتج ضرب كسر عشري في 100 أو 1000

السؤال (3): $13.072 \times 100 =$

أ) 1300.72   ب) 1307.2   جـ) 13.0200   د) 100.13072

السؤال (4): $0.053 \times 100 =$

أ) 100.053   ب) 10.53   جـ) 0.05300   د) 5.30

1:3 يجد ناتج ضرب كسر عشري (منزلة واحدة) في عدد صحيح:

السؤال (5): $4.5 \times 6 =$

أ) 27   ب) 24.30   جـ) 270   د) 2.7

السؤال (6) : $0.4 \times 12 =$

أ) 48   ب) 4.8   جـ) 0.48   د)0.048

1:4 يجد ناتج ضرب كسر عشري (منزلتين أو أكثر) في عدد صحيح.

السؤال(7): $12.25 \times 9=$

أ) 110.25   ب) 11.025   جـ) 11.25   د) 108.25

السؤال (**8**): 6.05 ×14 =

أ) 7.870　　ب)78.70　　جـ)787.0　　د) 84.05

1:5 يجد ناتج ضرب كسر عشري (منزلة واحدة) في كسر عشري (منزلة واحدة).

السؤال(**9**): 12.5 ×8.3 =

أ) 13.75　　ب) 10.375　　جـ)103.75　　د)96.15

السؤال(**10**): 15.6 ×0.8 =

أ)124.8　　ب) 12.48　　جـ) 124.80　　د)12.6

1:6 يجد ناتج ضرب كسر عشري (منزلتين أو أكثر) في كسر عشري (منزلة عشرية واحدة أو أكثر).

السؤال (**11**): 1.25 × 8.4 =

أ)10.50　　ب) 1.050　　جـ) 105.0　　د) ________

السؤال (**12**): 12.4 ×0.08 =

أ) 9.920　　ب)0.992　　جـ)0.0992　　د) ________

المراجـــع

- أبو علاّم ، رجاء (2005).

  تقويم التعليم. عمان: دار المسيرة.
- أبو زينة، فريد. (1992).

  أساسيات القياس والتقويم في التربية. مكتبة الفلاح.

- Brown, F.G. (1981).

  Measuring Classroom Achievement. Holt, Rine – Hart and Winston.
- Chambers, D. (1993).

  Integrating Assessment and Instruction **Assessment in the Mathematice Classroom** (Edited by Webb. 1993 Yearbook of the NCTM .
- Gronlund, N.E. (1977).

  Constructing Achieveneut Tests. Prntice- Halt.
- Gronlund, N.E. (1981).

  Measurement and Evalucetion in Teaching. McCmillan.
- National council of Teachers of NCTM (1995).

  Assessment Standards for School Mathematics. NCTM .

12

الفصل الثاني عشر
دراسات وبحوث في
مناهج وتدريس الرياضيات

1:12 دراسات وبحوث في المبادئ والمعايير

2:12 دراسات وبحوث في التفكير

3:12 دراسات وبحوث في استراتيجيات التدريس

4:12 دراسات وبحوث في تقويم الطلبة

دراسات وبحوث في مناهج وتدريس الرياضيات

1:12 دراسات وبحوث في المبادئ والمعايير

(12: 1: 1) مراعاة مبدأ المساواة في مناهج الرياضيات المدرسية وتدريسها في المرحلة الأساسية في الأردن في ضوء وثيقة مبادئ ومعايير الرياضيات المدرسية الأمريكية (NCTM).

شرحبيل فائق العايدي.

أطروحة دكتوراه - جامعة عمان العربية للدراسات العليا. (2007)

هدفت الدراسة التعرف إلى مراعاة مبدأ المساواة في مناهج الرياضيات المدرسية وتدريسها في المرحلة الأساسية في الأردن في ضوء المبادئ والمعايير العالمية للرياضيات المدرسية الصادرة عن المجلس الوطني الأمريكي (NCTM, 2000) . اقتصرت الدراسة على الصفوف السادس والسابع والثامن. أما أسئلة الدراسة فكانت :

1- هل يراعي منهاج الرياضيات للمرحلة الأساسية التوقعات العالية التي يجب توفيرها لجميع الطلبة؟
2- هل يراعي معلمو الرياضيات في المرحلة الأساسية الفروق الفردية بين الطلبة أثناء تدريسهم؟
3- هل تعكس طرق التقييم التي يستخدمها معلمو الرياضيات في المرحلة الأساسية مبدأ المساواة؟

4- هل توفر البيئة التعليمية المصادر والدعم اللازمين لتعلم جميع طلبة المرحلة الأساسية للرياضيات؟

شملت هذه الدراسة ثلاثة جوانب رئيسية: الجانب الأول وتمثل في استخدام منهجية البحث التحليلي من خلال تحليل منهاج الرياضيات للصفوف (السادس، السابع والثامن)، وفق أداة للتحليل قام الباحث بإعدادها في ضوء التوقعات العالية التي وضعها المجلس القومي الأمريكي لمعلمي الرياضيات في وثيقة المبادئ والمعايير الصادرة سنة 2000م.

وتمثل الجانب الثاني في الدراسة باعتماد منهجية البحث النوعي التفاعلي من خلال مشاهدة حصص صفية للمعلمين، ثم مقابلتهم. أما الجانب الثالث من الدراسة فتمثل بتحليل الوثائق.

اختار الباحث أربع مدارس بطريقة قصدية ليجمع منها البيانات، مدرستين للذكور، وتعاون من هاتين المدرستين خمسة مدرسين، ومدرستين للإناث، تعاون من هاتين المدرستين أربع معلمات. بدأ الباحث بزيارة هذه المدارس من بداية الفصل الدراسي الثاني للعام الدراسي 2006/2005 للتعرف على المعلمين والمعلمات وبناء علاقات معهم والاتفاق على كيفية الزيارات التي سيقوم بها لكل معلم.

أظهرت نتائج أداة التحليل أن منهاج الرياضيات للصفوف السادس والسابع والثامن يحقق التوقعات العالية على معيار الأعداد والعمليات بنسبة (48%)، وعلى معيار الجبر بنسبة (75%)، وعلى معيار الهندسة بنسبة (55%)، أما على معيار القياس فتحققت التوقعات العالية بنسبة (50%)، وفي معيار تحليل البيانات والاحتمالات فتحققت التوقعات بنسبة (56%).

كما أظهرت نتائج ملاحظة المعلمين وجود خمس فئات عامة يستخدمها المعلمون خلال التدريس يراعون من خلالها الفروق بين الطلبة، وتمثلت هذه الفئات فيما يلي: استراتيجيات التدريس، التقويم، دعم تعلم الطلبة، الوقت، التكنولوجيا.

أما نتائج المقابلات التي أجراها الباحث مع المعلمين فقد أظهرت وعياً لمفهوم الفروق الفردية وكيفية التعامل معها خلال التدريس؛ وجاءت نتائج المقابلة لتدعم وتؤكد النتائج التي حصل عليها الباحث من ملاحظته المدرسين.

كما أظهرت نتائج المقابلة في مجال التقييم اعتماد المعلمين على عدة معايير لمراعاة الفروق الفردية عند بناء الاختبارات، وهي: التنويع في أسئلة الاختبار بحيث يشمل أسئلة سهلة ومتوسطة وصعبة، قلة التركيز على الأسئلة الصعبة لأنها تستهدف في العادة عدداً قليلاً من الطلبة، تخصيص نسبة قليلة من العلامة للأسئلة الصعبة، عرض الأسئلة في تسلسل منطقي من السهل إلى الصعب. وعند تحليل الباحث لنماذج الاختبارات وجد أن هناك تبايناً عند المعلمين في تطبيق هذه المعايير عند بناء الاختبارات كما أظهرت المقابلات تركيز المعلمين على التنويع في استراتيجيات تقييم الطلبة، ليكون التقييم أدق وأشمل ويعكس الصورة الحقيقية للتعلم. وأيدت نتائج ملاحظة المعلمين، وتحليل دفاتر التحضير هذه النتائج.

وفي مجال توفير المصادر الداعمة لتعلم الرياضيات أظهرت نتائج الملاحظة والمقابلة أن المدرسة توفر المصادر الأساسية لتعلم الرياضيات مثل الكتاب والطباشير... الخ. إلا أن ذلك غير كافٍ لدعم تعلم الرياضيات. كما أن التكنولوجيا لا تلقى الأهمية المناسبة كتقنية مساعدة على تعلم الرياضيات وتعليمها.

(12: 1: 2) تحليل محتوى الإحصاء والاحتمالات في مناهج المدرسة الأردنية وفق معايير (NCTM) لعام 2000 وبناء نموذج لتطويرها

سعيد خالد عثمان طيطي

أطروحة دكتوراه- جامعة عمان العربية للدراسات العليا (2005).

هدفت الدراسة إلى تحليل محتوى الإحصاء والاحتمالات في مناهج المدرسة الأردنية وفق معايير (NCTM) لعام 2000 وبناء نموذج لتطويرها من خلال الإجابة عن

الأسئلة التالية:

أولاً: إلى أي مدى ينسجم محتوى الإحصاء والاحتمالات في مناهج المدرسة الأردنية مع المعايير الصادرة عن (NCTM) لعام 2000؟

ويتفرع عن هذا السؤال أربعة أسئلة فرعية:

1- ما مدى تحقق توزيع الموضوعات في محتوى الإحصاء والاحتمالات في مناهج المدرسة الأردنية مع معايير المحتوى في وثيقة (NCTM) لعام 2000؟

2- ما مدى تحقق معيار حل المسألة في محتوى الإحصاء والاحتمالات في مناهج المدرسة الأردنية؟

3- ما مدى تحقق معيار الربط الرياضي في محتوى الإحصاء والاحتمالات في مناهج المدرسة الأردنية؟

4- ما مدى تحقق معيار التمثيل الرياضي في محتوى الإحصاء والاحتمالات في مناهج المدرسة الأردنية؟

ثانياً: كيف يمكن أن يوزع محتوى الإحصاء والاحتمالات في مناهج المدرسة الأردنية على مختلف الصفوف في كافة المراحل التعليمية وفق معايير (NCTM) لعام 2000؟

ويتفرع عن هذا السؤال السؤالين التاليين:

1- كيف يمكن أن يوزع محتوى الإحصاء والاحتمالات في مناهج المدرسة الأردنية على كافة المرحل التعليمية والصفوف ليكون مترابطاً مفصلياً ومترابطاً منطقياً؟

2- كيف يمكن تحقيق معيار حل المسألة لتطوير محتوى الإحصاء والاحتمالات في مناهج المدرسة الأردنية؟

موضوع هذه الدراسة تحليل محتوى الإحصاء والاحتمالات في كتب الرياضيات المدرسية، وقد استخدمت منهجية البحث النوعي التحليلي لمعرفة مدى تحقق كل من معايير المحتوى ومعايير حل المسألة والربط الرياضي والتمثيل الرياضي من معايير العمليات في محتوى الإحصاء والاحتمالات في كتب الرياضيات المدرسية وبناء نموذج

لتطويرها وإعادة توزيعها على مختلف الصفوف في كافة المراحل التعليمية.

اعتمدت هذه الدراسة على أداتين للتحليل الأولى مشتقة بشكل مباشر من معايير المحتوى، والثانية مشتقة بشكل مباشر من معايير حل المسألة والربط الرياضي والتمثيل الرياضي الواردة في وثيقة المعايير الصادرة عن المجلس الوطني لمعلمي الرياضيات في الولايات المتحدة الأمريكية (NCTM) لعام 2000.

لم يعثر الباحث على أية مفردة من مفردات الإحصاء أو الاحتمالات في كتب الصفوف من الأول وحتى الخامس الأساسي، في حين أظهرت النتائج أن كتب الصفوف من السادس الأساسي وحتى الثاني العلمي حققت النسب التالية على الترتيب في معيار المحتوى فكانت: 58%، 59%، 79%، 63%، 70%، 84%، 81%، فكان معيار المحتوى بشكل عام جيداً. وانحصرت الاحتمالات في كتابي الثامن والثاني العلمي وأربع صفحات من كتاب السابع، وكان الإحصاء موزعاً في كتب السادس والسابع والعاشر والحادي عشر العلمي، حيث ظهر عدم الترابط المفصلي عبر الصفوف والمراحل، وتراكم في مفاهيم الاحتمالات في كتابي الصف الثامن والثاني عشر العلمي. وكان معيار حل المسألة متوسطاً بشكل عام 60.5%، وحققت كتب الصفوف من السادس وحتى الثاني عشر العلمي النسب التالية على الترتيب 60%، 53%، 60%،60%، 63%، 67%، 60%.

أما معيار الربط الرياضي فكان متوسطاً كذلك بشكل عام 47%، فحققت كتب الرياضيات من السادس إلى الثاني عشر العلمي النسب التالية على الترتيب 57%، 61%، 76%، 57%، 57%، 67%، 71%.

أما معيار التمثيل الرياضي فكان متوسطاً كذلك فحقق 65%، بشكل عام، وحققت كتب الرياضيات من الصف السادس وحتى الثاني عشر العلمي النسب التالية على الترتيب 86%، 71%، 38%، 71%، 57%، 67%، 67%.

أجاب الباحث عن السؤال الثاني من خلال نموذج وضع فيه تصوراً لإعادة توزيع موضوعات محتوى الإحصاء والاحتمالات على الصفوف والمراحل، بدءاً من الصف

الثاني الأساسي وحتى نهاية الصف الثاني عشر العلمي، بحيث يكون مترابطاً مفصلياً عبر الصفوف ومترابطاً منطقياً، واستخدم أسلوب حل المشكلات في عرضه، باعتماد مسائل حياتية من بيئة الطالب ليتعامل مع البيانات للإجابة عن أسئلة يصوغها من محيطه ليكون قادراً على الاستنتاج واتخاذ القرار المناسب، مستفيداً مما تقدمه التكنولوجيا من حسابات ورسومات تيسر التعلم وتوفر الجهد، وتركز الاهتمام للبحث في طبيعة البيانات وما تعكسه وما تمثله بإحكام ربط بباقي أجزاء المحتوى الأخرى بما يناسب المدرسة الأردنية موضحاً من خلال نموذج مطور مدعماً بأمثلة لمسائل حياتية من بيئة الطالب.

(3 :1 :12) تحليل وتقويم كتب الرياضيات المدرسية في الأردن وفق نموذج طور في ضوء معايير المحتوى والعمليات الأمريكية

أماني ضرار صبيح

أطروحة دكتوراه- جامعة عمان العربية(2004) .

هدفت هذه الدراسة إلى تحليل وتقويم محتوى كتب الرياضيات المدرسية في الأردن في ضوء معايير المحتوى (معياري الهندسة والقياس) والعمليات (معيار حل المسألة، معيار الترابط الرياضي ومعيار التمثيل الرياضي) الصادرة عن المجلس القومي الأمريكي (NCTM) لعام 2000.

وعليه حاولت الدراسة الإجابة عن السؤالين الآتيين:

1- ما مدى توفر معيار الهندسة ومعايير العمليات المرتبطة به في كتب الرياضيات في الأردن من الصف السادس وحتى العاشر الأساسي كما يظهره تحليل محتوى هذه الكتب؟

2- ما مدى توفر معيار القياس ومعايير العمليات المرتبطة به في كتب الرياضيات في الأردن من الصف السادس وحتى العاشر الأساسي كما يظهره تحليل محتوى هذه الكتب؟

ولأغراض الدراسة قامت الباحثة ببناء نموذج للتحليل مشتق من معياري الهندسة والقياس وبعض معايير العمليات (معيار حل المسألة، معيار الترابط الرياضي ومعيار التمثيل الرياضي) الواردة في وثيقة المعايير الصادرة عن المجلس القومي لمعلمي الرياضيات في الولايات المتحدة الأمريكية. وتم التأكد من صدق محتوى أداة التحليل بعرضها على لجنة من المحكمين، أما ثبات التحليل فحسب عن طريق حساب معامل الثبات بالاعتماد على حساب الارتباط بين تقديرات الأفراد الذين قاموا بعملية التحليل.

واستخدمت الباحثة منهجية التحليل النوعي لمعرفة مدى توفر معياري الهندسة والقياس وبعض معايير العمليات في محتوى كتب الرياضيات المدرسية للصفوف من السادس وحتى العاشر الأساس.

أسفرت نتائج الدراسة عن أن مدى التوافق بين المحتوى والمعايير يتراوح ما بين كبير في بعض الأحيان، ومتوسط وقليل في أغلب الأحيان، بالإضافة إلى بعض المعايير التي لم تجد لها موقعاً يذكر.

وسجلت كنب الرياضيات تفاوتاً في توظيف معيار الهندسة للصفوف من السادس وحتى الثامن الأساسي، حيث إنها كانت توظف بعض المعايير بدرجة كبيرة مثل معيار "العلاقات بين قياسات الزوايا والأطوال الجانبية والمحيطات والمساحات وحجم الأجسام المتشابه"، ومعيار" بناء ونقد حجج استقرائية واستنتاجية متعلقة بالأفكار الهندسية مثل التطابق والتشابه ونظرية فيثاغورس"، في حين أنها وظفت بعض المعايير بدرجة متوسطة مثل معيار" خصائص وصفات الأشكال الهندسية الثنائية والثلاثية الأبعاد"، وكانت الكتب ذاتها توظف بعض المعايير بدرجة قليلة مثل معيار " العلاقات المثلية لتحديد أطول وقياسات الزاوية" ومعيار" الدائرة وعناصرها" ومعيار" الهندسة الإحداثية"، في حين إنها لم توظف بعض المعايير مثل معيار " الهندسة التحليلية" ومعيار" التحويلات الهندسية" ومعيار "التطابق والتشابه والتماثل الطولي أو الدوراني لأشكال باستخدام التحويلات".

وأما بالنسبة للمعايير الفرعية لمعيار الهندسة المرتبطة بالصفين التاسع والعاشر الأساسيين، فقد بينت النتائج عدم توظيف المعايير، إلا أنها وظفت بعض المعايير بدرجة كبيرة مثل معيار " العلاقات المثلية لتحديد أطول وقياسات الزاوية"، ومعيار" الدائرة وعناصرها"، ومعيار" الهندسة التحليلية" ومعيار" الهندسة الفضائية" هذا إضافة إلى ما حظيت به بعض المعايير من توظيف متوسط مثل معيار" برهنة النظريات الهندسية التي تتعلق بالأشكال الهندسية باستخدام التفكير الاستنتاجي"، ومعيار" الإشارة إلى طرق مختلفة لحساب مساحة المثلث" ومعيار" إيجاد مساحة القطاع والقطعة الدائرية"، كما أظهرت النتائج عن تدن ملحوظ في توظيف بعض المعايير مثل معيار" إحداثيات ديكارت لتحليل المواقف الهندسية وأنظمة الإحداثيات الأخرى مثل الملاحية والقطبية والأنظمة الكروية لتحليل المواقف الهندسية" ومعيار" التحويلات وأثرها على الأجسام في السطح المستوي وتمثيلها في المستوى الديكارتي".

وأظهرت نتائج الدراسة أن الصفين التاسع والعاشر الأساسيين لم يتضمنا أي وحدة في القياس، بينما ضمنت كتب الرياضيات للصفوف من السادس الأساسي وحتى الثامن الأساسي وحدات مستقلة في القياس، وكانت نسب الاتساق بين المعايير وما ورد في هذه الوحدات تتراوح ما بين معدومة في أغلب الأحيان، وقليلة في بعض الأحيان مثل معيار" مفاهيم القياس" ومعيار" الوحدات الملائمة لقياس الزوايا ودرجة الحرارة" ومعيار :غرض استراتيجيات متعددة لإيجاد الأطوال والمساحات والحجوم للأشكال والمجسمات الهندسية المنتظمة"، ومعيار" عرض استراتيجيات متعددة لإيجاد المساحة والحجوم لأشكال هندسية أكثر تعقيداً" ، ومتوسطة في بعضها الآخر مثل معيار "نظام القياس المتري" ومعيار " قياس العمر والزمن" ومعيار" قوانين لتحديد المحيط، المساحة الجانبية والكلية للأشكال الهندسية والحجوم للمجسمات"، كما تم تناول معيار" تقدير القياسات في النظام المتري" بدرجة كبيرة.

وبالإشارة إلى معايير العمليات الواجب توفرها في وحدات الهندسة والقياس، فقد تم التوصل إلى أن هذه الوحدات تناولت معيار حل المسألة بدرجة قليلة، في حين أنها تناولت معيار الترابط الرياضي والتمثيل الرياضي بدرجة متوسطة.

(12: 1:4) مدى توافر معياري الربط والتمثيل في كتب الرياضيات المدرسية في الأردن في ضوء المعايير العالمية لمناهج الرياضيات للمرحلة الأساسية

تغريد موسى المومني

أطروحة دكتوراه- جامعة عمان العربية للدراسات العليا (2008).

هدفت الدراسة الحالية إلى تحليل كتب الرياضيات المدرسية للمرحلة الأساسية في الأردن في ضوء معايير العمليات الأمريكية الصادرة عن المجلس القومي الأمريكي لعام 2000 م للتعرف على درجة توافر معياري الربط والتمثيل الرياضيين في كتب الرياضيات المدرسية للمرحلة الأساسية في الأردن. وعليه فقد حاولت الدراسة الإجابة عن الأسئلة التالية:

السؤال الأول: إلى أي مدى يعكس المحتوى الرياضي المتضمن في كتب الرياضيات المدرسية للمرحلة الأساسية معيار الربط الرياضي؟

ويتفرع عن هذا السؤال الأسئلة التالية:

1- كيف يعكس المحتوى الرياضي في الكتب المدرسية العلاقات بين الأفكار الرياضية؟
2- كيف يعكس المحتوى الرياضي في الكتب المدرسية ترابط الأفكار الرياضية؟
3- كيف يعكس المحتوى الرياضي في الكتب المدرسية تطبيق الرياضيات في سياقات ذات رياضية؟
4- كيف يعكس المحتوى الرياضي في الكتب المدرسية تطبيق الرياضيات في سياقات غير رياضية؟

السؤال الثاني: إلى أي مدى يعكس المحتوى الرياضي في كتب الرياضيات المدرسية للمرحلة الأساسية معيار التمثيل الرياضي؟

وينبثق عن هذا السؤال الأسئلة التالية:

1- كيف يستخدم المحتوى الرياضي التمثيل في كتب الرياضيات المدرسية لتنظيم وعرض الأفكار الرياضية؟

2- كيف يستخدم المحتوى الرياضي في كتب الرياضيات المدرسية التمثيلات الرياضية لحل المشكلات؟

3- كيف يستخدم المحتوى الرياضي في كتب الرياضيات المدرسية التمثيلات لنمذجة الظواهر الطبيعية والاجتماعية والرياضية؟

تناولت هذه الدراسة تحليل محتوى الأعداد والعمليات عليها والهندسة في كتب الرياضيات المدرسية للمرحلة الأساسية. وقد استخدمت الباحثة منهجية البحث النوعي التحليلي لمعرفة مدى تحقق كل من معياري الربط والتمثيل الرياضيين من معايير العمليات في كتب الرياضيات المدرسية للمرحلة الأساسية، وبناء نموذج لتطويرها.

وأجابت الباحثة عن السؤال الأول بجميع فروعه ولكل كتاب من كتب الرياضيات المدرسية الرابع والخامس والثامن والتاسع الأساسية؛ واعتمدت هذه الدراسة على أداة التحليل المشتقة بشكل مباشر من معايير الربط والتمثيل الرياضيين الواردين في وثيقة المعايير الصادرة عن المجلس الوطني الأمريكي لمعلمي الرياضيات في الولايات المتحدة الأمريكية (NCTM) لعام 2000م.

أظهرت النتائج أن معيار الربط الرياضي كان متوسطاً بشكل عام فحقق نسبة مئوية مقدارها (64%) بحيث حققت وحدات الأعداد والعمليات عليها لكتابي الرياضيات للصفين الرابع والخامس الأساسيين النسب المئوية التالية - على الترتيب -: 49%، 71%، أما وحدات الهندسة لكتابي الرياضيات للصفين الثامن والتاسع الأساسيين فحققا النسب المئوية التالية - على الترتيب-: 56%، 63%. أما معيار التمثيل الرياضي فكان

متوسطاً كذلك وحقق 52% بشكل عام، وحققت وحدات الأعداد والعمليات عليها لكتابي الرياضيات للصفين الخامس والسادس الأساسيين النسب المئوية التالية - على الترتيب-: 55%، 66%، كما حققت الهندسة لكتابي الرياضيات للصفين الثامن والتاسع الأساسيين النسب المئوية التالية - على الترتيب-: 77%، 55%. وقد حقق مجالا العلاقات بين الأفكار وارتباط الأفكار الرياضية وبناؤها على بعضها لتصبح كلا مترابطاً درجة نحقق عالية من بين المجالات الرئيسية التي تناولها معيار الربط والتمثيل الرياضيان، ولعل ذلك يرجع إلى طبيعة المعرفة الرياضية التي تبني بعضها فوق بعض فيكون ما يؤخذ في موضوع سابق متطلب للموضوع اللاحق في ربط محكم. بينما تراوحت بقية المجالات بين متوسطة وضعيفة. وقد كان مجال " استخدام التمثيلات لنمذجة وتفسير الظاهر الطبيعية والاجتماعية والرياضية" أضعفها على الإطلاق، ولعل ذلك يعود لاعتقاد مؤلفي الكتب بصعوبة هذه المعايير بما لا يتناسب مع هذه المرحلة العمرية، أو لعدم إطلاع مؤلفي الكتب على هذه المعايير عند وضعهم لها.

2:12 دراسات وبحوث في التفكير

(12: 2: 1) استراتيجيات تنمية التفكير التي يستخدمها معلمون مهرة في تدريس الرياضيات في المرحلة الأساسية العليا في الأردن

سميلة أحمد الصباغ

أطروحة دكتوراه - جامعة عمان العربية للدراسات العليا (2004).

هدف الدراسة لاستقصاء استراتيجيات تنمية التفكير وتطويره التي يستخدمها معلمون مهرة في

تدريس الرياضيات والتي تتفق مع وثيقة المبادئ والمعايير للرياضيات المدرسية (NCTM, 2000). وعليه حاولت الدراسة الإجابة عن الأسئلة التالية:

1- ما استراتيجيات إدراك أهمية التفكير والتبرير والبرهان التي يستخدمها معلمون في تدريس الرياضيات لصفوف المرحلة الأساسية العليا؟

2- ما استراتيجيات التخمين والتحقق التي يستخدمها معلمون مهرة في تدريس الرياضيات لصفوف المرحلة الأساسية العليا؟

3- ما استراتيجيات تطوير الحجج الرياضية والبراهين وتقييمها التي يستخدمها معلمون مهرة في تدريس الرياضيات لصفوف المرحلة الأساسية العليا؟

4- ما استراتيجيات اختيار أنماط متعددة من التفكير التي يستخدمها معلمون مهرة في تدريس الرياضيات لصفوف المرحلة الأساسية العليا؟

وللإجابة عن هذه الأسئلة قامت الباحثة بالإجراءات التالية: تم اختيار ثلاثة مواقع مختلفة وفق استراتيجية العينة القصدية، وشارك في هذه الدراسة ثلاث معلمات رياضيات بالمرحلة الأساسية وطالباتهن من المواقع ذاتها. وتمثل دور الباحثة في هذه الدراسة بالملاحظ المشارك، فلاحظت المعلمات والطالبات داخل غرفة الصف وفي الساحات وفي الممرات في أوقات مختلفة وبأوضاع مختلفة، وتم ملاحظة المعلمات في المواقع الثلاثة؛ للتعرف وعلى استراتيجيات التدريس الشائعة ووصفها وتحليلها.

اعتمدت هذه الدراسة دراسة حالة متعددة على أدوات: الملاحظة، والمقابلة وتحليل الوثائق. فقد جمعت البيانات ضمن سياقاتها الطبيعية من خلال ملاحظة الباحثة لهذه السباقات في صورتها الطبيعية، وكانت هذه الملاحظات تهدف إلى وصف المواقف والأنشطة، والمعاني التي تلاحظها من وجهة نظر المشاركين. وقد أعدت الباحثة صحيفة لتحليل هذه الملاحظات وفقاً لمعايير التفكير الواردة في وثيقة مجلس معلمي الرياضيات. (NCTM, 2000) واستخدم في الدراسة اختبار التفكير الرياضي وهو اختبار من إعداد أبو زينة (أو زينة، 1983) مكون من 24 فقرة.

بدأت الباحثة عملية الملاحظة وتسجيلها من منتصف شهر أيلول 2002 وحتى نهاية شهر كانون الأول من السنة نفسها وفق ظروف الموقع والوحدات التدريبية والصفوف. وأمكن رصد وتسجيل 21 حصة صفية للمعلمة في الموقع الأول، 30 حصة صفية للمعلمة في الموقع الثاني، 18 حصة صفية للمعلمة في الموقع الثالث. وقد تم مقابلة

المعلمات في المواقع الثلاثة بهدف التعرف واستطلاع الآراء ووجهات النظر حول استراتيجيات التفكير التي يوظفنها لتطوير تفكير الطالبات. كما تم مقابلة مجموعة من الطالبات من المواقع الثلاثة؛ بهدف استطلاع آرائهن حول أهمية التفكير الرياضي، ومقارنة أدائهن في بعض الأسئلة الرياضية. وقابلت الباحثة 15 طالبة من الموقع الأول، و17 طالبة من الموقع الثاني، و19 طالبة من الموقع.

استخدمت الباحثة استراتيجيات متعددة لتحقيق البحث منها: سرد الأحداث في سياقاتها الطبيعية من: مواقف وسياقات واتجاهات حدثت في الحقيقة، واستخدم السرد القصصي للأحداث والتواجد في الميدان لمدة طويلة. واستخدمت استراتيجيات التثليث عند جمع البيانات وتحليلها، فجمعت الباحثة البيانات بأدوات مختلفة: كالملاحظة، والمقابلة، والوثائق والمحادثات الطارئة، وتعددت المشاركات والأوقات التي جمعت البيانات فيها. وتم الاتفاق من قبل أكثر من باحث على طرق تسجيل الملاحظات والدقة في كتابة التقارير. كما تضمن البحث نماذج من لغة المشاركات في الدراسة أثناء وصف السياقات؛ لتوضيح الاتجاهات والمشاعر والمعتقدات. وظفت استراتيجية مراجعة البيانات من قبل المشاركات بعد تدوينها والتوقيع عليها. وقد تم تدوين هذه الملاحظات والبيانات أولاً بأول ثم عبئت على شكل مختصرات ورموز بعد مغادرة الموقع.

أما مراحل جمع البيانات فتدرجت من مرحلة التخطيط، إلى مرحلة البدء بجمع البيانات وبناء الثقة والألفة مع المشاركات وفي المواقع. وتلاها مرحلة جمع البيانات الأساسية والتي: تتضمن التحليل، والتلخيص، والترميز، والوصف. ثم إغلاق جمع البيانات وترك المواقع. وأخيراً بناء شبكات ونماذج وتطويرها لتعطي معنى للبيانات والحقائق.

يمكن القول في ضوء نتائج الدراسة أن المعلمات قد امتلكن بعض الاستراتيجيات التي تطور التفكير لدى الطالبات وأخفقن في بعضها، وتفاوتت درجة امتلاك هذه الاستراتيجيات باختلاف الموقع، وقد تصدر الموقع الثاني ذلك وهذا ما أكدت عليه أدوات الدراسة جميعها. كما أظهرت نتائج التحليل حاجة المعلمة في الموقع الثالث إلى العديد من الاستراتيجيات التي تقود إلى استقلالية المتعلم وتطور قدرته على التفكير والبرهنة.

ويدل تحليل نتائج الدراسة على أن المعلمة في الموقع الثاني - مقارنة مع المعلمات في المواقع الأخرى- لديها رؤية أوسع وقدرة أكبر على توظيف استراتيجيات تنمية التفكير والبرهنة، وقد انعكس هذا على نتائج الطالبات في اختبار التفكير وفي المقابلات. ومع ذلك أخفقت هذه المعلمة في توظيف بعض هذه الاستراتيجيات في عدة مواقف. وأظهرت النتائج أيضاً بأن معرفة المعلمات باستراتيجيات التفكير كانت متنوعة، فالمعلمة في الموقع الثاني أبدت وعياً مقارنة بالأخريات بهذه الاستراتيجيات واستخدامها في الجبر والهندسة وحل المسألة، ولم تظهر المعلمة في الموقع الثالث وعياً لاستخدام البرهان الرياضي وهي المعضلة التي يقع فيها العديد من معلمي الرياضيات.

(12: 2: 2) استقصاء فاعلية برنامج تدريبي لمعلمي الرياضيات في تنمية قدرة الطلبة في المرحلة الأساسية العليا على التفكير الرياضي والتحصيل في الرياضيات

خالد محمد عبد الكريم الخطيب

أطروحة دكتوراه جامعة عمان العربية للدراسات العليا (2004).

هدفت هذه الدراسة التعرف على أثر برنامج تدريبي مقترح لمعلمي الرياضيات، على تنمية القدرة على التفكير الرياضي، وعلى التحصيل في الرياضيات، لدى طلبة المرحلة الأساسية العليا، والمتمثلة بالصف التاسع الأساسي.

حاولت الدراسة الإجابة عن الأسئلة التالية:

1- ما أثر البرنامج التدريبي المقترح لمعلمي الرياضيات، في تنمية الطلبة على التفكير الرياضي في المرحلة الأساسية العليا؟

2- ما أثر البرنامج التدريبي المقترح لمعلمي الرياضيات، على تحصيل طلبة المرحلة الأساسية العليا في الرياضيات؟

3- هل يختلف أثر البرنامج التدريبي في تنمية قدرة الطلبة على التفكير الرياضي، باختلاف الجنس؟

4- هل يختلف أثر البرنامج التدريبي على تحصيل الطلبة في الرياضيات، باختلاف الجنس؟

تكونت عينة الدراسة من 291 طالباً وطالبة، منهم 153 طالباً و 138 طالبة، من طلبة الصف التاسع الأساسي في مدينة الزرقاء، واختار الباحث أربع مدارس لتنفيذ الدراسة، مدرستين للذكور ومدرستين للإناث بواقع شعبتين من كل مدرسة، وزعت عشوائياً لتكون إحداهما تجريبية والأخرى ضابطة يقوم على تدريسهما معلم واحد في كل مدرسة، أما المدارس فهي: مدرسة الجاحظ الثانوية للبنين، ومدرسة جناعة الأساسية للبنين، ومدرسة الكرامة الأساسية للبنات، ومدرسة رملة بنت أبي سفيان الأساسية للبنات.

تم تدريب المعلمين على البرنامج المقترح، وقام المعلمون بتقديم المنهاج المدرسي لجميع الشعب، وقد تميزت الشعب التجريبية عن الضابطة بعرض مواقف من المنهاج المدرسي تتعلق بمظاهر التفكير الرياضي - قيد الدراسة- بحيث يتم تعريف الطلبة بتلك المظاهر، وبالكيفية التي يتم من خلالها معالجة تلك المواقف.

قام الباحث بإعداد برنامج لتدريب المعلمين تم التدريب عليه قبل بدء التجربة، كما أعد الباحث اختباراً لقياس التفكير الرياضي، واختباراً تحصيلاً للمحتوى الرياضي المقدم، طبق الاختبار التحصيلي بعد الانتهاء من تطبيق التجربة مباشرة، وبعد أسبوع طبق اختبار التفكير الرياضي. وتم التأكد من صدق الاختبارين عن طريق عرضهما على عدد من المحكمين وتم حساب معامل الثبات لكلا الاختبارين، حيث كان معامل الثبات لاختبار التفكير الرياضي (0,88) ومعامل الثبات للاختبار التحصيلي (0,85)، واستخدام الباحث اختبار تحليل التباين الثنائي لتحليل نتائج الطلبة، على كل من الاختبارين عند مستوى الدلالة ($a = 0,05$) وأظهرت نتائج التحليل الإحصائي ما يلي:

1- وجود فرق ذي دلالة إحصائية ($a = 0,05$) بين الوسط الحسابي لعلامات طلبة المجموعة التجريبية، والوسط الحسابي لعلامات طلبة المجموعة الضابطة على اختبار التفكير الرياضي، لصالح المجموعة التجريبية التي تدربت على معالجة المواقف المتعلقة بمظاهر التفكير الرياضي.

2- وجود فرق ذي دلالة إحصائية (a = 0,05) بين الوسط الحسابي لعلامات طلبة المجموعة التجريبية، والوسط الحسابي لعلامات طلبة المجموعة الضابطة على اختيار التحصيل في الرياضيات، لصالح المجموعة التجريبية.

3- لا يوجد فرق ذو دلالة إحصائية (a = 0,05) في قدرة الطلبة على التفكير الرياضي، يعزى للتفاعل بين البرنامج التدريبي لمعلمي الرياضيات والجنس.

4- لا يوجد فرق ذو دلالة إحصائية (a = 0,05) في تحصيل الطلبة في الرياضيات، يعزى للتفاعل بين البرنامج التدريبي لمعلمي الرياضيات والجنس.

أما مظاهر التفكير الرياضي فكانت كما يلي:

1- **التفكير الرياضي:**

وذلك النمط من أنماط التفكير الذي يقوم به الإنسان عندما يتعرض لموقف رياضي، والذي يتمثل في أحد المظاهر التالية: استقراء، استنتاج، تعميم، تعبير بالرموز، برهان، منطق رياضي، تخمين، ونمذجة. ويقاس بالعلامة التي يأخذها الطالب على اختبار التفكير الرياضي الذي أعده الباحث. وهذا تعريف موجز بتلك المظاهر، وقد اعتمد في هذه التعريفات على (أو زينه، 1986).

- **الاستقراء**: وهو الوصول إلى الأحكام العامة أو النتائج اعتماداً على حالات خاصة أو جزيئات من الحالة العامة أي أن الجزئيات أو الحالات الخاصة هي أمثلة من الحالة العامة أو النتيجة التي تم استقراؤها.

- **التعميم**: التعميم هو صياغة ملاحظة أو منطوقة عامة عن طريق الاستقراء، وبكلام آخر فإننا نبدأ بمنطوقة بسيطة ونوسعها من حيث مجال التطبيق، لتصبح نظرية محكمة تكون المنطوقة البسيطة حالة خاصة منها، ويختلف عن الاستقراء أنه صياغة لغوية للنتيجة.

- **الاستنتاج**: الاستنتاج هو الوصول إلى نتيجة خاصة اعتماداً على مبدأ عام أو مفروض، أو هو تطبيق المبدأ أو القاعدة العامة على حالة أو حالات خاصة من

الحالات التي تنطبق عليها القاعدة أو المبدأ.

- **التعبير بالرموز:** هو التفكير من خلال الرموز والمجردات، وليس من خلال البيانات المحسوسة، ومثال ذلك التفكير المستخدم في حل مسائل الجبر والهندسة.
- **التفكير المنطقي:** هو قدرة عقلية تمكن الفرد من الانتقال المقصود من المعلوم إلى غير المعلوم، مسترشداً بقواعد ومبادئ موضوعية.
- **البرهان:** وهو الدليل أو الحجة لبيان أن صحة عبارة تتبع من صحة عبارات سابقة لها، وهو مجادلة أو عرض للأدلة التي تقنع أو تدفع الشخص إلى قبول صحة قضية معينة، وفي مجال الرياضيات فإن المجادلة الاستنتاجية هي المعيار الذي يتخذه الرياضيون لقبول صحة قضية معينة.
- **التخمين:** التخمين هو الحزر الواعي، وهو طريق رئيسة للاكتشاف (NCTM, 2000).
- **النمذجة:** إن مصطلح النموذج الرياضي يعني تمثيلاً رياضياً للعناصر والعلاقات في نسخة مثالية من ظاهرة معقدة (NCTM, 2000). ويمكن استخدام النماذج الرياضية لتوضيح وتفسير الظاهرة وحل المشكلات، ويستطيع الطلاب بناء النماذج الرياضية للظواهر باستخدام المعادلات والجداول والرسومات البيانية لتمثيل وتحليل العلاقات.

(12: 2: 3) تطور القدرة على التفكير الاحتمالي عند الطلبة في مرحلتي الدراسة الأساسية العليا والثانوية في الأردن

سميرة حسن أحمد

أطروحة الدكتوراه- جامعة عمان العربية للدراسات العليا(2007).

هدفت هذه الدراسة إلى تحديد النمو الحاصل في القدرة على التفكير الاحتمالي بتقدم الطلبة في الدراسة الأكاديمية من المرحلة الأساسية العليا إلى المرحلة الثانوية، ودراسة أثر كل من مسار الدراسة والجنس في القدرة على التفكير الاحتمالي. وتحديداً

فإن هذه الدراسة تسعى للإجابة عن الأسئلة التالية:

1- هل تنمو قدرة الطالب على التفكير الاحتمالي بتقدمه في الدراسة في مرحلتي الدراسة العليا والثانوية؟

2- هل تختلف القدرة على التفكير الاحتمالي باختلاف مسار الطالب (علمي، أدبي، مهني)؟

3- هل تختلف القدرة على التفكير الاحتمالي باختلاف جنس الطالب؟

للإجابة على أسئلة الدراسة تم إختيار عينة مكونة من(1603) طالباً وطالبة، منهم(511) طالباً وطالبة من الصف التاسع الأساسي، و(521) طالباً وطالبة من الصف العاشر الأساسي، و(571) من الصف الأول الثانوي(الحادي عشر)، وقد صنف طلبة الأول الثانوي حسب مسار الدراسة إلى: (206) طالباً وطالبة في المسار العلمي،و(209) طالباً وطالبة في المسار الأدبي، (156) طالباً وطالبة في المسار المهني. وقد كان الطلبة الذكور في هذه العينة(761) طالباً وعدد الطلبة الإناث(842) طالبة.

كانت أداة الدراسة الرئيسية اختباراً في التفكير الاحتمالي. تكون من(40) فقرة في المجالات التالية:

الفضاء العيني، الحوادث بأنواعها، القيمة العددية للاحتمال، تطبيقات تشمل على مسائل حياتية في الاحتمالات.

تم التأكد من صدق اختبار التفكير الاحتمالي (صدق المحتوى) عن طريق عرضه على مجموعة من المحكمين. وكإجراءات صدق إضافية تم التحقق من الصدق بدلالة المحك وذلك عن طريق تطبيق اختباري التفكير الاحتمالي والتفكير الرياضي على عينة استطلاعية من مجتمع الدراسة ليست من عينة الدراسة، ثم حساب معامل الارتباط بين الاختيارين.

كذلك تم التحقق من الصدق بدلالة المحك باستخدام التحصيل المدرسي لعينة استطلاعية في مبحث الرياضيات، ثم حساب معامل الارتباط بين نتائج اختبار التفكير الاحتمالي والتحصيل للعينة الاستطلاعية. كما تم حساب معامل الثبات لاختيار التفكير الاحتمالي باستخدام معادلة KR-20 فكان(0.89).

طبق اختيار التفكير الاحتمالي على عينة الدراسة المكونة من(1603) طالباً وطالبة. واستخدم تحليل التباين الأحادي من أجل مقارنة أداء الصفوف التاسع والعاشر والحادي عشر على اختيار التفكير الاحتمالي. كما تم استخدام تحليل التباين لمقارنة أداء طلبة التخصصات العلمي والأدبي والمهني على اختيار التفكير الاحتمالي في الصفين العاشر الأساسي والحادي عشر. ثم استخدام تحليل التباين الثنائي لمقارنة أداء الذكور والإناث في الصفوف التاسع والعاشر والحادي عشر والكشف عن التفاعل بين الجنس والصف.

أظهرت نتائج التحليل الإحصائي ما يلي:

1- وجود فرق ذي دلالة إحصائية بين متوسط علامات طلبة الصف التاسع الأساسي(40/22.7) ومتوسط علامات طلبة الصف العاشر الأساسي(25) الذين يدرسون الاحتمالات في هذا الصف ومتوسط علامات طلبة الصف الأول الثانوي (23.2) لصالح طلبة الصف العاشر الأساسي.

2- وجود فرق ذي دلالة إحصائية بين متوسط علامات طلبة المسار العلمي علماً بأن الفرق بين متوسط علامات الصف التاسع والصف الحادي عشر لم يكن دلالة إحصائية من جهة، ومتوسطي كل من علامات طلبة المسار الأدبي (21.7) وطلبة المسار المهني (19.9) من جهة أخرى، وكان لصالح طلبة المسار العلمي.

3- وجود فرق ذي دلالة إحصائية بين متوسط علامات الطلبة الذكور (23.2) ومتوسط علامات الطلبة الإناث (24.1) لصالح الطلبة الإناث.

(2: 2: 4) تطور القدرة على الاستدلال التناسبي لدى طلبة المرحلة الأساسية العليا في الأردن

فريد أبو زينة ، إيمان رسمي

بحث مقدم لمؤتمر العلوم والرياضيات- الجامعة الأمريكية في بيروت(2007)

الاستدلال التناسبي هو أحد أشكال الاستدلال الرياضي التي تتضمن نوعين من التفكير: الكمي والنوعي؛ ويتمثل التفكير الكمي في تحديد قيمة مجهولة من أربعة قيم تتضمنها عادة مسائل التناسب، أما التفكير النوعي فيتضمن تحديد نوع العلاقة دون استخدام قيم محددة.

ومع أن موضوع التناسب بنوعيه: الطردي والعكسي يدرس في مرحلة مدرسية مبكرة نوعاً ما، إلا أن الأبحاث تشير إلى أن الطلبة يواجهون صعوبات كبيرة في حل مسائل التناسب حتى على المستوى الجامعي. وقد هدفت الدراسة الحالية إلى استقصاء تطور القدرة على الاستدلال التناسبي لدى طلبة المرحلة الأساسية العليا في الأردن(الصفوف: السابع والثامن والتاسع والعاشر) وذلك من خلال الإجابة عن السؤالين التاليين:

1- هل تختلف القدرة على الاستدلال التناسبي لدى الطلبة باختلاف الصف؟

2- هل تختلف القدرة على الاستدلال التناسبي لدى الطلبة باختلاف الجنس؟

اختيرت عينة قوامها(1653) طالباً وطالبة على النحو التالي:

المرحلة	ذكور	إناث	المجموع(طالباً وطالبة)
الصف السابع	115	138	253
الصف الثامن	139	124	263
الصف التاسع	134	132	266
الصف العاشر	134	137	271

تم استخدام نموذجين من اختبارات الاستدلال التناسبي،الأول نموذج من(6) أسئلة صيغت بصورة لفظية وصورية تختلف فيما بينها بالمحتوى ونوع الكمية والشكل والوحدة وذلك من خلال رسم يوضح وضعين أحدهما معطى والآخر يتضمن إيجاد القيمة المجهولة في التناسب وأعطي هذا الاختبار لـ(511) طالباً وطالبة.

أما النموذج الثاني فيتكون من(6) مسائل لفظية تدور حول التناسب الطردي والعكسي، وقد أعطي هذا النموذج لـ(42) طالباً وطالبة.

بلغت الأوساط الحسابية لعلامات الطلبة على اختيار الاستدلال التناسبي للصفوف: السابع والثامن والتاسع والعاشر على النحو التالي:

2.49، 2.80، 2.96، 3.75 (العلامة من 6)

وأظهرت نتائج التحليل الإحصائي(ANOVA) أن الصف العاشر تفوق على الصفوف السابقة، وأن الفرق بين الصف التاسع والثامن لم يكن ذا دلالة إحصائية، كما أن الفرق بين الصف الثامن والسابع لم يكن ذا دلالة إحصائية أيضاً.

كما أظهرت النتائج أن الوسط الحسابي لعلامات الإناث على الاختيار كان(3.10)، والوسـط الحسـابي لعلامات الذكور(2.91)، وفي حين كان الوسط الحسابي لعلامات الذكور والإناث متقاربة في الصف السابع إلا أن هذا الفرق ازداد في الصف العاشر ليصبح (4011) للإناث، (3.38) للذكور وهو فرق ذو دلالة إحصائية.

3:12 دراسات وبحوث في استراتيجيات التدريس

(12: 3: 1) أثر استراتيجيتين تدريسيتين في الرياضيات قائمتين على الاستقصاء في التحصيل والتفكير الرياضي لدى طلبة الصف التاسع الأساسي في الأردن

إيمان رسمي حسن عبد

هدفت الدراسة الحالية إلى تحديد أثر استراتيجيتين تدريسيتين قائمتين على الاستقصاء في التحصيل والتفكير الرياضي لدى طلبة الصف التاسع الأساسي في الأردن. بلغ عدد أفراد الدراسة (160) طالبة من طالبات الصف التاسع الأساسي في مدرسة زرقاء اليمامة الثانوية للبنات التابعة لمديرية التربية والتعليم لمنطقة عمان الرابعة، ووزعت الاستراتيجيات على الشُّعب الأربع بطريقة عشوائية.

ومن أجل تحقيق أهداف الدراسة أعدت الباحثة أدوات الدراسة اللازمة، والمتمثلة في إعداد المادة التعليمية في الصف التاسع لوحدتي الهندسة التحليلية والدائرة وفق استراتيجيتي الاستقصاء الموجه والاستقصاء الاثرائي؛ والخطط التدريسية لمجموعات الدراسة الضابطة والتجريبية، بالإضافة إلى بناء اختيار في التحصيل مكون من (40) فقرة من نوع الاختيار من متعدد، وكذلك تم تبني اختبار التفكير الرياضي الذي اشتمل على ستة مظاهر من مظاهر التفكير الرياضي وهي: الاستقراء والتعميم والتعبير بالرموز والاستنتاج والتخمين والنمذجة ومكون من (30) فقرة من نوع الاختيار من متعدد والتكميل، وقد تم التحقق من صدق وثبات اختبار التحصيل بالطرق المناسبة.

استغرقت فترة التطبيق (10) أسابيع للمجموعتين التجريبية والضابطة بواقع (4) حصص أسبوعياً، وبعد الانتهاء من التجربة خضعت مجموعات الدراسة لاختباري التحصيل والتفكير الرياضي.

وللإجابة عن أسئلة الدراسة تم استخدام تحليل التباين، واستخدام طريقة شافيه للمقارنات البعدية للكشف عن وجود فروق ذات دلالة إحصائية تعزى لطريقة التدريس في المستويات الأربعة للدراسة، حيث أظهر التحليل الإحصائي (ANCOVA) وجود فروق ذات دلالة إحصائية (α =0.05) بين نتائج الطالبات في مجموعات الدراسة الأربع على اختبار التحصيل تعزى للاستراتيجية التدريسية. وأظهر تحليل التباين الأحادي وجود فروق ذات دلالة إحصائية (α =0.05) بين نتائج الطالبات في مجموعات الدراسة الأربع على اختبار التفكير الرياضي تعزى للاستراتيجية التدريسية. وأظهرت نتائج الدراسة أيضاً أن تحصيل المجموعات التي درست وفق استراتيجية الاستقصاء الموجه في أي منها كان أعلى من تحصيل المجموعات التي درست وفق الاستقصاء الاثرائي والطريقة الاعتيادية، أي أن استراتيجية الاستقصاء الموجه ساعدت على رفع مستوى التحصيل. كما أظهرت النتائج أن مستوى أداء الطالبات على اختبار التفكير الرياضي في المجموعات التي درست وفق استراتيجية الاستقصاء الاثرائي في أي منها كان أعلى من مستوى أداء الطالبات في المجموعات التي درست وفق استراتيجية الاستقصاء الموجه والطريقة الاعتيادية، أي أن استراتيجية الاستقصاء الاثرائي ساعدت في تنمية القدرة على التفكير الرياضي؟

(12: 3: 2) أثر إستراتيجية التعلم التعاوني الإتقاني على التحصيل في الرياضيات والاتجاهات نحوها لدى طلبة المرحلة الإعدادية

د. فريد كامل أبو زينه

د. ماهر خضر أبو هلال

بحث مقدم لمؤتمر في تونس (1996).

استراتيجية التعلم التعاوني الإتقاني هي استراتيجية جديدة مقترحة لتدريس الرياضيات تقوم على نموذجين شائعين في تدريس الرياضيات والمواد الأخرى. وهذان النموذجان هما: نموذج التعلم التعاوني في مجموعات صغيرة غير متجانسة، ونموذج بلوم

لإتقان التعلم حيث تقسم المادة الدراسية إلى وحدات صغيرة تستخدم فيها الاختبارات التشخيصية التكوينية لتقديم التغذية الراجعة الضرورية لمواصلة التعلم والانتقال إلى الجزء التالي.

وتتمثل أهداف هذه الدراسة في الإجابة عن السؤالين التاليين:

1- ما أثر التدريس بإستراتيجية التعلم التعاوني الاتقاني في تحصيل طلبة الصف الثاني الإعدادي في الرياضيات؟

2- ما أثر التدريس بإستراتيجية التعلم التعاوني الاتقاني في اتجاهات الطلبة نحو الرياضيات؟

اختيرت مدرسة إعدادية للذكور في مدينة العين، وتم اختيار 3 شعب متقاربة في تحصيلها المدرسي في الرياضيات من شعب الصف الثاني الإعدادي في المدرسة، ووزعت هذه الشعب عشوائياً لتشكل المجموعة الضابطة والمجموعتين التجريبيتين. اما المجموعة التجريبية الأولى(ن=36) فقد تم تدريسها من خلال استراتيجية التعلم التعاوني الاتقاني في حين درست المجموعة التجريبية الثانية(ن=35) من خلال نموذج التعلم التعاوني، وكانت المادة التعليمية هي وحدة الإعداد النسبية من منهاج الرياضيات للصف الثاني الإعدادي في المدارس الحكومية بدولة الإمارات. وقام بتدريس المجموعات الثلاث معلم مؤهل للقيام بذلك، واستمرت فترة التجربة حوالي أربعة أسابيع في العام الدراسي 1995/1994.

استخدم تحليل التباين المصاحب ANCOVA على نتائج طلبة المجموعات الثلاث في اختيار التحصيل البعدي في الرياضيات، كما استخدم تحليل التباين ANCOVA على مقياس الاتجاهات.

كانت نتائج الطلبة على اختيار التحصيل في الرياضيات كما يلي: الوسط الحسابي لمجوعة التعلم التعاوني الاتقاني 17,22، مجموعة التعلم التعاوني 14,23 والمجموعة الضابطة 11,48 حيث العلامة القصوى على الاختيار هي 30. وقد دل تحليل التباين

المصاحب على وجود فروق دالة بين المجموعات الثلاث على اختيار التحصيل عند مستوى الدلالة(α =0,01) حيث تفوقت مجموعة التعلم التعاوني الاتقاني على المجموعتين الأخريتين.

أما نتائج الطلبة على اختيار الاتجاهات نحو الرياضيات وعدد فقراته21 فقرة من نوع ليكرت فكانت كما يلي:

الوسط الحسابي لمجموعة التعلم التعاوني الاتقاني 68,58، مجموعة التعلم التعاوني 61,71، المجموعة الضابطة 62,03 حيث العلامة القصوى على الاختبار 105. وقد ظهرت من تحليل التباين أن اتجاهات مجموعة التعلم التعاوني الاتقاني أكثر إيجابية،من المجموعتين هذا وكان معامل الثبات للاستبيان=0,09.

وتشير هذه النتائج إلى أن استراتيجية التعلم التعاوني الاتقاني قد رفعت مستوى التحصيل في الرياضيات نحو الوسط الحسابي المئوي 50% إذ بلغت 30/17.22 أي 57%، في حين بقيت الاتجاهات في حدود الوسط، وربما يعود ذلك إلى قصر الفترة الزمنية التي نفذت فيها التجربة.

(12: 3 :3) أثر اسـتراتيجي الاستقصـاء الفـردي والاستقصـاء التعـاوني في اكتسـاب مهـارات الاتصـال والتحصيل في الرياضيات لدى طالبات المرحلة الأساسية المتوسطة في الأردن

آمال كمال البعجاوي

اطروحة دكتوراه - جامعة عمان العربية (2007)

هدفت هذه الدراسة التعرف إلى أثر استراتيجي الاستقصاء الفردي والاستقصاء التعاوني في التحصيل واكتساب مهارات الاتصال الرياضي لدى طالبـات المرحلـة الأساسية المتوسـطة في الأردن. ولتحقيـق هـدف هذه الدراسة تم اختيار أفراد الدراسة بالطريقة القصدية، حيث تكونت عينة الدراسة من(99) طالبة مـن طالبات الصف

السادس الأساسي في مدرسة أم أيمن الثانوية الشاملة للبنات التابعة لمديرية التربية والتعليم لمحافظة مأدبا، ثم وزعت العينة بالطريقة العشوائية إلى ثلاث مجموعات(مجموعتين تجريبيتين، ومجموعة ضابطة) بحيث اعتبرت كل مجموعة شعبة، وتم تعيين الاستراتيجيات الثلاث عشوائياً على الشعب. وقد تم تدريس المجموعة التجريبية الأولى باستخدام استراتيجية الاستقصاء التعاوني، وتدريس المجموعة التجريبية الثانية باستخدام استراتيجية الاستقصاء الفردي، في حين تم تدريس المجموعة الضابطة باستخدام الطريقة التقليدية. استغرقت مدة تطبيق الدراسة(13) أسبوعاً، بواقع(5) حصص أسبوعياً لمجموعات الدراسة الثلاث، وبعد الانتهاء من الدراسة تم تطبيق الأدوات التي تمثلت باختيار تحصيل تكون من(40) فقرة من نوع الاختيار من متعدد، وبطاقة مقابلة صفية لمهارات الاتصال الرياضي، وتم التحقق من صدق وثبات اختيار التحصيل بالطرق المناسبة، وللإجابة عن سؤالي الدراسة استخدمت الباحثة تحليل التباين الأحادي وطريقة(LSD) للمقارنات البعدية للأوساط الحسابية، وذلك للكشف عن وجود فروق تعزى لاستراتيجية التدريس المستخدمة في مستويات الدراسة الثلاثة، حيث أظهرت نتائج تحليل التباين الأحادي وجود فروق ذات دلالة إحصائية(α=.05) بين نتائج الطالبات في مجموعات الدراسة الثلاث على اختبار التحصيل تعزى لاستراتيجية التدريس المستخدمة. وبينت النتائج كذلك وجود فروق ذات دلالة إحصائية (α= 05) بين نتائج طالبات الدراسة الثلاث على بطاقة المقابلة الصفية الخاصة بمهارات الاتصال الرياضي تعزى لاستراتيجية التدريس المستخدمة.

وقد بينت النتائج أن تحصيل طالبات المجموعتين التجريبيتين(الاستقصاء التعاوني، والاستقصاء الفردي) أفضل من تحليل طالبات المجموعة الضابطة التي درست باستخدام الطريقة الاعتيادية، مما يدل على أن استراتيجية الاستقصاء بنوعيه التعاوني والفردي ساعدت على زيادة مستوى التحصيل لدى طالبات الصف السادس الأساسي.

وأظهرت نتائج الدراسة كذلك أن نتائج طالبات مجموعة الاستقصـاء التعـاوني والاستقصـاء الفـردي أفضل من نتائج طالبات المجموعة الضابطة على بطاقـة المقابلـة الخاصـة بمهـارات الاتصـال الريـاضي، وأن نتائج طالبات مجموعة الاستقصاء التعاوني كانت أفضل من نتائج طالبات مجموعة الاستقصاء الفردي على بطاقة المقابلة الخاصة بمهارات الاتصال الرياضي، مما يشير إلى أن استراتيجية الاستقصـاء التعـاوني سـاعدت الطالبات على اكتساب مهارات الاتصال الرياضي بشكل أفضل من استراتيجية الاستقصاء الفـردي والطريقـة الاعتيادية، كما يشير أيضاً إلى أن استراتيجية الاستقصاء الفـردي سـاعدت الطالبـات عـلى اكتسـاب مهـارات الاتصال الرياضي بشكل أفضل من الطريقة الاعتيادية.

(12: 3: 4) فاعلية استراتيجيتين تدريسيتين قائمتين على التعلم الزمري في التحصيل والاتصال والتمثيل في الرياضيات لدى طلبة المرحلة الأساسية العليا في الأردن

وائل محمد عبدالله الدرّاس

اطروحة دكتوراه – جامعة عمان العربية للدراسات العليا (2006) .

هدفت الدراسة الحالية إلى استقصاء فاعلية استراتيجيتين تدريسيتين قـائمتين عـلى التعلـيم الزمـري (تعلـيم زمـري معـزز بالحاسـوب، تعلـيم زمـري بالاستقصـاء الموجـة) في التحصـيل والاتصـال والتمثـيل في الرياضيات لدى طلبة المرحلة الأساسية العليا في الأردن، من خلال الإجابة عن السؤالين التاليين:

1- هل توجد فروق جوهرية في التحصـيل في الرياضـيات لـدى طالبـات المرحلـة الأساسـية العليـا تعـزى لإستراتيجية التدريس؟

2- هل توجد فـروق جوهريـة في القـدرة عـلى الاتصـال والتمثـيل في الرياضيات لـدى طالبـات المرحلـة الأساسية العليا تعزى لإستراتيجية التدريس؟

تكونت عينة الدراسة من(82) طالبة في الصف الثامن الأساسي في مدرسة الأميرة هيا الأساسية للبنات، موزعات على ثلاث شعب، تم تعيين الشعبة الأولى كمجموعة تجريبية أولى درست وفق استراتيجية التعلم الزمري المعزز بالحاسوب، والشعبة الثانية كمجموعة تجريبية ثانية درست وفق استراتيجية التعلم الزمري بالاستقصاء الموجه، والشعبة الثالثة كمجموعة ضابطة درست بالطريقة الاعتيادية، وبعد الانتهاء من تدريس محتوى المادة التعليمية لمجموعات الدراسة الثلاث، والذي استغرق مدة ثلاثة شهور بواقع(5) حصص أسبوعياً، طبق الباحث أدوات الدراسة على طالبات المجموعتين التجريبيتين والمجموعة الضابطة، وهذه الأدوات هي: الاختيار التحصيلي، واختيار الاتصال والتمثيل في الرياضيات.

للإجابة عن أسئلة الدراسة، تم استخراج المتوسطات الحسابية والانحرافات المعيارية لعلامات طالبات المجموعتين التجريبية والضابطة على اختيار التحصيل واختيار الاتصال والتمثيل في الرياضيات، كما تم استخدام تحليل التباين الأحادي لدراسة فاعلية طريقة التدريس في التحصيل والقدرة على الاتصال والتمثيل في الرياضيات.

أظهرت نتائج التحليل الإحصائي(F- test) لأداء طالبات الصف الثامن الأساسي على اختبار التحصيل في الرياضيات وجود فروق جوهرية على مستوى دلالة(α=0.05) بين متوسطات علامات طالبات مجموعة الدراسة الثلاث تعزى لطريقة التدريس. وعند إجراء المقارنات البعدية حسب طريقة أقل فرق دال(LSD) أظهرت النتائج ما يلي:

- وجود فروق جوهرية على مستوى دلالة(α=0.05) بين متوسطي علامات طالبات المجموعة التجريبية الأولى والمجموعة الضابطة لصالح المجموعة التجريبية الأولى.
- وجود فروق جوهرية على مستوى دلالة(α= 0.05) بين متوسطي علامة طالبات المجموعة التجريبية الثانية والمجموعة الضابطة لصالح المجموعة التجريبية الثانية.

- عدم وجود فروق جوهرية على مستوى دلالة(α=0.05) بـين متوسطي علامـات طالبات المجموعـة التجريبية الأولى والمجموعة التجريبية الثانية.

وأظهرت نتائج التحليل الإحصائي (F- test) لأداء طالبات الصف الثامن الأساسي على اختيار القـدرة على الاتصال والتمثيل في الرياضيات وجود فروق جوهرية على مسـتوى دلالـة (α=0.05) بـين متوسطات علامات طالبات مجموعات الدراسة الثلاث تعزى لطريقة التدريس. وعند إجراء المقارنات البعدية حسـب طريقة أقل فرق دال(LSD) أظهرت النتائج ما يلي:

- وجود فروق جوهرية على مستوى دلالة(α=0.05) بين متوسطي علامات طالبات المجموعة التجريبيـة الأولى والمجموعة الضابطة لصالح المجموعة التجريبية الأولى.

- وجود فروق جوهرية على مستوى دلالة (α=0.05) بين متوسطي علامات طالبات المجموعة التجريبية الثانية والمجموعة الضابطة لصالح المجموعة التجريبية الثانية.

- عدم وجود فروق جوهرية على مستوى دلالة (α=0.05) بـين متوسطي علامات طالبـات المجموعـة التجريبية الأولى والمجموعة التجريبية الثانية.

4:12 دراسات وبحوث في تقويم الطلبة

(12 : 4 : 1) تطوير نموذج تقييمي(مستند إلى معايير المجلس الوطني لمعلمي الرياضيات) وقياس أثره في التحصيل والتفكير الرياضي والاتجاهات لدى طلبة المرحلة الأساسية

محمد مصطفى العبسي

أطروحة دكتوراه- جامعة عمان العربية للدراسات العليا(2005)

هدفت هذه الدراسة إلى تطوير نموذج تقييمي مستند إلى معايير المجلس الوطني لمعلمي الرياضيات، وقياس أثره في التحصيل والتفكير والاتجاهات لدى طلبة الصفين

الثامن والعاشر في وكالة الغوث الدولية في محافظة جرش، وبالتحديد حاولت الدراسة الإجابة عن الأسئلة التالية:

1- ما آثر استخدام النموذج التقييمي المستند إلى معايير(NCTM) في تحصيل طلبة الثامن في مادة الرياضيات؟

2- ما آثر استخدام النموذج التقييمي المستند إلى معايير(NCTM) في تحصيل طلبة الصف العاشر في مادة الرياضيات؟

3- ما آثر استخدام النموذج التقييمي المستند إلى معايير(NCTM) في تنمية التفكير الرياضي لدى طلبة الصف الثامن في مادة الرياضيات؟

4- ما آثر استخدام النموذج التقييمي المستند إلى معايير(NCTM) في تنمية التفكير الرياضي لدى طلبة الصف العاشر في مادة الرياضيات؟

5- ما آثر استخدام النموذج التقييمي المستند إلى معايير(NCTM) في اتجاهات طلبة الصف الثامن نحو مادة الرياضيات؟

6- ما آثر استخدام النموذج التقييمي المستند إلى معايير(NCTM) في اتجاهات طلبة العاشر نحو مادة الرياضيات؟

وقد تكون النموذج التقييمي المستخدم في هذه الدراسة من:

1) الاختبارات: وتتضمن
أ- اختبارات قبلية(اختبارات التهيئة).
ب- اختبارات أثناء عملية التعلم: وتشمل الاختبارات التكوينية، اختبارات الأداء، الواجبات البيتية، الأنشطة الاستقصائية ومشاريع الوحدة.
ج- اختبارات بعدية: وهي اختبارات الوحدة.

2) ملاحظات المعلم وانطباعاته عن الطالب بالنسبة للعمليات الرياضية التالية: التبرير، الاتصال، الترابط، حل المسألة والتمثيل.

3) ملاحظات الطالب وانطباعاته عن نفسه بالنسبة للعمليات الرياضية التالي: التبرير، الاتصال، الترابط، حل المسألة والتمثيل.

تكونت عينة الدراسة من (158) طالباً وطالبة من طلبة الصف الثامن، و (153) طالباً وطالبة من طلبة الصف العاشر، قسموا إلى مجموعتين متكافئتين: إحداهما تجريبية تعرضت لتطبيق النموذج التقييمي الذي طوره الباحث لأغراض الدراسة، والأخرى ضابطة تعرضت للتقييم بالطريقة العادية، وقد تم تطبيق النموذج التقييمي مدة فصل دراسي كامل.

وبعد الانتهاء من تطبيق النموذج طبق الباحث ثلاث أدوات على أفراد المجموعتين التجريبية والضابطة لكل صف من الصفين الثامن والعاشر، وهذه الأدوات هي: الاختبار التحصيلي، اختبار التفكير الرياضي، مقياس الاتجاهات نحو الرياضيات، وللإجابة عن أسئلة الدراسة تم تحليل نتائج الطلبة على الأدوات الثلاث، واستخدام المتوسطات الحسابية والانحرافات المعيارية واختبار (ت) للمقارنة بين متوسطات علامات طلبة المجموعتين التجريبية والضابطة.

أظهرت نتائج الدراسة المتعلقة بالتحصيل في الرياضيات: تفوق طلبة المجموعة التجريبية على طلبة المجموعة الضابطة في كل من الصفين الثامن والعاشر، كما تفوق ذكور المجموعة التجريبية على ذكور المجموعة الضابطة، وإناث المجموعة التجريبية على إناث المجموعة الضابطة في كل من الصفين الثامن والعاشر.

كما أظهرت نتائج الدراسة المتعلقة بالتفكير الرياضي: تفوق طلبة المجموعة التجريبية على طلبة المجموعة الضابطة في كل من الصفين الثامن ولعاشر، كما تفوق ذكور المجموعة التجريبية على ذكور المجموعة الضابطة، وإناث المجموعة التجريبية على إناث المجموعة الضابطة في الصف العاشر، بينما لم توجد فروق ذات دلالة إحصائية بين إناث المجموعة التجريبية وإناث المجموعة الضابطة في الصف الثامن.

(12 : 4: 2) ممارسات معلمي الرياضيات في المرحلة الأساسية العليا في الأردن لعملية تقويم تعلم الطلبة في تدريسهم

عوض مفلح شهاب الخزام

أطروحة دكتوراه – جامعة عمان العربية للدراسات العليا – (2007)

هدفت هذه الدراسة إلى بيان واقع تصورات وممارسات معلمي الرياضيات في المرحلة الأساسية العليا لعملية تقويم تعلم الطلبة في تدريسهم، من خلال الإجابة عن الأسئلة التالية:

1- ما أهداف التقويم في الرياضيات من وجهة نظر معلمي الرياضيات في المرحلة الأساسية العليا في الأردن؟

2- كيف يمارس معلمو الرياضيات في المرحلة الأساسية العليا عملية تقويم تعلم الطلبة في تدريسهم؟

ويتفرع من هذا السؤال الأسئلة الفرعية التالية:-

أ-   كيف يمارس معلمو الرياضيات في المرحلة الأساسية العليا التقويم القبلي في عملية تعلم الطلبة في تدريسهم؟

ب- كيف يمارس معلمو الرياضيات في المرحلة الأساسية العليا التقويم المرحلي (التكويني) في عملية تعلم الطلبة في تدريسهم؟

ج-   كيف يمارس معلمو الرياضيات في المرحلة الأساسية العليا التقويم التشخيصي في عملية تعلم الطلبة في تدريسهم؟

د-   كيف يمارس معلمو الرياضيات في المرحلة الأساسية العليا التقويم الختامي في عملية تعلم الطلبة في تدريسهم؟

3- كيف يربط معلمو الرياضيات في المرحلة الأساسية العليا عملية تقويم تعلم الطلبة بعملية تدريسهم الصفي؟

4- ما الوسائل والأدوات التي يستخدمها معلمو الرياضيات في المرحلة الأساسية العليا في عملية تقويم تعلم الطلبة في تدريسهم، وما خصائص هذه الأدوات؟

استخدم الباحث في هذه الدراسة أدوات لجمع البيانات تمثلت في الملاحظة الميدانية، المقابلة المعمقة، وتحليل الوثائق. وتكون أفراد الدراسة من أربعة معلمين تم اختيارهم بطريقة العينة القصدية من مدرستين للذكور هما: مدرسة المفرق الأساسية الأولى للبنين، ومدرسة فوزي الملقي الثانوية الشاملة للبنين.

وأظهرت نتائج تحليل البيانات ما يلي:

- تمثلت الأهداف الرئيسية للتقويم في الرياضيات في قياس تحصيل الطلبة في الرياضيات، أما الأهداف الثانوية، فقد تمثلت في التعرف على جوانب الضعف والقوة لدى الطلبة في الرياضيات، وكذلك حث الطلبة على دراسة ومتابعة مادة الرياضيات التي يدرسونها أول بأول.

- مارس معلمو الرياضيات التقويم القبلي من خلال طرح أسئلة شفوية روتينية على الطلبة في بداية الدرس الجديد، ولمدة خمس دقائق تقريباً، ومن خلال متابعة المعلم للواجب البيتي المعطى للطلبة بشكل روتيني وسريع في بداية الحصة أيضاً.

- مارس معلمو الرياضيات التقويم المرحلي(التكويني) من خلال كل من: ملاحظة أداء الطلبة أثناء: المناقشة الصفية، تكليف الطلبة حل تدريبات الدرس في دفاترهم وعلى السبورة داخل الصف ومتابعتها، تكليف الطلبة بواجب بيتي في نهاية الحصة من تمارين ومسائل الكتاب المتعلقة بالدرس المعطى ومتابعتها بشكل روتيني سريع في بداية الحصة القادمة.

- مارس معلمو الرياضيات التقويم التشخيصي من خلال كل من: ملاحظة أداء الطلبة أثناء المناقشة الصفية والتعليق عليه، ملاحظة أداء الطلبة أثناء قيامهم بحل تدريبات الدرس في دفاترهم وعلى السبورة داخل الصف والتعليق عليه، وملاحظة أداء الطلبة أثناء متابعة واجباتهم البيتية والتعليق عليها.

- مارس معلمو الرياضيات التقويم الختامي من خلال كل من: تذكر مجمل ما لاحظه المعلم لأداء الطلبة النهائي داخل الصف في نهاية الفصل أو العام الدراسي، تقديم للطلبة ثلاثة اختبارات كتابية متفرقة في الفصل الدراسي الواحد وملاحظة أدائهم عليها.

- ربط معلمو الرياضيات عملية التقويم بعملية التدريس الصفي، من خلال كل من: المناقشة الصفية مع الطلبة أثناء الموقف الصفي ومشاركتهم الحوار والنقاش مع المعلم، تكليف الطلبة حل تدريبات صفية في دفاترهم وغلى السبورة داخل الصف ومتابعتها بعد شرح الدرس وعرض أمثلته، تكليف الطلبة حل واجب بيتي في نهاية الحصة.

- استخدم معلمو الرياضيات في عملية التقويم في المرحلة الأساسية العليا، وسائل وأدوات تمثلت في الملاحظة التراكمية لمشاركة الطالب الصفية خلال الفصل الدراسي، وأداء الطالب على الاختبارات الكتابية التي يجريها المعلم للطلبة خلال الفصل الدراسي.

كما أشارت نتائج الدراسة، أن الملاحظة التي استخدمها معلمو الرياضيات في التقويم، تتسم بالعشوائية دون رصد ذلك الأداء بشكل مستمر متراكم على سجلات رسمية. كما أشارت نتائج الدراسة أيضاً، أن الاختبارات التي استخدمها معلمو الرياضيات في عملية التقويم، هي من إعداد المعلم، دون مراعاة جدول مواصفات الاختبار الجيد في إعدادها.

(12: 4: 3) تطوير أدوات قياس تحصيل الطلبة في مادة الرياضيات

فريد أبو زينه

مجلة مركز البحوث التربوية: العدد (19) ، (2001م) ، ص 79- 107.

تمثلت أهداف الدراسة بالأسئلة التالية:

1- إلى أي مدى تحقق اختبارات المعلمين في الرياضيات معيار الأهمية النسبية لكل موضوع من موضوعات المحتوى؟

2- إلى أي مدى تحقق اختبارات المعلمين في الرياضيات معيار الأهمية النسبية لكل مستوى في سلم النواتج التعليمية المتوقعة أو الأهداف التعليمية المنشودة؟

3- هل تتفق اختبارات التحصيل التي يضعها المعلمون من حيث إعدادها وإخراجها و الإفادة من نتائجها مع المعايير المطلوبة غي اختبارات التحصيل؟

4- ما النموذج المقترح لقياس تحصيل الطلبة في الرياضيات بشكل يؤدي إلى درجة عالية من الصدق المطلوب؟

تم اختيار (18) مدرسة حكومية وخاصة في عمان والزرقاء، وكان من بينها (9) مدارس ذكور، (9) مدارس إناث. وكان عدد المعلمين الذين يدرسون الرياضيات للصفوف: السادس والسابع والثامن في هذه المدارس (41) معلماً ومعلمة. وقد تم تحليل اختبارات المعلمين لطلبتهم في هذه المدارس وعددها (41) اختباراً أعطي للطلبة في نهاية الفصل الدراسي الأول. كما أعدت استبانه خاصة وزعت على المعلمين للإجابة عليها بهدف التعرف على مواصفات الاختيارات التي يعدها وأسلوب إعدادها والإفادة من نتائجها.

تبين من نتائج تحليل اختبارات المعلمين إن هذه الاختبارات بشكل عام لا تراعي الأهمية النسبية لكل موضوع من موضوعات المحتوى، وأن 39% فقط من اختبارات هؤلاء المعلمين تراعي الأهمية النسبية للموضوع. كما تبين من نتائج هذه الدراسة أن

اختبارات المعلمين قد خصصت وزناً نسبياً مقداره 68% للمستوى الأدنى (الحسابات) من مستويات النواتج التعليمية، وخصصت وزناً مقداره 29% لمستوى الفهم. أما التطبيق والتحليل فقد خصص لهما 3% فقط. وهذا يعني أن اختبارات المعلمين لا تراعي معيار الأهمية النسبية لكل مستوى في سلم النواتج التعليمية.

وتقود هذه النتائج إلى الاعتقاد بأن المعلمين لا يعدون اختباراتهم وفق جدول مواصفات يحدد الموضوعات والنتائج التعليمية، والنسب المئوية المخصصة لكل منهما. كما أنهم يركزون على أسئلة المقال ، أو الأسئلة ذات الإجابات الطويلة ، وهذه الأسئلة لا تقيس إلا المستويات الدنيا من النتائج التعليمية، ويخصصون نسبة قليلة لأسئلة الاختبار من عدة بدائل.

أما الوسائل التي ينصح باستخدامها في تقويم تعلم الطلبة فهي:

1- الاختبارات الصفية التي تعد وفق جدول مواصفات بحيث يعكس الموضوعات و مستويات النواتج بشكل متوازن.

2- الاختبارات اللاصفية والواجبات الاستقصائية والمشاريع، ويخصص لها 30% من التقويم النهائي، على أن تركز هذه الأنشطة التقويمية على المستويات العليا.

3- إدخال فكرة حافظة أعمال الطالب (Portfolio) وذلك لمتابعة الطالب نحو تحقيق الأهداف.

Printed in the United States
By Bookmasters